LES FLEURS DE L'ORIENT

DU MÊME AUTEUR
CHEZ POCKET

SÉLÉNÉ
AFRICAN LADY
AUSTRALIAN LADY
LES VIERGES DU PARADIS
LA PROPHÉTESSE

BARBARA WOOD

LES FLEURS DE L'ORIENT

PRESSES DE LA CITÉ

Titre original :
Perfect

Traduit par Martine DESOILLE

Première édition Little, Brown.

ISBN 2-266-09488-2

PREMIÈRE PARTIE

1

Palm Springs, Californie, 18 heures

Le timbre strident de la sonnerie du téléphone tira brutalement Charlotte du sommeil.

Un rapide coup d'œil au réveil lui apprit qu'il était presque dix-huit heures. Après toutes ces nuits d'insomnie, en rentrant du labo, elle avait voulu s'accorder un petit répit, mais à sa grande stupeur elle réalisa qu'elle avait dormi tout l'après-midi.

Elle décrocha. C'était Desmond. Ses paroles explosaient comme des bombes dans le combiné.

— Charlotte, je te conseille de rappliquer dare-dare. Il y a eu une nouvelle victime.

Elle se réveilla d'un seul coup, comme sous l'effet d'une décharge électrique.

— Une *troisième* victime ?

La chambre était plongée dans l'obscurité. Elle alluma la lampe de chevet.

— Que lui est-il arrivé ?

— La même chose qu'aux autres. Elle est morte.

Elle ferma les yeux. *Mon Dieu.*

— J'arrive.

— Charlie. Autre chose. Il y a des manifestants devant la porte.

Elle regarda par la fenêtre : dehors il pleuvait des cordes.

— Par ce temps ?

— Certains d'entre eux brandissent des pancartes avec la photo de Chalk Hill.

— Oh, non ! murmura-t-elle, l'estomac soudain noué.

— J'ai préféré te prévenir pour ne pas que tu aies un choc en arrivant.

Elle raccrocha et se précipita dans la salle de bains comme si elle avait voulu fuir la nouvelle terrifiante que venait de lui annoncer Desmond. Ainsi donc, ils s'étaient procuré la photo. Celle de l'incident du labo de Chalk Hill. Le cauchemar qui la hantait.

Tout en se glissant sous le jet glacé de la douche, Charlotte repoussa les visions horribles de Chalk Hill qui l'assaillaient et s'efforça d'interpréter le rêve étrange qu'elle avait fait pendant son sommeil : sa grand-mère lui disant « *Nous descendons d'une longue lignée de femmes qui n'ont pas connu leurs mères. Toujours, à un moment ou à un autre de notre vie, nos mères se manifestent depuis l'au-delà pour nous montrer la voie. Un jour, Charlotte-ah, tu entendras la voix de ta mère, comme j'ai entendu la mienne me parler.*

— *Mais comment ferai-je pour la reconnaître ?* lui avait demandé Charlotte en songe. *Ma mère est morte quand j'étais tout bébé. Je n'ai jamais entendu le son de sa voix.*

— *C'est avec ton cœur que tu l'entendras, pas avec tes oreilles.*

— *Et quand cela arrivera-t-il ?*

— *Quand le moment sera venu.* »

Mais ce n'était pas qu'un rêve, c'était aussi un souvenir. Ces paroles prophétiques, la grand-mère de Charlotte les avait prononcées plus de dix ans auparavant. Et depuis lors, Charlotte attendait toujours que sa mère se manifeste.

Après avoir choisi un ensemble de lainage crème, un chemisier de soie blanc et une paire de mocassins, elle commença à s'habiller avec des gestes rapides mais minutieux. Tout en attachant ses longs cheveux noirs avec une barrette en or, elle jeta un coup d'œil au-dehors. Dans le jour déclinant, la vallée déserte qui s'étirait à perte de vue était à peine discernable. Une pluie diluvienne tombait du ciel chargé de gros nuages noirs. A l'ouest, des éclairs illuminaient l'horizon de lueurs brèves, semblables à des explosions sulfureuses. Elle se dit que si sa grand-mère était encore en vie, elle lui expliquerait probablement les choses ainsi : « Ces nuages sont pareils à des grues qui se hâtent de regagner leur nid. C'est un bon présage. Car ils apportent la chance avec eux. »

Charlotte, elle, n'avait jamais vraiment su interpréter les signes, en dépit des efforts de sa grand-mère pour lui enseigner cette science. C'est peut-être parce que je suis trop américaine, songea-t-elle. Tout comme grand-mère était trop chinoise.

Alors que la lumière aveuglante d'un éclair l'obligeait à cligner des yeux, elle se fit cette remarque : *Palm Springs est censé jouir de trois cent trente jours d'ensoleillement par an. Comment cette tempête pourrait-elle être interprétée comme un signe de chance ?*

C'était un mauvais présage, au contraire. En une semaine, les produits Harmony avaient provoqué la mort de trois personnes. Or il ne pouvait s'agir que d'un sabotage, comme dans l'affaire du Tylenol, car chez Harmony Biotech la fabrication des produits à base de plantes se faisait selon des normes de qualité très strictes. Mais s'il s'agissait effectivement d'un sabotage, existait-il un lien entre les victimes ? Ou bien, si l'une d'elles seulement avait été visée, les deux autres étaient-elles des victimes innocentes ? A moins que ce ne fût Harmony Biotech la cible.

Elle mit la radio, juste à temps pour entendre le bulletin météo : risques d'inondations dans les parties basses du désert… des coupures de courant à Pomona, Manhattan Beach et San Fernando… des torrents de boue du côté de Malibu…

Elle éteignit le poste. Rien que des mauvaises nouvelles…

Soudain, une blague que sa meilleure amie lui avait lancée un jour lui revint en mémoire : Un bon présage, c'est quand un homme que tu ne connais pas et avec qui tu as rendez-vous pour la première fois arrive en ayant déjà une érection.

Charlotte se rabroua, furieuse contre elle-même. Comment pouvait-elle songer à des gaudrioles en un moment pareil ?

Une réaction de défense, aurait dit Naomi. L'humour, c'est le réconfort de l'âme. Vivre sans humour, c'est comme vivre sans gâteau au chocolat.

Naomi ! Charlotte jeta un coup d'œil à sa montre. Elle avait complètement oublié la séance de ce soir.

Elle décrocha le téléphone et composa aussitôt le numéro de son amie. Bien qu'elle ne crût qu'à moitié qu'il fut possible de communiquer avec les morts, Charlotte assistait toujours aux séances de spiritisme de Naomi depuis que celle-ci lui avait expliqué que les esprits se sentaient irrésistiblement attirés par ses « ondes » chinoises puissantes. « Tu agis sur eux comme un aimant », avait-elle déclaré avec un sourire malicieux.

Charlotte tomba sur le répondeur.

— Bonjour ! claironna la voix enjouée de Naomi. Vous êtes bien chez votre amie la voyante ! Mais oui, car chez moi on ne travaille pas en équipe ! Je ne suis pas en mesure de vous répondre actuellement car je suis en conférence avec mes vies passées. Inutile de laisser votre nom ou votre numéro de téléphone. Pressez simplement le combiné du téléphone sur votre front et je vous rappellerai dès mon retour.

Charlotte fit la grimace en entendant le long signal sonore à la fin du message : la bande était presque pleine. Naomi était une voyante très demandée.

— Naomi ? C'est moi. Pour ce soir…

Mais la machine coupa la communication sans lui laisser le temps de finir sa phrase.

Charlotte décida de réessayer plus tard depuis le téléphone de voiture, et se hâta de gagner la cuisine, située à l'autre bout de la spacieuse villa, où la femme du gardien était en train de préparer le dîner. Saisissant son grand fourre-tout en cuir qui lui servait à la fois de porte-documents et de sac à main, Charlotte en sortit précipitamment ses clés de voiture et dit :

— Il faut que je file au bureau, Yolanda. C'est urgent. Je ne sais pas à quelle heure je serai de retour.

— Demandez donc à Pedro de vous conduire, suggéra la cuisinière. (Elle se référait à son époux, l'homme à tout faire chargé de l'entretien de la vaste propriété de Charlotte.) C'est plus prudent par ce temps.

— Ne vous inquiétez pas. Je peux parfaitement me débrouiller toute seule.

Il y avait huit ans que les Sanchez, un couple originaire du Guatemala, étaient au service de Charlotte. Ils avaient quitté San Francisco en même temps qu'elle, « quand les plantes médicinales avaient déménagé, comme se plaisait à le dire Mme Sanchez à la caissière de l'épicerie. On ne pouvait tout de même pas laisser la *señorita* toute seule. Elle a besoin de quelqu'un pour veiller sur elle. Même si elle ne le sait pas. »

— Mais, et votre dîner ? demanda Yolanda, en désignant d'un geste circulaire les marmites qui étaient en train de mijoter, et le comptoir encombré de légumes et d'épices.

— Je mangerai un morceau à la cafétéria, dit Charlotte, puis elle disparut par la porte qui communiquait avec le garage.

A la cafétéria ! songea Yolanda, soudain alarmée. Il fallait que ce soit une urgence pour que la *señorita* ne se soucie pas de ce qu'il y avait dans son assiette. Car Yolanda connaissait mieux que quiconque les étranges habitudes alimentaires de sa patronne.

Ce soir, sur les instructions de Mlle Lee, Yolanda avait préparé une salade à base de racine de lotus, non pas parce que Mlle Lee aimait le goût de la racine de lotus, mais parce que, comme celle-ci le lui avait jadis expliqué, les mots chinois pour racine de lotus et l'expression « faire mieux chaque année » étaient presque identiques, si bien qu'il était recommandé de manger beaucoup de racines de lotus quand on voulait améliorer ses finances. Yolanda avait fini par se faire aux habitudes alimentaires de sa patronne, lesquelles étaient régies non tant par des principes culinaires que par des associations phonétiques. Ainsi, Mlle Lee mangeait beaucoup de riz long parce que cela sonnait comme « vie longue », choisissait des aliments qui portaient bonheur comme le chou chinois et évitait ceux qui portaient malheur comme le maïs.

Que de règles ! se dit Yolanda en retournant à ses fourneaux. Pour sa part, quand elle avait envie de tortillas elle mangeait des tortillas, point final.

Charlotte enclencha la télécommande et le moteur actionnant la lourde porte du garage se mit aussitôt à ronronner tandis que les spots lumineux du plafond s'allumaient. Elle s'installa au volant de sa Corvette — un petit bijou qu'elle s'était offert l'année dernière, pour ses trente-huit ans — et mit le contact. Saisissant le téléphone mobile, elle enfonça la touche mémo correspondant au numéro de Naomi à l'Institut supérieur d'études paranormales. Dehors, la pluie torrentielle avait transformé l'allée privative en cataracte. Risques d'inondations dans les parties basses du désert...

La ligne était occupée, ce qui laissait penser que Naomi n'avait pas encore quitté l'institut, où elle donnait des cours en dehors de ses heures de consultation. Charlotte raccrocha le téléphone et considéra d'un œil songeur les trombes d'eau qui s'abattaient sur la route. En général elle allait partout avec sa Corvette, c'était son bébé. Mais ce soir, dans le petit coupé sport, elle se serait sentie vulnérable, à la merci des éléments.

Un rapide coup d'œil à l'autre voiture — une Chevrolet quatre roues motrices qu'elle s'était achetée pour les rares excursions qu'elle faisait en montagne lorsqu'elle éprouvait le besoin d'échapper à la pression du labo —, et sa décision était prise. Elle se hissa hors de la Corvette, contourna la Chevrolet et alla s'installer au volant du 4×4. Les clés étaient glissées derrière le pare-soleil, afin que Pedro puisse la faire démarrer de temps à autre pour s'assurer que la batterie n'était pas déchargée et astiquer sa carrosserie d'un noir d'onyx.

Elle éprouva une sensation étrange en s'asseyant au volant de l'énorme véhicule tout-terrain. Elle n'aurait pas su dire quand elle l'avait conduit pour la dernière fois. Elle mit le contact, et, à sa grande satisfaction, le moteur se mit instantanément à ronronner — Pedro était décidément quelqu'un sur qui on pouvait compter. Elle agrippa le volant à pleines mains, confiante. Avec ses roues gigantesques, inondations ou pas, ce char d'assaut pourrait l'emmener n'importe où.

Charlotte alluma les phares, transformant la pluie en un rideau de diamants, puis passa la première et démarra.

Il y eut un choc brutal, assourdissant, suivi d'une formidable secousse qui fit chanceler le véhicule. Charlotte poussa un cri strident lorsque le pare-brise explosa en une constellation de verre brisé. Une demi-seconde plus tard, le garage était plongé dans une totale obscurité.

2

Des voix… lointaines.

— *Dios mío !*

— Que s'est-il passé ?

— *Señorita ?* Vite, Pedro !

Tandis qu'elle recouvrait peu à peu ses esprits, Charlotte distingua deux visages blafards — le gardien et sa femme fixant sur elle des yeux effarés, la bouche tordue dans une expression de choc et de terreur. Charlotte se demanda où elle était, puis elle entendit les débris de verre crisser sous les pieds du couple et réalisa qu'elle était dans la Chevrolet, au volant de laquelle elle s'apprêtait à se rendre au labo. Quand son regard se posa sur le pare-brise incurvé, elle poussa un cri d'effroi.

La porte du garage qui faisait saillie à travers la vitre brisée ne se trouvait qu'à quelques centimètres de son visage.

— Comment vous sentez-vous ? demanda Pedro d'une voix anxieuse en ouvrant la portière. *Dios mío !* (Il fit un signe de croix.) Quel vacarme !

— Que… (Haletante, Charlotte avait peine à articuler.) Que s'est-il passé ?

— C'est la porte du garage. Elle est tombée ! Elle s'est écroulée sur la voiture. Comment vous sentez-vous ? Vous voulez que j'appelle un médecin ?

— Non…

Lorsqu'elle leva une main pour se tâter le front, une cascade de morceaux de verre dégringola de sa manche.

Elle baissa les yeux et constata qu'elle était littéralement recouverte d'éclats de verre.

— Comment est-ce arrivé ?

Acceptant la main que lui tendait Pedro, elle essaya de s'extraire de son siège, mais son corps était sans force. Elle réalisa soudain qu'elle devait être en état de choc.

— Je n'en sais rien, dit Pedro, dont le visage creusé de rides profondes trahissait l'inquiétude.

— Il faut... il faut que j'aille me changer.

— Il faut que vous voyiez un médecin ! protesta Yolanda, qui se tordait les mains en se mordant nerveusement les lèvres. Doux Jésus, quand on a entendu ce bruit, on a cru que c'était la foudre !

Charlotte pivota sur son siège. Elle commençait à recouvrer ses esprits et à y voir un peu plus clair. La porte du garage reposait de tout son poids sur la Chevrolet, laissant juste assez d'espace pour que le couple de gardiens puisse se faufiler dessous en baissant la tête. Charlotte fit la grimace. Ainsi donc, le système de sécurité électronique qu'elle avait fait installer quelques mois auparavant n'avait pu empêcher cette catastrophe ?

D'une main tremblante elle se palpa le visage. Avait-elle des entailles ? Du sang sur la figure ? Non, ses doigts étaient propres. Par miracle, le pare-brise ne l'avait pas blessée en explosant.

— Tout va bien, dit-elle, tandis que Pedro l'aidait à sortir de la voiture.

Mais à peine son pied eut-il touché le sol en béton qu'elle sentit ses jambes se dérober sous elle.

Lui passant aussitôt un bras autour de la taille, le vieil homme l'aida à traverser le garage et à regagner la cuisine.

— Il faut que j'aille me changer et qu'ensuite je file au labo.

— Pas question, protesta la vieille cuisinière, qui s'affairait autour d'elle, époussetant les débris de verre accrochés à ses habits tout en marmonnant une prière en espagnol. Il est bien temps de songer à vos vêtements. Ce qu'il vous faut, c'est un médecin.

— Pedro, s'il vous plaît, voyez s'il y a moyen de relever la porte du garage. Je vais être obligée de prendre la Corvette en fin de compte, je n'ai pas le choix.

— Asseyez-vous, ordonna Yolanda. Je vais vous préparer une bonne tasse de thé. Et je vais appeler le docteur. Vous êtes blanche comme un linge.

— Mais je n'ai rien, je vous assure, dit-elle en s'écartant de Pedro pour leur prouver qu'elle était parfaitement capable de se tenir sur ses jambes. Je vais bien.

Ce n'était pas vrai, mais Charlotte voulait qu'ils cessent de l'importuner avec leurs attentions excessives. Et puis il fallait qu'elle retourne au labo toutes affaires cessantes. Les journalistes étaient déjà probablement sur place, avec tout un cortège de manifestants — en train de brandir cette horrible photo...

Elle décida de rappeler Naomi. S'il y avait une chose dont elle avait besoin en un moment pareil, c'était d'entendre la voix énergique de sa meilleure amie.

La ligne était toujours occupée.

Raccrochant le combiné, elle se tourna vers la baie vitrée qui donnait sur le jardin de rocaille, et vit la vieille tortue géante qui marchait tranquillement sous la pluie. Charlotte l'avait trouvée sur le bord de la route, une année auparavant. Après avoir constaté que l'animal avait subi de mauvais traitements, elle l'avait ramené à la maison et soigné avec des plantes médicinales chinoises. Une fois qu'il fut guéri, elle s'était attendue à le voir déguerpir à la première occasion. Mais contre toute attente, et alors qu'elle était entièrement libre d'aller et venir, la vieille tortue avait préféré rester.

— Tu t'occupes de sauver des animaux, avait dit sa grand-mère, alors que tu ferais mieux de songer à avoir des enfants.

Charlotte avait ri.

— J'ai déjà un très gros bébé sur les bras, grand-mère. Harmony House est mon enfant.

Mais le rire de Charlotte sonnait faux. Elle allait bientôt avoir quarante ans. Ses chances de fonder un jour un foyer étaient-elles définitivement révolues ? Elle avait toujours fait passer la firme avant le reste. Il y avait toujours un nouveau médicament qu'elle voulait expérimenter, une innovation technique qu'elle voulait faire adopter par sa grand-mère. C'est ainsi qu'au fil des ans elle avait sans cesse relégué à l'arrière-plan l'idée de fonder une famille. Et voilà qu'à présent elle était confrontée à un nouveau problème : quelqu'un cherchait à couler Harmony.

Choisissant promptement un tailleur noir classique afin de se donner l'allure de quelqu'un qui maîtrise la situation, Charlotte avala deux comprimés Harmony à base de principes naturels relaxants. Elle était encore sous le choc de l'accident du garage et avait besoin de recouvrer son calme et son sang-froid avant de se rendre au labo.

En passant devant le petit atrium dans lequel elle cultivait des simples et des essences rares, elle sentit un courant d'air froid. Tournant la tête, elle vit que la porte du patio s'était ouverte sous l'effet du vent et s'empressa d'aller la refermer.

Tandis qu'elle se frayait rapidement un chemin entre les arbustes délicats, elle sentit quelque chose craquer sous ses pieds. Comprenant soudain de quoi il s'agissait, elle mit instinctivement ses deux mains devant sa bouche en s'écriant *« Aii-yah ! »*, comme elle le faisait lorsqu'elle était enfant.

C'était le carillon de verre que Jonathan lui avait offert la dernière fois qu'ils s'étaient vus, dix ans auparavant. Pendant dix ans les fragiles anneaux de verre avaient répandu le *ki* bénéfique dans les maisons successives où elle avait habité, leur tintement délicat, telle une chanson à la fois douce et triste, lui rappelant le seul grand amour qu'elle avait connu, et perdu.

Sa grand-mère, qui considérait comme un bienfait ce souvenir chargé de tristesse et de deuil, lui avait dit :

— Tu ne pourras plus jamais être complètement heureuse après cela, Charlotte-ah. Le yin et le yang sont désormais équilibrés dans ta vie.

Quelle conception de la vie ! Accepter la souffrance sous prétexte que l'équilibre et l'harmonie sont plus importants que le bonheur parfait.

Le plus grand des anneaux de verre concentriques, celui qui contenait tous les autres, s'était brisé. Il ne faut pas suspendre un carillon cassé, songea Charlotte, la gorge serrée. Les voix seraient altérées. Le *ki* se répandrait dans le mauvais sens.

Tout en contemplant les restes du porte-bonheur, Charlotte se demanda si la chance ne lui faisait pas nettement faux bond. Puis elle retourna en hâte dans sa chambre et, ouvrant le tiroir de sa commode, en tira un foulard dans des tons bleu aquatique et vert sombre — un autre cadeau de Jonathan. Il le lui avait offert lors de leur dernière rencontre, lorsqu'il lui avait annoncé la terrible nouvelle et que sa vie avait aussitôt volé en éclats, comme le carillon brisé, comme le pare-brise désintégré de la Chevrolet.

De retour dans l'atrium, elle ramassa méticuleusement les morceaux de verre et les enveloppa dans le foulard. Pedro apparut au même moment, vêtu d'un imperméable ruisselant de pluie, pour lui annoncer qu'il avait réussi à relever et à bloquer la porte du garage.

Juste au moment où Charlotte allait partir, Yolanda l'intercepta à la porte de la cuisine et lui glissa quelque chose dans la main en disant :

— Pour vous. Très ancien, ajouta Yolanda, dont la famille était originaire du Chiapas et qui avait du sang maya dans les veines.

Charlotte vit qu'il s'agissait d'un petit talisman, un morceau de jade vert dans lequel avait été sculpté un serpent endormi.

— C'est un porte-bonheur, très ancien, très précieux, lui assura Yolanda.

Cependant, tout en serrant le talisman dans le creux de sa main, Charlotte se demanda si, en ce qui la concernait, la chance n'avait pas définitivement tourné.

3

Charlotte ralentit et engagea sa voiture dans Joshua Tree Avenue, où les bâtiments des laboratoires Harmony étaient disséminés au milieu d'un vaste parc paysager agrémenté de palmiers, de cascades et d'un lac dont la surface bouillonnait d'écume sous les assauts rageurs de la pluie. Le panneau « Laboratoires Harmony Biotech » de même que l'inscription « Médicaments à base de plantes » étaient aussi discrets que les bâtiments eux-mêmes. La clientèle ultrachic qui fréquentait les terrains de golf et les clubs très sélects de Palm Springs n'aimait guère qu'on lui rappelât qu'elle était, elle aussi, sujette à la maladie et à la mort.

En passant devant l'édifice qui abritait les laboratoires et l'unité de fabrication, Charlotte aperçut un cordon de policiers vêtus de suroîts jaunes qui avait été déployé pour bloquer l'accès de l'immeuble. Lorsqu'elle atteignit le bâtiment principal, elle eut un pincement au cœur en découvrant que les camions de reportage des chaînes de télévision locales, nationales et de CNN avaient déjà pris possession de l'aire de stationnement. Avant de descendre de voiture, elle fit une prière silencieuse pour l'innocente victime qui avait perdu la vie. Son cœur se serra à la pensée que sa firme — dont la vocation était de guérir et de sauver des vies humaines — avait fait trois morts. Heureusement qu'il n'était pas donné à sa grand-mère d'être témoin de cette honte et de ce déshonneur.

C'est alors qu'elle aperçut les manifestants, agglutinés sous des parapluies, brandissant leurs pancartes accusatrices. Desmond avait dit vrai, ils s'étaient procuré la photo. Ce qui n'avait pas dû être bien difficile, étant donné qu'elle avait été largement diffusée dans la presse huit ans plus tôt. Le problème c'est que cette photo ne disait pas la vérité. « J'ai été acquittée », eut envie de hurler Charlotte, tandis qu'elle détournait les yeux du cliché en noir et blanc qui la représentait les bras levés, couverts de sang, le visage déformé par la rage.

Lorsqu'elle sortit de la Corvette, elle reçut de plein fouet une rafale de vent chargée de pluie, mais aussi des effluves appétissants en provenance de la cafétéria. Bien que chez Harmony le gros du personnel fût d'origine hispanique ou anglo-saxonne, la cuisine servie à la cafétéria était pour l'essentiel chinoise, une coutume instaurée du vivant de sa grand-mère, qui croyait que la nourriture avait des vertus thérapeutiques. Ce soir, l'équipe de nuit allait pouvoir se régaler de poisson à la sauce *dangshen* et *huangqui* — deux plantes aromatiques chinoises qui avaient la particularité d'accroître l'énergie et de faciliter la digestion.

— Mademoiselle Lee, l'apostrophèrent les journalistes en tendant leurs micros dans sa direction tandis qu'elle se hâtait de gagner l'entrée du bâtiment sous la pluie battante. Croyez-vous qu'il s'agisse encore d'un accident ? Cela fait trois morts, à présent.

Comme elle continuait d'avancer en jouant des coudes, un reporter lui barra la route.

— Qu'avez-vous à dire concernant la rumeur selon laquelle des substances prélevées sur des espèces animales en voie de disparition entreraient dans la fabrication de vos produits ?

Elle lui jeta un regard interdit puis, l'écartant de son chemin, se réfugia entre les bras protecteurs de Desmond, le vice-président de la firme et responsable du marketing. Desmond était son cousin. Il avait même essayé une fois de devenir son amant, chose à laquelle elle le soupçonnait de ne pas avoir totalement renoncé.

— C'est un véritable cauchemar ! dit-il en l'entraînant aussitôt à l'intérieur du hall, où les hommes chargés de la sécurité s'efforçaient tant bien que mal de repousser les indésirables. Bon sang, mais tu es pâle comme la mort !

— J'ai eu un accident.

Elle lui raconta brièvement l'incident du garage.

— C'est pas vrai ! Il ne manquait plus que ça. Tu n'as rien, j'espère ?

De derrière ses Ray-Ban, il la scruta rapidement de la tête aux pieds pour établir un diagnostic.

— J'ai été secouée, mais ça va mieux.

— Et la Corvette, est-ce qu'il en reste quelque chose ?

— C'est justement ça le plus fou. Je n'étais pas dans la Corvette. J'avais décidé de prendre la Chevrolet. Si j'avais été dans la Corvette, j'aurais été sérieusement esquintée ; j'y serais peut-être même restée.

— Bon sang ! répéta-t-il, plus bas cette fois. On peut dire que tu l'as échappé belle.

— Des, qu'est-ce que c'est que cette histoire de substances animales illégales ?

Charlotte remarqua que la tenue vestimentaire de Desmond était passablement en désordre, chose inhabituelle de la part de son cousin, pour qui, en temps normal, la bonne présentation était une préoccupation qui frisait l'obsession. Cela ne fit que renforcer ses inquiétudes. Qu'il puisse être contrarié au point de tolérer une chevelure ébouriffée laissait supposer que la situation était beaucoup plus grave qu'elle ne l'avait imaginé.

— Je n'en ai pas la moindre idée, dit-il. Apparemment plusieurs chaînes de télévision et quotidiens auraient reçu un coup de fil anonyme. Total : la FDA[1] est en train d'enquêter pour savoir s'il n'y aurait pas de l'extrait de pénis de tigre dans notre thé !

Lorsqu'ils atteignirent l'ascenseur, l'expression

1. Food and Drug Administration, l'équivalent des services vétérinaires en France (*N.d.T.*).

contrariée de Desmond s'accentua brusquement, déformant son beau visage.

— Et ce n'est pas tout, reprit-il. L'agent fédéral qui avait été chargé de l'enquête dans les deux affaires précédentes...

— Johnson ?

— Oui. Il a été dessaisi de l'affaire. Et devine qui le remplace ?

Il ne fallut pas bien longtemps à Charlotte pour deviner. L'expression amère de Desmond lui indiqua d'emblée qu'il s'agissait de Valerius Knight, un agent de la FDA qui faisait carrière en enquêtant sur les firmes spécialisées dans la fabrication de produits parapharmaceutiques. Cela n'augurait rien de bon.

— Tu as des nouvelles d'Adrian et Margo ? demanda-t-elle.

Desmond profita de ce que l'ascenseur tardait à venir pour redonner un peu de gonflant à ses cheveux bruns et s'assurer que son pull en mohair et son pantalon tombaient correctement. Son blouson de cuir noir était parfaitement sec, ce qui laissait supposer qu'il n'était pas sorti pour affronter les journalistes. Charlotte remarqua qu'il prit même le temps de redonner une courbe parfaite à la chaîne en or qu'il portait autour du cou.

— Père et mère devraient arriver d'une minute à l'autre, dit-il. Ils ont pris le jet privé de la compagnie.

Comme l'ascenseur n'arrivait toujours pas, Charlotte en profita elle aussi pour examiner son reflet dans les portes chromées. Avec ses longs cheveux noirs ruisselants de pluie et plaqués sur son crâne, elle n'avait pas exactement l'air d'un PDG de firme multimillionnaire. Elle avait les traits tellement tirés que ses pommettes saillantes et luisantes accentuaient son type asiatique, qui en temps normal passait totalement inaperçu. La pâleur crémeuse de sa peau lui rappela la statue en ivoire de la déesse Kwan Yin qui se trouvait dans son bureau. Ses yeux soulignés de cernes gris renforçaient le côté mystérieux de son regard. Des « yeux énigmatiques », comme le lui avait dit un jour Jonathan, il y avait bien longtemps de cela. Parce que ses yeux gardaient des secrets, des choses connues d'elle seule — comme le fait que Charlotte n'était pas son vrai nom.

Elle observa l'autre visage reflété par les portes métalliques. Desmond était un bel homme, aux traits réguliers, et très soucieux de son apparence. Lui aussi avait des secrets. Etait-ce pour cela qu'il mettait toujours des lunettes de soleil, même un jour comme aujourd'hui, alors que le ciel était plombé et qu'il pleuvait à verse ?

— Sapristi, s'exclama-t-il en enfonçant une fois de plus le bouton de l'ascenseur. C'est inouï ! Plus surprenant encore que la fois où tu as été enlevée par des extraterrestres ! (Puis il ajouta presque aussitôt, d'un ton penaud :) Je te demande pardon. Le moment est mal choisi pour plaisanter.

Mais Charlotte savait qu'il ne l'avait pas dit pour plaisanter. Desmond ne ratait jamais une occasion de faire allusion à un événement qui s'était produit vingt-quatre ans plus tôt.

Elle avait alors quinze ans et Des quatorze. Cet été-là, Charlotte avait mystérieusement disparu pendant trois semaines, et refusé de dire ensuite à quiconque où elle était allée — notamment à Desmond, qui ne cessait de lui demander :

— Est-ce vrai que c'est mon vieux bouc de grand-père qui t'a enlevée pour abuser de toi, comme on le raconte partout ?

Desmond avait commencé à tourner la chose en dérision, et à prendre l'habitude de dire :

— Non. Impossible. Moi, je crois plutôt que ce sont les extraterrestres qui t'ont enlevée.

Incroyable, songea-t-elle, qu'après toutes ces années et alors que la firme était en pleine crise il cherchât encore à savoir où elle était allée cet été-là. Mais ce que Desmond ignorait, c'était qu'il était beaucoup plus proche de la vérité qu'il ne se l'imaginait : elle avait bel et bien été enlevée.

— Donne-moi plutôt les détails du dernier incident, dit-elle, tandis qu'ils montaient au troisième étage, où se trouvaient les bureaux de la direction.

— Les premières analyses des gélules retrouvées sur les lieux…

— Excuse-moi, dit-elle en posant doucement une main sur son bras, mais je voudrais d'abord que tu me parles de la personne qui est décédée. Etait-ce un homme ou une femme ?

— Une femme. Trente ans. Juriste. Divorcée. Deux gosses.

— J'en suis malade, Desmond. C'est trop affreux.

— Tu n'y es pour rien, Charlotte.

— Est-ce qu'il y a quelqu'un pour s'occuper des gosses ? De la famille ?

— Hum, je vais tâcher de me renseigner, mais je t'avoue que jusqu'ici je n'ai songé à rien d'autre qu'à la firme. Je n'arrive toujours pas à comprendre comment ces gélules ont pu être contaminées.

Elle fronça les sourcils.

— Les gélules ?

— Bon sang, mais c'est vrai. Je ne t'ai pas dit. Il ne s'agissait pas du tonique cette fois. C'était du Bliss.

L'ascenseur s'arrêta et les portes coulissantes s'ouvrirent dans un chuchotement, mais Charlotte ne bougea pas.

— Du Bliss. Tu veux dire que ce décès a été provoqué par *un autre* produit ? (Il hocha la tête, l'air sombre.) Oh, mon Dieu !

Les conséquences étaient tellement désastreuses qu'elle en eut le souffle coupé.

Chaque jour, Harmony livrait des centaines de produits à des milliers de pharmacies et d'herboristeries aux Etats-Unis et dans le monde entier. Les trois victimes avaient utilisé trois produits différents. Combien d'autres produits avaient été empoisonnés ? Tous ?

— Retire immédiatement tous les produits Harmony de la vente, dit-elle, tandis qu'ils sortaient de l'ascenseur et pénétraient dans le hall de réception, où régnait une confusion inhabituelle.

Les téléphones sonnaient de tous côtés et les gens donnaient l'impression de parler tous à la fois.

Tandis qu'on la harcelait de questions, Charlotte

balaya la salle d'un coup d'œil circulaire à la recherche de l'agent fédéral Valerius Knight : ce dernier était en possession d'informations capitales qu'elle voulait à tout prix se procurer. Cependant, elle prit le temps de s'arrêter pour répondre à une petite femme replète de type asiatique, en imperméable et fichu à fleurs, qui fixait sur elle des yeux inquiets.

— Dites à vos équipes que je les rencontrerai demain matin, madame Wong. Tout le monde sera payé, il n'y aura pas de licenciements.

Mais Charlotte savait qu'il y avait une autre question, beaucoup plus grave, derrière les yeux affolés de Mme Wong : celle de la prime promise quatre semaines plus tôt.

Cette fameuse prime avait récemment fait la une des plus grands quotidiens, y compris celle de *Time Magazine*. L'idée, un nouveau plan de participation des employés aux bénéfices de la firme, était de Charlotte. Celle-ci s'était inspirée des principes que lui avait inculqués sa grand-mère afin de perpétuer la tradition selon laquelle Harmony fonctionnait comme une grande famille. Voyant qu'Harmony avait pulvérisé ses records de vente l'an passé, plutôt que de partager les profits dégagés entre elle-même et les autres membres du conseil d'administration, Charlotte avait décidé de les redistribuer aux quelque mille employés de la compagnie. Les bénéfices réalisés étaient tels que certains chèques allaient atteindre plusieurs milliers de dollars. Les PDG des firmes concurrentes avaient mal accueilli le plan de Charlotte, craignant qu'il ne remette en question les accords salariaux en vigueur. Mais Charlotte s'était défendue en expliquant qu'elle souhaitait ainsi récompenser les bons et loyaux services de son personnel, dont le taux d'absentéisme était inférieur à un pour cent.

Les chèques auraient dû être établis cette semaine. Mais les récents événements remettaient tout en question.

Lorsque les lumières vacillèrent sous l'effet d'une

brusque baisse de tension, il y eut un cri de stupeur générale. Charlotte dit à Desmond :

— Demande à l'équipe de maintenance de vérifier les générateurs. Il se pourrait qu'il y ait des coupures d'électricité.

— C'est déjà fait, dit-il.

Sa secrétaire arriva en courant.

— Charlotte, j'ai un journaliste de la KFWB en ligne, et un autre de la KRLA. Ils attendent une déclaration de votre part.

— Faites-les patienter aussi longtemps que vous le pourrez. Margo va arriver. Elle s'occupera de la presse. Avez-vous vu M. Sung ? demanda-t-elle, se référant à l'avocat-conseil de la firme.

— Je l'ai aperçu il y a un petit moment.

— Trouvez-le et dites-lui que je veux le voir, je vous prie.

Puis, se tournant vers Desmond, elle ajouta :

— Si la FDA nous attaque pour commercialisation de produits non conformes, je veux que M. Sung prenne les choses en main.

— Ne t'inquiète pas, Charlotte. Nous pouvons prouver que nous avons été victimes d'un sabotage.

— Pas si Valerius Knight est sur l'affaire, dit-elle, ayant finalement aperçu l'agent fédéral à l'autre bout de la pièce.

Celui-ci dépassait d'une bonne tête toutes les autres personnes présentes dans le hall.

— Ce type a un plan secret, reprit-elle. Rien ne pourrait lui faire plus plaisir que de couler Harmony.

Le directeur du laboratoire arriva à son tour. Il paraissait très perturbé.

— Ils refusent de me laisser entrer dans le labo, annonça-t-il à Charlotte. Il faut pourtant bien que je fasse mon travail.

Elle posa une main rassurante sur son bras.

— Je vais voir ce que je peux faire. Ne vous affolez pas, tout va s'arranger.

Charlotte se tourna vers sa secrétaire.

— Tâchez de me trouver M. Sung. Je veux lui parler sans tarder.

— J'ai quatre clients en attente, rétorqua la jeune femme en lui agitant quatre bordereaux roses sous le nez. Via-tek est en ligne, de même que Chang How Import. Il y a M. Lopez de la firme Gilroy qui est inquiet…

— Prenez les messages et dites-leur que je les rappellerai dès que j'en saurai un peu plus sur toute cette affaire. (Elle se tourna vers Desmond.) Avant toute chose, je dois aller trouver Knight pour essayer de lui soutirer des informations.

— Bonne chance, marmonna Desmond tandis que Charlotte se hâtait de regagner l'autre bout du hall de réception.

Elle trouva l'agent de la FDA à côté du magasin d'approvisionnement, assis derrière un bureau sur lequel il avait posé son ordinateur portable. Le crâne entièrement rasé, doté d'une épaisse moustache noire et d'une voix de basse profonde, Valerius Knight était un Afro-Américain à la stature impressionnante. L'homme, qui ne ratait jamais une occasion d'occuper le devant de la scène, s'arrangeait toujours pour se faire confier des affaires au retentissement médiatique spectaculaire.

Sa présence dans les bureaux d'Harmony déclencha une sonnette d'alarme dans la tête de Charlotte.

— Monsieur Knight, quelles informations pouvez-vous me donner concernant les victimes ? demanda-t-elle sans préambule.

— Ah, mademoiselle Lee, dit-il avec un sourire charmeur. Je suis navré que nous soyons amenés à nous rencontrer en pareilles circonstances.

— La FDA est-elle absolument certaine que les produits Harmony sont à l'origine des décès ?

— Dans les trois cas, la dernière chose que les victimes ont ingérée était l'un de vos produits. Il faut que j'interroge toutes les personnes qui ont été en contact avec ces produits, depuis l'employé du labo chargé du conditionnement jusqu'au type qui les a livrés.

(Il sortit de sa poche un paquet de chewing-gums à la menthe et lui en offrit un.)

Elle secoua la tête.

— Qu'est-ce qui vous fait croire que le sabotage a eu lieu à l'usine ?

— Nous avons parlé avec le frère de la dernière victime, expliqua-t-il en défaisant méticuleusement le papier qui entourait son chewing-gum, comme s'il craignait que ce dernier fût lui aussi contaminé. Il a dit que sa sœur vérifiait toujours scrupuleusement que les emballages des produits étaient bien scellés, que la date de péremption n'était pas dépassée, etc. Après tout, elle n'était pas juriste pour rien. (Il sourit en enfournant le chewing-gum plié en deux dans sa bouche.) D'ailleurs nous avons trouvé le papier d'emballage en cellophane sur le comptoir de sa cuisine, et il ne manquait que quatre gélules de Bliss dans le flacon, ce qui prouve qu'elle venait juste de l'entamer. Si ces gélules ont subi une quelconque manipulation après que le flacon eut quitté votre usine, eh bien alors le coupable est particulièrement habile.

— Quelle est la cause du décès ?

— La première victime est morte d'un arrêt du cœur. La deuxième, d'une attaque.

— Et la troisième ?

— Pour l'instant, nous préférons garder la chose confidentielle.

— Monsieur Knight, dans la mesure où ma compagnie est soupçonnée de sabotage, il me semble avoir le droit de savoir de quoi est morte cette femme.

Il médita un instant ses paroles.

— Hémorragie cérébrale. Mais l'information ne doit pas être divulguée auprès du public.

— Je suis capable de garder un secret, monsieur Knight.

— Oui, j'en suis convaincu, fit-il en souriant.

— Avez-vous réussi à établir un lien entre les trois femmes ?

— Nous sommes en train d'enquêter à ce sujet. Toutefois, nous n'excluons pas la possibilité d'un sabotage visant Harmony Biotech. Avez-vous reçu des lettres de menaces ? Ou des coups de fil ? Des gens qui vous auraient réclamé de l'argent ?

— Non, dit Charlotte. Rien du tout.

— Qu'en est-il de ce... (Il fouilla dans la poche intérieure de son blouson de sport très chic et en sortit un petit agenda.) Norman Thurwood, l'homme à qui vous avez pris la firme ?

— Nous n'avons rien *pris*, l'acquisition s'est faite sur la base d'un arrangement à l'amiable.

— Ce n'est pas ce que je me suis laissé dire. Il n'a pas apprécié le rachat de ses parts. Peut-être vous en a-t-il gardé rancune ?

— Monsieur Knight, Harmony n'a pas été rachetée à M. Thurwood. Seuls le parc et le laboratoire de recherche biomédicale lui appartenaient. Harmony est *ma* firme. Elle est dans ma famille depuis des générations. Nos remèdes sont fabriqués à partir de recettes curatives dont ma grand-mère avait le secret.

— Je connais ce genre de remèdes, mademoiselle Lee, dit-il avec un sourire glacial. Pensez-vous que ce sabotage ait pu être le fait d'un agent de la compagnie ?

— Nous formons une grande famille, monsieur Knight.

— Un simple employé, peut-être ?

— Je vous le répète, monsieur Knight, Harmony est une grande famille. La plupart de mes employés sont à mon service depuis des années. Nous avons réussi à fidéliser notre personnel, qui, par ailleurs, nous est très dévoué.

— Vous voulez dire dévoué au point de taire des informations, voire de mentir pour protéger leur patron ?

Ignorant sa remarque, elle demanda :

— Avez-vous reçu les premiers résultats d'analyses ? Savez-vous si c'est la même substance qui a causé la mort dans les trois cas ?

— Nous les attendons d'un moment à l'autre. A ce propos, je vais avoir besoin de la formule du Bliss, afin de pouvoir établir une comparaison.

Charlotte le foudroya du regard. Lorsqu'elle avait demandé des échantillons des deux premiers produits incriminés afin de les faire analyser par son propre laboratoire, la FDA avait refusé de les lui donner.

— Je vais voir s'il est possible de vous procurer la formule, monsieur Knight. Mais cela risque de prendre un certain temps.

Le sourire de l'homme s'élargit.

— Je suis convaincu, mademoiselle Lee, que vous et vos services allez faire tout votre possible pour nous faciliter la tâche et accélérer le déroulement de l'enquête.

Juste au moment où elle allait tourner les talons, il ajouta :

— J'ai cru comprendre que vos labos avaient été inspectés à trois reprises, l'an passé, par la FDA. Vous ne trouvez pas cela un peu excessif ?

Elle le regarda droit dans les yeux et répondit :

— Monsieur Knight, nos produits sont fabriqués selon des normes très strictes, bien au-delà de celles requises par la FDA elle-même. Les produits bruts qui arrivent dans cette usine sont d'abord testés, puis analysés avant d'être utilisés. Toutes les étapes de la fabrication sont ensuite scrupuleusement suivies par des ingénieurs chimistes et des pharmaciens qualifiés. Après quoi, chaque lot de fabrication est numéroté, puis à nouveau contrôlé pour en vérifier la conformité avant d'être distribué auprès des revendeurs. Nous ne sommes pas des gougnafiers, monsieur Knight.

— Oh, loin de moi cette idée…

— Que la FDA et Harmony ne marchent pas main dans la main, ce n'est un secret pour personne. De tout temps, la FDA a voulu nous obliger à effectuer des tests sur des animaux. Or Harmony est, par principe, contre l'expérimentation animale.

Le sourire de l'agent ressemblait à s'y méprendre à un rictus.

— Oui, je sais ce que vous pensez de l'expérimentation animale.

Brusquement, elle sentit qu'elle perdait pied. Comme

elle l'avait craint, l'incident de Chalk Hill revenait à la charge, par le biais des manifestants qui brandissaient des pancartes au-dehors et des insinuations de Knight. Cette photo allait la discréditer, ainsi que la compagnie. Plus grave encore, un journaliste un peu trop zélé risquait de déterrer d'autres secrets terribles qu'il valait mieux garder cachés...

Soudain il y eut un grand remue-ménage du côté de l'escalier de secours, des voix appelant les hommes de la sécurité à la rescousse, et Desmond s'écriant :

— Virez-moi cette caméra d'ici tout de suite !

— Qu'en est-il de cette nouvelle formule, le GB4204 ? demanda Knight lorsque le calme fut revenu.

Elle le regarda dans les yeux, s'efforçant de déceler quelle menace se cachait là.

— Que voulez-vous dire ?

— J'ai cru comprendre que deux autres compagnies avaient présenté une formule similaire devant un comité consultatif secret.

Elle haussa les sourcils.

— Seriez-vous en train de laisser entendre qu'il s'agit d'une affaire de sabotage industriel ?

— Ou de quelque chose qui aurait l'apparence d'un sabotage industriel. Il pourrait s'agir d'une manœuvre mise en place par un membre de votre société afin de jeter le discrédit sur les deux compagnies concurrentes. (Il haussa les épaules et s'empressa d'ajouter :) Mais je me trompe certainement.

Il lui décocha un petit sourire modeste à la sincérité duquel Charlotte ne crut pas une seconde.

Elle le considéra un moment en silence, tentant de prendre toute la mesure de cet homme sur lequel on racontait tant de choses — par exemple, que de tous les agents fédéraux il était le plus retors, parce que bourré d'ambition et prêt à tout pour prendre du galon. Parti en croisade contre les fabricants de produits parapharmaceutiques, il avait déjà obtenu la fermeture de deux firmes de moindre importance et Charlotte le soupçonnait de vouloir couler Harmony pour pouvoir se hisser encore plus haut.

— Vous allez fermer le labo ? lança-t-elle de but en blanc.

— Juste temporairement, dit-il, sans cesser de sourire, comme s'il avait été de son côté. Ni plus ni moins que le temps nécessaire.

— Vous voudrez bien m'excuser, monsieur Knight, mais j'ai des affaires urgentes à régler. Si vous avez besoin de quoi que ce soit, adressez-vous à ma secrétaire.

— Parfait. Allez vaquer à vos occupations. En ce qui me concerne, je ne bouge pas d'ici.

Elle trouva Desmond en train de s'entretenir avec M. Sung — Desmond dans tous ses états, le vieil homme calme et imperturbable. Prenant son cousin à part, Charlotte lui dit :

— Arrange-toi pour faire passer des annonces à la radio et à la télé afin que les gens cessent d'acheter nos produits et d'utiliser ceux qui sont déjà en leur possession.

— Et le personnel ?

— On garde les effectifs minimaux, et on renvoie les autres chez eux sans suspension de salaire.

Il secoua la tête.

— Si tu veux mon avis, Charlotte, on est mal barrés.

— Et préviens les journalistes qui attendent dehors que je ferai une déclaration officielle sous peu. (Elle fit une pause et lui posa une main sur le bras.) Laisse-moi quelques minutes, d'accord ? J'ai besoin de mettre de l'ordre dans mes idées. Ah, encore une chose, ajouta-t-elle en jetant un coup d'œil furtif du côté de Knight, qui était en train de brancher son ordinateur, occupe-toi de lui. Et chaque fois que tu le pourras, arrange-toi pour lui compliquer la vie. Mon petit doigt me dit que ce type a décidé d'avoir notre peau. Il va chercher à présenter les faits de telle sorte que nous ayons l'air coupables. Il l'a déjà fait par le passé.

Tandis que Desmond se fondait dans la foule, Charlotte se tourna vers M. Sung, qui se tenait patiemment en retrait de toute cette effervescence, observant calmement la scène.

Agé de plus de soixante-dix ans, M. Sung n'était pas seulement le premier juriste de la firme, il avait aussi été le conseiller et ami intime de la grand-mère de Charlotte. C'est lui qui avait rapatrié son cercueil aux Etats-Unis et c'était la dernière personne à l'avoir vue en vie.

— Charlotte, dit-il de sa voix douce et posée, vous voilà dans de beaux draps…

— Je vais avoir besoin de toute votre aide.

Il lui jeta un regard sombre.

— Ecoutez tout ce tapage. Il semble que la malédiction se soit abattue sur nous. (Il secoua la tête.) J'apporte de mauvaises nouvelles, Charlotte. Les familles des victimes ont décidé de se constituer partie civile.

Charlotte laissa échapper un soupir. Dire que six jours plus tôt elle était gonflée à bloc, la FDA étant sur le point de donner son feu vert pour la commercialisation de sa toute nouvelle formule anticancéreuse, le principe GB4204 — l'aboutissement d'un rêve vieux de vingt ans. Et voilà qu'à présent sa vie tout entière volait en éclats, comme le pare-brise de la Chevrolet ou les anneaux de verre du carillon éolien qu'elle avait glissés dans son sac à main pour pas laisser derrière elle les morceaux épars de sa chance brisée.

Qui était à l'origine de tout cela ? Etait-ce quelqu'un qui en voulait à Harmony ? Un employé mécontent ? Ou bien s'agissait-il d'une affaire de sabotage industriel ? Le meurtrier avait-il jeté par hasard son dévolu sur les produits Harmony pour mettre son plan à exécution, lequel n'avait aucun lien direct avec Charlotte ou la compagnie ?

Il lui fallut un petit moment avant de réaliser que M. Sung lui tendait quelque chose. Elle reconnut aussitôt l'objet en question. C'était une petite boîte en bois clair, incrustée de motifs en marqueterie — un casse-tête chinois qui avait jadis appartenu à sa mère.

— Il y avait des années que je ne l'avais pas vue, murmura-t-elle, stupéfaite, en la lui prenant des mains. Je revois encore l'étagère où grand-mère la gardait. (Puis, avec un coup d'œil surpris, elle ajouta :) Mais pourquoi me l'avez-vous apportée aujourd'hui ?

— J'ai pensé qu'elle pourrait vous aider en ces moments difficiles. Et maintenant, si vous voulez bien m'excuser, le devoir m'appelle. Je serai dans mon bureau si vous avez besoin de moi, dit-il, avant d'ajouter d'une voix affectueuse : Charlotte-ah.

Tout en regardant le vieil homme s'éloigner d'un pas tranquille, Charlotte secoua doucement la boîte qu'elle tenait à la main. A sa grande surprise, elle découvrit qu'il y avait quelque chose à l'intérieur.

Tournant le dos à la bruyante confusion qui régnait dans le hall — Desmond s'efforçant de rassurer les chefs de service affolés, Valerius Knight pianotant fébrilement sur son portable, les secrétaires survoltées parlant toutes à la fois au téléphone —, Charlotte longea le couloir qui menait à son bureau.

Aussitôt qu'elle eut refermé la lourde porte en chêne derrière elle, un silence bienfaisant l'enveloppa, lui procurant un bien-être immédiat. Elle contempla un instant les deux statues qui flanquaient la porte à double battant : Asclépios, le dieu grec de la médecine, avec sur son socle l'inscription : « D'abord, ne pas nuire. » *Hippocrate*. Et Kwan Yin, la déesse chinoise de la bienfaisance : « Les mains brutales font des remèdes brutaux. » *Mei-ling*. Charlotte adressa en silence une petite prière aux deux divinités pour leur demander force et clairvoyance.

Hormis Kwan Yin, il n'y avait rien d'asiatique dans le décor. Le bureau de Charlotte, dans les tons gris et bordeaux, était on ne peut plus sobre — un « look » professionnel typiquement américain que Charlotte cultivait sciemment. La plupart des gens qui la rencontraient pour la première fois ne se doutaient pas qu'elle avait un quart de sang chinois dans les veines, et que son nom, Lee, n'était pas américain mais originaire de la Chine du Sud. En fait, lorsqu'elle avait hérité du poste de PDG, à la mort de sa grand-mère, six mois plus tôt, Charlotte avait diminué la production de remèdes chinois au profit de la recherche et du développement de remèdes occidentaux. Elle avait également changé le nom de la firme, qui de Harmony House était devenu Harmony Biotech.

Le téléphone qui se trouvait sur son bureau sonnait à tout rompre, réclamant son attention. Toutes les lignes étaient occupées. Que sa secrétaire s'en occupe. Pour l'heure, Charlotte avait bien d'autres choses à faire. La plus urgente étant de joindre Naomi.

Cette fois, elle fut invitée à laisser un message sur le répondeur de son amie à l'institut.

— Il y a un moment que j'essaye de te joindre, dit-elle. Je ne pourrai pas assister à la séance de ce soir. Il y a eu une autre victime, à cause du Bliss, pour changer. Si tu voyais le capharnaüm qui règne ici, au labo. Et ce n'est pas tout, figure-toi que j'ai eu un accident, chez moi. La porte du garage s'est effondrée sur ma voiture. Heureusement que j'étais dans la Chevrolet et pas dans la Corvette. (Elle fit une pause pour masser un point sensible entre ses deux yeux.) Ah, autre chose. Il y a des manifestants à l'extérieur du labo, avec des pancartes de l'affaire Chalk Hill. Voilà qu'ils remettent ça sur le tapis. Je préfère te prévenir pour ne pas que tu aies un choc en regardant le journal du soir.

Charlotte soupçonnait Naomi de n'avoir jamais parlé du massacre à ses supérieurs du collège, ni du rôle qu'elle y avait joué. Et encore moins de son arrestation.

Après avoir raccroché, Charlotte s'approcha du bar en s'obligeant à faire des mouvements lents et mesurés — malgré les deux comprimés qu'elle avait pris après son accident, elle avait encore les nerfs à fleur de peau. « Que se serait-il passé si j'avais été dans la Corvette ? » Elle mit de l'eau dans la bouilloire électrique et sortit une tasse de porcelaine spéciale, ornée de symboles porte-bonheur, dans laquelle elle mit un sachet de camomille. En attendant que l'eau bouille, elle fit une série d'inspirations lentes et d'exercices mentaux pour apaiser son cœur qui battait à tout rompre et s'efforcer de recouvrer son calme.

Lorsque sa respiration commença à ralentir, Charlotte posa une main sur le pendentif en argent et ambre qu'elle portait autour du cou. C'était un médaillon de l'époque Shang, à l'intérieur duquel, vingt-quatre ans plus tôt, Charlotte avait placé un talisman, et qu'elle avait ensuite scellé avec une larme d'adolescente. Elle ne l'avait jamais ouvert depuis.

Quand l'eau se mit à bouillir, elle la versa dans la tasse. Aussitôt le nuage de vapeur parfumée qui s'en échappa la réconforta. Il était chargé de très vieilles réminiscences : sa grand-mère avait toute une collection de théières, chacune avec une fonction spécifique. Il y en avait une pour préparer « le thé qui évite les querelles », une pour « le thé qui porte chance », une pour « le thé qui stimule le *ki* ». Combien de fois sa grand-mère lui avait-elle fait remarquer qu'il ne fallait pas faire bouillir l'eau des différents thés dans la même bouilloire ni consommer du thé enfermé dans un sachet de gaze suspendu au bout d'un cordon. Cela portait malheur, disait-elle. Quand le thé instantané avait fait son apparition à l'étalage des supermarchés, la grand-mère de Charlotte avait déclaré : « Poisse instantanée ».

A cette pensée, Charlotte sentit brusquement son cœur se serrer. Elle se tourna vers la statue de Kwan Yin, essayant de se remémorer une étrange légende exotique que sa grand-mère lui avait racontée une fois au sujet d'*une autre* statue de la Reine des Cieux. Mais la seule chose dont elle arrivait à se souvenir était que la déesse avait longuement erré sur les océans en emportant avec elle des trésors cachés à l'intérieur de son corps, et que Kwan Yin avait d'abord apporté la chance avec elle, puis la malédiction. Mais grand-mère ne s'attardait jamais sur les épisodes ayant trait à la chance et à la malchance. Grand-mère avait emporté tant de secrets avec elle dans sa tombe que celle-ci devait être bien encombrée.

Tout en rangeant la boîte de camomille, son regard tomba sur l'avertissement figurant sur l'étiquette : « Attention — ce produit contient de la camomille, une plante de la famille des composées susceptible de provoquer des réactions allergiques ou des crises d'asthme chez les sujets sensibles. » Une remarque qu'avait faite Valerius Knight lors de son passage dans l'émission

Nightline lui revint à l'esprit : « Les remèdes à base de plantes sont une escroquerie visant à exploiter la crédulité des honnêtes gens. De plus, ces remèdes sont dangereux pour la santé car ils ne mettent pas le consommateur en garde contre les éventuels effets indésirables. »

Harmony était, de tous les fabricants de remèdes naturels des Etats-Unis, le seul à faire figurer des mises en garde sur ses emballages, chose que la FDA n'exigeait pas encore pour ce type de produits. Harmony était réputée pour ses normes de qualité très supérieures à celles qu'imposaient les autorités fédérales. La firme était bien connue pour sa probité et son sérieux. Et, contrairement aux allégations du journaliste, aucune substance animale n'entrait dans la composition de ses produits. De même qu'Harmony Biotech ne pratiquait pas l'expérimentation animale, en dépit de la pression exercée par les autorités fédérales pour l'y forcer.

Tandis qu'elle commençait à déguster lentement son thé, elle s'arrêta brusquement et fronça les sourcils.

Bliss.

Posant sa tasse, elle ouvrit le placard et en sortit une autre boîte. Le Bliss, ou « bien-être suprême », était un mélange de plantes, naturel et sans danger, qui procure « un apaisement des nerfs, et permet de rétablir l'équilibre entre le yin et le yang. » L'ingrédient principal du Bliss était le *dong quai*, qui veut dire « éternel retour » en chinois, une herbe cultivée à l'origine pour soigner les indispositions féminines. Charlotte avalait deux gélules de Bliss avec son thé ou son jus de fruit les jours où elle éprouvait le besoin de se calmer les nerfs.

L'innocente victime qui avait ingéré ce remède avait cru qu'il lui apporterait la sérénité. Au lieu de quoi, il lui avait apporté la mort.

Pourquoi ?

Sentant la fureur s'emparer à nouveau d'elle, Charlotte s'efforça de se dominer et approcha la tasse de ses lèvres. Elle suspendit son geste quand ses yeux se posèrent sur la boîte que lui avait apportée M. Sung. Elle la prit et la secoua à nouveau. Il y avait bien quelque chose à l'intérieur. Pourtant elle aurait juré qu'elle était vide du temps où elle se trouvait sur l'étagère de sa grand-mère.

Posant sa tasse une nouvelle fois, elle commença à tourner et à retourner le casse-tête chinois entre ses doigts pour essayer d'en déceler le système d'ouverture, quand son regard fut attiré par autre chose — l'ordinateur qui se trouvait sur son bureau. L'écran était allumé. Pourtant elle était absolument certaine de l'avoir éteint avant de quitter le bureau, quelques heures plus tôt.

Glissant la boîte mystérieuse dans son fourre-tout en cuir, elle s'approcha du bureau. C'est alors qu'elle vit que la boîte à lettres de l'e-mail était affichée à l'écran, et que son dossier personnel contenant de nouveaux messages était ouvert — un fichier dont l'accès était protégé par un mot de passe que Charlotte était seule à connaître.

Elle cliqua sur *Lire*.

Un message s'afficha :

« Tu as tué ces trois femmes, Charlotte. C'est toi qui les as tuées. »

4

Charlotte consulta brièvement le message affiché à l'écran, puis s'assit précipitamment et cliqua sur l'icône « Lire » de la barre d'outils, et sur « Afficher propriétés ».

Chemin d'accès : rrabbit@guidenet.com

Reçu de : nova.unix.com (root@nova.unix.portal.com {156.15.1.0.})

Attention : Ce message n'émane pas de la personne dont le nom figure dans la rubrique « Reçu de ».

LE CONTENU DE CE MESSAGE N'EST PAS SOUS LE CONTROLE DE PORTAL SYSTEM.

X-PMFLAGS : 2244560.

Elle fronça les sourcils. Qui était le petit plaisantin qui avait mis son ordinateur sous tension et branché son modem pour accéder à sa boîte à lettres électronique ?

Juste au moment où elle allait s'emparer du téléphone, la sonnerie de l'e-mail retentit, indiquant qu'un nouveau message était en route. Elle cliqua sur « Nouveaux messages » et un nouveau titre apparut : *« Coucou me revoilà. »* Elle cliqua sur le titre, et le message s'afficha sur l'écran : *« Au fait, c'était une blague ! Je sais que tu n'as pas tué ces bonnes femmes. Vu que c'est moi qui l'ai fait. Et je peux même te donner une preuve au cas où tu ne me croirais pas — la femme qui a pris du Bliss est morte d'une hémorragie cérébrale. Une information top secret, connue uniquement des services fédéraux, et de moi, évidemment, l'assassin. »*

Charlotte se précipita hors de son bureau. Au bout du couloir, dans le hall de réception, la confusion battait toujours son plein. Sur les bureaux des secrétaires, les ordinateurs qui s'alignaient à perte de vue étaient presque tous allumés. Même M. Sung, qu'elle aperçut au passage par la porte entrouverte de son bureau, avait les yeux rivés sur son moniteur. Elle chercha Valerius Knight des yeux. L'écran vert de son portable était allumé, mais l'agent fédéral n'était visible nulle part.

De retour dans son bureau, Charlotte s'installa derrière son ordinateur et cliqua sur « Réponse », puis tapa précipitamment « Qui êtes-vous ? », si rageusement qu'elle rata une touche et dut revenir en arrière pour recommencer. Elle cliqua ensuite sur « Valider » et attendit. Quelques instants plus tard, un message d'erreur apparut à l'écran : *Envoi de messages : votre message n'a pu être envoyé. Adresse du destinataire introuvable*.

Elle tapa « Que voulez-vous ? » puis cliqua sur « Valider », et attendit la réponse en se mordillant nerveusement les lèvres.

Le message d'erreur revint à l'écran.

De toute évidence, ce type était un malade qui cherchait à exploiter une situation dramatique, le genre de salopards qui détroussent les victimes d'un accident de la route. Elle allait en toucher un mot à Knight. Qu'il se débrouille pour le démasquer, après tout le type avait réussi à mettre la main sur des informations classées confidentielles.

La sonnerie de l'e-mail retentit à nouveau et un autre message apparut à l'écran : « *Tu l'as échappé belle pour le coup du pare-brise. Entre nous, tu as été bien inspirée de changer de voiture.* »

Charlotte se figea sur place comme si elle avait reçu une décharge électrique.

Le message n'était pas terminé : « *Bon, et maintenant passons aux choses sérieuses, Charlotte. Tu vas faire une déclaration officielle. Tu vas avouer publiquement que Harmony a eu recours à des pratiques immorales, que ses produits contiennent des substances prélevées sur des espèces animales menacées d'extinction, qu'elle s'est livrée sciemment à des pratiques frauduleuses. Si tu ne le fais pas, je te garantis que tu t'en mordras les doigts.* »

Il y avait un post-scriptum : « *Tu as exactement douze heures pour préparer ta déclaration.* »

Incapable de détourner les yeux du message, elle sentit son corps devenir de glace. *Tu as été bien inspirée de changer de voiture*. Elle se rendait partout au volant de sa Corvette, un petit bolide que sa carrosserie en fibre de verre rendait vulnérable. Si elle n'avait pas décidé à la dernière minute de prendre le gros 4 × 4, lorsque la porte du garage s'était effondrée — elle frissonna : la secousse brutale, le choc assourdissant, le pare-brise volant en éclats.

Tu as été bien inspirée de changer de voiture. Que cherchait à insinuer ce type ? Que quelqu'un avait délibérément cherché à attenter à ses jours ?

Non. C'était trop monstrueux pour même l'envisager.

Elle se mit à trembler des pieds à la tête, tandis que de sombres pensées se bousculaient dans son cerveau. Quelque chose de mortel et de maléfique rôdait autour d'elle, comme un serpent invisible s'enroulant sur lui-même, prêt à mordre.

Il fallait avertir les agents fédéraux, Desmond, la police…

Mais au fond d'elle-même, elle avait déjà pris une décision.

Caché derrière un parchemin chinois du XIXe siècle et scellé dans le mur, il y avait un coffre-fort dont Charlotte et Desmond étaient les seuls à connaître la combinaison. Elle l'ouvrit et en sortit un petit livre relié de cuir, au titre estampé en lettres d'or : *Prix de Poésie de la Couronne de Laurier, 1981*. Charlotte l'avait précieusement gardé sans jamais l'ouvrir une seule fois depuis ce fameux jour de 1981 où le monde entier s'était brusquement effondré sous ses pieds.

Cette fois elle l'entrouvrit à peine. Une carte de visite s'en échappa et tomba en virevoltant sur la moquette.

Lorsqu'elle l'avait reçue, neuf ans plus tôt, cette carte avait rouvert une blessure si douloureuse que Charlotte l'avait aussitôt glissée dans le livre et avait enfermé le tout dans le coffre. Elle ramassa la carte beige et l'approcha de la lampe qui se trouvait sur son bureau :

Jonathan Sutherland
Expert en sécurité des entreprises
Londres : 71-683-4204
Edimbourg : 31-667-9663
E-mail : TSC@atlas.co.uk

Il lui avait fallu des années pour arriver à ne plus penser à lui, pour se *résigner à l'oublier*, comme le lui avait conseillé sa grand-mère. Il y avait de cela très longtemps, elle avait fait le vœu de ne plus jamais laisser Jonathan revenir dans sa vie, et avait renouvelé ce vœu il y a neuf ans.

Mais à présent, elle avait besoin de lui. Car il n'y avait personne de plus sûr ni de plus compétent que lui.

Elle jeta un coup d'œil à l'ordinateur : « *Tu as douze heures.* » Mais Jonathan se trouvait à des milliers de kilomètres. Jamais il ne pourrait être là à temps. Et si elle lui demandait son avis par téléphone ? Peut-être pourrait-il lui expliquer comment faire pour retrouver la trace de son interlocuteur anonyme, ou même se charger lui-même de mener les recherches depuis son ordinateur.

Saisissant le téléphone, elle fit un rapide calcul mental. Il était deux heures du matin à Londres. Son numéro de téléphone personnel ne figurait pas sur la carte. Mais avec un peu de chance il avait fait un transfert d'appel.

Le cœur battant, elle commença à composer son numéro. Jonathan, après toutes ces années… Comment allait-il réagir ? Accepterait-il seulement de lui parler ?

A l'autre bout de la ligne, la sonnerie double, caractéristique des téléphones britanniques, retentit. Elle s'efforça de se représenter Jonathan, endormi au côté de sa femme.

Au même moment, quelqu'un frappa doucement à la

porte. Oh, non, ça n'est pas le moment, Desmond. Laisse-moi au moins le temps de réapprendre à parler à Jonathan.

Mais il insista.

— Entre, Des, dit-elle enfin.

La porte s'ouvrit toute grande et il apparut sur le seuil, dans un imperméable trempé, son sourire de toujours sur les lèvres.

— Salut, fillette.

C'était Jonathan.

5

Dès qu'elle le vit devant elle, tel un vœu qui se serait matérialisé, l'amour fou, désespéré qu'elle avait gardé enfoui au tréfonds d'elle-même pendant des années revint à la charge comme un raz de marée balayant tout sur son passage.

Il lui avait dit « Salut, fillette » et elle avait dû faire un effort surhumain pour ne pas se jeter dans ses bras.

En revoyant son sourire, son cœur avait tressailli, et elle s'était sentie transportée des années en arrière. Elle repensa au jour où leurs lèvres s'étaient rencontrées pour la première fois. Ce jour-là, ils se trouvaient dans l'antre secret de Johathan, et ce dernier pleurait à chaudes larmes. Elle lui avait dit : « Ne pleure pas, Johnny », en l'entourant maladroitement de ses bras, et leurs lèvres s'étaient jointes. Au même instant, Charlotte avait songé à deux bougies se penchant l'une vers l'autre, leurs flammes se confondant pour ne plus faire qu'une seule grande flamme immense et dévorante.

Après ce baiser passionné d'adolescents, ils s'étaient instinctivement écartés l'un de l'autre, le cœur battant, car ils avaient senti que c'était jouer avec le feu. Et Charlotte avait soudain eu l'impression de n'être plus que la moitié d'elle-même, comme si Johnny avait été l'autre moitié.

Et Johnny avait ressenti la même chose, bien qu'il ne le lui eût pas dit avec des mots. Mais son regard était éloquent. Jonathan et Charlotte avaient compris qu'ils étaient des âmes sœurs, et qu'ils ne pourraient jamais plus aimer quelqu'un d'autre.

— Je sais. J'aurais dû t'appeler avant de venir, ne serait-ce que pour te demander si tu voulais bien de mes services, dit-il en lui décochant un regard sombre et intense qui raviva des passions enfouies depuis longtemps. Mais j'avais peur que tu refuses, et comme je savais que j'allais être obligé de venir de toute façon...

Il est devenu très anglais, songea-t-elle. Comme s'il s'y était longuement exercé. Et le fait est qu'il avait résisté des quatre fers quand son père avait essayé de faire de lui un Américain, même si, techniquement parlant, Jonathan Sutherland était américain — c'est du moins ce qu'affirmait son certificat de naissance. Car Charlotte savait que son cœur appartenait à un autre continent. C'était la première chose qu'elle avait apprise le concernant, et elle en avait été tellement bouleversée qu'elle était tombée amoureuse.

— Comment as-tu deviné que j'étais dans le pétrin ?

Refermant la porte derrière lui, il ôta son imperméable dégoulinant de pluie et dit :

— Il m'arrive de regarder les nouvelles. Quand j'ai appris qu'il y avait eu plusieurs morts, j'ai passé quelques coups de fil. (Il lui décocha un sourire espiègle.) Il me reste quelques amis à la CIA. Dans les deux premiers cas, il semblerait que les emballages portaient encore le scellé de fraîcheur quand les victimes les ont ouverts. Les premières analyses ont révélé que c'est la totalité du paquet qui a été altérée et non pas uniquement les doses ingérées par les victimes. Ce qui laisse supposer que le sabotage aurait eu lieu ici même, à l'usine. Bien, dit-il en posant sa sacoche en cuir noir sur son bureau et en faisant coulisser la fermeture d'une des poches extérieures. Je crois savoir que la fabrication et le conditionnement de vos produits sont entièrement automatisés...

— Je vois que tu n'as pas chômé, dit-elle, stupéfaite de voir l'incroyable efficacité avec laquelle il prenait les choses en main.

— ... ce qui devrait nous permettre de retrouver le

coupable, ou tout au moins sa trace, sur le système informatique. Ça tombe bien, car il s'avère que je suis le meilleur expert de la planète en matière d'investigation informatique…

— Tu veux dire que tu peux faire mieux qu'une équipe d'agents fédéraux ?

Il laissa échapper un petit rire amer.

— Ces ânes ne sont pas fichus de faire la différence entre un disque dur et un œuf dur. Bien, y a-t-il autre chose que tu puisses me dire concernant cette affaire ?

Charlotte croisa son regard moqueur et réalisa que Jonathan n'était pas venu uniquement pour traquer un criminel. Il avait apporté vingt-six ans d'histoire avec lui — *leur* histoire —, et soudain la crainte de voir resurgir de vieux démons s'empara d'elle. Elle aurait voulu lui dire : « Je suis contente que tu sois venu. » Mais les mots lui restèrent dans la gorge. Si bien qu'à la place elle lui raconta ce qu'elle savait, sans omettre l'incident du garage, puis elle lui montra les messages e-mail.

Il se rembrunit à leur lecture.

— Qui est au courant de l'incident du garage ?

— Ma cuisinière et son mari. Je l'ai dit à Desmond aussi. Mais il se peut que quelqu'un nous ait entendus. C'était un accident, mais ce type cherche à m'intimider, voilà tout.

Il lui jeta un regard sceptique.

— Mais quel est le sens de cette déclaration officielle que tu es censée faire à la presse d'ici douze heures ?

Charlotte étudia un instant son profil. Adolescent, Jonathan avait honte de son nez proéminent. Mais depuis ses traits s'étaient équilibrés, sa mâchoire et son front volontaires, qu'elle avait toujours trouvés très séduisants, s'étaient affirmés. Sa chevelure brune était toujours aussi fournie, et bien qu'au seuil de la quarantaine il n'avait pas un seul cheveu blanc et semblait en excellente forme physique.

— Il cherche à me faire chanter, dit-elle, tandis que les vieux désirs revenaient brusquement à la charge.

Une déclaration comme celle-là à la presse et ma firme est bel et bien coulée. De toute évidence, cette personne espère que je vais lui faire une offre juteuse.

— L'hémorragie cérébrale qui a causé la mort de la troisième victime… tu es sûre que personne n'est au courant ?

— Knight, l'agent fédéral chargé de l'enquête, m'a dit qu'il s'agissait d'une information strictement confidentielle. Je n'en ai même pas parlé à Desmond. Alors qui, hormis l'assassin lui-même, pourrait être au courant ?

— Il existe des moyens de se procurer ce genre d'information, dit Jonathan, en considérant le moniteur d'un air songeur. Alors comme ça, Desmond fait toujours partie de la compagnie ?

— Il siège au conseil d'administration, dit-elle, en songeant à l'âpre rivalité que se livraient naguère Jonathan et son cousin, et à toutes les fois où elle avait dû intervenir pour calmer le jeu. Est-ce qu'il existe un moyen de traquer l'auteur de ces messages ? demanda-t-elle.

— Non. Ils ont été transmis par le biais d'un réexpéditeur anonyme. Retrouver la trace de l'envoyeur est quasiment impossible, dans ces cas-là. (Jonathan embrassa le bureau du regard.) Qui a pu entrer ici et allumer ton ordinateur ?

— N'importe qui. Dès l'instant qu'il sait où se trouvent mes clés.

— Qui connaît ton mot de passe ?

— Moi, et moi seule. Et il n'y a aucun moyen de le savoir, puisque je ne l'ai écrit nulle part.

Jonathan continuait à regarder autour de lui, comme s'il était à l'affût de pistes ou d'indices. Il faisait toujours ça autrefois, il sondait sans relâche son entourage à la recherche de réponses qu'il finissait par trouver en lui-même. Lorsque son regard se posa sur le coffre-fort grand ouvert, où se trouvait le recueil de poésie, l'espace d'un court instant elle crut déceler comme une lueur de tristesse dans ses yeux. Mais non, c'était impossible. C'était elle, et elle seule, qui avait souffert.

Lorsqu'il passa ses doigts effilés dans sa chevelure mouillée, elle songea aux innocents débuts de leur amour, à l'époque lointaine où ils étaient inséparables : deux gosses sautant ensemble du haut d'un plongeoir, deux gosses s'étreignant mutuellement ou suffoquant de rire — ils avaient quatorze ou quinze ans à l'époque.

L'espace d'un instant, tandis que le tonnerre faisait rage au-dehors, et que les agents du FBI retournaient son usine en tous sens, tandis que le monde entier vacillait sous ses pieds, Charlotte eut envie de retourner s'asseoir à l'ombre du Golden Gate au côté de Jonathan pour compter les bateaux qui entraient dans la baie. Mais lorsqu'elle réalisa la façon dont il était habillé — costume Savile Row, boutons de manchettes, cravate de soie impeccable —, elle retomba brutalement sur terre. A quoi s'attendait-elle ? A un jean troué et un T-shirt des Grateful Dead ? Ce Jonathan-là avait cessé d'exister. Le nouveau Jonathan était un homme d'affaires prospère, un étranger. Ils ne pourraient jamais plus revenir en arrière.

Il se tourna vers elle, s'apprêtant à dire quelque chose, puis s'arrêta et posa sur elle un regard solennel, et Charlotte comprit qu'il se souvenait, lui aussi.

Il tendit la main et saisit le pendentif qu'elle portait autour du cou.

— Tu le portes toujours, dit-il.

— Pour ne pas oublier.

Jonathan était la seule personne à savoir où elle était allée lorsqu'elle avait disparu, durant l'été de ses quinze ans. Il était le seul à savoir ce que contenait le médaillon.

Relâchant le précieux pendentif d'ambre et d'argent, il dit :

— Harmony Biotech.

Elle savait où il voulait en venir. A la mort de sa grand-mère, quand elle avait pris la tête de la firme et l'avait rebaptisée.

— Il était temps d'aborder les temps modernes, dit-elle, légèrement sur la défensive. Les plantes ne suffisent pas. Les gens ont également besoin de médicaments plus efficaces.

— Le médicament le plus efficace que ta grand-mère avait à offrir ne tenait pas dans un flacon, dit-il doucement. Son meilleur médicament, c'était la compassion. Elle savait que la tendresse joue une part importante dans la guérison.

— Quand on a un cancer, la tendresse ne guérit rien. Harmony s'apprête à commercialiser un nouveau médicament anticancéreux. Les tests cliniques du GB4204 qui ont été réalisés sur des sujets humains volontaires ont démontré que les chances de survie des patients étaient augmentées de presque cinquante pour cent. Tu te rends compte… cinquante pour cent !

Il sourit.

— Ton rêve le plus cher enfin sur le point de se réaliser !

Le regard de Charlotte s'assombrit.

— Ou de voler en éclats.

Il jeta un coup d'œil au moniteur, et à la dernière lettre de menace.

— Peut-être est-ce là le mobile de notre ami. Le GB4204 va rapporter beaucoup d'argent à Harmony.

Il sortit un téléphone cellulaire de son sac de voyage et enfonça une touche.

— Tu penses qu'il pourrait s'agir d'un coup monté par un concurrent ?

— Si quelqu'un veut couler Harmony Biotech, trois morts sont un bon début. A condition, ajouta-t-il, que ce soit effectivement Harmony qui soit visée.

La sonnerie retentit à l'autre bout de la ligne.

— La question est de savoir ce que fera notre ami si dans douze heures tu n'as toujours pas fait cette absurde déclaration publique.

Il leva la main, et dit dans le téléphone :

— Thorne, je vous prie. D'accord, j'attends. (Puis, plaçant une main devant le combiné, il demanda à Charlotte :) L'agent de la FDA qu'on a mis sur l'affaire, comment s'appelle-t-il déjà ?

— Valerius Knight.

— Où en est-il de ses recherches ?

— Je l'ignore. Nous ne sommes pas en très bons termes, lui et moi. Knight est un carriériste forcené. Il est prêt à tout pour monter en grade, si bien que l'impartialité n'est pas son fort. Je ne lui fais aucune confiance.

— As-tu parlé à quelqu'un des messages que tu avais reçus sur ton ordinateur ?

— Non, à personne.

— Très bien, dit-il vivement, la main toujours posée sur le combiné. Dans l'immédiat les agents de la FDA ne vont pas sonder ton système informatique, si ce n'est pour vérifier les registres de production et les formules chimiques. Mais si jamais ils découvrent l'existence de ces e-mail, et que ceux-ci ont été expédiés depuis un autre Etat, ou s'ils découvrent que les formules chimiques ont été sabotées par un type qui réside dans un autre Etat, l'affaire tombe sous le coup de la juridiction fédérale. Ils vont mettre les scellés sur ton réseau informatique et boucler entièrement le système, et ensuite, plus moyen pour nous d'y accéder. Or, si notre petit malin est entré par effraction dans le réseau Biotech, ce système est notre seule chance de retrouver sa trace et d'essayer de le pincer. Mais si les gars de la FDA fourrent leur nez là-dedans, c'est fichu.

— Autrement dit, ce n'est plus une mais deux courses contre la montre qu'il va falloir mener ! s'écria-t-elle en lui tournant brusquement le dos et en se mettant à faire les cent pas comme si elle avait voulu foncer la tête la première contre le mur. (Elle fit volte-face.) Est-ce que tu penses que tu peux y arriver seul ? A pincer le type, je veux dire ?

— Je travaille toujours mieux quand je suis seul, tu le sais.

Au moment où leurs regards se croisèrent, Charlotte repensa malgré elle au rire comique de Jonathan. Cette façon qu'il avait de rire par saccades comme une voiture qui n'arrive pas à démarrer. *Ha-ha ! ha-ha ! ha-ha-ha !* Elle avait pris le pli de dire des choses drôles pour le faire rire, et pour pouvoir rire elle aussi, jusqu'à ce que l'un et l'autre se tiennent littéralement les côtes, parce que ça faisait du bien et qu'après cela plus rien ne pouvait vous atteindre, ni les pierres, ni les crottes de chien, ni les « sale chinetoque » qu'on vous balançait sur California Street.

Charlotte se demanda si le rire de Jonathan avait changé. Soudain elle eut envie de l'entendre. Elle eut envie de lui dire : « Tu connais celle du type qui... ? » Mais elle ne trouva rien de drôle à raconter.

Il la regarda.

— Qu'est-ce que c'est que ça ?

— Quoi donc ?

— Cette expression sur ton visage. Tu fais toujours cette tête-là quand tu penses à quelque chose.

Elle eut envie de lui répondre : « C'était peut-être vrai jadis, mais ma tête a changé. Tu ne la connais plus. »

Il ôta sa main de devant le combiné.

— Oui, Roscoe. Jonathan Sutherland à l'appareil. Bien, merci. J'aurais besoin d'un service. J'aimerais que tu interroges ta banque de données au sujet d'un type.

Charlotte se remit à faire les cent pas tandis que Jonathan enchaînait :

— Il s'intéresse à l'industrie pharmaceutique, et en particulier aux médecines douces. Il envoie des messages anonymes par e-mail, semble avoir de bonnes notions d'informatique, et possède peut-être des notions de pharmacie et de biochimie. Il a peut-être un lien avec Harmony Biotech. Oui. Une enquête privée. Et strictement confidentielle, bien entendu. Pardon ? Oui, je reste en ligne.

En attendant que Thorne reprenne la ligne, Jonathan observa Charlotte, qui faisait les cent pas. Il laissa son regard errer sur ses reins. Elle s'était toujours plainte d'avoir des hanches trop larges. Mais il aimait la façon dont sa jupe noire épousait intimement la courbe de ses hanches, soulignant sa taille de guêpe. Il aurait voulu poser ses mains sur ces hanches généreuses pour les sentir bouger à nouveau.

— Oui, Roscoe, dit-il dans le combiné. Oui, merci.

C'est bien le numéro où tu peux me joindre. Merci, vieux. A la prochaine.

Il referma son téléphone mobile :

— Je vais avoir besoin des plans de l'usine, du parc, des bureaux — ainsi que du schéma des installations téléphoniques et électriques.

Il parlait vite, comme si son esprit lancé au galop devançait ses paroles.

— Et d'un plan, s'il en existe un, de tous les modems et terminaux informatiques. Le serveur se trouve dans le bâtiment principal, j'imagine.

— Oui, au troisième étage, dit-elle, réalisant subitement que par certains côtés il n'avait pas changé.

Jonathan avait toujours été quelqu'un d'impatient. Quand les choses n'allaient pas assez vite à son goût, il donnait un grand coup d'accélérateur sans se soucier des conséquences. A présent, elle ressentait chez lui cette même impatience, cette détermination de bouledogue avec laquelle Jonathan allait percer à jour ce mystère, quoi qu'il advienne.

Il jeta un coup d'œil à sa montre, puis s'assit précipitamment devant l'ordinateur.

— Est-ce que ton système informatique est bien protégé ?

— Nous avons des écrans pare-feu, des mots de passe, des codes secrets.

— Bref, la panoplie complète du système de sécurité défaillant.

Il pianota une suite de commandes sur le clavier, puis regarda l'écran et murmura :

— Dianuba Software. Bien. (Il se tourna vers elle.) Est-ce que Dianuba Technologies a accès au système pour la maintenance ?

— Il n'y a que le directeur de l'informatique qui pourrait te répondre. Mais à cette heure-ci, il est déjà parti.

— Est-ce que le réseau est équipé de modems qui fonctionnent en mode direct ? C'est généralement comme ça que les hackers pénètrent dans les réseaux informatiques.

— Non, nos modems sont tous reliés au serveur.

— Parfait. Il y a toutes les chances pour que notre ami cherche à te recontacter d'ici peu. Je vais lui tendre un piège de façon à pouvoir retrouver sa trace. Est-ce que le responsable de l'informatique est un type à qui on peut faire confiance ?

Devant son hésitation, il poursuivit :

— Peu importe. On se passera de ses services. C'est plus sûr et plus rapide, de toute façon.

— Jonathan, il a menacé de faire d'autres victimes. Comment pourrait-il mettre sa menace à exécution ? Nous avons retiré tous nos produits de la vente. Nous avons diffusé des messages à la radio et à la télé. Comment peut-il être sûr que les gens vont continuer à utiliser nos produits ? Des milliers de gens par-dessus le marché.

— Il a même l'air de croire, dit Jonathan en consultant à nouveau sa montre, qu'il peut les en empêcher ou les y inciter d'ici douze heures. Charlotte, j'aurais besoin d'un lieu sûr où je puisse m'isoler pour travailler, un poste à partir duquel je puisse accéder à ton réseau.

Elle réfléchit un instant. Le bâtiment principal grouillait littéralement de fédéraux et de flics. Il n'y avait nulle part où…

— Ah, si ! s'exclama-t-elle. Je sais. Il y a un endroit dont, à ma connaissance, je suis seule à savoir l'existence.

— Parfait. (Il se leva, rangea son téléphone portable dans son sac et referma la fermeture Eclair.) Personne ne m'a vu entrer. C'est un véritable asile de fous, cette baraque. J'ai dit bonjour à Desmond de loin, mais il m'a envoyé promener en décrétant qu'il ne répondait plus à aucune question. Je ne suis même pas sûr qu'il m'ait reconnu. Tu vas aller le trouver et lui dire que tu es très occupée et que tu ne veux être dérangée sous aucun prétexte. Tu crois que c'est possible ?

— Oui, attends-moi ici, je reviens dans une minute.

Sur ces mots, Charlotte partit sans attendre à la recherche de son cousin. Elle le trouva dans le hall assiégé de toutes parts par les appels téléphoniques, les agents fédéraux survoltés, les employés affolés. Elle le prit à part et lui dit qu'elle allait passer le fichier du personnel au peigne fin, afin de voir si elle pouvait repérer un éventuel suspect. Elle comptait également reprendre toutes les écritures de l'entreprise, afin de voir s'il n'y avait rien de suspect de ce côté-là non plus. Cependant elle ne fit pas mention des messages anonymes qu'elle avait reçus par e-mail ni de la présence de Jonathan.

— J'ai besoin de toi ici, Des, pour empêcher le navire de couler.

Il lui tapota la main et lui dit de derrière ses verres fumés :

— Ne t'inquiète pas, Charlotte. Je veille au grain.

De retour dans son bureau, elle dit à Jonathan :

— Tout est réglé. Maintenant on file par l'escalier de service. Vite !

6

Tandis qu'ils longeaient furtivement le passage couvert reliant le bâtiment principal aux différentes parties du parc, Jonathan s'arrêta soudain et, désignant quelque chose du doigt à travers la pluie battante, demanda :

— Qu'est-ce que c'est ?

— Une serre. On y fait pousser des espèces rares.

Il plissa les yeux pour observer la structure fantomatique luisante de pluie, à l'intérieur de laquelle une lueur crépusculaire faisait ressortir les silhouettes d'arbres et de feuillage vert sombre aux formes tourmentées.

— J'aimerais y jeter un coup d'œil, dit-il.

— A la serre ? Pour quoi faire ?

— Est-ce qu'on peut y aller ?

— Oui.

Ils longèrent le sentier de gravier en s'assurant qu'ils n'étaient pas suivis, puis Charlotte composa le code de six chiffres actionnant la serrure électronique. Aussitôt une chaleur moite et épaisse, chargée d'une forte odeur végétale, enveloppa le couple. Jonathan pénétra dans la forêt tropicale de plantes, de fleurs et d'arbres, en en inspectant minutieusement chaque pied. Il s'arrêta devant un buisson ployant sous de grosses fleurs roses au parfum puissant et demanda :

— Quelle est cette plante ?

— Une pivoine buisson. Nous la cultivons pour ses vertus antiseptiques et diurétiques. Jonathan, qu'est-ce que…

Il essuya la sueur qui perlait à son front.

— Est-ce qu'elle fait l'objet de soins particuliers ?

— Non, nous n'en récoltons les racines qu'à l'automne.

A sa grande surprise, elle le vit tomber à genoux et faire coulisser la fermeture Eclair de son sac. Il en retira trois objets métalliques enveloppés dans du plastique, puis se mit à creuser la terre au pied de l'arbuste pour y enfouir les objets.

Tandis qu'elle le regardait combler le trou en s'assurant qu'il n'avait pas laissé de traces, Charlotte se sentit soudain assaillie par les senteurs capiteuses de la serre — des senteurs estivales qui lui rappelaient les étés de son adolescence, lorsque, chaque année au mois de juin, Jonathan s'en allait, et qu'avant son départ, d'une voix enjouée, elle lui dressait la liste de toutes les choses qu'elle allait faire pendant son absence, comme si elle avait eu hâte qu'il s'en aille pour pouvoir se livrer à ses activités favorites.

En réalité, Charlotte n'était nullement soulagée qu'il s'en aille. Mais elle avait du chagrin et ne voulait pas qu'il sache qu'elle avait peur qu'il ne revienne jamais. Et c'est pourquoi elle jacassait et lui parlait des matchs des Giants, des bals costumés, des leçons d'équitation dans Golden Gate Park. Et tandis que sa voix et son sourire proclamaient : Regarde comme je vais m'amuser, son cœur implorait : Ne me quitte pas, Johnny, sans toi, je ne suis rien.

Et il restait là à la contempler sans rien dire, avec ses yeux bruns pensifs, les lèvres scellées. Mais elle voyait bien à la veine qui palpitait sur son cou pâle et gracile qu'intérieurement il se faisait violence pour ne pas lui avouer ses sentiments.

Tandis que Jonathan finissait de recouvrir les objets métalliques et tassait la terre au pied du buisson, des feuilles fanées se détachèrent des branches et tombèrent en tourbillonnant. Charlotte songea aux promesses brisées. Son père était mort avant qu'elle ne vienne au monde, et sa mère était morte alors qu'elle était tout bébé. Après quoi elle avait vu mourir son oncle Gideon.

— Ils m'ont tous abandonnée, Johnny, lui avait-elle dit quand ils avaient dix-neuf ans. Promets-moi de ne jamais me quitter.

Il le lui avait promis. Puis l'avait quittée.

Il se releva en se frottant les mains pour en ôter la terre, puis voyant son regard interrogateur, dit :

— C'est un revolver. Je l'ai amené avec moi, au cas où. Mais c'est illégal, et je ne veux pas courir le risque de me faire prendre avec. Allons-y.

Charlotte l'emmena ensuite dans la « Chine de jadis », c'est du moins l'impression qu'il éprouva lorsqu'ils franchirent une lourde porte et qu'elle enfonça le bouton de l'interrupteur. Une lumière douce envahit soudain la pièce, qui semblait surgie d'une autre époque, d'un autre monde.

— C'était le musée de grand-mère, dit-elle à mi-voix, tandis qu'il pénétrait plus avant dans la pièce en jetant un coup d'œil circulaire.

Le musée se trouvait à la lisière du parc d'Harmony Biotech, à quelques centaines de mètres du bâtiment principal.

— Il fut un temps où il était ouvert au public, dit Charlotte. Mais après la mort de grand-mère je l'ai fermé.

L'éclairage était subtil. Les précieuses reliques contenues dans les vitrines étaient nimbées d'une lumière irréelle, incandescente, qui semblait d'un autre monde, comme si, songea Jonathan, ces objets avaient été apportés ici grâce à une machine à remonter le temps, et qu'ils étaient contenus dans un espace temporel fragile et risquaient à tout moment d'être à nouveau happés par le passé.

— Incroyable, murmura-t-il.

— Ma grand-mère s'accrochait de toutes ses forces au passé. Combien de fois ne lui ai-je pas répété qu'Harmony devait entrer de plain-pied dans le XXIe siècle. Nous avons eu des mots, elle et moi, à ce sujet. (Charlotte détourna brièvement les yeux pour cacher son émotion.) Je le regrette, à présent, dit-elle à mi-voix. Mais il n'empêche que grand-mère avait perdu la clairvoyance qu'elle avait à l'époque où elle avait fondé la compagnie. Je lui ai dit qu'il n'était pas souhaitable de s'accrocher au passé — à aucun passé, ajouta-t-elle en regardant Jonathan droit dans les yeux. Mais à présent je déplore que nous n'ayons pas été en bons termes quand elle est morte.

Jonathan contempla la remarquable collection d'objets qui s'étalait sous ses yeux, retraçant l'histoire de la médecine chinoise. Il savait également qu'une grande partie de l'histoire personnelle de la famille Lee était représentée ici, dans ces bols de porcelaine, ces paravents laqués, ces paniers de bambou, ces figurines de jade. Il ne fut pas surpris d'y trouver un gigantesque chien de pierre, gardien de temple chinois, et se rappela même l'avoir déjà vu, des années auparavant. Cette statue avait une histoire, tout comme il y avait une histoire rattachée à chacun des trésors qui se trouvaient dans cette pièce.

Avisant sur le mur une carte de Chinatown, le quartier chinois de San Francisco, il réalisa avec un petit choc que le musée était aussi empreint de son propre passé, dans la mesure où son chemin avait croisé celui de Charlotte Lee lorsqu'il avait treize ans.

— Il y a un terminal, dans le bureau de grand-mère, dit-elle, en tournant brusquement les talons pour lui montrer le chemin. Elle ne s'en servait jamais, évidemment. Elle n'a jamais voulu apprendre à taper à la machine.

Il la suivit, foulant aux pieds l'épaisse moquette, cheminant entre les vitrines remplies de vestiges exotiques provenant d'un passé à jamais révolu. Lorsqu'il tomba nez à nez avec une figure masculine vêtue d'une somptueuse robe de soie à la mode des mandarins, Jonathan eut un haut-le-corps tant le mannequin était réaliste. Il n'eut pas besoin de lire la petite notice d'explication pour savoir qu'il s'agissait de l'arrière-arrière-grand-père de Charlotte, riche médecin de Singapour. Il reconnut la robe de soie vert émeraude et la veste de satin noir qu'ils avaient vues sur une photo que Charlotte lui avait montrée autrefois.

— J'ai fermé le musée le lendemain de la mort de grand-mère, dit Charlotte lorsqu'ils atteignirent enfin le petit bureau. (Elle actionna l'interrupteur.) Il est exactement tel que je l'ai laissé. (Elle se tourna vers lui, et plongea ses yeux vert clair dans les siens.) Grand-mère avait quatre-vingt-onze ans, et elle était encore à la tête d'Harmony House. Mais elle passait le plus clair de son temps ici, à ressasser ses souvenirs, en ruminant le passé.

Le bureau, également éclairé par une lumière tamisée, donnait l'impression de n'avoir pas connu de présence humaine depuis longtemps. Et pourtant, la grand-mère de Charlotte n'était morte que six mois auparavant — Jonathan se demanda si Charlotte avait reçu les fleurs et la carte de condoléances qu'il lui avait envoyées d'Afrique du Sud.

Elle désigna un petit écran de télévision dans un coin.

— Je l'ai fait installer, dit-elle en l'allumant, pour que grand-mère n'ait pas à courir d'un bout à l'autre du parc. Elle ne s'en est jamais servie. A quatre-vingt-onze ans, elle continuait de faire chaque jour le tour complet de tous les bâtiments, comme elle l'avait fait pendant des années…

Charlotte enfonça plusieurs touches sur la console et l'aire de stationnement principale apparut sur l'écran. L'air grave et sûr de lui, l'imposant Valerius Knight était en train de faire une déclaration devant les caméras de télévision. Elle enfonça une autre touche, et cette fois ce fut l'unité de mise en flacons qui apparut à l'écran. Les employés tournaient en tous sens parmi les machines silencieuses et immobiles.

S'approchant du bureau de sa grand-mère, elle ôta la housse de plastique qui recouvrait l'ordinateur et alluma l'écran.

Jonathan posa sa sacoche noire sur le bureau. Celle-ci comportait une multitude de poches et compartiments fermés par des fermetures à glissière. Lorsqu'il l'ouvrit, Charlotte aperçut toute une collection de disquettes, câbles coaxiaux, pinces-crocodiles, cordons téléphoniques et électriques, cassettes, rallonges, ainsi qu'un casque audio, un micro directionnel, un enregistreur à micro-cassettes, une antenne, des gants de caoutchouc, des sacs en plastique et des tenailles.

Otant sa veste, il la posa sur le dossier du fauteuil et entreprit de remonter ses manches de chemise avec ces mêmes petits gestes volontaires et précis qu'il avait toujours eus, et qui donnaient à Charlotte le sentiment qu'il contrôlait parfaitement la situation. Une fois de plus, Jonathan prenait les choses en main.

Pourtant, par certains côtés, il lui était étranger. Sa tenue impeccable et son air frais et dispos n'étaient pas ceux d'un homme qui venait de passer douze heures dans un avion et avait conduit pendant près de cent kilomètres sous une pluie battante. Elle se demanda si cet air détendu était feint, s'il s'agissait en fait d'un truc destiné à mettre ses clients à l'aise. Après tout, il était expert en sécurité des entreprises. Il était donc indispensable qu'il donnât l'impression d'être en parfaite possession de ses moyens.

Son aspect policé était l'aboutissement d'une métamorphose qui avait commencé dix ans plus tôt. Elle n'arrivait plus à se le représenter en train de croquer une pomme à belles dents, mais se l'imaginait en train de la découper méticuleusement au moyen d'un couteau, à l'européenne. Sans doute avait-il cessé de tremper ses frites dans le Ketchup, et de se confectionner des sandwichs au rôti de porc et haricots dégoulinants de sauce. Elle avait sa petite idée quant à la raison de cette transformation. Car elle ne s'était pas faite spontanément. Un homme qui n'avait pas porté de chaussettes jusqu'à l'âge de vingt ans ne devenait pas aussi civilisé du jour au lendemain. Jonathan avait de toute évidence subi, dix ans durant, une influence extérieure forte.

Celle de sa femme, évidemment, Adèle.

Lorsqu'il ouvrit sa sacoche, Charlotte aperçut une bande en plastique apposée sur le rabat avec l'inscription : « La technologie, quand elle est suffisamment avancée, ressemble à s'y méprendre à de la magie. — Arthur C. Clarke. » Elle vit également un roman qui dépassait de l'une des poches. *Moi, le robot*, d'Isaac

Asimov. A leur vue, Charlotte éprouva comme un réconfort. Jonathan s'intéressait toujours à la science-fiction et lisait toujours des romans, ce qui voulait dire que certaines choses en lui n'avaient pas changé.

— Il faut que je me familiarise avec ton système informatique afin d'en déterminer le degré de sécurité, dit-il. Si notre mauvais plaisant est un intrus, cela signifie qu'il connaît le système interne de Biotech comme sa poche.

— Un intrus ? Tu veux dire un hacker ?

Il eut un petit sourire renfrogné.

— Les hackers sont censés être des gens bien, l'aurais-tu oublié ? Nous étions fiers, toi et moi, de nous passer de manger ou de dormir pendant des journées entières pour pouvoir intercepter des ondes que personne d'autre que nous ne pouvait capter. Les médias nous ont volé notre surnom et ils en ont affublé des escrocs.

Non, elle n'avait pas oublié le soir où un Johnny barbu et chevelu de dix-sept ans lui avait annoncé avec feu :

— J'ai été admis au Massachusetts Institute of Technology, Charlotte, c'est là que sont formés les meilleurs hackers de la planète…

Et au même moment, elle avait songé : Johnny va rester en Amérique !

— Je vais te demander d'entrer ton mot de passe.

Revenant à regret à l'instant présent, elle dit :

— Je peux te le donner si tu veux.

Mais il se leva et s'écarta du bureau afin de lui laisser la place.

— Non, je préfère ne pas le savoir.

— Mais enfin, Jonathan, il n'y a pas d'inconvénient à ce que tu saches mon mot de passe.

— Je ne veux pas le connaître, dit-il en tournant le dos au moniteur. S'il te plaît, tape ton mot de passe.

— Bon, consentit-elle, en s'asseyant devant l'ordinateur. (Elle pianota rapidement une commande.) C'est bon, dit-elle, en se relevant pour lui céder la place.

— Merci.

Sitôt que les doigts de Jonathan rencontrèrent le clavier et que ses yeux se posèrent sur le moniteur, ce fut comme si son cerveau passait à la vitesse supérieure et que le monde entier cessait d'exister.

— Quel est le mot de passe de ta boîte à lettres électronique ? (L'instant d'après, un nouveau message apparut à l'écran.) Tiens, tiens, dit Jonathan, j'ai comme l'impression que notre plaisantin t'a encore écrit.

Charlotte jeta un coup d'œil à l'écran par-dessus l'épaule de Jonathan.

« *Rien de plus facile que d'approcher ces trois bonnes femmes. Et il m'est encore plus facile de t'approcher, Charlotte.* »

— Il t'appelle Charlotte, dit Jonathan. Ce qui veut dire qu'il te connaît.

— Ou qu'il veut me le faire croire. S'il m'appelait par mon vrai prénom, encore, je ne dis pas.

Jonathan sortit une bobine de fil électrique, des clips de raccordement et une paire de pinces coupantes de son sac.

— J'irai faire un tour du côté de l'installation téléphonique dès que tu m'auras procuré les plans de l'usine.

Il avait dit cela d'une voix pincée et saccadée qu'elle connaissait bien. Il était furieux. Mais contre qui ? Elle ? Les circonstances ?

— Crois-tu pouvoir te les procurer bientôt ?

— Oui, ils sont dans mon bureau.

Saisissant précipitamment son fourre-tout, elle tourna aussitôt les talons.

— Je n'en ai pas pour longtemps.

Jonathan la regarda traverser le musée pour gagner la sortie. En chemin, elle s'arrêta subitement devant une vitrine. Il en profita pour la détailler.

Charlotte était encore belle malgré les années. Elle avait toujours ses longs cheveux noirs hérités de ses ancêtres chinoises et ses yeux verts étincelants qu'elle tenait de son grand-père américain. Mais la vilaine frange qui lui barrait jadis le front avait disparu. Aujourd'hui ses cheveux partagés au milieu et retenus par une barrette en or formaient un long ruban noir qui tombait gracieusement entre ses épaules. Elle était plus grande que ses ancêtres chinois, mais avait hérité de la silhouette gracile de sa grand-mère, une silhouette à laquelle le *cheongsam* seyait mieux que les blue-jeans.

Il se remit soudain à penser au jour où ils s'étaient rencontrés pour la première fois, vingt-six ans plus tôt, à Pacific Heights. Ce jour scintillait toujours dans sa mémoire, comme l'un des précieux vestiges contenus dans les vitrines du musée. Jonathan était souvent passé devant la maison au portail orné d'un croissant de lune et flanqué de deux chiens de pierre. Une maison enveloppée de mystère. Et puis un jour il avait aperçu un visage qui l'observait depuis une fenêtre. Après cela, il ne l'avait plus revu que de temps à autre, ce visage grave aux pommettes saillantes qui l'observait quand il se rendait au lycée.

Un jour, dans le parc, la tristesse qui lui étreignait le cœur était devenue tellement insupportable qu'il s'était assis sur un banc et avait enfoui sa tête dans ses genoux pour pleurer toutes les larmes de son corps. Et soudain son ombre était tombée sur lui comme une caresse. Sans même relever la tête il avait senti sa présence. Jamais il n'oublierait l'expression de ses yeux verts lorsqu'il lui avait demandé : « Pourquoi tu pleures ? » même si sa bouche n'avait rien dit.

Il avait essuyé ses larmes d'un revers de manche et elle s'était assise à côté de lui, ses bras gracieusement pliés devant elle.

— C'est ma mère, avait-il sangloté. Elle me manque. J'ai beau essayer, je ne peux pas m'empêcher de pleurer.

Ses paupières taillées en amande avaient battu sur ses prunelles d'un beau vert de jade. Elle était restée un moment silencieuse. Puis l'avait regardé à nouveau et dit :

— Ma mère à moi aussi est morte.

Il avait tressailli, car il ne lui avait jamais dit que sa mère était morte. Et pourtant c'était vrai. Elle était morte l'année précédente, et son père l'avait fait venir d'Ecosse pour l'obliger à vivre dans ce drôle de pays.

— Je suis écossais, dit-il, sans trop savoir pourquoi il se confiait à elle.

Mais il s'était senti beaucoup mieux après cela, comme si lui parler l'avait soulagé.

— Tu veux venir boire une limonade ? avait-elle demandé.

Et c'est ainsi que pour la première fois il était entré dans l'étonnante maison, remplie de trésors exotiques, où régnait un silence étrange, presque palpable.

— Je m'appelle Charlotte, lui avait-elle dit lorsqu'ils étaient entrés dans le vaste salon dont les fenêtres donnaient sur le pont du Golden Gate.

— Et moi c'est Jonathan. (Puis il s'était repris.) Johnny.

— J'adore ton accent, lui avait-elle dit avec un sourire.

Tandis qu'il l'observait à présent dans le musée de sa grand-mère, Charlotte fit une chose étrange : elle déverrouilla l'une des vitrines et en sortit quelque chose.

Abandonnant un instant l'ordinateur, il alla la rejoindre, curieux de savoir ce qui avait attiré son attention. Elle tenait dans la main deux pantoufles de soie richement brodées.

— Elles ont appartenu à mon arrière-grand-mère, dit-elle d'une voix pleine de respect.

— Quand elle était enfant ?

— Non, quand elle était adulte.

Les pantoufles ne mesuraient pas même dix centimètres.

Elle les replaça dans la vitrine, et plongea la main dans le fourre-tout en cuir qu'elle portait en bandoulière pour en ressortir le casse-tête chinois. Jonathan dit :

— Je me souviens de cette boîte. C'est un casse-tête chinois.

— Il a appartenu à ma mère. M. Sung me l'a donné tout à l'heure. Il m'a dit qu'il me porterait chance. (Elle le plaça contre l'oreille de Jonathan et dit :) Ecoute. Il y a quelque chose à l'intérieur. Et pourtant, jusqu'à maintenant, j'étais sûre qu'il était vide. Quelqu'un a placé quelque chose à l'intérieur.

— Tu vas l'ouvrir ?

— Il y a tellement longtemps... (Charlotte se mit à tourner et à retourner la boîte entre ses doigts, poussant légèrement par-ci, tirant par-là, faisant pression à divers endroits dans l'espoir de débloquer le mécanisme d'ouverture.) Je me souviens de la première fois que j'ai essayé d'ouvrir une boîte comme celle-là, dit-elle en trouvant la première pièce mobile et en la faisant coulisser. Grand-mère disait que ces boîtes étaient des illusions. A première vue elles semblent hermétiquement closes, sans couvercle ni la moindre ouverture permettant de pénétrer à l'intérieur. Elle m'a appris à palper patiemment le bois pour faire glisser d'abord une pièce, puis une autre, et ainsi de suite, en gardant toujours à l'esprit que le mécanisme d'ouverture forme un tout. Le mouvement de chaque pièce est commandé par le mouvement de la précédente. Il m'a fallu une semaine pour ouvrir la première, et si mes souvenirs sont exacts il s'agissait d'un mécanisme très simple de douze pièces seulement. Mais quand j'ai réussi à l'ouvrir, j'ai été déçue parce qu'il n'y avait rien à l'intérieur, alors que j'avais fourni un gros effort qui méritait d'être récompensé.

Elle fit glisser une autre pièce, puis recommença à palper la boîte pour essayer de trouver la suivante.

— Grand-mère disait que le plaisir consiste à chercher le trésor et non à le trouver. Et pendant des années, elle m'a donné des boîtes vides pour que j'essaye de les ouvrir.

Tandis qu'il observait Charlotte palper la boîte de ses longs doigts minces, cherchant à tâtons les parties mobiles, les faisant glisser dans un sens puis dans l'autre, telle une exploratrice prudente qui cherche la sortie d'un dangereux labyrinthe, il se souvint de la première fois où elle lui avait appris à ouvrir une de ces boîtes à malice. Ils se tenaient exactement comme ça, l'un en face de l'autre, leurs têtes se touchant presque, et Jonathan luttait de toutes ses forces pour ne pas céder à une furieuse envie de l'embrasser.

— Grand-mère voulait me faire découvrir la joie de résoudre un casse-tête. Mais elle ne comprenait pas que sans espoir de récompense je n'y prenais aucun plaisir. Pour finir, un Noël, je devais avoir dix-sept ou dix-huit ans, elle m'a offert une boîte à laquelle je n'ai même pas touché. Grand-mère a été très vexée. Elle prenait un réel plaisir à me regarder essayer d'ouvrir les boîtes. Et voilà que je refusais de me prêter à son jeu.

Les doigts de Charlotte couraient habilement sur la surface parfaitement lisse, cherchant les coutures invisibles, déjouant les pièges de l'illusion d'optique, faisant glisser les pièces marquetées tantôt d'un côté, tantôt de l'autre, vers le haut, vers le bas.

— L'année suivante, elle m'a donné une boîte en disant : « Il y a quelque chose à l'intérieur. » Si bien que je l'ai ouverte. Elle contenait une bague ornée d'une perle fine. Mais après cela, ça n'a plus jamais été pareil.

La dernière pièce coulissa enfin et le couvercle de la boîte pivota, laissant apparaître un petit morceau de papier.

— On dirait qu'il y a quelque chose d'écrit dessus, dit Jonathan. Des caractères chinois. Tu peux les lire ?

La grand-mère de Charlotte lui avait patiemment appris à lire et à écrire le chinois, en lui montrant comment tenir le pinceau pour former les idéogrammes et écrire le mot « soleil » et le mot « lune », et en lui expliquant qu'accolés l'un à l'autre ils signifiaient « demain ».

— Ça fait tellement longtemps, dit-elle en tournant le petit morceau de papier vers la lumière. Mon chinois est un peu rouillé.

— Je me rappelle que vous aviez d'étranges conversations, ta grand-mère et toi.

— Comment cela ? demanda-t-elle en relevant soudain la tête.

— Elle te parlait chinois et toi, tu lui répondais en anglais.

Charlotte fronça les sourcils, l'air surpris.

— Tu ne te rappelles pas ?

— Je ne m'en rendais même pas compte.

— En tout cas, c'était vraiment bizarre de vous voir et de vous entendre !

Etait-ce ainsi entre grand-mère et moi ? songea Charlotte tout en essayant de déchiffrer les mystérieux idéogrammes couchés sur le papier. Est-ce que grand-mère et moi parlions deux langues différentes ? Ou est-ce le cas de toutes les grand-mères quand elles parlent avec leurs petites-filles, même quand elles s'expriment dans la même langue ?

— Ceci, dit-elle à Jonathan en désignant un caractère du doigt, signifie « serpent dans une maison ». Cela veut dire qu'il y a du danger. Et cet autre signe signifie « trahison ».

— M. Sung cherche à te dire qu'il y a un traître au sein de la firme ?

— Ou dans ma propre maison, dit-elle en balayant des yeux le musée qui contenait l'histoire de sa famille.

— Glisser un message dans une boîte à malice ? Curieuse façon de te mettre en garde. Pourquoi ne pas te dire tout simplement : Charlotte, je crois qu'il y a un traître parmi nous ?

— Les Chinois sont ainsi, répondit-elle dans un murmure.

Jonathan sourit, car il savait ce qu'elle voulait dire.

— Il y a beaucoup de choses que j'ignore concernant ma famille, poursuivit-elle en fronçant légèrement les sourcils, tandis que ses yeux erraient d'une vitrine à l'autre. Nous étions des gens réservés et silencieux. Grand-mère en particulier. Ce qui ne l'a pas empêchée de créer ce musée. Ce lieu recèle tout notre passé, et la clé de toutes les énigmes. Je me demande si…

— Si quoi ?

— Si c'est un intrus qui a saboté les produits et envoyé les messages. Peut-être qu'il s'agit d'un proche, de quelqu'un qui m'en veut personnellement ou qui en veut à ma famille — une histoire de vengeance en quelque sorte.

— Tu sais qu'il y a une partie de moi-même dans ce musée ? dit doucement Jonathan.

— Je sais.

Leurs regards se croisèrent, et elle dit :

— Je vais installer mon QG ici. J'ai dit à Desmond que j'allais passer les fichiers du personnel et les écritures de la société au peigne fin. Mais je ne lui ai pas dit où j'allais. Grâce à la console de télésurveillance qui se trouve dans le bureau de grand-mère, il est possible d'accéder à toutes les parties de l'usine, et de surveiller toutes les allées et venues. Si quelqu'un me cherche, je peux réapparaître à tout moment.

Charlotte glissa à nouveau la main à l'intérieur de la vitrine pour s'emparer de la minuscule paire de pantoufles.

— Tu sais, murmura-t-elle en contemplant les ravissantes broderies d'or et d'argent destinées à dissimuler la mutilation et la souffrance, il fut un temps où j'étais au courant de tout. Grâce à grand-mère. Et puis un beau jour j'ai cessé de lui prêter attention. J'ai décidé de faire le ménage dans ma tête. Mais quand je regarde ces pantoufles j'ai l'impression d'entendre à nouveau la voix de grand-mère me racontant l'histoire de sa mère, Meiling, qui a porté ces chaussons. Tu crois qu'on peut réellement entendre les voix de nos grand-mères, Johnny ? Ou bien est-ce juste une impression ?

D'un geste ferme, il posa une main sur son bras, créant un lien solide entre elle et lui. Mais, alors qu'il allait dire quelque chose, une sonnerie déchira le silence.

— Qu'est-ce que c'est ? demanda Charlotte.

— La sonnerie de l'ordinateur. Quelqu'un nous adresse un appel.

Ils retournèrent aussitôt dans le bureau. Une icône était en train de clignoter sur l'écran.

— Quelqu'un sait que nous sommes ici ?

Jonathan secoua la tête.

— J'ai programmé l'ordinateur de ton bureau de façon à ce qu'il transfère toutes les communications sur celui-ci. Un transfert d'appel si tu préfères. (Il cliqua deux fois sur l'icône et une image apparut à l'écran.) On dirait une transmission vidéo.

Charlotte retint son souffle.

— Jonathan, c'est mon bureau, à la maison !

Il eut l'air perplexe.

— Tu es sûre ?

— Mais, évidemment ! C'est la baie vitrée qui donne sur mon jardin de rocaille.

— D'où la photo a-t-elle été prise ?

— Depuis ma table de travail. Mon ordinateur.

— Il est relié à un Caméscope ?

— Non, je n'en ai pas.

Elle écarquilla soudain de grands yeux.

— C'est Yolanda, ma femme de ménage !

Yolanda entra dans le champ de la caméra, elle souriait et semblait dire quelque chose à la personne qui était en train de filmer.

— Mets le son, dit Charlotte.

— Il est mis, mais l'image est muette.

— Je n'y comprends rien. Comment se fait-il que quelqu'un soit en train de filmer Yolanda ? Et d'ailleurs que font-ils dans mon bureau ?

— Ta femme de chambre a l'air de savoir de qui il s'agit. Elle réagit comme si sa présence était tout à fait naturelle.

— Et elle se laisse filmer.

— Elle n'a pas l'air de savoir qu'on est en train de la filmer. Hé, regarde ça !

Brusquement, Yolanda étira le bras hors du champ de la caméra comme si elle cherchait à saisir quelque chose. Quand sa main revint à nouveau dans le champ de l'objectif, elle tenait une tasse. Yolanda souriait en hochant la tête, puis elle leva la tasse et la porta jusqu'à ses lèvres.

— Oh, mon Dieu ! s'écria Jonathan.

— Quoi ? Que se passe-t-il ?

Charlotte vit la femme de ménage boire à petits coups en parlant à la personne qui se trouvait hors champ. Elle était parfaitement détendue et semblait trouver le breuvage à son goût. Son sourire s'élargit et elle reprit une gorgée.

— Oh, mon Dieu ! balbutia Charlotte, réalisant soudain ce qui était en train de se produire. Oh, mon Dieu !

Saisissant précipitamment le téléphone, elle composa son numéro personnel.

La ligne était occupée.

Elle essaya l'autre ligne, dont le numéro n'était connu que de ses amis intimes.

Elle était également occupée.

Le sourire de Yolanda disparut d'un seul coup. Elle porta une main à son front comme si elle avait été brusquement prise d'un malaise. La tasse lui échappa des mains.

— Oh, non ! s'écria Charlotte. Il l'a empoisonnée ! Il a tué Yolanda !

— Allons-y, dit Jonathan en saisissant aussitôt son blouson. Je prends le volant.

— Non, dit-elle en composant le 911. Attendez, dit-elle à la standardiste, ne me mettez pas en attente.

Elle étouffa un juron en entendant le silence à l'autre bout de la ligne.

Puis elle regarda à nouveau l'écran. Visiblement, Yolanda était très mal en point, elle avait tourné le dos à la caméra et s'approchait de la porte d'un pas hésitant. Puis elle s'effondra d'un seul coup en disparaissant du champ de la caméra.

— Allô ! hurla Charlotte dans le combiné. Une femme a été empoisonnée. Envoyez le SAMU. Tout de suite, c'est urgent ! (Elle donna son adresse et raccrocha aussitôt.) J'y vais seule, Jonathan, dit-elle en saisissant son fourre-tout.

— Charlotte…

— Jonathan, il faut que tu restes ici. J'ai besoin de toi pour m'aider à retrouver le salopard qui a fait ça.

Sans lui laisser le temps de protester, elle s'élança vers la sortie, le cœur battant — « Mon Dieu, faites que j'arrive à temps pour sauver Yolanda » —, manquant presque percuter au passage la vitrine où se trouvaient les pantoufles miniatures…

7

Singapour, 1908

Avant même d'éprouver de la souffrance, la fillette se mit à hurler.

L'empoignant fermement, ses deux tantes la forcèrent à s'asseoir sur le tabouret, ses petites jambes allongées devant elle, de façon à ce que ses pieds nus reposent sur les genoux de Mei-ling. Aussitôt qu'elle aperçut les bandages, l'enfant âgée de six ans se mit à crier, mais la vraie douleur n'arriva que lorsque, saisissant son pied droit, Mei-ling replia d'un geste énergique les quatre orteils sous la plante du pied. Les articulations firent entendre un craquement sourd. La petite ouvrit grande la bouche, mais aucun son n'en sortit.

Raide et tremblante, elle demeura assise sur le tabouret. Et tandis que ses tantes ne cessaient de lui répéter combien elle était courageuse, et comme elle allait être belle, les doigts agiles de Mei-ling commencèrent à bander étroitement les orteils cassés, de façon à les maintenir dans leur nouvelle position recroquevillée, en ayant soin de laisser dépasser le gros orteil.

Tout le monde s'accordait pour dire que l'enfant avait de la chance que ce soit Mei-ling qui lui bandât les pieds. Bien sûr, le bandage des pieds, qui consistait à broyer des os, n'était jamais une partie de plaisir, mais Mei-ling disposait d'une importante panoplie de remèdes et d'élixirs à base de plantes pour calmer la douleur et l'appréhension. Sans parler de sa présence — qui rassérénait les patients.

Mei-ling était une légende vivante à Singapour : une jeune femme instruite, qui guérissait les corps malades, bien qu'elle eût, elle aussi, les pieds bandés, signe qu'elle était issue d'une famille aristocratique.

L'enfant poussa une plainte déchirante et les flammes des bougies qui brûlaient sur l'autel de Kwan Yin vacillèrent, comme si la déesse avait ainsi voulu lui témoigner sa compassion. Dehors, de l'autre côté de la haute muraille qui enserrait la cour, les habitants de Singapour célébraient bruyamment la fête des morts.

Tandis qu'elle bandait les pieds de l'enfant, Mei-ling laissa vagabonder son esprit. Elle se mit à songer à un rêve qu'elle avait fait quelques jours auparavant et que l'astrologue avait interprété ainsi :

— La fête des défunts approche, et elle apportera plus que l'esprit des morts dans la vie de Lee Mei-ling. Elle apportera un diable étranger.

Il s'agissait d'un homme, lui avait expliqué la diseuse de bonne aventure, venu de l'autre côté de l'océan, blond aux yeux verts.

— Est-il anglais, ô vénérable ancêtre ? avait demandé Mei-ling, qui, à l'instar de tous les membres de sa famille, des aristocrates chinois dont les origines remontaient à la création du monde, éprouvait à l'égard des Anglais des sentiments partagés, mélange de tolérance, de curiosité et d'irritation.

Mais la vieille femme lui avait répondu :

— Il est américain.

Entre-temps la fête des morts avait commencé et battait son plein. Dans les rues de Singapour ce n'étaient que réjouissances, spectacles de marionnettes et opéras chinois donnés en l'honneur des défunts. On était au septième mois lunaire, au cours duquel, selon la tradition, les portes de l'enfer s'ouvraient toutes grandes pour permettre aux morts de rendre visite à leurs descendants. Les familles donnaient de grands banquets en l'honneur de leurs morts, mais les âmes de ceux qui n'avaient pas de descendants erraient par les rues, envieuses et affamées, et il fallait les apaiser avec des spectacles et de la nourriture. D'un bout à l'autre de la ville, on faisait brûler des bougies et des bâtons d'encens dont le parfum entêtant, flottant par-dessus la muraille, enveloppait Mei-ling et les femmes qui se trouvaient avec elle.

Lorsqu'elle en eut fini avec le bandage, constatant que la fillette apeurée et tremblante demeurait silencieuse, Mei-ling lui montra ses propres pieds bandés, minuscules et précieux dans leurs petites pantoufles brodées à peine longues de dix centimètres.

Après que les parentes de la fillette se furent extasiées devant ses pieds tout neufs, Mei-ling prit congé, accompagnée de sa fidèle servante, chargée du coffret contenant ses instruments de médecine et ses potions. Tandis qu'elle se frayait lentement un chemin parmi les rues bondées où les jongleurs amusaient les morts et les vivants, Mei-ling ne cessait de songer à l'Américain dont l'astrologue lui avait dit qu'il allait entrer dans sa vie. Mais quand ? Où ? Et comment le reconnaîtrait-elle ? Et serait-ce pour le meilleur ou pour le pire ? Le rêve était-il destiné à la mettre en garde, ou au contraire à l'encourager à aller au-devant de l'étranger ?

Mei-ling n'en avait parlé à personne, bien que garder un secret ne fût pas chose facile dans une maison aussi peuplée que la sienne. Située dans le quartier riche de Singapour, la somptueuse demeure de Peacock Lane abritait non seulement Mei-ling et son père veuf, mais également un grand nombre de parentes qui, sans cela, se seraient retrouvées à la rue — des tantes veuves ou célibataires, des nièces, des cousines, ainsi que Elégance Dorée et Aube d'Eté, les épouses des deux frères de Mei-ling, le premier jeune maître et le second jeune maître, et Orchidée de Lune et Cannelle de Lune, les filles que la troisième épouse de son père, morte en couches, avait mises au monde. Mais malgré toutes ces femmes, Mei-ling, dont le nom signifiait Belle Intelligence, régnait sans partage sur le cœur de son père. C'était si peu conforme à la tradition chinoise, maugréaient les douairières, en particulier celles dont les fils étaient en âge de se marier, de vénérer à ce point sa fille et de lui laisser la bride sur le cou. A vingt ans, elle n'était toujours pas mariée ! Mais le père de Mei-ling ignorait leurs doléances et leurs reproches. Il se félicitait d'avoir réussi l'éducation de sa fille aînée, qui connaissait l'art de l'écriture et celui de la médecine aussi bien que lui-même ou que n'importe quel autre médecin respectable.

Naturellement, elle ne pouvait prodiguer ses soins qu'à des femmes — Mei-ling se consacrait presque exclusivement au bandage des pieds, étant réputée pour la délicatesse de son toucher, et aux accouchements, car les femmes disaient qu'elle portait la chance en elle, et savait attirer sans douleur un bébé hors du ventre de sa mère.

— *Au secours ! Au secours !*

Mei-ling se figea sur place.

— Qui a crié ? demanda-t-elle à sa servante.

Elles tendirent l'oreille, mais n'entendirent que la musique et les rires, et les pétarades des feux d'artifice illuminant la nuit.

— Qu'y a-t-il, Sheo-jay ? demanda la vieille femme, en employant le titre respectueux de « jeune maîtresse ».

— Tu n'as pas entendu…

— *Au secours !*

— Quelqu'un appelle à l'aide !

Mei-ling balaya des yeux la rue où se pressaient Chinois et Malais en costumes de carnaval, mais ne vit aucun étranger. Or le cri avait été poussé en anglais.

— *Oh, mon Dieu…*

— Là-bas ! dit-elle, en désignant une obscure ruelle. Un homme est en danger !

— Mais Sheo-jay…

— Viens vite !

Mei-ling s'élança vers la ruelle aussi vite que ses petits pieds le lui permettaient, sa servante, plus âgée et plus corpulente et gênée par le poids du coffret d'ébène, soufflant comme un bœuf à sa suite. Elles atteignirent la ruelle située derrière un cordon d'échoppes. Une bande de voyous était en train de frapper un homme gisant à terre.

— Aii, s'écria la servante de Mei-ling. Revenez, Sheo-jay ! Il va vous arriver malheur ! C'est la nuit des morts…

Mais Mei-ling avançait toujours en criant et en agitant les bras. Les voyous l'ignorèrent tout d'abord, mais quand elle passa sous le halo lumineux des lanternes de papier et qu'ils virent sa robe de soie, ses pieds bandés et ses cheveux richement parés de peignes et d'ornements précieux, ils prirent leurs jambes à leur cou, leurs pieds nus rendant un son sourd sur les pavés de la ruelle.

Mei-ling ne chercha pas à les arrêter. S'agenouillant aussitôt à côté de l'homme à terre, elle constata qu'il était inconscient et que son costume blanc était taché de sang.

— Un diable étranger, Sheo-jay ! s'écria la servante en traçant dans les airs un signe protecteur. Mauvais œil !

Sans tenir compte de son avertissement, Mei-ling posa sa main sur le front ensanglanté de l'homme. Il avait les cheveux blonds. Et quand elle souleva une de ses paupières, elle vit que sa prunelle était verte.

C'était l'Américain annoncé par la voyante.

— Ne le touchez pas ! s'écria la servante. Il porte malheur !

Mais Mei-ling, plus fascinée qu'effrayée, restait calme.

— Il est blessé, dit-elle. Il faut l'aider.

— Je vais aller chercher la police.

Mais Mei-ling la retint, en disant :

— La venue de cet homme m'a été annoncée dans un rêve. Ça n'est pas un hasard si mes pas m'ont guidée jusqu'ici.

— Il faut appeler la police !

Mei-ling se releva et regarda autour d'elle. Seule l'ombre dansante des lanternes de papier ballottées par la brise donnait un semblant de vie à la ruelle déserte.

— Là-bas, dit-elle en montrant du doigt l'échoppe

de Mme Wah, la marchande de soie. Cours chez Mme Wah et demande-lui d'envoyer un de ses fils.

Craignant de s'attirer des ennuis si elle ne respectait pas la prophétie des dieux, la servante obtempéra à contrecœur et non sans jeter des coups d'œil furtifs à sa maîtresse, qui se tenait penchée au-dessus de l'étranger.

Mme Wah dépêcha aussitôt le plus vigoureux de ses fils avec ordre de ramener l'étranger dans son échoppe et de le porter à l'étage, dans une petite chambre qui donnait sur la ruelle. Elle le fit non pas pour l'étranger mais pour Mei-ling, qui lui avait administré un remède secret l'hiver dernier, afin de rétablir son cycle menstruel qui s'était interrompu deux mois durant après qu'elle eut reçu la visite d'un hôte spécial. A l'époque, le mari de Mme Wah était en déplacement, si bien qu'elle n'aurait pu lui faire croire que l'enfant était de lui. Le remède de Mei-ling avait rétabli le cycle de Mme Wah, et cette dernière lui en était à jamais reconnaissante.

— Allons-nous appeler la police ? demanda la vieille servante lorsque, une fois l'étranger étendu sur le lit, sa maîtresse et elle furent à nouveau seules.

— Chut, dit Mei-ling en ouvrant rapidement son coffret de médecines. Tu veux donc faire échouer une prophétie divine ?

— Mais peut-être les dieux attendent-ils de vous que vous appeliez la police.

Mais Mei-ling secoua la tête et commença à nettoyer les plaies du blessé. N'importe quel passant aurait pu appeler la police. Le destin avait voulu que son chemin croisât celui de cet étranger pour une autre raison, une raison capitale. Lorsqu'il sortira du coma, songea-t-elle, je saurai.

Quand Mei-ling commença à déboutonner la chemise de l'étranger, la vieille servante se laissa tomber à terre et éclata en sanglots. Comment une fille d'aristocrate pouvait-elle s'abaisser à poser les yeux sur le corps d'un homme, et à le toucher !

En découvrant les contusions qui marbraient la peau

blanche du blessé, Mei-ling s'écria dans un murmure indigné :

— Comment ont-ils pu le frapper ainsi ? C'est une honte !

Et des larmes jaillirent de ses yeux et tombèrent sur la poitrine nue de l'homme.

— Peut-être l'avait-il mérité ! gémit la vieille servante. Peut-être s'agit-il d'une mauvaise personne, Sheo-jay ! Un voleur, un adultère, ou pire encore !

Repoussant alors les cheveux blonds qui couvraient le front de l'étranger, Mei-ling toucha chacune de ses paupières, et sut qu'il n'était pas mauvais.

Il fallait faire vite. Elle était attendue à la maison, et bientôt sa famille allait s'inquiéter de ne pas la voir rentrer. Elle commença par nettoyer les plaies avec un antiseptique à base de pivoine blanche, après quoi elle les saupoudra avec de l'os de seiche broyé afin d'arrêter les saignements, puis les pansa. Ensuite, elle prit le pouls du blessé à la manière chinoise, les douze pouls correspondant aux douze organes vitaux, tâtant tour à tour le poignet, le cou, les pieds de l'étranger, et constata un conflit entre son yin affaibli et son yang apeuré. Puis, lui soulevant les paupières, elle examina ses pupilles, avant de poser ses mains sur sa peau nue pour évaluer le degré d'atonie, l'absence de chaleur, et déterminer les endroits où son âme tremblait.

Mme Wah apporta un bol de bouillon aux pignons de pin pour l'étranger, et pour Mei-ling et sa servante du riz au curry et des crevettes au gingembre, ainsi que des gâteaux aux amandes et du thé vert. Mme Wah disposa les bols et alluma un petit brasero pour garder le thé au chaud sans poser la moindre question. Sans l'extrait de faux safran de Mei-ling, grâce auquel son cycle menstruel avait été rétabli, Mme Wah serait morte sous les coups de son époux, alors que celui-ci lui avait offert des perles et des parfums pour la récompenser de sa fidélité.

Voyant que l'étranger ne reprenait toujours pas conscience, Mei-ling commença à s'inquiéter. Le coup qu'il avait reçu à la tempe avait-il provoqué un déséquilibre irréversible entre les différents flux qui circulaient dans sa tête ? Elle palpa ses côtes, sa taille, pour évaluer le déséquilibre. Puis elle examina attentivement son beau visage. Après quoi, elle déposa quelques gouttes d'huile de clou de girofle sur ses lèvres, puis lui pinça la joue pour faire revenir son âme à l'intérieur de son corps, et enfin lui frappa doucement les bras pour réveiller sa force vitale.

Au bout d'un moment, voyant qu'elle n'obtenait pas de résultat et qu'il se faisait tard, elle décida de partir.

— Tu vas rester avec lui, ordonna-t-elle à la vieille servante, que le festin de riz et de crevettes avait considérablement apaisée. Demain je reviendrai avec l'astrologue afin qu'elle me dise ce que je dois faire.

Juste au moment où la vieille femme allait protester, l'étranger s'éveilla dans un battement de cils. Il cligna des paupières en regardant Mei-ling.

— Suis-je... commença-t-il à dire. Suis-je mort ?

Le père de Mei-ling était un homme moderne qui évoluait à la fois dans le monde chinois et dans le monde occidental et qui recevait fréquemment des convives étrangers. C'est pourquoi il avait appris l'anglais à Mei-ling, afin qu'elle puisse servir le thé aux hôtes de marque qui venaient à Peacock Lane. Cependant son anglais était loin d'être parfait et elle dut réfléchir un moment avant de pouvoir répondre à la question de l'étranger.

— Vous êtes vivant, dit-elle, et aussitôt les yeux de l'homme se posèrent sur son visage.

— Vous êtes un ange ?

Elle sourit.

— Je suis Mei-ling. Ma servante et moi-même vous avons amené dans cette maison. Comment vous appelez-vous ? Faut-il que nous fassions prévenir quelqu'un afin qu'on vous ramène chez vous ?

Il fronça les sourcils, l'air hésitant.

— Je... je ne sais pas, dit-il. Je ne sais même pas qui je suis.

— Aii, cria la vieille servante. Un revenant lui a volé sa mémoire et habite désormais dans son corps !

— Tais-toi, ordonna Mei-ling en chinois. Tu vas l'effrayer.

Posant une main sur la joue de l'étranger, elle se pencha vers lui et le regarda au fond des yeux.

La vieille femme se mit à trembler en voyant sa jeune maîtresse qui offrait ainsi son âme au diable étranger — car l'homme regardait Mei-ling avec une telle intensité qu'il était évident qu'il était en train de lui voler son âme.

— Comme vous êtes belle ! murmura-t-il.

Et bien que la vieille servante ne comprît pas l'anglais, elle perçut quelque chose de familier et d'universel dans l'inflexion de sa voix. Le malheur s'était abattu sur leurs têtes en cette nuit maudite : il n'y avait qu'à voir la façon dont sa jeune maîtresse regardait l'étranger, avec dans les yeux une expression qu'elle ne connaissait que trop bien.

Mei-ling était amoureuse.

Mei-ling s'en revint le lendemain avec l'astrologue, qui étudia la main de l'étranger pendant qu'il dormait. Puis elle cassa un œuf et, voyant qu'il contenait un jaune double, déclara qu'il s'agissait d'un mauvais présage.

— Il y a deux hommes en lui, Sheo-jay. L'un d'eux t'aimera, et l'autre te trahira.

Dans ce cas j'aimerai celui qui m'aimera, songea Mei-ling. Et j'ignorerai celui qui me trahira.

Chaque jour elle se rendait en secret dans la petite chambre qui se trouvait au-dessus de l'échoppe de Mme Wah, apportant avec elle des remèdes qu'elle avait préparés de ses mains : de la bière de fenouil pour équilibrer le *ki* et chasser le froid, du riz aux truffes pour résorber l'excès de yang, de la soupe de carpe pour enrichir le sang. Elle nettoyait les plaies du malade, lui appliquait des onguents et changeait ses bandages. Elle apposait des compresses calmantes sur sa peau tuméfiée pour réduire l'afflux d'humeurs. Elle l'obligeait à boire des toniques et de l'eau-de-vie à base de ginseng, d'igname et de réglisse, que Mei-ling avait cueillis elle-même dans le jardin paternel.

Elle lui faisait sa toilette au lit, en ayant soin de le recouvrir d'un drap pudique, puis elle l'aidait à s'asseoir pour le faire manger en le soutenant par les épaules quand il était trop faible. Elle faisait brûler de l'encens devant l'autel de la déesse Kwan Yin et disait des prières destinées à purifier l'air. Chaque jour, elle demandait son nom à l'étranger. Et chaque jour, il lui répondait qu'il ne le savait pas.

Elle l'interrogea au sujet de la bague qu'il portait à la main droite. Une grosse chevalière en or, sur laquelle étaient gravées deux lettres entrelacées.

— *RB,* murmura-t-il en fronçant les sourcils. Je ne sais pas ce que cela signifie.

La vieille servante, qui les observait, tremblait de peur, car sa jeune maîtresse accomplissait des gestes interdits : toucher un homme nu, un homme qui n'était pas un parent, et qui n'était même pas chinois ! Si la chose venait à se savoir, sa famille la mettrait à mort, et la vieille servante avec elle. Malheureusement, il n'y avait rien qu'elle pût faire pour empêcher cette calamité. Sa jeune maîtresse était victime d'un mauvais sort.

Avant d'envoyer les vêtements de l'étranger au blanchissage, Mei-ling en inspecta soigneusement les poches. Elle n'y trouva aucun papier d'identité, en revanche elles contenaient une quantité considérable de dollars américains et de livres sterling.

— J'ignore d'où vient cet argent, dit-il.

Et quand Mei-ling lui demanda si elle devait alerter les autorités américaines, il s'écria :

— Et si j'étais un criminel ?

Si bien qu'elles décidèrent de ne rien faire et d'attendre qu'il recouvre la mémoire.

Et puis, un beau matin, Mei-ling et la vieille servante le trouvèrent assis dans son lit, souriant, et l'air plus vigoureux. Tandis que la vieille servante s'asseyait dans un coin de la pièce pour prier ses ancêtres, Mei-ling ouvrit les volets en grand pour laisser entrer les rayons bienfaisants du soleil, puis aida l'étranger à se laver et à se raser, après quoi elle prépara son petit déjeuner et le lui servit sur un plateau.

Dès l'instant où elle était entrée dans la chambre, pas une seule fois il ne l'avait quittée des yeux.

En voyant la nourriture qu'elle avait posée devant lui, il fronça les sourcils et dit :

— Est-ce là la nourriture que j'ai mangée jusqu'à présent ?

Saisissant les baguettes, elle les pointa tour à tour sur chacun des plats :

— Soupe Won ton, poulet au sésame, nouilles sautées, ananas.

— Un menu pour le moins varié, dit-il à voix basse, une expression songeuse sur le visage.

— Les contraires permettent d'équilibrer le *ki*.

Devant son regard interrogateur, elle expliqua avec un sourire :

— Ce plat est chaud. Celui-ci est froid. Celui-là est crémeux, et celui-ci est croustillant. Tous ensemble, ils engendrent l'harmonie.

Il rit et ses prunelles vertes se mirent à danser.

— Si ça ne vous fait rien, j'aimerais mieux des œufs au bacon et un bon café noir.

Elle ne saisit pas d'emblée ce qu'il lui avait dit, n'ayant jamais entendu parler l'anglais américain.

— Aujourd'hui vous mangez ça, et demain, moi, j'apporte les œufs.

Comme il allait s'emparer d'un morceau de poulet frit avec les doigts, Mei-ling lui prit délicatement la main et y plaça une paire de baguettes. Il leva les yeux vers la jeune fille et une communication silencieuse s'établit entre eux.

— Je ne sais pas m'en servir, dit-il doucement. Vous n'auriez pas un couteau et une fourchette par hasard ?

— Demain, un couteau et une fourchette, dit-elle, en regardant leurs deux mains enlacées — la sienne petite et blanche, celle de l'homme grande et hâlée. Et du café noir, ajouta-t-elle avec un sourire timide.

Le sourire de l'homme s'évanouit soudain et il se mit à observer attentivement la jeune Chinoise qui était assise au bord de son lit.

— Vous m'avez sauvé la vie, dit-il. Pourquoi ?

— Aurais-je dû vous laisser mourir ?

Il jeta un coup d'œil au coffret noir laqué, orné de dragons rouge et or, dont les innombrables tiroirs et compartiments contenaient toutes sortes de remèdes, fioles et onguents.

— Vous êtes infirmière ?

— Mon père m'a enseigné l'art de guérir des anciens, dit-elle avec modestie.

— Très efficace, dit-il avec un sourire goguenard. La seule chose dont je me souviens, c'est que j'étais étendu à terre, avec tous ces voyous qui me donnaient des coups de pied, et que je me suis dit que j'allais mourir.

Elle le considéra, l'air grave. Quand il étira le bras pour prendre sa main, elle ne chercha pas à l'en empêcher.

— Vous êtes si belle.

Mei-ling et sa servante revinrent le lendemain avec des œufs et du bacon préparés selon les indications du chef cuisinier de l'hôtel Raffles. L'étranger était si enchanté de se voir servir un petit déjeuner américain qu'il dévora d'une traite les œufs au plat, le bacon, les pommes de terre sautées, les toasts beurrés et le café sans proférer une seule parole. Voyant qu'il avait fini tous les plats, Mei-ling sourit.

— Depuis combien de temps suis-je ici ? demanda-t-il tandis qu'il se rasait avec le savon et le rasoir qu'elle lui avait apportés.

— Trois semaines.

Il jeta un coup d'œil à la vieille servante à la mine renfrognée qui se tenait assise dans un coin, puis dit à Mei-ling :

— J'aimerais tant pouvoir vous dire ce qui s'est passé. Si seulement je savais qui je suis et ce que je suis venu faire à Singapour.

Il se rappelait malgré tout un certain nombre de

choses. Par exemple, il savait qu'il était américain, et connaissait même le nom de l'homme qui était actuellement président des Etats-Unis : Theodore Roosevelt. Il parla à Mei-ling d'une ville appelée San Francisco, où il lui semblait avoir vécu, car il se souvenait des tramways à crémaillère et des marchandes de fleurs et même du nom de son restaurant préféré, dans Powell Street. Mais de lui-même, de sa famille, ou de ce qu'il faisait pour gagner sa vie, il ne savait rien.

— La mémoire commence à me revenir dans mes rêves, dit-il. Mais quand je me réveille, les rêves s'évanouissent.

Mei-ling savait combien les rêves étaient puissants, car c'était un rêve qui l'avait amenée jusqu'ici.

— Peut-être que si je restais à vos côtés quand vous êtes endormi… dit-elle.

— Ça ne serait pas convenable que vous passiez la nuit avec moi.

— Mais vous seriez endormi, et moi je vous regarderais dormir. Et lorsque vous feriez un rêve je vous réveillerais, et ainsi vous pourriez vous souvenir de ce que vous avez rêvé.

— La vérité, Mei-ling, c'est que je serais incapable de trouver le sommeil avec vous à mes côtés.

— Je ne ferais pas de bruit.

— Ça n'est pas ce que je voulais dire.

Bien qu'elle ne comprît pas les mots qu'ils échangeaient, la vieille servante avait deviné ce qu'ils étaient en train de se dire. Elle lisait dans leurs yeux, dans leurs corps, dans les inflexions de leurs voix. Et elle savait que la catastrophe qu'elle redoutait n'allait pas tarder à s'abattre sur leurs têtes.

Mei-ling choisit de passer avec lui la huitième nuit du huitième mois, car de tous les chiffres le huit était le plus bénéfique, et un double huit l'était doublement. Et c'est ainsi que, pour la première fois, elle quitta furtivement la maison de son père à la nuit tombée, sans se faire accompagner par sa vieille servante.

— Il faut que je l'aide à recouvrer la mémoire, dit-elle à la vieille femme. Il faut que je l'aide à rappeler son âme errant parmi les limbes.

Mais la vieille femme savait pourquoi Mei-ling allait le retrouver, et elle savait qu'elle ne pouvait rien faire. C'est pourquoi elle s'allongea sur sa natte, remonta la couverture au-dessus de sa tête et se mit à pleurer en silence.

La première fois que Mei-ling et l'Américain firent l'amour, une mousson fraîche et bienfaisante se déversa sur Singapour.

Mei-ling savait que ce qu'elle faisait était punissable de mort. Une femme n'avait le droit de connaître qu'un seul homme dans sa vie — son mari légitime. Les femmes qui n'étaient pas mariées n'avaient pas le droit d'approcher les hommes. En revanche, les hommes étaient autorisés à avoir autant d'épouses et de concubines qu'ils pouvaient en entretenir, et ce en vertu du vieil adage qui disait que « la théière ne saurait se contenter d'une seule tasse ».

Etendue entre les bras du bel étranger, qui avait retrouvé sa vigueur et sa virilité grâce à ses soins attentifs, Mei-ling le regardait dormir en songeant qu'une sentence de mort n'était rien à côté de l'amour, et qu'elle aurait volontiers donné sa vie pour un seul baiser.

Il était encore endormi lorsqu'elle se leva pour s'en retourner chez elle avant que les domestiques ne fussent éveillés. Puis elle ressortit à nouveau le soir même et le lendemain. Elle aida l'étranger à faire quelques pas hors du lit, en le soutenant, bien qu'il lui fût douloureux de marcher ainsi sur ses pieds déformés. Elle lui donnait des nouvelles du monde extérieur, puis il ôtait les épingles et les peignes qui retenaient les longs cheveux de Mei-ling et lui disait combien il l'aimait.

Dans la journée, Mei-ling s'enquérait discrètement auprès des uns et des autres pour savoir si personne n'était à la recherche d'un Américain disparu. La nuit venue, allongée à ses côtés, elle le regardait se tourner et se retourner dans son sommeil, en prononçant des noms et des mots qui lui étaient totalement étrangers. Lorsqu'elle l'éveillait, il n'avait aucun souvenir de ses rêves. Et quand elle lui demanda : « Qui est Fiona ? », il fut incapable de lui répondre.

— Peut-être devrais-je t'emmener voir un médecin anglais, dit-elle un après-midi, tandis que le soleil dardait ses rayons à travers les persiennes. Il y a trop longtemps que tu as perdu la mémoire. Ta famille va s'inquiéter. Il faut que tu retrouves les tiens.

Mais il lui prit les mains et lui dit avec passion :

— C'est toi, ma famille, Mei-ling. Je veux t'épouser.

— Mais que se passera-t-il si tu es déjà marié ?

— Je ne me *sens* pas marié.

Puis il ajouta, tendrement :

— Sauf avec toi, Mei-ling. Je me sens marié quand je suis avec toi.

Elle baissa les yeux.

— Je ne pourrai jamais t'épouser. Je dois épouser un Chinois.

— Mais nous sommes déjà mariés, Mei-ling.

Il ôta la bague en or qu'il portait au doigt, avec les initiales *RB*, et, prenant sa main gauche dans la sienne, lui dit doucement :

— Devant Dieu, je te prends pour épouse, et il lui glissa la bague au doigt. À présent, nous sommes mari et femme, ma bien-aimée. Devant Dieu et dans nos cœurs, nous sommes mari et femme.

C'est alors que Mei-ling commit une erreur fatale.

Des hôtes distingués de son père vinrent un soir à la maison de Peacock Lane, des sujets britanniques qui s'émerveillèrent devant les jardins, les cours intérieures et les toits aux lignes incurvées de cette exquise maison chinoise. Tandis qu'elle servait le thé et les gâteaux aux amandes, Mei-ling demanda à l'un des convives, qui se trouvait être un médecin spécialiste des troubles psychiques, s'il était possible, en cas d'amnésie, de ne perdre que partiellement la mémoire. Tandis que le médecin étranger expliquait à Mei-ling qu'on ne connaissait que fort peu de chose sur le fonctionnement du cerveau humain, le père de la jeune fille observa la scène avec intérêt. Non pas qu'il fût contrarié que Mei-ling posât des questions à un étranger — il l'avait toujours encouragée à aller au devant du savoir — ou qu'il fût choqué par la nature de ses questions, car le cerveau humain avait toujours exercé sur lui une grande fascination. Mais c'était la façon dont l'Anglais regardait Mei-ling qui ouvrit les yeux de son père et l'obligea à se rendre à l'évidence : il était grand temps qu'il mariât sa fille.

Les tantes accoururent de très loin, depuis le village ancestral d'une province du sud de la Chine. Mais bien qu'elle leur eût souri et servi le thé, et qu'elle eût admirablement joué son rôle de future jeune mariée, Mei-ling avait déjà pris sa décision : au nom de l'amour qu'elle éprouvait pour l'Américain, elle allait déshonorer sa famille.

Le lendemain, ayant empaqueté discrètement quelques effets personnels, n'emportant avec elle que le strict nécessaire afin de ne pas éveiller les soupçons des servantes, elle prit son coffret de médecines et dit à Elégance Dorée, sa belle-sœur, qu'elle avait été appelée à l'autre bout de l'île pour mettre un enfant au monde.

Puis elle quitta la maison de son père, la maison où elle était née et où elle avait grandi, et, tournant le dos à son passé, sa famille et sa culture, se hâta vers le quartier du port où se trouvait l'échoppe de Mme Wah.

Mais lorsqu'elle l'atteignit, l'Américain n'y était plus.

Il lui avait laissé une lettre : *« Ma précieuse Mei-ling, pardonne-moi. Je t'ai attendue aussi longtemps que je l'ai pu. Mais le soleil se couche et tu n'es toujours pas revenue. Avant que toi et moi puissions nous marier, il y a une chose que je dois faire en Amérique et que je dois faire personnellement. Mon passé m'est revenu et je suis prisonnier d'un mariage sans amour, ma chérie. J'ai épousé une femme par pitié, parce qu'elle et son bébé avaient été abandonnés par un scélérat. Mais je n'ai aucune envie de continuer à vivre avec Fiona. Je vais demander à mes avocats de lui verser une pension, ainsi qu'à Gideon, et ensuite je reviendrai auprès de toi, ma chérie, et nous vivrons un parfait bonheur, toi et moi.* »

Elle se précipita vers la fenêtre pour voir si elle l'apercevait. Mais où tourner son regard parmi ce dédale de ruelles bondées ? Elle l'appela, effrayant les tourterelles qui nichaient sous l'avant-toit. *Etait-ce là son châtiment pour avoir déshonoré sa famille ?*

Elle regarda la bague qu'elle portait au doigt — ça n'était pas une véritable alliance. Et voilà qu'à présent elle n'avait plus de mari. Elle relut la lettre, à travers les larmes qui lui brouillaient la vue, et la signature qui figurait au bas — *Richard.*

Puis elle posa une main sur son ventre... car c'était là que je me trouvais, là où ma vie a commencé, et c'est la raison pour laquelle je connais cette histoire et que je suis capable de relater les événements qui sont survenus il y a si longtemps. Car l'Américain répondant au nom de Richard n'avait pas seulement laissé une lettre et une bague à Mei-ling, il lui avait également laissé un enfant : moi, leur fille. Je suis née huit mois plus tard, et ma mère m'a donné pour nom Parfaite Harmonie, afin que je jouisse d'une bonne santé et d'une longue vie.

Et c'est ainsi que commence l'histoire de notre famille.

8

Palm Springs, Californie, 19 heures

Charlotte aperçut des lumières rouges qui clignotaient à travers la pluie. Le SAMU était déjà là.

— Dieu soit loué, dit-elle à Valerius Knight. J'espère qu'ils sont arrivés à temps.

Après avoir vu Yolanda boire le mystérieux breuvage et s'effondrer à terre, Charlotte avait filé à toutes jambes vers le parking. Là, elle était tombée nez à nez avec Knight, qui, apprenant que la vie de sa femme de ménage était en danger, avait aussitôt appelé deux de ses hommes et proposé de prendre le volant. Charlotte, trop ébranlée pour pouvoir conduire la Corvette sous cette pluie battante, avait accepté de bon cœur.

Knight franchit le portail en fer forgé, et engagea la voiture dans la longue allée privative qui traversait la propriété de part en part. A peine avaient-ils atteint la maison que Charlotte bondit hors de la voiture et gravit quatre à quatre les marches du perron en criant :

— Yolanda !

Des voix lui parvinrent de la cuisine. Mais lorsqu'elle en franchit le seuil, elle se figea sur place.

Une Yolanda en parfaite santé, bien que légèrement surprise, était en train d'agiter une cuillère en bois en expliquant aux deux médecins du SAMU qu'ils s'étaient trompés d'adresse.

— Yolanda ! s'écria Charlotte. Comment vous sentez-vous ?

— Mademoiselle Lee ! Pourquoi le SAMU est-il ici ?

Charlotte posa une main sur le bras de la cuisinière, comme pour s'assurer qu'elle ne rêvait pas.

— Est-ce que vous vous sentez bien ? répéta-t-elle.

— Mais oui, *señorita*, parfaitement bien. Pourquoi me demandez-vous ça ?

Knight entra à son tour, son imposante carrure faisant instinctivement reculer les médecins.

— Madame, dit-il à Yolanda. Mlle Lee nous a dit que votre vie était en danger. Elle vous a vue boire quelque chose et vous effondrer à terre.

Yolanda écarquilla de grands yeux, tandis que ses prunelles noires allaient de l'agent du FBI à Charlotte.

— De quoi voulez-vous parler, *señor ?* Je n'ai rien bu.

— Mais enfin, Yolanda, dit Charlotte, certaine de l'avoir vue. Vous étiez dans mon bureau. En train de parler à quelqu'un. Et cette personne vous a tendu une tasse et vous avez bu.

La cuisinière lui lança un regard stupéfait.

Tournant brusquement les talons, Charlotte enfila d'un pas vif le couloir qui menait à son bureau. Tout y était tel qu'elle l'avait laissé en partant. Aucun Caméscope n'était raccordé à l'ordinateur.

— Madame Lee, dit Knight, qui l'avait rejointe. Vous m'avez dit avoir reçu un message sur votre ordinateur, comme quoi votre gouvernante était en train de se faire empoisonner. Et vous avez ajouté que vous aviez vu la chose se produire sous vos yeux. Qu'avez-vous vu au juste ? Seriez-vous en mesure de me l'expliquer ?

Elle se mordilla les lèvres, hésitante. Knight ne lui inspirait aucune confiance. Lui dire la vérité reviendrait à dévoiler la présence de Jonathan, or il était indispensable qu'il garde l'incognito. De plus, elle n'était plus très sûre de ce qu'elle avait vu.

Charlotte serra les bras autour de sa taille, en s'efforçant de retrouver son calme. Elle tremblait de tous ses membres et son cœur battait à se rompre. En moins de deux heures de temps, elle avait reçu coup sur coup deux chocs violents. Bien que sa maison ne se trouvât qu'à quelques kilomètres de l'usine, le trajet lui avait semblé interminable ; elle avait eu si peur de retrouver sa cuisinière étendue sans vie sur le plancher.

— J'ai reçu un message anonyme par e-mail, mentit-elle. Une lettre qui disait que ma femme de ménage avait été empoisonnée.

— Mais vous avez dit que vous aviez vu la chose se produire. De quoi vouliez-vous parler ? D'une vision psychique ? insista-t-il, un sourire ironique au coin des lèvres. Vous l'avez vue se produire au sens figuré ?

Il ne fallait surtout pas qu'elle craque. Rassemblant toutes ses forces, elle plongea ses yeux dans les siens et soutint son regard arrogant. Elle ne supportait pas l'attitude méprisante de ce type pour qui, visiblement, l'intuition féminine était une vue de l'esprit.

— Le message m'a bouleversée, dit-elle. J'ai cru que la vie de ma gouvernante était menacée. Quelqu'un a voulu me faire une plaisanterie de mauvais goût, c'est évident.

— Remarquez, dit-il avec condescendance, je me mets à votre place. Après tout ce qui s'est passé, et votre firme sur la sellette, il y a de quoi devenir hystérique. Je vais dire à mes hommes de fouiller la maison, pour voir s'ils ne trouvent rien de suspect.

Comme des souris au grenier, faillit-elle lui dire. Mais elle se retint et se contenta de le remercier avant de retourner dans la cuisine.

Cependant, tandis qu'elle longeait la galerie où était exposée sa collection d'objets d'art, Charlotte sentit que ses nerfs la trahissaient à nouveau. Cette vision de Yolanda sur l'écran, et ensuite la course effrénée sous la pluie battante jusqu'à la maison…

S'appuyant au mur pour ne pas tomber, Charlotte s'arrêta soudain et se mit à fouiller l'obscurité des yeux, en tendant l'oreille pour épier les bruits autour d'elle — les voix dans la cuisine, l'orage grondant au loin, le tintement de l'horloge. Elle réalisa que quelque chose était changé dans la maison.

Coiffée de tuiles vernissées et entièrement construite en adobe et en stuc, la somptueuse villa qui dominait Palm Springs avait été conçue et décorée dans le plus pur style californien, sans oublier les poutres apparentes, les azulejos, et les sculptures sur bois de coyotes grandeur nature. Bien que la maison n'ait pas contenu le moindre objet oriental, Charlotte avait fait venir un radiesthésiste pour s'assurer que le *feng shui* de chacune des pièces était propice à la santé, au bonheur et à la longévité.

Le spécialiste du *feng shui* avait trouvé de graves défauts dans l'aménagement intérieur de Charlotte. Ainsi, par exemple, son lit avait été placé directement sous une poutre qui courait horizontalement sur toute la longueur du lit, au risque de provoquer troubles et douleurs chez l'occupant du lit, voire même de « couper sa vie en deux ». Le lit fut déplacé et installé dans une meilleure position. De même, les toilettes des invités faisaient directement face à la porte d'entrée, si bien que tout le *ki* bénéfique qui entrait dans la maison finissait inéluctablement au fond des cabinets. Un petit miroir fut posé à la base de la cuvette afin de rectifier la trajectoire du *ki* et de l'en éloigner. Et le bassin, dans le jardin, dont la courbe tournait le dos à la maison, créant une flèche maléfique pointée directement sur le salon. La courbe du bassin fut modifiée de façon à faire face à la maison et à la protéger.

Et c'est ainsi que, deux ans durant, la maison de Charlotte avait été bénéfique et saine. Mais désormais les choses avaient changé. Ce soir quelque chose n'était pas à sa place. Et elle était certaine que ça n'était pas une vue de l'esprit.

Lorsqu'elle retourna à la cuisine, elle trouva Yolanda seule. Celle-ci était en train d'épier Knight, qui se tenait devant la porte d'entrée grande ouverte et regardait tomber la pluie.

— Yolanda, lui dit-elle tout bas. Je veux que vous et Pedro alliez dormir ailleurs ce soir.

La gouvernante adressa à Charlotte un regard scandalisé, comme si celle-ci lui avait fait une proposition malhonnête.

— Vous êtes en danger ici, dit Charlotte. Quelqu'un a cherché à me faire croire que votre vie était menacée, et il se pourrait bien qu'il cherche à passer à l'acte la prochaine fois. Vous irez dormir à l'hôtel. Je vais appeler le Camino Real et leur dire de mettre la note sur…

— Pas question de vous laisser seule ici s'il y a du danger !

— J'insiste, Yolanda. J'ai déjà suffisamment de problèmes comme ça sans avoir en plus à me faire du souci pour vous. Je veux être certaine que vous serez en sécurité.

Yolanda releva fièrement le menton et croisa les bras sur son opulente poitrine. Mais Charlotte vit une étincelle de terreur dans ses yeux.

— Nous irons chez ma sœur, finit-elle par consentir. Demain matin.

— Non. Ce soir même. Nous allons fermer la maison ensemble. Et ensuite nous verrouillerons le portail. Dépêchez-vous, Yolanda. Il n'y a pas une minute à perdre.

Au même moment, Charlotte vit l'un des agents du FBI qui s'approchait de Knight et lui tendait quelque chose, en lui parlant à voix basse. Knight s'en revint à la cuisine.

— Madame Lee, dit-il, en lui tendant l'objet qu'il tenait à la main. Pourquoi ne m'avez-vous pas dit que la porte de votre garage s'était effondrée ? Il semblerait que votre 4 × 4 ait subi de gros dommages.

— Pourquoi vous l'aurais-je dit ?

— Avez-vous idée de ce qui a pu la faire s'effondrer ainsi ?

— Non. Pour la bonne raison qu'elle n'est pas censée s'effondrer. Il est fréquent que les animaux sauvages viennent rôder par ici — des coyotes et parfois même des pumas. Un jour, j'ai tué accidentellement un chat sauvage en fermant la porte du garage. Si bien que j'ai décidé de faire installer un système de sécurité.

— Ceci ?

Elle jeta un coup d'œil au boîtier de plastique vert qu'il tenait à la main.

— Oui, il émet un rayon à infrarouge à quelques centimètres du sol. Lorsque la porte se ferme, si le rayon est coupé par un objet quelconque, une voiture, un animal ou une personne, la porte se bloque automatiquement. Mais le système ne se met en marche que si la porte est actionnée, monsieur Knight. Ça n'est pas lui qui commande la fermeture de la porte. Or la porte n'avait pas encore bougé. Elle est tombée.

— Quand cela ?

Elle réfléchit. C'était au moment où la Chevrolet avait commencé à avancer.

— Madame Lee, votre véhicule a traversé le rayon et provoqué la chute du portail.

— Mais c'est impossible !

— Non. Pour la bonne raison que le système de sécurité a été reprogrammé.

— Quoi ? Vous en êtes sûr ?

Il lui montra les fils de cuivre gainés de rouge et de vert.

— Les fils ont été inversés. Et les rayures visibles sur la tête des vis montrent qu'ils l'ont été récemment.

Elle regarda la boîte puis l'agent de la FDA avec incompréhension.

— Si, si, dit-il en hochant gravement la tête. La porte de votre garage ne s'est pas effondrée par accident. Il s'agit bel et bien d'un sabotage.

9

— Désolé, dit Jonathan quand Charlotte fut de retour dans le bureau de sa grand-mère. Quand j'ai réalisé qu'il s'agissait d'une vidéo et non pas d'une retransmission en direct, il était trop tard. Tu étais déjà partie.

— En tout cas, Knight me prend pour une illuminée, dit-elle en se débarrassant de son fourre-tout et de son imperméable.

— Viens voir ça, dit-il. J'ai enregistré la séquence.

Charlotte observa attentivement la scène qui se déroulait une fois de plus sous ses yeux.

— C'est bien ma gouvernante, il n'y a pas de doute. Et c'est bien mon bureau. Mais quand j'ai interrogé Yolanda, elle m'a dit qu'elle n'avait pris aucune boisson et qu'elle n'avait jamais perdu connaissance.

— Peut-être que la chose s'est produite il y a longtemps, et qu'elle n'en a plus aucun souvenir.

— Tu veux dire que quelqu'un serait entré dans ma maison, à mon insu, aurait donné quelque chose à boire à Yolanda et l'aurait filmée ?

— Pas forcément à ton insu. Ça s'est peut-être passé à un moment où tu étais chez toi. Par exemple, un jour où tu donnais une fête, il y a quelques mois ?

Charlotte tritura nerveusement le lobe de son oreille.

— J'ai effectivement organisé une réunion. Ça n'était pas à proprement parler une fête. Après la mort de grand-mère, Naomi — c'est ma meilleure amie — a dit que je ne faisais pas correctement le travail de deuil, et a insisté pour que je célèbre le Shivah.

— Le Shivah ?

— C'est une veillée funèbre, dans la tradition juive.

— Et il y avait à manger ? Des boissons ? Des invités ?

— Grand-mère avait beaucoup d'amis. Et il y avait quantité à boire et à manger. Tu penses que ça aurait pu se passer à ce moment-là ?

— Ça n'est pas impossible. Surtout à en juger par le comportement de ta gouvernante dans le film. De toute évidence elle savait qui était la personne. Et elle n'avait pas du tout l'air de trouver étrange qu'elle se trouve dans ton bureau.

— Dans ce cas, pourquoi ne se souvient-elle pas avoir perdu connaissance ?

— Regarde. (Il repassa le film plan par plan comme s'il s'agissait d'une suite de photos.) Regarde là. Au moment où Yolanda tourne le dos.

Charlotte retint son souffle.

— Mais ce n'est pas Yolanda !

— Tout juste. Cette séquence a été filmée ailleurs puis intégrée au film. C'est un montage, efficace à condition de ne pas y regarder de trop près.

Charlotte se redressa.

— Quel est le but recherché ? Me faire peur ?

— Peut-être. Ou bien te discréditer aux yeux de Knight. Te faire passer pour une bonne femme hystérique.

— C'est exactement l'expression qu'il a utilisée. Bon sang, quel cauchemar ! (Elle fit quelques pas, s'arrêta, se rapprocha du bureau.) Il y a autre chose aussi.

Il leva les yeux vers elle.

— Knight dit que la porte de mon garage a été sabotée.

— Quoi !

Elle lui expliqua comment le dispositif de sécurité avait été reprogrammé, puis ajouta d'une voix tremblante :

— Si j'avais été dans la Corvette, je serais morte. Il

s'agit d'un acte délibéré — Knight m'a littéralement assaillie de questions sur le chemin du retour ! Il m'a demandé qui, à mon avis, avait pu saboter la porte du garage. Si j'avais des ennemis. Et qu'est-ce qui m'avait poussée à croire que Yolanda avait été empoisonnée.

— Et qu'est-ce que tu as répondu ?

— J'ai dit que je ne savais rien. Parce que c'est la vérité !

— Nous savons en tout cas une chose, dit-il d'un air sombre. Nous savons qu'il ne s'agit pas d'une coïncidence — la mort de ces trois femmes, le film de Yolanda, la porte du garage. Et nous savons qu'il s'agit d'actes prémédités. Qui ont demandé des mois de préparation. Et derrière tout ça, Charlotte, je suis convaincu que c'est toi qui es visée.

— Mais pourquoi ? Que me veut ce maniaque ? Ça n'est tout de même pas pour m'obliger à faire cette déclaration ridicule à la presse ?

Jonathan hocha pensivement la tête.

— Non, tu as raison. Il veut autre chose. L'ultimatum n'est qu'une mesure d'intimidation destinée à te faire craquer, à te mettre à bout de façon à pouvoir t'assener le coup fatal le moment venu.

— Et la porte du garage, et cette séquence vidéo ?

— Une mise en scène pour te démontrer qu'il peut t'atteindre à tout moment.

Les paroles de Jonathan flottèrent un instant dans l'air comme une menace, tandis qu'ils réfléchissaient en silence au tour que prenaient les événements. Les facteurs de risque s'étaient sensiblement accrus, les enjeux se trouvaient décuplés.

Il se leva brusquement du bureau, et saisit son blouson.

— Où vas-tu ?

— Chercher mon revolver. Je veux que tu sois armée.

— Non.

— Mais enfin, Charlotte…

— Jonathan, tu sais ce que je pense des armes à feu.

— Dans ce cas, il faut que tu partes, que tu ailles te mettre en lieu sûr.

— Tu ne parles pas sérieusement, j'espère ? Je ne peux pas partir.

— Il le faut, Charlotte, pour ta sécurité. (Il commença à enfiler son blouson.) Si personne ne détecte ma présence, je pourrai continuer à travailler. Il ne devrait pas me falloir bien longtemps pour démasquer le salopard qui…

— Je reste, dit-elle, et je me battrai jusqu'au bout.

Il la regarda, pâle et tremblante, mais le menton redressé d'un air décidé, et fixant sur lui un regard clair. Elle avait peur, mais pas au point de perdre les pédales. Et elle était prête à passer à l'offensive, maintenant, au plus fort de la crise.

Une femme exceptionnelle.

Il reposa son blouson sur le dossier du fauteuil.

— Très bien. Puisque tu insistes. Je ne suis pas d'accord, mais je ne peux tout de même pas user de la force pour t'obliger à partir. Ah, au fait, il y a eu un message sur ton répondeur téléphonique pendant que tu étais partie. Je n'ai pas répondu. J'ai pensé que c'était préférable.

Charlotte enclencha la touche de lecture des messages du répondeur.

— Avant de quitter la maison, tout à l'heure, j'ai transféré mon numéro personnel sur cette ligne. Je ne veux pas prendre le risque qu'une de mes secrétaires intercepte un message qui m'est personnellement destiné.

La bande commença à défiler, la voix enjouée de Naomi envahit la pièce, semblant la rendre plus lumineuse : « Char, j'ai eu ton message. Il faut absolument que nous parlions, toi et moi. Ecoute, ta vie est en danger. J'ai tiré ton tarot — trois fois de suite pour m'en assurer — et c'est aussi clair que de l'eau de roche. La carte du Fou, c'est toi, Char, le jeune homme qui symbolise l'idéalisme, la naïveté et l'insouciance. Mais le Magicien apparaît. Il symbolise la manipulation et la tromperie. C'est lui qui a saboté les produits. Cela dit, sois prudente. Il pourrait s'agir d'une femme. »

Charlotte et Jonathan échangèrent un regard.

« Mais il y a une chose qui me turlupine, continuait Naomi. La carte de l'amour revient sans cesse. Elle réunit tous les aspects de ta force vitale et favorise une relation intense avec le divin, et, tiens-toi bien, avec l'amour charnel ! Tu es en danger de tous côtés ! Bon Dieu, grogna-t-elle, j'ai attrapé le journal du soir en route. Ils montraient les manifestants qui défilent devant Harmony Biotech. Tu avais raison, ils ont collé cette maudite photo sur leurs pancartes. Décidément, cette fichue photo nous porte la poisse. Ecoute, je suis toujours à l'institut, mais je passerai te voir au bureau dès que possible. Je ferai un crochet par la maison avant pour y prendre mes bâtonnets. Tiens bon, fillette. Tout ira bien. »

Jonathan jeta un regard interrogateur à Charlotte.

— Ses bâtonnets ?

— Son jeu de Yi King. Il lui sert à prédire l'avenir et à donner des conseils.

Comme Jonathan semblait de plus en plus perplexe, elle expliqua :

— Naomi est voyante. Nous avons fait connaissance au moment de l'incident de Chalk Hill, il y a huit ans.

Constatant qu'il ne disait rien, elle comprit qu'il était au courant du sinistre épisode.

— Elle et moi avons été arrêtées ensemble. Et nous avons sympathisé.

— Ça m'a l'air d'être quelqu'un d'intéressant.

— Naomi est une juive new age. La seule que je connaisse. Elle a beaucoup d'intuition. Et une grande force vitale. Naomi m'a plus d'une fois empêchée de sombrer dans la folie. C'est elle qui m'a obligée à m'arrêter à l'époque où je travaillais jusqu'à quatre-vingts heures par semaine. Une fois, même, elle m'a kidnappée. Je suis allée dîner chez elle, et je me suis endormie. Quand je me suis réveillée, j'étais dans un chalet à Big Bear, au milieu d'un paysage enneigé. Elle avait mis quelque chose dans mon vin, puis m'avait portée jusqu'à sa voiture. On a passé quatre jours à se gaver de pizzas, de vin et de vidéocassettes. Grand-mère aurait eu une attaque si elle avait su. Mais quand je suis retournée au labo, je me sentais fraîche comme un gardon, et pleine d'énergie.

— C'est bien connu, il n'y a rien de tel qu'une bonne tranche de pizza pour vous remettre les idées en place, dit-il en souriant.

— Et une bonne tranche de rigolade, ajouta Charlotte en souriant à son tour. La première fois que j'ai rencontré Naomi, elle était en train de discuter avec un type qui lui soutenait mordicus que les chats étaient plus intelligents que les chiens. Et Naomi criait : « Est-ce que vous avez déjà vu des chats tirer un traîneau dans la neige ? »

Jonathan rit doucement.

Leurs regards se croisèrent.

— Alors comme ça, tu es au courant du massacre de Chalk Hill ?

Il hocha la tête.

— Sais-tu que je n'ai jamais été condamnée ? Je n'ai même pas été interpellée.

— Je le sais, Charlotte.

— Mais ils vont déterrer l'affaire, et le cauchemar de Chalk Hill va recommencer. Ils vont s'en servir pour essayer de me démolir, moi et ma firme. Et Naomi, et d'autres innocents, vont également en subir les conséquences. Mon Dieu, Jonathan, mais qu'est-ce que nous avons fait pour mériter ça ?

Il étendit un bras pour lui masser doucement l'épaule, mais elle se déroba prestement.

— Je suis sûre que grand-mère avait du thé dans son bureau.

Elle entreprit de fouiller un à un les placards de la kitchenette aménagée dans un coin du bureau. Soudain, en ouvrant un tiroir, elle s'arrêta net. Il contenait un livre apparemment très ancien. Glissant la main à l'intérieur du tiroir elle s'en empara, et lorsqu'elle l'ouvrit, une photographie en tomba.

Une très vieille photo…

— *Qu'est-ce que c'est que ce chantier ?*

Charlotte et Jonathan se tournèrent instantanément vers l'écran de télésurveillance et aperçurent Adrian Barclay sur l'aire de stationnement, émergeant d'une élégante limousine blanche sous l'escorte d'un chauffeur armé d'un parapluie.

— Mais que font les flics ? rugit Adrian.

Puis une longue jambe fuselée apparut par la portière arrière de la limousine, et, abandonnant son patron, le chauffeur se précipita au-devant de la femme svelte, au teint hâlé, qui s'apprêtait à sortir sous la pluie.

Jonathan émit un petit sifflement admiratif.

— Ma parole, Margo est dans une forme éblouissante.

Mais Charlotte, qui tenait toujours la photographie dans sa main tremblante, songea en regardant les deux nouveaux venus : « C'est maintenant que les vrais ennuis commencent. »

10

Aussitôt que les Barclay eurent pénétré dans le bâtiment abritant le siège de la compagnie, Jonathan enfonça une succession de touches pour les rattraper dans le hall. Tout de blanc vêtus, bronzés et respirant la santé, ils avaient exactement l'air de ce qu'ils étaient : deux riches habitués de Palm Springs qui jouaient au golf avec ce que la classe politique américaine comptait de plus huppé. Petit, trapu, le poil grisonnant, Adrian Barclay parlait dans un téléphone portable, tandis que sa femme Margo, grande, blonde, le visage rajeuni par la chirurgie esthétique, aboyait des consignes aux agents de sécurité afin qu'ils renforcent la surveillance à l'entrée du bâtiment.

— Savent-ils que le bureau de ta grand-mère est équipé d'un système de télésurveillance ? s'enquit Jonathan en enfonçant le bouton de commande de la caméra qui se trouvait dans le hall de réception du troisième étage.

— Je leur en ai certainement touché un mot, mais je doute qu'ils s'en souviennent. Dès l'instant que le système avait été installé pour grand-mère, cela ne les intéressait pas. Ils ne la portaient pas dans leur cœur.

Jonathan hocha la tête.

— C'est vrai qu'ils avaient de drôles de rapports avec elle, à l'époque, je m'en souviens. (Il augmenta le volume lorsque les portes de l'ascenseur coulissèrent et que les Barclay en sortirent.) Des rapports très bizarres.

— Et les choses n'ont fait qu'empirer dès lors que M. Sung leur a lu son testament, dit Charlotte à voix basse, comme si elle craignait que le couple qu'on voyait à l'écran ne l'entende.

— Mais où est donc passée Charlotte ? aboya Adrian à Desmond, qui était venu les accueillir à la porte de l'ascenseur.

Charlotte observa son cousin. Celui-ci n'avait toujours pas pris le temps d'ôter son blouson de cuir noir. Il retira précipitamment les lunettes de soleil derrière lesquelles il se cachait toujours.

— Elle a dit qu'elle allait passer les fichiers du personnel au peigne fin... répondit-il avec empressement.

Mais Adrian passa devant lui comme s'il n'existait pas, et Charlotte éprouva un petit pincement au cœur pour son cousin. Adrian était le père de Desmond, mais il traitait son chauffeur avec plus d'égards. Margo, en revanche, s'arrêta pour embrasser son fils, et lui passer une main affectueuse dans les cheveux. Cette fois, ce fut au tour de Desmond de rester de glace.

La secrétaire de Margo, une femme de petite taille, apparut soudain. Elle se hâtait derrière sa patronne, qui traversait le hall à grandes enjambées en jetant des ordres par-dessus son épaule :

— Appelez Schaeffer et Schaeffer. Sur leur ligne privée. Dites à Tom Schaeffer que je veux qu'il s'occupe personnellement de cette affaire. Ensuite vous contacterez le juge Batchelor, et vous lui direz qu'il s'agit d'une affaire personnelle. Appelez chez Aphrodite et dites-leur de m'envoyer Simone. Si elle n'est pas libre, demandez-leur d'envoyer Jason ou Nikki. Et puis vous irez me chercher quelque chose à grignoter à la cafétéria. Surtout pas de chinoiseries. Une salade au citron, un thé nature, et un fruit s'il y en a. Et puis essayez de trouver Charlotte, je veux la voir toutes affaires cessantes.

De retour devant l'ordinateur, Jonathan sortit précipitamment divers outils de sa sacoche noire.

— C'est Margo qui *te* convoque dans *son* bureau ?

On dirait qu'elle n'est pas au courant que c'est toi le PDG ?

Charlotte murmura :

— Je n'ai jamais compris pourquoi grand-mère acceptait de voir ces gens. Quand je pense à toutes les vacheries qu'ils lui ont faites.

Jonathan s'arrêta un instant dans sa tâche pour contempler le profil de Charlotte, sa mâchoire volontaire, ses lèvres tremblantes. Il fut frappé de voir à quel point elle ressemblait à Parfaite Harmonie, sa grand-mère. Il y a quelque chose de naturellement beau dans cette famille, songea-t-il. Il aurait voulu lui demander si elle avait reçu les fleurs qu'il avait envoyées pour les funérailles. Il avait été tellement choqué d'apprendre la disparition d'Harmonie dans des circonstances particulièrement affreuses qu'il avait failli sauter dans le premier avion. Mais il était en mission secrète à Johannesburg à l'époque, et n'avait pu s'absenter, si bien qu'il avait envoyé des fleurs et un télégramme à la place. Charlotte ne l'en avait jamais remercié.

Charlotte et Jonathan virent Adrian qui disparaissait au bout du hall, son téléphone portable toujours vissé à l'oreille, sa secrétaire trottant à sa suite, tandis que Margo allait droit vers Valerius Knight. Ce dernier bondit instantanément sur ses pieds en rajustant son nœud de cravate, et Margo et lui échangèrent un grand sourire et une poignée de main amicale.

— Elle le connaît ? demanda Jonathan.

— Première nouvelle, dit Charlotte. C'est curieux.

Jonathan sortit une caméra, des gants, et un petit sac de cuir noir de sa sacoche.

— Tu as dit que ce Knight ne t'inspirait pas confiance. Pour quelle raison ?

— Je le soupçonne de manquer d'objectivité, répondit Charlotte, les yeux fixés sur l'écran.

Valerius Knight, son crâne noir parfaitement lisse brillant comme s'il avait été astiqué, se pencha vers Mme Barclay. Un peu trop près au goût de Charlotte.

— Il y a deux ans, une femme de Kansas City est tombée gravement malade après avoir utilisé une crème faciale qui contenait du mercure. Knight a aussitôt tiré à boulets rouges sur le fabricant. Pour finir, l'ex-petit ami de la dame a reconnu qu'il avait trafiqué la crème, et le fabricant a été mis hors de cause. Eh bien, malgré cela la compagnie a coulé. Knight se considère tout à la fois comme un flic, un juge et un bourreau. En premier lieu il prononce la sentence et ensuite seulement il mène l'enquête. Si seulement je pouvais savoir ce que ce type et Margo sont en train de manigancer.

— Nous allons bientôt le savoir, déclara Jonathan, sûr de lui. Bon, tu vas convoquer le bureau.

— Maintenant ? (Puis, avisant la petite poche de cuir qu'il portait accrochée à sa ceinture, elle ajouta :) Pourquoi ?

— Parce que je vais aller faire un tour dans les bureaux et que je ne veux pas courir le risque d'être reconnu par un des Barclay, même si ça fait un bail qu'on ne s'est pas vus, eux et moi.

— Tu veux que je convoque le bureau au complet ?

— Pas les secrétaires. Elles ne me connaissent pas.

— Mais si l'une d'elles te surprend en train de fouiller dans leurs bureaux, elle va se demander ce que tu fabriques.

Glissant une main dans la poche arrière de son pantalon, il en sortit un porte-cartes : celui-ci contenait une carte et un badge.

— Un souvenir de mon passage à la NSA, dit-il avec un sourire.

Elle hésita devant le sourire amer de Jonathan. Il lui rappela la dernière fois où ils s'étaient vus, à San Francisco, lorsqu'il lui avait dit qu'il avait cessé de « jouer les espions ». Charlotte avait eu un choc en apprenant qu'il avait appartenu aux services secrets, et elle brûlait d'envie de lui demander pourquoi il n'en faisait plus partie. Mais elle n'avait pas pu, parce qu'au même moment il lui avait annoncé la nouvelle qui avait cassé d'un coup net leur relation.

— Très bien, dit-elle en revenant à l'instant présent, et en posant la vieille photographie qu'elle tenait à la main. Il faut que je réfléchisse à ce que je vais leur dire.

— Tiens, lui dit-il en lui tendant quelque chose qui ressemblait à un petit bouton métallique.

— Qu'est-ce que c'est ?

— Un émetteur-récepteur. Grâce à lui, nous allons pouvoir communiquer. Tu vas le placer à l'intérieur de ton oreille et comme ça je pourrai entendre tout ce que tu dis. En revanche, je ne pourrai pas entendre ce que diront les autres, car il ne transmet que la voix du porteur. (Après avoir introduit un bouton identique dans sa propre oreille, il murmura :) Tu m'entends ?

Charlotte roula des yeux stupéfaits. Elle avait l'impression que Jonathan se trouvait à l'intérieur de sa tête.

— Oui, je t'entends parfaitement. Qu'est-ce que tu vas faire ?

— Poser un micro dans le bureau des principaux cadres de la société, afin de savoir ce qui se trame. (Tendant la main vers Charlotte, il défit sa barrette pour ramener une mèche de cheveux sur son oreille.) Il vaut mieux le cacher, c'est plus sûr, dit-il.

Au contact de sa main, Charlotte faillit sursauter comme sous l'effet d'une décharge électrique.

Juste au moment de sortir, Jonathan jeta un coup d'œil à la vieille photographie que Charlotte avait laissée sur la console. Il la reconnut aussitôt : c'était un portrait de la grand-mère de Charlotte enfant, à l'époque où elle vivait à Singapour — une petite fille en uniforme d'écolière, souriant modestement à la caméra, son joli minois encadré par deux longues nattes noires. Il y avait quelque chose d'inscrit au bas de la photo, en chinois et en anglais : *Parfaite Harmonie, 10 ans, 1918, Ecole missionnaire Sainte-Agnès.*

Jonathan repensa au jour où il avait fait connaissance de la grand-mère de Charlotte. Charlotte et lui avaient treize ans et ne se connaissaient que depuis quelques semaines. Charlotte l'avait présenté à sa grand-mère en disant : « Mon ami d'Ecosse. »

— Aii-yah, comme vous vivez loin de votre famille ! s'était exclamée sa grand-mère d'une voix douce et triste, comme si elle avait deviné son chagrin et le partageait.

Charlotte lui avait ensuite confié que sa grand-mère dirigeait une usine pharmaceutique.

— La firme porte le nom de ma grand-mère. Parfaite Harmonie.

Il y avait une telle compassion dans la voix de sa grand-mère — comme si cette dernière avait su exactement ce qu'il ressentait — qu'il n'aurait pas été étonné si elle lui avait dit qu'elle possédait un remède pour guérir du mal du pays.

Et d'une certaine façon c'était vrai, même si Jonathan, qui n'avait alors que treize ans, l'ignorait encore. Elle lui avait proposé de rester dîner ce soir-là. Et tandis que le brouillard enveloppait peu à peu la baie de San Francisco, Jonathan avait, pour la première fois de sa vie, goûté à la compassion et à la cuisine chinoises.

Tout en disposant délicatement les beignets à la vapeur et les nouilles sautées devant lui, la grand-mère de Charlotte commença à l'interroger discrètement. Puis en versant le thé vert dans de petites tasses elle se répandit en questions anodines sur sa vie. Et lorsqu'elle apporta un plat de crevettes sautées, choisissant pour lui les plus grosses et les plus savoureuses, elle l'interrogea avec tact sur ses parents. Et c'est ainsi que, sans même s'en rendre compte, il avait absorbé les plats aux vertus curatives de la grand-mère, des plats qui vous apportaient chance, équilibre et harmonie, et vous débarrassaient de votre mélancolie, de votre rancœur et de votre chagrin.

Il se souvint aussi du jour où Charlotte lui avait révélé son vrai nom, celui qui figurait sur son certificat de naissance. Et bien que Jonathan l'eût trouvé beau, pour ne pas lui faire de peine il lui avait dit que Charlotte était un nom bien plus joli, même s'il avait été tiré d'un livre de contes.

S'élançant sous la pluie, ils gagnèrent le bâtiment principal et gravirent quatre à quatre l'escalier de secours. Arrivés au troisième étage, ils jetèrent un coup d'œil furtif à l'intérieur du hall de réception. Seule Margo était visible.

Margo Barclay ne faisait décidément pas son âge,

songea Jonathan. On devinait la griffe d'un chirurgien esthétique de renom sous ce visage lisse et bronzé.

D'après les calculs de Jonathan elle devait avoir dans les soixante-cinq ans. Il se souvint des rumeurs qui couraient à une époque sur son appétit sexuel. Était-ce encore le cas ? Lui arrivait-il de repenser à l'incident qui s'était produit au bord de la piscine, chez Charlotte, alors qu'il n'avait que dix-neuf ans ? Pendant que Charlotte s'était absentée pour aller chercher des rafraîchissements, Mme Barclay, une femme de presque trente ans son aînée, était apparue dans un bikini rose vif des plus provocants. Un plongeon et quelques brasses souples et silencieuses l'avaient amenée jusqu'à l'endroit où Jonathan était assis, sur les marches du petit bain. Elle avait foncé droit sur lui, comme une torpille. Et il avait eu juste le temps de bondir hors de la piscine.

Il n'avait jamais raconté l'incident à Charlotte. Lorsque celle-ci était revenue avec les rafraîchissements, Mme Barclay était tranquillement allongée sur une chaise longue, en train d'allumer une cigarette, tandis que Jonathan, le visage en feu, songeait encore à sa bouche avide fouillant son entrejambe.

Chassant ce souvenir, il se tourna vers Charlotte.

— Je vais t'attendre ici pendant que tu les convoques dans la salle de réunion. Pour me donner le signal de départ tu demanderas à l'un d'eux de fermer la porte. Et je passerai immédiatement à l'action. Il me faut environ dix minutes. Ne les laisse pas sortir tant que je ne t'aurai pas donné le feu vert.

Il posa une main ferme sur son bras. Plongeant ses yeux dans les siens, elle vit une lueur sombre de courage et de détermination dans ses prunelles.

— Entendu, dit-elle, en songeant aux restes du carillon de verre enveloppés dans l'écharpe de soie.

Jonathan lui était revenu alors qu'elle pensait qu'elle ne le reverrait jamais plus.

11

Dès qu'elle s'approcha de Margo, Charlotte reconnut son parfum : *Organza*, de Givenchy. Margo n'utilisait jamais les produits Harmony — comme si elle avait voulu afficher ouvertement le mépris qu'elle vouait à la firme dont elle rêvait de devenir un jour propriétaire.

Sitôt que Margo se tourna vers Charlotte, des rides de colère se creusèrent autour de ses yeux. Car le sourire de la vice-présidente n'était qu'une façade, et si Margo avait été chargée des relations publiques, c'était précisément parce qu'elle savait mieux que personne sauver les apparences. Mais on sentait la rage bouillonner à fleur de peau.

Margo laissa un court instant son regard errer sur le médaillon Shang que Charlotte portait au cou. Tout comme Desmond, son fils, Margo mourait d'envie de savoir ce qui s'était passé l'été où Charlotte avait disparu. Mais Charlotte savait que, contrairement à Desmond, Margo ne s'abaisserait pas à lui poser la moindre question.

Elle ne l'avait interrogée qu'une seule fois à ce sujet.

C'était d'ailleurs la seule fois où Margo s'était montrée aimable avec elle. Charlotte avait quinze ans alors. Un jour, Margo lui avait proposé de l'emmener faire du lèche-vitrines. Flattée, Charlotte n'avait rien soupçonné. Puis, tandis qu'elles étaient en train de déjeuner, Margo avait commencé à la questionner habilement sur sa mystérieuse disparition, et c'est ainsi que Charlotte avait flairé la ruse.

« Mais enfin, Charlotte, ma chérie, où diable étiez-vous passés, toi et ton oncle ? »

A l'époque, Charlotte ignorait le vilain mot que l'on murmurait à son sujet : *inceste*. Ce n'est que des années plus tard, un jour que Desmond était d'une humeur de chien et qu'il lui avait dit : « Tu sais ce que l'on raconte sur mon grand-père et toi ? », qu'elle avait compris. Mais elle ne lui avait pas dit ce qu'il voulait savoir, pas plus qu'elle ne l'avait dit à Margo, ou à tante Olivia. La seule personne au courant était Jonathan.

— Charlotte, ma chère, fit à présent Margo en lui effleurant les joues d'un baiser imaginaire. C'est une catastrophe, une véritable catastrophe ! Mais rassure-toi, Adrian et moi avons décidé de prendre les choses en main et de te décharger momentanément de tes responsabilités. Compte tenu de la gravité de la situation, il me semble préférable que tu t'accordes un petit répit et que tu laisses faire des gens d'expérience.

— Je suis parfaitement capable de faire face, répondit Charlotte, qui n'avait pas oublié la rage et l'indignation de Margo le jour où elle avait appris que Charlotte avait hérité du titre de PDG, alors qu'elle avait espéré qu'il reviendrait à Adrian.

— Mais, ma chère, tu as vu cette foule de manifestants. Cette regrettable affaire d'expérimentation animale va rebondir une fois de plus. Te sens-tu capable de revivre un tel cauchemar ?

Mais Margo avait beau feindre la tendresse et la compassion, Charlotte lisait entre les lignes, et elle savait que Margo ne lui avait jamais pardonné de ne lui avoir pas confié son secret.

— Margo, nous allons nous réunir.

— Nous réunir ! Quand cela ?

— Immédiatement. Toi, Adrian, Desmond, et M. Sung. Dans la salle de réunion.

Margo laissa échapper un soupir contrarié.

— Je suppose que cela ne peut pas attendre ?

— Non. Peux-tu aller chercher Adrian ?

Sans lui laisser le temps de protester, Charlotte tourna les talons et enfila le couloir pour aller avertir les autres. Elle trouva Knight dans la salle du personnel, en train de prendre un café au distributeur. Lorsqu'elle lui proposa d'assister à la réunion, il accepta d'une façon qui laissait entendre qu'il y aurait assisté de toute façon, invité ou non.

Lorsqu'ils eurent enfin pris place à une extrémité de l'immense table de la salle de réunion, Charlotte s'éclaircit la voix et, tâtant d'un geste discret la puce électronique qu'elle avait dans l'oreille, dit :

— Desmond, s'il te plaît, est-ce que tu peux fermer la porte ?

Tout en s'adressant au petit comité, Charlotte pria le ciel pour que Jonathan ait le temps de s'acquitter sans encombre de sa mission. Puis son esprit se mit à vagabonder, et elle repensa à la photo de sa grand-mère enfant à Singapour, et au jour où elle lui avait présenté Jonathan. Ce jour-là, il était resté dîner et avait dévoré un à un tous les plats que grand-mère lui présentait comme s'il n'avait pas mangé depuis des semaines. Puis, peu à peu, grâce aux questions habiles de sa grand-mère, il s'était mis à leur raconter sa vie. Une histoire que Charlotte avait trouvée merveilleusement tragique et romantique.

Bien que né en Amérique, Jonathan avait grandi en Ecosse, à l'est des Highlands, dans un petit village situé au nord de Dundee. Son père, un riche homme d'affaires américain, avait, sur un coup de tête, décidé de se rendre en Ecosse pour retrouver la trace du clan ancestral. Au cours de son voyage, Robert Sutherland avait fait la connaissance de la jolie Mary Sutherland, avec qui il n'avait aucun lien de parenté, en dépit du fait qu'ils portaient le même nom. Ils étaient aussitôt tombés amoureux l'un de l'autre. La lune de miel passée dans le cadre idyllique d'Inverness avait laissé augurer un mariage heureux : deux mois plus tard, Mary était enceinte. Peu après, Robert avait ramené sa jeune épouse aux Etats-Unis, dans son somptueux loft de Manhattan où se succédaient dîners d'affaires et soirées mondaines. Six mois après la naissance du bébé, Mary annonçait à Robert qu'elle voulait rentrer chez elle. Ce dernier n'avait pas cherché à la retenir : leur amour était mort quelque part sous le ciel d'Ecosse.

Le divorce à l'amiable s'était passé sans heurts, et Mary avait été autorisée à prendre le « petit » avec elle. Après cela, Jonathan ne vit plus son père qu'à l'occasion des vacances. Un jet privé venait le chercher pour l'emmener passer deux semaines à San Francisco, Honolulu ou Chicago, le plus souvent en compagnie de domestiques et de gardes du corps, après quoi il regagnait les Highlands, ses valises bourrées à craquer de cadeaux aussi inutiles que chers. Lorsqu'il eut douze ans, il refusa d'aller passer Noël avec son père. Robert Sutherland ne chercha pas à l'y obliger. Un an plus tard sa mère tombait gravement malade et mourait d'une maladie de cœur congénitale qui n'avait pas été diagnostiquée à temps. Son père fit revenir le garçon « au pays », à San Francisco, et l'inscrivit dans un collège privé très sélect de Pacific Heights, pour faire de ce garçon fruste des Highlands un Américain « civilisé ». C'était à cette époque que Charlotte avait fait sa connaissance dans le parc, alors qu'il pleurait à chaudes larmes son Ecosse bien-aimée. Elle l'avait consolé en lui expliquant qu'elle non plus ne savait pas si elle était chinoise ou américaine.

Charlotte pensa à l'homme que Jonathan était devenu entre-temps, l'homme qui s'était présenté devant elle une heure plus tôt. Son costume trois pièces gris, très chic et parfaitement coupé, lui rappelait les dîners passés en compagnie du père de Jonathan, dans les restaurants les plus chics de la baie. Au cours de ces dîners composés de caviar, de chateaubriands et de desserts flambés, M. Sutherland s'éclaircissait la voix et déclarait : « Charlotte c'est un nom qui a compté dans l'histoire de la littérature. On pense d'emblée à Charlotte Brontë. » Ou bien : « La culture chinoise est très riche et très ancienne. Ce sont les Chinois qui ont inventé les nouilles, le saviez-vous ? Si, si, c'est Marco Polo qui... »

Et il se lançait dans un petit exposé, s'efforçant ainsi de combler le gouffre qui le séparait de ces deux adolescents qu'il ne comprenait pas.

Riche, célibataire et sans enfants, Robert Sutherland avait quarante ans lorsqu'il s'était rendu en Ecosse, à la recherche de ses racines. Mais faute d'avoir pu les retrouver, il y avait semé une graine. C'était étonnant de voir à quel point Jonathan ressemblait à son père aujourd'hui. Il ne restait aucune trace de l'adolescent rebelle et chevelu traqué par le FBI pour « piratage ». A présent, il travaillait *pour* eux, et c'était lui qui leur montrait comment faire pour pincer les pirates d'envergure internationale.

« Tu vas avoir quarante ans, cette année, Johnny, avait-elle failli lui dire. Et qui sait où va te mener le démon de la quarantaine ? Entre quels bras... ? »

Soudain, elle réalisa qu'autour d'elle les gens commençaient à s'impatienter. Avaient-ils deviné qu'elle cherchait à gagner du temps en récapitulant des faits qu'ils connaissaient déjà ? Elle jeta un coup d'œil à l'horloge. Depuis combien de temps étaient-ils en réunion ? Est-ce que dix minutes suffiraient à Jonathan pour installer des micros dans tous les bureaux ? Il avait aussi emporté une caméra. Mais pour quoi faire ?

— Très bien, dit-elle. A présent, nous allons définir un plan d'action. Desmond, tu vas convoquer tous nos VRP et les prier de se rendre personnellement chez chacun des revendeurs du secteur pour recueillir leurs impressions. Ont-ils remarqué quelque chose de suspect ? Y a-t-il des clients qui se sont plaints des produits Harmony ?

— Charlotte, dit-il, en se renfrognant derrière ses lunettes de soleil. C'est aux gars du FBI de faire ça, pas à nous !

— Je tiens absolument à ce que nous menions notre propre enquête, Des. Il se peut que l'un d'entre eux ait remarqué quelque chose d'anormal, des paquets dont le scellé de garantie aurait été ouvert par un client, ou autre chose encore.

Elle se tourna ensuite vers Margo et fit une pause, afin de voir si Jonathan lui murmurait le signal convenu.

— Margo, je vais faire une déclaration à la presse, demain à la première heure. Je veux que tu convoques le plus grand nombre possible de journalistes.

Margo ne répondit pas. Margo ne recevait d'ordres de personne, et encore moins de Charlotte, qui, bien que PDG, était de trente ans sa cadette.

Charlotte jeta un nouveau coup d'œil à l'horloge. Elle remarqua que Knight regardait lui aussi l'horloge. Toujours pas de signal de Jonathan.

Desmond se leva.

— Si vous voulez bien m'excuser…

— Adrian, tu veilleras à ce que les employés touchent leurs primes comme prévu. De cette façon ils seront rassurés sur l'avenir de la compagnie.

— Vraiment ? dit-il. Il n'y a pourtant pas de quoi.

Fais vite Jonathan, je t'en conjure, implora Charlotte tandis que Desmond gagnait la sortie.

— Desmond, nous n'avons pas encore terminé. Adrian, il est impératif que le personnel et les actionnaires sachent que l'avenir d'Harmony n'est pas menacé et que nous contrôlons parfaitement la situation.

Marmonnant qu'il avait des coups de fil importants à donner, Adrian se leva à son tour, suivi de Margo.

Charlotte cherchait désespérément quelque chose à dire :

— Je pensais que vous auriez des suggestions… commença-t-elle.

Desmond avait déjà la main posée sur la poignée.

— En ce qui me concerne, je n'ai qu'une seule suggestion à faire : avaler un steak bien saignant avec des tonnes de ketchup.

Knight, qui se tenait adossé au mur, se redressa en disant :

— Voilà une suggestion que j'approuve totalement.

Desmond ouvrit toute grande la porte, révélant le hall de réception, les couloirs menant aux différents bureaux.

Charlotte sentit son cœur remonter d'un seul coup dans sa gorge.

Quand soudain…

« Salut, Charlotte. Où es-tu ? Pour ma part, je suis presque en Chine. »

12

Aussitôt qu'elle fut de retour dans le musée, Charlotte se hâta de déplier sur la table le plan de l'usine qu'elle était passée prendre dans son bureau et le fit tenir avec une agrafeuse et des tasses vides. Elle tremblait de rage.

— Si tu les avais vus, Jonathan ! Quelle grossièreté ! Jamais ils n'auraient osé sortir d'une réunion de grand-mère sans y avoir été invités.

— Ne te laisse pas abattre, fillette, ils n'en valent pas la peine, murmura Jonathan tout en scrutant attentivement les plans de l'usine. C'est ici, ajouta-t-il en tapotant du doigt le schéma compliqué du dispositif de télécommunications de l'usine. Pas très facile d'accès. Il faut que j'aille faire un tour là-bas, mais tout d'abord... (Sans perdre une minute il s'approcha du bureau, sur lequel il avait posé son ordinateur portable, auquel il raccorda un petit boîtier noir muni d'un clavier digital vert.) C'est un récepteur. Il est relié aux différents micros que j'ai cachés dans les bureaux et en le connectant à ceci (il montra du doigt l'écran de contrôle), nous allons pouvoir suivre les conversations de chacun. Et ceci... dit-il avec un grand sourire, en brandissant un petit appareil relié à un câble, c'est le cadeau que m'a offert le Père Noël cette année. A nous deux, Knight ! s'écria-t-il, tout en branchant le câble sur son ordinateur. Regarde, dit-il en montrant du doigt l'écran de contrôle, sur lequel on voyait Valerius Knight qui avait pris place à son bureau et commençait à pianoter sur son ordinateur.

Aussitôt le bruit des touches retentit dans le portable de Jonathan tandis qu'une suite de lettres apparaissait à l'écran.

Charlotte écarquilla les yeux, ébahie.

Jonathan lui décocha un large sourire, fier de lui.

— Un petit logiciel que j'ai conçu moi-même. J'ai placé un micro sous l'ordinateur de Knight. Le récepteur capte les signaux numériques puis les transmet à mon programme qui les convertit en signaux analogiques.

— Johnny, tu avais emmené une caméra avec toi. Pour quoi faire ?

— Ça, je crois que ça va te plaire.

S'asseyant devant l'ordinateur de la grand-mère de Charlotte, il sortit de sa poche une caméra qui tenait dans le creux de la main.

— J'ai installé le programme tout à l'heure, dit-il en reliant la caméra à l'ordinateur.

L'instant d'après, une blonde nue en train de prendre des poses suggestives apparut à l'écran.

— Qu'est-ce que c'est que ça ? s'exclama Charlotte.

— Ça, Charlotte, c'est ce que Desmond était en train de faire au moment où tu as convoqué le conseil d'administration. Pendant que je plaçais les micros, j'en ai profité pour prendre des clichés de tous les moniteurs qui étaient allumés. Comme ça nous savons ce qu'ils faisaient à ce moment-là.

En voyant l'expression à la fois triomphante et amusée de Jonathan, Charlotte entendit brusquement une autre voix, celle d'un Johnny plus jeune, qui lui disait avec feu : « Les meilleurs hackers de la planète sortent du Massachusetts Institute of Technology, Charlie, et je vais devenir l'un d'eux. »

C'était au printemps 1980. Et tandis que Jonathan lui chantait les louanges du MIT, Charlotte, oubliant la pluie qui tambourinait sur les vitres du café, ne songeait qu'à une chose : « Il revient vivre en Amérique ! »

Lorsqu'il avait décroché son bac, quatre ans plus tôt,

le père de Johnny avait voulu qu'il aille étudier les mathématiques à l'université de Cambridge, en Angleterre. Après avoir essayé, des années durant, de faire de son fils un Américain bon teint, voilà que Robert Sutherland changeait subitement d'avis.

— Il a ouvert une succursale à Londres, lui avait confié Johnny, l'air sombre. Je n'ai pas spécialement envie d'y aller, mais je crois qu'il se sent très seul.

— Dans ce cas, va le rejoindre, lui avait-elle répondu à contrecœur pour l'encourager. Ça ne nous empêchera pas de continuer à nous voir l'été.

Et c'est ainsi qu'il était parti à Cambridge. Mais pendant les quatre ans qu'il avait passé là-bas ils ne s'étaient vus que deux fois, même s'il leur arrivait de s'écrire ou de se téléphoner de temps à autre. Lorsqu'elle avait reçu sa lettre lui demandant de venir le retrouver à Boston, elle était à mille lieues de se douter de ce qu'il allait lui annoncer. Elle était persuadée qu'il allait terminer ses études en Grande-Bretagne.

Mais il lui avait dit :

— Je rentre au MIT.

Ils allaient vivre sur le même continent, et il n'y aurait plus d'océan pour les séparer.

— Les hackers du MIT sont les meilleurs du monde, Charlie ! Une fois, l'un d'eux m'a confié qu'il n'y avait pas un système au monde dans lequel il ne puisse pénétrer, lui avait dit Johnny entre deux bouchées de hamburger, en s'essuyant le menton d'un revers de main. Le type et moi, on était dans un pub, et il m'a énuméré un à un tous les gros coups qu'il avait faits : Teradyne, Fermilab, Union Carbide. J'en suis resté baba ! Et puis il m'a expliqué qu'il se rendait à Berlin-Est pour vendre des renseignements confidentiels sur toutes ces boîtes, avec tous les mots de passe et les codes d'accès ! Il s'est même vanté d'avoir gagné cent mille deutschemarks en vendant le mot de passe et le code d'accès du système informatique du laboratoire expérimental de propulsion aérienne de Pasadena !

Charlotte avait tiqué.

— Johnny, j'espère que tu ne vas pas te fourrer dans ce genre d'affaires ?

— Te fais pas de bile, fillette. (Il avait pris une longue gorgée de bière.) Je ne peux pas me permettre de prendre de tels risques.

Charlotte était au courant des récents démêlés qu'il avait eus avec la justice, après s'être introduit dans le système informatique de l'université de Londres et avoir découvert par hasard la voie d'accès à la base de données top secret de la base militaire d'Anniston. Johnny avait réussi à se défausser en clamant son innocence. Et le nom de son père l'avait aidé. La deuxième affaire concernait le piratage de la boîte à lettres électronique d'Oxford, université rivale de la sienne. Il avait pris pour cible un professeur particulièrement détesté, dont il interceptait le courrier informatique, en modifiait le texte, puis le détournait vers une autre destination. C'est ainsi que les lettres falsifiées avaient été adressées à Amnesty International, à laquelle elles offraient une généreuse donation. Quand les représentants de l'organisation s'étaient présentés chez le professeur pour collecter l'argent, celui-ci, pris de court, le leur avait donné pour ne pas perdre la face. Mortifié à l'idée d'avoir été contraint malgré lui de faire œuvre charitable, il n'avait pas cherché à engager de poursuites.

Charlotte craignait que Johnny ne s'attire de nouveaux ennuis en entrant au MIT. Et le fait est qu'il semblait tout bonnement incapable de résister à la tentation. Dès l'instant qu'un système informatique lui résistait, c'était plus fort que lui, il s'y attaquait bec et ongles pour parvenir à ses fins.

Tandis qu'elle se délectait des souvenirs enfouis depuis si longtemps, Charlotte se souvint également d'un détail qu'elle avait totalement oublié… l'agent du FBI qui était assis à la table à côté de la leur dans le café.

— Johnny, lui avait-elle murmuré dans l'oreille. Je me fais peut-être des idées, mais j'ai comme l'impression que ce type nous espionne.

Johnny s'était retourné et avait cordialement salué l'homme en question.

— Ce n'est pas une impression, fillette. C'est un agent du FBI. Ils sont persuadés que je cherche à piquer des secrets d'Etat.

— Quoi !

— Ne t'inquiète pas, fillette, les secrets que je vole ne font de tort à personne. Au contraire, je dirais même que je leur rends service. (Les yeux bruns de Johnny s'étaient mis à pétiller de malice.) Le domaine de l'électronique est en plein essor, Charlie, et il est truffé d'embûches. Grâce aux trucs que j'utilise, tous ces benêts découvrent les faiblesses de leurs systèmes informatiques. Ils devraient me remercier. (Il rit et termina le reste de son hamburger.) J'ai déjà eu la visite d'un Russe qui m'offrait un pont d'or en échange de renseignements sur le réseau informatique américain. Je l'ai envoyé paître.

Puis il avait plongé ses yeux dans les siens et c'était comme si elle avait reçu une décharge électrique.

— Mais si j'ai choisi le MIT, ajouta-t-il doucement, c'est avant tout parce que je voulais me rapprocher de toi.

Et c'est ainsi qu'assis face à face dans le petit café enfumé, une vieille table de bistrot entre eux, ils avaient passé le plus beau jour de leur vie. Ce jour-là avait compté plus que tous les autres — plus que tous les automnes et les printemps passés ensemble à San Francisco, plus que toutes les nuits passées à faire l'amour, car ce jour-là Johnny lui avait avoué ses sentiments.

Mais plus tard tout avait volé en éclats, sans espoir qu'un jour les morceaux soient recollés.

— Et voilà, dit Jonathan, en se redressant et en déboutonnant prestement son gilet. J'ai vérifié ton système de sécurité : il est excellent. Votre réseau téléphonique interne n'est pas relié au réseau informatique, et vous n'utilisez pas le détecteur de défaillances de sécurité fourni avec le programme. De plus, il est impossible d'avoir accès aux données sensibles à partir d'un poste de travail ordinaire, pas même à partir de celui de ta grand-mère. Le type qui t'a installé ton dispositif de sécurité est un as. Je n'aurais pas fait mieux.

Il posa avec soin son gilet sur le dossier de son fauteuil, et glissa une main à l'intérieur de sa sacoche dont il sortit un coupe-vent noir roulé en boule.

— J'ai vérifié la messagerie e-mail du personnel. Les messages de notre maître chanteur n'ont pas été envoyés via le réseau interne — ou alors ils l'ont été via un modem caché. Et j'ai également vérifié les formules chimiques contenues dans la base de données en utilisant les mots de passe : tout est normal, rien n'a été modifié. Autrement dit, si le sabotage a eu lieu ici même, dans l'usine, c'est au cours d'une autre phase de fabrication.

Tandis qu'elle le regardait enfiler son coupe-vent noir, un million de questions tourbillonnaient dans sa tête. Elle aurait voulu lui demander ce qu'il avait fait chaque jour au cours des dix années qui s'étaient écoulées — ce qu'il avait pris au petit déjeuner, les films qu'il avait vus, s'il aimait toujours les brioches et la confiture. Mais comment aurait-elle pu lui poser ces questions ? Par où commencer ?

— Où vas-tu ? lui dit-elle enfin.

— Je vais installer un moniteur à impulsions électromagnétiques sur ton réseau de communications. (Il glissa une main dans sa sacoche et en tira une paire de gants, une torche électrique et une pince.) Il suffit de le relier à un circuit et de capter les différents types de signaux émis — en l'occurrence les fréquences émises par les touches du clavier d'un ordinateur. Si quelqu'un travaille en secret sur Internet, nous le saurons.

Il lui adressa un sourire confiant, mais son regard demeurait grave, et elle se demanda si lui aussi était assailli par le doute.

— On dirait que tu cherches à tendre des pièges dans toute la maison, remarqua-t-elle.

— Il ne manque plus que les pièges à souris, répondit-il avec un clin d'œil. Verrouille bien la porte derrière moi.

Au même moment la sonnerie de l'e-mail retentit sur l'ordinateur.

« Une question, Charlotte : au journal télévisé de ce soir, ils n'ont pas mentionné le nombre de capsules de Bliss ingérées par la victime. Mais elle en a certainement pris plus de deux, tu ne crois pas ? Avec deux elle aurait été simplement malade. Il lui en a fallu trois ou plus pour que la dose soit létale. Est-ce que je me trompe ? »

Jonathan se tourna vers elle.

— C'est vrai ?

— Knight a dit qu'il manquait quatre capsules dans le flacon.

— Quelle est la dose recommandée ?

— Deux capsules.

— Tu penses qu'il n'avait pas l'intention de la tuer, mais simplement de la rendre malade ?

— Peut-être, je n'en sais rien. Dans la mesure où les remèdes à base de plantes échappent à la réglementation fédérale, les gens ont tendance à croire qu'ils peuvent doubler, voire tripler les doses, sans prendre de risques. Ils pensent ainsi obtenir de meilleurs résultats.

La mine de Jonathan s'assombrit.

— Notre ami le sait, et il comptait sur ce genre de comportement. Ce qui veut dire qu'il n'a pas choisi sa victime, il a laissé faire le hasard. C'est toi qu'il vise à travers tout ça. (Il fixa sur elle des yeux mélancoliques.) Charlotte, je te supplie de m'écouter, il faut te mettre à l'abri…

— Si seulement nous savions comment il s'y est pris pour saboter le produit !

Jonathan la regarda d'un drôle d'air, comme s'il avait été tout à la fois fier d'elle et contrarié par son entêtement.

— C'est ce que nous allons essayer de découvrir dans un deuxième temps, dit-il. Quand je reviendrai, j'aimerais que nous allions jeter un coup d'œil au labo et à l'unité de production.

— Pour quoi faire ?

— Je te le dirai à mon retour.

— D'accord, nous attendrons l'heure de la pause. Il ne faut pas qu'on te voie. Telle que je la connais, Margo est retournée directement dans son bureau. Elle va se doucher dans sa salle de bains privée puis se recoiffer et se remaquiller avant de faire quoi que ce soit. Je l'ai entendue qui demandait à sa secrétaire d'appeler Aphrodite pour qu'ils lui envoient une masseuse. Quant à Adrian, il est sans doute en train de passer cinq coups de fil à la fois, ce qui veut dire que Desmond va se retrouver tout seul pour faire face au chaos. Ça devrait nous laisser le temps de faire un petit tour au labo.

— Entre-temps, dit Jonathan en accrochant plusieurs bobines de fil électrique à sa ceinture, je veux que tu essayes de trouver le dénominateur commun aux trois produits qui ont été sabotés : est-ce un agent chimique ? Le jour où ils ont été emballés ? Ont-ils été livrés dans le même camion ? Crois-tu qu'on puisse trouver ce genre de renseignements dans la base de données ?

— Chaque étape de la fabrication et de la distribution est soigneusement répertoriée dans le système informatique d'Harmony Biotech.

— Est-ce qu'on a identifié la substance qui a causé la mort des trois femmes ?

— Knight m'a dit qu'il me le ferait savoir dès que les premiers résultats d'analyses lui seront parvenus. Mais quelque chose me dit qu'il va laisser traîner les choses.

— Tu ne peux pas te procurer d'échantillons des lots qui ont été mis en cause ?

— La FDA a confisqué tous les produits jusqu'au dernier flacon. Je ne peux même pas me procurer un seul échantillon auprès d'un revendeur, ils ont tous été retirés de la vente. Nos produits sont distribués dans toute l'Amérique. Dans le monde entier.

— Je sais, dit Jonathan, tandis qu'un souvenir douloureux lui revenait en mémoire.

Deux ans auparavant, il s'était rendu à Paris pour voir un client. Il savait que les produits Harmony étaient distribués dans le monde entier, qu'il existait même un catalogue de vente par correspondance et une chaîne de magasins très sélects. Mais il avait eu un choc quand, au coin de la rue de l'Odéon et du boulevard Saint-Germain, il était tombé sur une petite boutique à l'enseigne de : « *Parapharmacie et Herboristerie* », dans la vitrine de laquelle se trouvait la gamme complète des produits Harmony.

— Bon, dit-il en se dirigeant vers la porte. Nous avons un peu moins de onze heures devant nous.

Il fit une pause, puis se retourna et plongea un instant ses yeux dans les yeux verts et limpides de Charlotte. Puis il vit ses pupilles se dilater tandis que sa respiration s'accélérait, et comprit qu'elle le désirait toujours comme il la désirait.

— Charlotte, dit-il soudain d'une voix vibrante. J'aurais préféré que nous nous retrouvions dans d'autres circonstances. Mais sache que je suis content d'être là, et que je ne partirai pas tant que cette sinistre affaire n'aura pas été élucidée.

Les lèvres de Charlotte s'entrouvrirent, roses et humides, comme les pulpeuses pivoines au pied desquelles il avait enterré son arme, et il se rappela comment, des années auparavant, il avait rêvé de l'embrasser. Les occasions n'avaient pas manqué, et il y avait eu des fois où il lui avait semblé que sa bouche invitait la sienne, quand ils s'amusaient à se pourchasser dans le parc de Golden Gate, et qu'il l'attrapait enfin et qu'elle faisait volte-face, le menton relevé, sa bouche offerte comme une fleur exotique. A quinze ans, Jonathan n'avait pas eu le courage de passer ce cap. Mais un an plus tard il l'avait franchi quand elle l'avait pris dans ses bras pour le consoler, et qu'il avait senti la chaleur de son corps contre le sien, son haleine chaude sur sa joue et qu'elle lui avait murmuré : « Ne pleure pas, Johnny, tout finira par s'arranger. »

Brusquement submergé des pieds à la tête par une violente vague de désir, il recula et se passa une main devant les yeux pour dissiper la tentation.

— Je ne serai pas long, dit-il, et il disparut.

Elle le regarda s'éloigner, et quand la porte se

referma derrière lui elle resta un long moment interdite, comme envoûtée.

Deux heures plus tôt, elle avait eu l'impression que sa vie tout entière s'effondrait d'un seul coup. Et puis Johnny était arrivé. Il n'avait pas demandé la permission. Il était venu, point.

Le silence qui régnait dans le musée l'enveloppa soudain, chargé d'un autre silence, beaucoup plus ancien, qui remontait à l'époque où, en rentrant de l'école, elle regagnait la grande maison qui fleurait bon le bois ciré et la perfection, et que la bonne la saluait d'un : « Bonsoir, mademoiselle », avant que la cuisinière lui montre fièrement les bons petits plats mijotés tout exprès pour elle. Charlotte s'asseyait à la table de la cuisine, où sa grand-mère lui avait laissé un mot en la priant de l'excuser : une cargaison de plantes rares était arrivée et elle tenait à l'inspecter personnellement. Charlotte écoutait mugir au loin les cornes de brume en regardant fixement les mets préparés spécialement pour elle par la cuisinière, mais qu'elle était incapable de manger tant sa gorge était nouée par la solitude.

Rares étaient ses compagnes de classe qui acceptaient de venir une deuxième fois chez elle. Elles trouvaient l'endroit trop étrange, en particulier quand sa grand-mère paraissait, vêtue d'un *cheongsam*, les cheveux retenus par des peignes et des épingles en ivoire à la mode chinoise. Toutes les filles avaient vu *Le Monde de Suzy Wong*, et les vieux films de Charlie Chan à la télé.

— Est-ce que ta grand-mère fume de l'opium ? lui avait une fois demandé une copine d'un ton innocent.

Charlotte n'avait jamais trouvé le moyen de jeter un pont entre ses amies américaines et l'univers chinois de sa grand-mère. Elles semblaient toujours mal à l'aise dans la grande maison, comme si elles avaient craint que le méchant Fu Manchu ne surgisse de derrière une tenture. Johnny avait été le seul à sauter aisément le pas, habitué qu'il était déjà à évoluer entre deux cultures.

Et Johnny avait fait disparaître sa solitude. Johnny,

avec son impulsivité et sa spontanéité naturelles, l'appelait tout à coup au téléphone pour lui dire :

— Hé, j'ai une idée fantastique !

Que disait-elle de passer la journée à monter dans le plus grand nombre de tramways possible, et de sauter en marche avant que le contrôleur ne les rattrape, comme ça, juste pour le plaisir de « gruger le système » ? Ou bien de téléphoner à l'œil au Caire ou à Athènes, en utilisant le sifflet contenu dans les boîtes de céréales Cap'n Crunch, parce que celui-ci émettait une fréquence de 2 600 MHz, identique à celle qui activait les appels longue distance de AT&T ?

Johnny ne se contentait pas de faire disparaître la solitude, il rendait la vie palpitante, spontanée, joyeuse.

Et voilà qu'il était de retour avec sa passion et sa fougue. Et elle mourait d'envie de savoir quel genre de vie il avait mené au cours des dix dernières années. Mais pour rien au monde elle ne le lui aurait demandé. Car Charlotte savait que tôt ou tard il la quitterait, pour retourner auprès de sa femme, dans un autre monde.

Chassant son chagrin et ses craintes — elle préférait ne pas penser à la porte du garage effondrée, qui, selon Knight, aurait été sabotée intentionnellement —, elle tourna son attention vers la collection de reliques. Songeant qu'elle pourrait peut-être y trouver des indices lui permettant de retrouver l'identité du maître chanteur, elle s'approcha de l'une des vitrines, dans laquelle la petite pancarte explicative disait : *« Statue de la déesse Kwan Yin, environ 1924, Singapour. »* Sa grand-mère lui avait raconté l'histoire de la statuette de porcelaine qui se trouvait dans la vitrine, mais Charlotte l'avait oubliée.

Néanmoins, à présent, tandis que ses doigts se refermaient autour de la délicate figurine, elle sentit l'histoire lui revenir, celle de l'étrange destinée d'une déesse dont personne, pas même un voleur, n'avait osé s'emparer…

13

Singapour, 1924

Lorsque le dernier paquebot fut entré dans le port, nous regardâmes les passagers s'engager sur la passerelle puis se diriger vers les baraquements abritant les bureaux de douane, après quoi ma mère se tourna vers moi et me dit :

— C'est la dernière fois, Harmonie-ah. Je n'irai plus désormais.

Depuis seize ans, ma mère se rendait chaque jour au port pour attendre le retour de son bien-aimé, car Richard lui avait promis de revenir et jamais elle ne renonça à l'espoir de le revoir un jour.

Lorsque j'étais bébé, elle y venait en me portant dans ses bras.

Plus tard, lorsque je sus marcher, elle m'amenait au port en me tenant par la main, et ensemble nous regardions les gracieux clippers à la majestueuse voilure, et les grands paquebots qui crachaient de la fumée en donnant des coups de sirène retentissants. Nous nous installions toujours à la même place, sur le quai, les yeux fixés comme des phares sur la ligne d'horizon, scrutant chaque cargo, chaque yacht, chaque bâtiment de guerre, chaque jonque, chaque chalut qui sillonnait l'eau verte. Nous apportions avec nous notre maigre pitance, composée de brisures de riz et de têtes de poissons, et observions attentivement les passagers qui descendaient à terre, un à un, sans oublier ceux qui restaient à bord, penchés au-dessus du bastingage, quand le bateau poursuivait son voyage jusqu'à un autre port. A tous les voyageurs qui passaient devant nous ma mère demandait s'ils connaissaient un Américain du nom de Richard. Elle se rendait ensuite à la douane, au bureau des passeports et à la capitainerie pour poser inlassablement les mêmes questions. Tous se montraient bienveillants, mais chaque fois la réponse était négative.

Et pourtant elle ne renonça jamais.

Même quand ses pieds commencèrent à la faire souffrir, à cause de ces allées et venues incessantes et des longues heures passées debout à attendre, nous continuâmes à nous rendre au port. Comme nous n'avions pas les moyens d'emprunter un pousse-pousse, je lui servais de canne, car à mesure que je grandissais et que je devenais plus forte ma mère rapetissait et se recroquevillait, bien qu'elle ne fût pas vieille. Le soir, je changeais ses bandages, je curais les chairs purulentes, puis je lui lavais les pieds avant de les enduire d'onguents parfumés.

Ce jour-là, je venais de fêter mes seize ans et nous vînmes au port pour la dernière fois, car ma mère ne pouvait plus marcher.

Elle me dit :

— La déesse m'a rendu visite hier soir, pendant mon sommeil, Harmonie-ah, et elle m'a dit que j'allais bientôt mourir. Il est temps que tu quittes Singapour, ma fille, et que tu commences une nouvelle vie.

J'avais toujours su que ce moment arriverait, que je devrais un jour quitter le lieu de ma naissance. Mais je protestai.

Elle continua :

— Il n'y a rien de bon pour toi ici. Lorsque je ne serai plus de ce monde, tu seras seule, l'enfant illégitime d'une paria. Tu connais le sort qui t'attend ici, Harmonie-ah, ajouta-t-elle tristement.

Je connaissais le terme méprisant qui servait à désigner les enfants comme moi : *stengah*, qui en malais signifie « petit whisky ». Autrement dit « demi-sang », car étant eurasienne j'appartenais à la plus méprisable de toutes les castes.

— Ce sera différent en Amérique, m'expliqua ma mère. Là-bas, tu seras acceptée. Ici comme en Chine, le sort des filles n'est pas enviable. Et une fille hors caste n'a pas d'avenir. En Amérique, tu pourras forger ton propre destin. En Amérique, un fils de paysan peut devenir roi. Et une fille illégitime se faire respecter.

Je n'arrivais pas à me représenter la vie en Amérique.

Ici j'étais invisible. Ma mère — jadis la fille respectée d'un éminent médecin — et moi, sa fille illégitime, rejeton d'un étranger, étions considérées comme des moins que rien. Nous n'avions pas de famille, pas de clan, pas d'ancêtres. Aucune caste ne voulait de nous, car nous étions au plus bas de l'échelle sociale, à peine mieux considérées que les mendiants et les lépreux.

Tournant le dos au port et aux bateaux, elle dit :

— Rentrons à la maison, nous allons préparer ton départ.

Ma mère et moi vivions dans Malay Street, surnommée l'Allée Sanglante. Là, parmi les échoppes de plein air, les bouges, les stands de tir et les bordels, se mouvait la lie de Singapour. Mais on y trouvait également les meilleures attractions : les théâtres chinois où se pressaient chaque jour les marchands et les coolies, les mimes de rue, les charmeurs de serpents hindous.

C'est dans la petite chambre que nous occupions au-dessus du bordel d'Abdoul Salah que ma mère et moi préparions les remèdes que nous vendions. C'est de ma mère que je tiens le secret de fabrication du tonique Golden Lotus, nommé ainsi en hommage à une poétesse du XIe siècle, dame Lotus d'Or. On raconte que la recette lui fut révélée par un esprit de l'eau et que, en ayant bu chaque jour, elle vécut jusqu'à cent vingt ans, et eut son dernier enfant à soixante ans passés. Le tonique, un savant mélange de plantes récoltées à certaines dates du calendrier lunaire, agissait sur les glandes génitales, tout en apportant vitalité au cœur, au foie, aux cheveux et au cerveau. C'est grâce à la vente du tonique Golden

Lotus que nous avions un toit au-dessus de la tête et du riz dans nos bols.

Les principales clientes de ma mère étaient les prostituées, qui venaient se fournir en crèmes contraceptives, en breuvages pour rétablir leur cycle menstruel, en amulettes pour se protéger des maladies apportées par les matelots, en aphrodisiaques pour elles-mêmes et leurs clients, en pilules pour la virilité, en crèmes de massage. Ma mère leur prédisait l'avenir, leur signalait quand elles étaient enceintes, leur prêtait une oreille attentive et leur prodiguait remèdes et conseils.

Mais elle avait également d'autres patients car, ayant cessé d'être la fille respectée d'un aristocrate, ma mère n'était désormais plus obligée de se limiter à servir de sage-femme et à bander les pieds. A présent, elle pouvait soigner les marchands et leurs épouses, les pêcheurs, les dockers, les forgerons, les prêteurs sur gages, les trafiquants d'opium, les vagabonds, les passeurs, les maçons, les vanniers, ainsi que les mendiants, les vagabonds et les voleurs. De temps à autre, des dames blanches venaient consulter ma mère en secret. Tout comme les prostituées de bas étage, les dames de la haute société venaient chercher réconfort auprès de mère.

En devenant une paria, ma mère avait rejeté les règles qui jusque-là avaient gouverné sa vie. Défiant la tradition et les lois de nos ancêtres, elle ne m'avait pas bandé les pieds. Quand j'atteignis ma seizième année, le bandage des pieds fut interdit par la loi, si bien qu'on ne voyait plus guère que les vieilles femmes marchant à petits pas sautillants dans les rues de Singapour, comme le faisait ma mère, une main posée sur mon épaule, comme si elle avait voulu traverser à gué une rivière en sautant d'une pierre branlante à une autre.

Elle m'avait envoyée à l'école chrétienne missionnaire où j'avais appris l'anglais et reçu une éducation européenne. Chaque soir, en regagnant notre mansarde, je parlais anglais à ma mère et lui montrais comment boire du thé au lait. Ma mère me parlait chinois et m'enseignait le *feng shui*. A la mission, les institutrices anglaises m'apprenaient à jouer au football ; à la maison, ma mère m'apprenait à me conduire avec la modestie d'une fleur. Le jour je mangeais des glaces, et le soir des nouilles sautées. Je priais Jésus le dimanche et Kwan Yin les autres jours. Je célébrais à la fois Noël et la fête des morts. J'apprenais à baisser les yeux à la manière des Chinoises et à relever fièrement le menton à la manière des Américaines.

Mais principalement, ce que j'avais hérité de ma mère, c'était l'art de soigner à la façon des ancêtres. Elle m'enseigna comment écrire soigneusement dans un cahier la formule de chaque remède, en caractères chinois et en anglais — pour le manque de yin : une mesure de racine de *sha shen*, trois mesures de baies de chèvrefeuille, deux mesures d'écaille de tortue broyée. Faire bouillir à tout petit feu, sans laisser la vapeur s'échapper trop vite.

Elle m'expliqua également les principes d'harmonie du yin et du yang.

— Le yin, c'est l'obscurité, l'humidité, il est symbolisé par l'eau et la lune. Le yang est éclatant et chaud, il est symbolisé par le feu et le soleil.

Quand je fis remarquer que le yang était supérieur au yin, ma mère me dit :

— As-tu déjà vu le feu éteindre l'eau ? Avec le temps, l'eau érodera la pierre la plus dure. Dès lors, lequel des deux est supérieur ?

Puis, le jour de notre dernière visite au port, ma mère me dit :

— Ton éducation est à présent terminée. Tu peux partir découvrir le monde.

De retour à Malay Street, nous nous arrêtâmes devant l'échoppe du traiteur. Là, ma mère donna quelques précieuses pièces de monnaie en échange de riz et de crevettes au curry, que nous mangeâmes debout tandis qu'accroupis au bord du trottoir les dockers et les coolies affamés engloutissaient avidement nouilles et beignets. Il s'agissait là d'une récompense, un luxe que nous ne pouvions guère nous offrir. Et après n'avoir mangé que quelques bouchées, ma mère feignit d'être rassasiée, et dit à la marchande que les parts qu'elle nous avait servies étaient trop abondantes. Puis elle vida son bol dans le mien, me donnant sa grosse crevette, qu'elle avait laissée intacte, et la meilleure partie du riz.

— Tu as besoin de prendre des forces, Harmonie-ah. Le voyage qui t'attend va être long.

Quand j'eus fini de me régaler de ce mets aussi succulent que rare, la marchande me tendit une belle papaye en disant :

— Pas payer, pas payer ! Cadeau pour toi. Aii-yah ! (Puis s'adressant à ma mère :) Ton remède a fait merveille ! Mes deux bébés ne toussent plus, ils ont dormi toute la nuit ! Viens voir !

Elle nous montra le berceau où étaient censés reposer les jumeaux. Le berceau était vide, et pour cause : ses bébés étaient morts vingt ans plus tôt lors d'une épidémie de grippe. Mais les voisins et les clients estimaient qu'il était préférable d'entrer dans son jeu plutôt que de l'obliger à regarder la vérité en face, si bien que chaque semaine ma mère lui donnait une bouteille de tonique à mélanger au lait des bébés.

— Ne l'oublie jamais, Harmonie-ah, dit ma mère, et c'est alors que je compris qu'elle était en train de me donner une dernière leçon.

Nous n'étions pas encore rentrées à la maison qu'elle s'appuya sur moi et me dit :

— Je ne peux plus marcher tant mes pieds me font souffrir.

Je la conduisis vers un endroit ombragé, et l'aidai à s'adosser au mur pour se reposer.

Tandis que nous attendions, comme je regardais déambuler les passants — des Chinoises faisant des courses, des Malaises riant, des Arabes déambulant d'un pas nonchalant, des Anglais marchant d'un pas pressé —, un grand homme à l'allure distinguée s'arrêta devant nous. Bien qu'étant chinois, l'homme portait une veste et un pantalon blancs au tissu léger à la mode des Anglais, ainsi que de petites lunettes rondes, et sur la tête un chapeau comme celui que portait le révérend Peterson de la mission, pour protéger sa peau claire des rayons du soleil. L'homme nous observa pendant un long moment de ses yeux intelligents, puis glissa une main dans sa poche et en sortit une pièce de monnaie.

C'est alors que je réalisai à ma grande honte qu'il nous avait prises pour des mendiantes.

Mais lorsqu'il vit ma mère, il s'arrêta net. Il la dévisagea pendant un long moment, puis, avec dans le regard une expression que je ne compris pas sur le coup, rempocha la pièce et continua son chemin.

— Pourquoi ne t'a-t-il pas donné la pièce ? dis-je, même si je savais que ma mère aurait refusé son aumône.

— Parce qu'il ne voulait pas froisser ma dignité, dit-elle, en suivant des yeux la grande silhouette qui se fondait peu à peu dans la foule. Etre mendiante, Harmonie-ah, quand on a été jadis fille d'un riche aristocrate, est une humiliation pire que la mort.

— Mais pourquoi s'est-il arrêté ?

— Il a compris que mon honneur comptait plus pour moi que l'argent.

— Comment aurait-il pu le savoir ?

— Parce que cet homme est ton grand-père, Harmonie-ah… c'est mon père.

Et c'est ainsi que, tandis que nous regagnions notre mansarde, ma mère me raconta la véritable histoire de sa vie.

Seize ans auparavant, quand Mei-ling, enceinte, était retournée dans la chambre située au-dessus de chez Mme Wah et qu'elle avait découvert que l'étranger américain n'y était plus, elle aurait pu rentrer chez son père et implorer sa pitié. Peut-être lui aurait-il pardonné, et accepté de la cacher, et ma mère aurait pu ainsi continuer à vivre dans la maison paternelle qu'elle aimait tant, en attendant que son amant américain revienne la chercher. Mais Mei-ling ne voulait pas jeter le déshonneur sur son père.

C'est pourquoi elle avait assisté à ses propres funérailles.

Elle avait chargé sa vieille servante de rentrer à la maison de Peacock Lane et de dire que sa jeune maîtresse était tombée dans le port en essayant de sauver un enfant qui se noyait. La servante avait graissé la patte à des dockers et des coolies pour qu'ils attestent avoir assisté à l'acte héroïque. Son père, à en croire la servante, avait été terriblement ébranlé par la nouvelle, car il aimait profondément sa fille, et lui avait organisé des funérailles grandioses, même si le corps ne fut jamais retrouvé. Mei-ling était peinée de lui avoir causé un tel chagrin, mais elle savait que son chagrin n'était rien en comparaison de ce qu'il aurait été si son père avait appris la vérité — mieux valait avoir une fille morte honorablement qu'une fille vivante et déshonorée.

Soudain je repensai à l'expression que j'avais vue dans les yeux de l'homme qui s'était approché de nous : une expression de vague confusion, puis de surprise, et enfin d'admiration, car lorsqu'il m'avait vue, et avait reconnu les traits de mon visage — j'étais sa petite-fille, malgré tout —, il avait compris le sacrifice qu'avait fait Mei-ling pour sauver l'honneur de sa famille.

Lorsqu'elle eut fini de me raconter cette étonnante histoire, nous avions atteint notre logis de Malay Street. Un homme nous y attendait. Il venait de la mission, et nous apportait un paquet de la part du révérend Peterson — les papiers qui devaient me permettre de pénétrer sur le territoire américain, tous dûment visés par le consulat américain de Singapour. Il s'y trouvait même un certificat de naissance stipulant que mon père était citoyen américain. Ma mère avait appris par le révérend Peterson que, de par la loi en vigueur aux Etats-Unis, les enfants de citoyens américains étaient américains, quel que fût l'endroit du monde où ils étaient nés. Lorsque je vis le certificat de mariage de Mei-ling et Richard, ma mère me dit :

— Ton père et moi étions mariés, Harmonie-ah. Dans nos cœurs nous étions mari et femme. Le révérend Peterson est un homme bon qui comprend les femmes. Ces papiers, il m'a fallu des années, bien des services et beaucoup d'argent pour les obtenir, Harmonie-ah, mais grâce à eux les portes de la Montagne d'or vont s'ouvrir pour toi.

La Montagne d'or… le nom du pays qui se trouvait à l'est, de l'autre côté de l'océan.

Mais ma mère poussa un cri en examinant attentivement les papiers.

— Aii-yah ! Ils se sont trompés ! Ils ont changé l'année de ta naissance.

Regardant à mon tour les papiers, je vis qu'elle avait raison. Ceux-ci disaient que j'étais née en 1906 et non en 1908.

— Tu es un dragon ! Ils ont fait de toi un tigre ! Quel malheur ! Ton chemin sera semé d'embûches, tu seras sans cesse tiraillée de droite et de gauche. Le dragon est heureux, et chanceux, et il trouve un bon époux. Le tigre manque de prudence et de patience, il ne trouvera jamais d'époux. (Elle secoua tristement la tête.) Mais il n'y a rien à faire. Il est trop tard pour faire refaire les papiers. Te voilà plus vieille de deux ans désormais. Tu devras t'en souvenir jusqu'à la fin de ta vie.

Et c'est ainsi que, par un étrange caprice du destin, je fus condamnée à vivre avec deux années d'avance.

— Va chercher la déesse, Harmonie-ah, dit-elle pour finir, tandis que les derniers rayons du soleil déclinaient derrière les volets et que les effluves des échoppes apportés par le vent nous rappelaient la faim qui ne nous quittait pas.

J'apportai la déesse, et un couteau pour que nous puissions manger la papaye que nous avait offerte la mère des jumeaux fantômes.

Ma mère m'avait appris très tôt à prier Kwan Yin, la déesse de la charité, et à allumer les bâtons d'encens afin que la fumée emporte nos prières jusqu'au ciel. Mais ce soir-là nous ne priâmes pas Kwan Yin. Lorsque j'eus ôté la statuette de l'autel où elle trônait depuis toujours, ma mère me prit la figurine de porcelaine des mains et me dit :

— A présent, je vais te confier un secret.

De la même façon que le révérend Peterson distribuait ses bonbons avec parcimonie, ma mère divulguait ses secrets au compte-gouttes. C'est pourquoi j'ouvris toutes grandes mes oreilles, tout comme je tendais les deux mains lorsque le révérend nous donnait des bonbons.

— La déesse a bien veillé sur nous, Harmonie-ah. Quand ton père est parti, il ne m'a pas laissé d'argent, juste cette bague. Je ne pouvais pas retourner dans la maison de ton grand-père. Que pouvais-je faire ? Une semaine après que ton père fut parti, j'ai reçu un visiteur dans la petite chambre que j'occupais au-dessus de chez Mme Wah. Il venait de la banque de Londres, située dans Orchard Road. Il m'a demandé de m'identifier, puis m'a remis une enveloppe. Celle-ci contenait deux lettres. La première était cachetée. Elle contenait une note de ton père, rédigée sur le papier à en-tête d'une banque. Il l'avait écrite en hâte, car, disait-il, son bateau était sur le point d'appareiller. Il avait ouvert un compte en banque pour moi, en secret, pour des raisons qu'il m'expliquerait quand il reviendrait pour m'épouser. Quoi qu'il en soit, je pouvais disposer du compte en banque comme je l'entendais. L'autre lettre émanait du directeur de la banque, elle comportait mon numéro de compte et la somme mise à ma disposition. Une somme considérable.

Le jour même je suis retournée à la banque, avec toi dans mon ventre — tu n'avais que six semaines — et j'ai ôté tout le papier- monnaie du compte pour l'échanger contre de l'argent qui ne brûle pas. Regarde. (Retournant la statuette, elle me montra un petit orifice cacheté par de la cire sous les pieds de la déesse.) Ouvre-le.

Je fis ce qu'elle m'ordonnait, et une pluie de pierres vertes et chatoyantes s'en échappa.

— Ce sont des émeraudes, dit ma mère. De la plus belle eau.

C'est alors que je découvris que ma mère et moi étions riches et que nous aurions pu vivre confortablement pendant toutes ces années.

— Ces pierres précieuses constituent ton héritage.

Elles t'appartiennent désormais. Prends-les, dit-elle. Va en Amérique et cherche ton père.

Muette d'émotion, je contemplai émerveillée les magnifiques pierres précieuses, en songeant combien ma mère était intelligente. Car bien que notre misérable logis ait été visité plusieurs fois par des cambrioleurs, jamais aucun d'eux n'avait eu l'idée de s'emparer de l'humble statue d'une déesse.

14

Palm Springs, Californie, 20 heures

« J'ai comme l'impression que tu ne me prends pas au sérieux, Charlotte. Aurais-tu oublié que tu dois faire une déclaration à la presse ? Je te conseille de ne pas perdre ton temps à essayer de me retrouver, sans quoi je serai obligé de faire une autre démonstration de force. »

Charlotte enfonça une touche et le message insolent disparut de l'écran. Elle jeta un coup d'œil à sa montre. Mais où était passé Jonathan ?

S'approchant de la console de télésurveillance, elle passa un à un en revue les différents sites de l'usine : bureaux, parkings, labos, entrepôts. Adrian Barclay parut soudain à l'écran, en train de faire nerveusement les cent pas, un téléphone portable à chaque oreille. Puis ce fut au tour de Margo, debout sur le seuil de son bureau, en train d'accueillir une femme portant une sacoche et une table de massage pliante ; le plan suivant lui révéla Desmond en compagnie de Valerius Knight sur la plate-forme de chargement. Desmond montrait quelque chose du doigt à l'agent fédéral. Il y avait près d'une demi-heure que les deux hommes se trouvaient là. Qu'y avait-il donc de si intéressant à cet endroit ? Elle ne le saurait jamais, car Jonathan n'avait pas posé de micro sur la rampe de chargement.

Mais pourquoi Jonathan tardait-il à revenir ? Il y avait plus d'une demi-heure qu'il était parti installer un moniteur à impulsions électromagnétiques sur le tableau de bord du réseau de communications interne. Il aurait déjà dû être de retour.

A mesure que le temps passait, elle devenait de plus en plus nerveuse. L'incident du garage ne cessait de s'imposer à son esprit. Etait-ce un sabotage, comme l'affirmait l'agent Knight ? Mais comment pouvait-il en être sûr à cent pour cent ? Elle frissonna. S'il s'agissait effectivement d'un sabotage, le coupable pouvait recommencer à tout moment. Mais Charlotte ignorait quand et comment.

Elle enfonça une autre touche et la porte d'accès latérale au bâtiment principal apparut à l'écran. Une silhouette en sortit précipitamment, se hâtant d'aller se mettre à l'abri : M. Sung. Pourquoi était-il si pressé ? Il semblait contrarié. Cela ne lui ressemblait guère...

Elle jeta un coup d'œil vers la porte du musée. C'était le moment ou jamais d'emmener Jonathan faire le tour des labos, pendant que chacun vaquait à ses occupations. Malheureusement Jonathan ne donnait pas signe de vie.

Elle se tourna vers le bureau de sa grand-mère, sur lequel les ordinateurs allumés ressemblaient à deux créatures menaçantes, prêtes à bondir. Sur l'un d'eux on voyait l'écran du moniteur de Margo, celui que Jonathan avait piégé en dernier. La fenêtre de la messagerie électronique était ouverte. S'apprêtait-elle à envoyer un e-mail ? Sur l'autre le texte défilait à toute allure. Le programme de recherche lancé par Jonathan sondait la base de données. Il s'agissait d'un IA, Intelligence Artificielle, un programme que Jonathan avait lui-même mis au point, et qui permettait de recevoir et traiter simultanément l'information.

Mais était-il assez rapide ? songea-t-elle en réprimant un frisson. Jonathan était-il sûr de pouvoir coincer ce maniaque ? Fallait-il parler des e-mail anonymes à Knight ? Non, Jonathan avait raison. Mieux valait qu'ils mènent leur propre enquête en secret. D'ailleurs, pour autant qu'elle pouvait en juger, celle de la FDA semblait piétiner. Si l'individu qui avait saboté la porte de son garage décidait de frapper à nouveau, ce n'étaient sûrement pas les agents fédéraux qui l'en empêcheraient.

Brusquement la porte du musée s'ouvrit à la volée et Jonathan parut, ruisselant de pluie, en disant :

— Mission accomplie. Le premier qui se connecte à Internet est cuit. Notre petit plaisantin s'est-il manifesté depuis tout à l'heure ?

Charlotte eut soudain envie de passer une main dans ses boucles mouillées, comme elle le faisait autrefois, un privilège qui était désormais réservé à une autre femme.

— Oui, il y a un instant. Mais j'ai fermé la boîte à lettres. Je ne supportais plus de voir le message affiché à l'écran. Jonathan, c'est le moment ou jamais si tu veux aller jeter un coup d'œil au labo.

— Parfait, dit-il en rassemblant son matériel et en refermant promptement la fermeture Eclair de sa sacoche. Mais attention, n'oublie pas que l'usine fait l'objet d'une enquête menée par le FBI. Si jamais les types de la FDA nous pincent, ils peuvent nous inculper pour refus de coopérer, voire pour flagrant délit de sabotage.

Mais la mise en garde de Jonathan était inutile. Charlotte avait déjà été arrêtée par le passé et n'avait aucune envie de renouveler l'expérience. Elle savait à quoi ressemblaient les centres de dépôt surpeuplés, elle connaissait la fouille corporelle, le mépris des flics. Et les menottes ! Jamais elle n'oublierait la sensation du métal froid sur ses poignets, comme si elle avait été une bête qu'on mène à l'abattoir. Le flic qui l'avait arrêtée ne l'avait même pas autorisée à laver ses mains couvertes de sang, comme s'il avait voulu qu'elle porte sur elle la preuve de son acte monstrueux. En vain, elle avait essayé de plaider sa cause. Personne ne voulait rien entendre. Sauf Naomi. De tous les protagonistes du cauchemar de Chalk Hill, Naomi était la seule à avoir compris ce qui avait poussé Charlotte à agir comme elle l'avait fait. Naomi Morgenstern, avec sa tignasse rousse frisée, son cheveu sur la langue et ses courbes généreuses, Naomi qui avait deux chats nommés Rodéo et Juliette, et s'entretenait régulièrement avec l'âme des morts.

15

Un coup de tonnerre éclata au loin, faisant vibrer les murs. Jonathan entrebâilla la porte du musée de quelques centimètres. Dehors il faisait nuit, on ne voyait que la pluie tombant à verse dans le halo des réverbères. Lorsque le tonnerre gronda à nouveau, plus proche et plus violent, Jonathan jeta un coup d'œil derrière lui et dit :

— Est-ce que l'ordinateur est équipé d'un dispositif de sécurité en cas de coupure de courant ?

— Tous nos ordinateurs en sont équipés. Ils ont une autonomie de deux heures environ.

— C'est insuffisant en cas de panne de secteur. Bon, on y va ?

Fendant la pluie à toutes jambes, ils se hâtèrent le long des passages couverts en jetant des regards furtifs autour d'eux pour s'assurer que personne n'était en vue. Mais les allées étaient désertes, des flaques d'eau commençaient à se former sous les assauts rageurs de la pluie, qui se déversait à grand bruit dans les caniveaux invisibles.

— Par ici, dit Charlotte, en entraînant Jonathan vers le bâtiment principal.

Ils se baissèrent pour passer sous les banderoles jaunes déployées par la police afin de barrer l'accès à l'immeuble.

Ils longèrent ensuite le couloir qui menait aux vestiaires du labo et enfilèrent prestement des combinaisons jetables, des pantoufles et des bonnets de papier.

— Tiens, prends ça, dit Charlotte en tendant à Jonathan un masque de protection. Si quelqu'un arrive à l'improviste, enfile-le pour cacher ton visage.

Charlotte franchit la première les portes de verre portant la mention *Interdit à toute personne étrangère au service*, puis elle fit une pause et prêta l'oreille. Le labo semblait désert. Elle continua, Jonathan à sa suite. Ils se frayèrent un chemin parmi les comptoirs en acier chromé, les réfrigérateurs, les incubateurs, le matériel de stérilisation.

— Impressionnant, constata Jonathan en découvrant les spectromètres, oscilloscopes, microscopes électroniques et autres outils d'investigation scientifique de pointe. Rien à voir avec les bonnes vieilles méthodes de ta grand-mère. De son temps, les ingrédients étaient triés à la main sur des tables de bois.

Il s'arrêta devant une table de travail encombrée de tubes à essai et de flacons, et saisit un sachet en plastique qui contenait des feuilles vert sombre.

— Mais peut-être ai-je parlé trop vite, dit-il.

— C'est notre tout dernier succès, expliqua Charlotte en gardant un œil fixé sur la porte de crainte que quelqu'un ne les surprenne. C'est de l'herbe de Saint-Jean. Il y a des années qu'Harmony l'utilise, mais uniquement dans des remèdes à usage externe, comme des pommades pour les coupures ou les brûlures. Or il se trouve que cette plante contient de l'hypéricine, un antidépresseur. Un jour, en lisant dans le *British Medical Journal* que les laboratoires pharmaceutiques s'intéressaient aux propriétés antidépressives de l'herbe de Saint-Jean, j'ai réalisé qu'en commercialisant la plante sous sa forme naturelle il y avait pour nous un énorme marché à conquérir. Si bien que l'année dernière nous avons mis au point un nouveau produit qui marche très fort : le millepertuis sous forme de tisane, pour combattre l'anxiété, la nervosité et l'insomnie.

Jonathan reposa le sachet.

— Une sorte de Prozac naturel en somme ?

— Nous avons remporté un tel succès que nous avons été pris de court. Les commandes se sont mises à affluer à un rythme tel que nous n'étions plus capables de satisfaire la demande. L'usine tournait nuit et jour.

— Et je t'en félicite, dit-il doucement, les yeux brillant d'admiration.

— C'est à Des que revient tout le mérite. Il a mené une campagne de pub sensationnelle.

— Et je parie que le succès lui a monté à la tête. Il n'a pas changé, tu sais. J'ai observé ton cher cousin tout à l'heure sur l'écran de télésurveillance.

— Desmond ne changera jamais, c'est plus fort que lui, dit Charlotte. (Elle s'interrompit brusquement, croyant avoir entendu un bruit suspect.) Chut ! Qu'est-ce que c'est ?

Jonathan tendit l'oreille à son tour.

— Le tonnerre, répondit-il.

Charlotte avait posé sa main sur son épaule. Il sentait la pression délicate de ses doigts à travers le papier de son tablier. Puis, tandis qu'elle balayait lentement le laboratoire des yeux, il ajouta tout bas :

— Tu t'acharnes à défendre ce pauvre Des après toutes ces années ?

Mais elle ne répondit pas.

Ils poursuivirent leur chemin jusqu'à une cabine de verre protégée par des sas de sécurité portant la mention *Interdit au public*.

— Qu'y a-t-il à l'intérieur ? demanda Jonathan.

— C'est une chambre à environnement contrôlé. Une zone de haute sécurité.

— À l'accès limité.

— Extrêmement limité. Outre qu'il faut posséder un badge d'identification et une carte à puce dotée d'un code personnel d'accès, il faut se soumettre à un test d'identification biométrique.

Jonathan se pencha pour examiner le panneau de contrôle.

— Empreinte faciale par rayon infrarouge. La sécurité a fait du beau boulot ici aussi. C'est ici que la formule du GB4204 a été mise au point ?

— Celle-là et d'autres qui sont en cours d'élaboration.

Il hocha la tête.

— Vous n'avez pas lésiné sur les moyens, mais ça devrait vous rapporter gros.

— Nous avons ouvert notre capital aux investisseurs privés.

Il tourna vers elle un regard surpris.

— Tu veux dire que ça n'est pas uniquement l'argent de la société ?

— Nous avions besoin de capital.

— Et qui s'est chargé de trouver les fonds ?

— Adrian.

— Ainsi donc son rôle dans la société est plus important que je ne le pensais.

— Tu crois que ce sont les Barclay qui ont fait le coup ?

— Charlie, du jour où j'ai vu Adrian entrer sans frapper dans la maison de ta grand-mère et lui demander de but en blanc pourquoi elle s'entêtait à verser leurs salaires à des employés improductifs, ces gens m'ont paru suspects.

— Je m'en souviens. Adrian voulait procéder à un dégraissage des effectifs, mais grand-mère refusait de licencier un seul de ses employés. Il y en avait parmi eux qui travaillaient pour elle depuis plus de trente ans… Chut ! Ecoute. Tu as entendu ce bruit ?

Ils tendirent l'oreille. Un bruit de pas retentit dans le couloir à l'extérieur du labo.

— Par ici, vite ! dit Charlotte, en entraînant Jonathan vers une porte métallique portant la mention *Passage interdit*. (Elle appuya sur la barre d'ouverture.) Ce couloir mène à l'unité de fabrication.

— Ce que je n'ai jamais pu digérer, poursuivit Jonathan tandis que la porte se refermait derrière eux et qu'ils pénétraient dans un couloir sombre, éclairé par une simple veilleuse, c'est sa façon de débouler chez les gens, sans crier gare, comme si la maison lui avait appartenu. Il m'a même repoussé violemment hors de son chemin… dommage qu'à l'époque je n'aie été qu'un gosse.

— Bah, il n'a jamais eu plus d'égards pour son fils, tu sais.

— Oui, et résultat il en a fait un clone identique à lui-même.

Décidément, songea Jonathan, vingt ans s'étaient écoulés mais Desmond n'avait rien perdu de son arrogance. Mais peut-être ne pouvait-il faire autrement que d'imiter son père adoptif. Les antécédents génétiques de Desmond étaient un mystère pour tout le monde, y compris pour lui-même. Le cousin de Charlotte était un homme fabriqué de toutes pièces, comme Frankenstein, en quelque sorte. Un assemblage hétéroclite d'éléments glanés au hasard dans les films ou les magazines.

Cependant Jonathan garda son jugement pour lui-même, craignant que Charlotte ne prenne la défense de son cousin. En réalité, il brûlait d'envie de lui demander : « Est-ce que Desmond est toujours amoureux de toi ? Avez-vous jamais été amants, lui et toi ? » Car tout le monde savait que Desmond n'était pas le vrai cousin de Charlotte. Il n'était d'ailleurs même pas un vrai Barclay. Jonathan s'était souvent demandé si le rejet de Desmond par son père adoptif n'était pas dû au fait qu'Adrian n'avait jamais pu concevoir par lui-même.

Ils atteignirent une autre porte. Charlotte s'arrêta et resta un moment à l'écoute.

— Nous sommes dans la zone des visiteurs, dit-elle à voix basse. Il nous arrive de recevoir des groupes de visiteurs ou d'investisseurs privés. (Elle entrebâilla la porte et jeta un coup d'œil.) C'est bon, dit-elle, la voie est libre.

Dans le hall des visiteurs, tous les produits Harmony Biotech — élixirs, toniques, potions et pilules — étaient exposés dans des vitrines.

— Et dire qu'à l'époque tu avais honte de tout ça, dit Jonathan.

— Ça n'était pas tant de la honte que le sentiment que tous ces remèdes étaient complètement inutiles et totalement démodés, rétorqua Charlotte lorsqu'ils eurent atteint la porte qui se trouvait à l'autre bout du hall.

Elle sortit une carte magnétique de sa poche et fit une pause avant de l'introduire dans la fente du boîtier de verrouillage.

— Mon Dieu, ce que je pouvais être arrogante en ce temps-là. Je me souviens qu'un été j'étais revenue de colonie de vacances avec une infection urinaire. J'avais onze ans à l'époque. Le médecin de la colo m'avait donné des antibiotiques, mais grand-mère n'arrêtait pas de me faire boire des tonnes de thé infect pour restaurer mon *ki*. Elle disait que je souffrais de stagnation biliaire qui descendait dans mes urines. Je lui ai dit que le médecin avait parlé de bactéries. Et elle m'avait répondu : « C'est possible, Charlotte-ah, mais il y a certainement un déséquilibre dans ton corps, sans quoi les bactéries ne se seraient pas développées. »

Jonathan sourit gentiment.

— Tu sais ce que je pense ? Je pense qu'au fond de toi tu crois encore à toutes ces chimères.

— Mais bien sûr que j'y crois. Cela fait cinq mille ans que les Chinois jouissent d'une santé et d'une longévité exemplaires ! Ma grand-mère elle-même était la preuve vivante de l'efficacité de ses remèdes. Et si elle n'était pas morte accidentellement à quatre-vingt-onze ans elle aurait encore bon pied bon œil. Elle avait quatre-vingt-dix ans passés, mais on lui en aurait donné vingt de moins. Elle connaissait le nom de chacun de ses employés et ceux de tous les membres de leurs familles. C'est pour ça qu'elle n'avait jamais recours à sa console de télésurveillance.

— Tu sais, dit Jonathan tandis que Charlotte posait son oreille contre la porte, je n'ai jamais su comment ta grand-mère était morte.

— Elle a eu un accident. Elle était partie dans les Caraïbes, à la recherche d'une plante rare apportée d'Afrique à l'époque de la traite des Noirs et dont on disait qu'elle possédait des vertus curatives extraordinaires.

— Que s'est-il passé ?

— Alors qu'elle se rendait dans une île son bateau a fait naufrage. M Sung était avec elle. C'est lui qui a rapatrié la dépouille. (Charlotte baissa les yeux.) Il y avait un monde fou à ses funérailles. Des centaines de gens…

Et trop de fleurs, songea Jonathan. Des centaines de couronnes et de gerbes, impossibles à identifier.

— Est-ce que tu savais que grand-mère m'a laissé toutes ses parts ? Tout le monde s'attendait à ce qu'elle les répartisse équitablement, afin qu'aucun d'entre nous ne puisse prendre entièrement le contrôle de la société. Mais c'est à moi, et à moi seule, qu'elle les a laissées.

— Comment ont réagi les autres ?

— J'ai cru qu'Adrian allait avoir une attaque. Quant à Margo… si tu avais vu son regard assassin.

Charlotte inséra sa carte magnétique dans le boîtier de verrouillage.

— C'est dans cette salle que s'effectue le contrôle des différents paramètres de production. Le système est entièrement informatisé. Avant de l'installer, les contrôles de qualité étaient sujets à l'erreur humaine. Je doute que nous trouvions quelqu'un ici. Knight a fait évacuer tous les bâtiments et poser les scellés avant même que j'aie pu dire ouf.

Mais à leur grande surprise quelqu'un se trouvait à l'intérieur. Jonathan enfila précipitamment son masque de protection.

M. Sung sursauta et fit volte-face.

— Charlotte ! bredouilla-t-il, confus, avant de recouvrer rapidement son assurance : J'étais à la recherche d'informations… Mais M. Knight montait la garde à l'extérieur de mon bureau, et j'avais la désagréable impression qu'il pouvait lire ce qui était affiché sur l'écran de mon ordinateur.

Jetant un coup d'œil au bureau, elle dit :

— Vous avez trouvé ce que vous cherchiez ?

— Oui, Charlotte-ah, dit-il doucement, en jetant un coup d'œil furtif à l'homme masqué qui l'accompagnait.

— Je voulais m'assurer que tous les systèmes de

sécurité fonctionnaient normalement, dit-elle. Je me faisais du souci pour le laboratoire de recherche expérimentale.

— Oui, il faut qu'il soit bien surveillé, approuva M. Sung.

Puis, l'ayant saluée d'une petite courbette, il tourna les talons.

— Monsieur Sung ! le rappela-t-elle.

— Oui ?

— Pourquoi m'avez-vous donné le casse-tête chinois ?

— Il appartenait à votre mère. A présent il est à vous.

— Mais…

M. Sung avait disparu.

Dès que la porte se fut refermée, Charlotte se tourna vers Jonathan.

— Il a menti ! Valerius Knight ne montait pas la garde devant son bureau ! Je l'ai vu quitter le bâtiment principal. Il était avec Desmond sur la rampe de chargement !

Tout en regardant la porte close, elle songea à la lettre encadrée qui trônait fièrement sous un projecteur dans le bureau de M. Sung. Datée de 1918 et adressée au père de M. Sung, il s'agissait d'une lettre de félicitations signée de la main même de Woodrow Wilson, alors président des Etats-Unis. Celui-ci exaltait le patriotisme du père de M. Sung. Le cadre contenait également un article de journal de la même année, rapportant qu'un immigrant chinois établi à San Francisco avait donné à son fils le nom du président des Etats-Unis. Le nourrisson qui faisait la une des journaux était Woodrow Sung.

— Tu lui fais confiance ? demanda Jonathan.

— Il était l'ami intime de ma grand-mère, et il a été son conseiller pendant de nombreuses années. Oui, je lui fais confiance. Mais il y a tout de même quelque chose qui…

— Quoi donc ?

— Je n'en sais rien. C'est juste une impression. Jonathan, je suis allée en Europe l'année dernière, pour visiter divers complexes pharmaceutiques. Je me suis absentée pendant un mois, et quand je suis revenue… (Elle secoua la tête.) Je ne sais pas comment dire, mais j'ai eu l'impression que l'attitude de M. Sung à mon égard avait changé. Je le connais depuis toujours, mais je te jure qu'à mon retour je l'ai trouvé changé.

— Changé comment ? En bien ? En mal ?

— Différent… tout simplement.

Jonathan consulta sa montre.

— On ferait mieux de se dépêcher.

Traversant le petit bureau, ils s'approchèrent d'une grande porte vitrée qui donnait sur une gigantesque unité de conditionnement et de mise en bouteilles. Ici, les cuves en acier chromé, les vannes, les pompes, les tapis roulants, les chariots élévateurs, les murs et le sol étaient d'une propreté irréprochable. Il régnait un silence angoissant, bien que toutes les lumières fussent allumées et que les bouteilles reposassent dans leurs supports.

— L'usine est entièrement automatisée ? demanda Jonathan en posant sa sacoche noire sur le bureau.

— Il y a un programme informatique spécifique qui permet de contrôler toutes les machines.

Jonathan ouvrit l'une des poches de sa mallette et en sortit des disquettes.

— Et qui est aux commandes ?

— Le chef de fabrication. Il commence par interroger la base de données afin de savoir quels sont les ordres de production du jour. Après quoi, il programme, mettons, deux cents bouteilles de tonique Golden Lotus. Ensuite lui ou son assistant descend dans la salle des machines, où se trouvent les écrans de contrôle. Il appuie sur la touche correspondant au numéro de série devant figurer sur les étiquettes et enfonce la touche « départ ». Le tapis roulant et le manège rotatif se mettent en marche, le produit est versé automatiquement dans chaque bouteille — en l'occurrence du tonique qui se trouve dans les cuves que tu vois là-haut. Ensuite les bouteilles sont scellées et étiquetées automatiquement.

Puis acheminées vers l'entrepôt, où elles sont mises en caisses avant d'être expédiées.

— J'imagine que vous effectuez des contrôles tout au long du cycle de conditionnement ?

— Oui, la première bouteille de Golden Lotus est ôtée de la chaîne puis emportée au labo. Là on procède à une analyse spectrométrique afin d'obtenir une empreinte de la structure moléculaire. Celle-ci est ensuite comparée à la formule contenue dans la base de données afin de détecter d'éventuelles anomalies. En cas d'irrégularité, la fabrication est interrompue et le système verrouillé.

— Et les résultats de l'analyse, ils sont archivés ?

— Chaque étape de la fabrication est rigoureusement répertoriée et contrôlée deux fois. C'est pourquoi il semble difficile que quelqu'un ait pu saboter les produits à ce stade. Les tapis roulants se déplacent rapidement et, comme tu peux le voir, les flacons sont hors de portée. Si quelqu'un tentait de s'approcher suffisamment près des flacons pour pouvoir y ajouter un produit chimique quelconque, les autres membres du personnel s'en apercevraient immédiatement. Et de toute façon, la machine lui broierait les doigts.

— Est-ce que tu peux me faire une démonstration rapide ?

Elle réfléchit un instant, balayant du regard les différentes machines et les tapis roulants qui s'étiraient à perte de vue.

— Celui-là, dit-elle en pointant du doigt un complexe mécanique compact qui se trouvait à proximité de la cabine de contrôle. (Comparé au reste des équipements, il était relativement petit et peu bruyant.) C'est notre toute dernière acquisition — un système de dosage d'ampoules entièrement informatisé. Il remplit puis scelle automatiquement les ampoules de verre.

— J'ignorais qu'Harmony fabriquait des substances injectables.

— Ce ne sont pas des substances injectables. L'idée m'est venue de le faire installer parce que nous avions des problèmes avec le conditionnement de notre essence de rose. Les huiles naturelles essentielles constituent une partie non négligeable de notre fabrication. Nous sommes l'un des rares fabricants à n'avoir pas opté pour la fabrication de parfums synthétiques. Mais la volatilité des produits pose problème. Les huiles essentielles s'évaporent très vite, or, dans le cas de l'essence de rose, il faut quatre mille tonnes de pétales pour obtenir une once liquide d'huile essentielle après distillation… si bien qu'il nous a fallu trouver une méthode de stockage qui nous permette de limiter l'évaporation.

— Les ampoules.

— Regarde.

Charlotte s'approcha d'un panneau de contrôle couvert d'une multitude de voyants lumineux, boutons, manettes et leviers. Elle appuya sur un bouton pour faire démarrer la machine, puis enfonça une touche qui mit la chaîne de montage en route. Jonathan observa le bras automatique glisser silencieusement le long de la rampe pour accomplir les trois étapes de la mise en ampoules : d'abord l'injection de l'huile essentielle dans les flacons au moyen de grosses seringues, puis les flammes pour chauffer et faire fondre la partie supérieure de l'ampoule, et enfin les pinces métalliques pour sceller le verre chauffé à blanc et en sectionner l'extrémité.

— Je vois ce que tu veux dire, dit-il. Impossible de s'emparer de l'un de ces flacons sans se faire piquer, brûler ou sectionner les doigts.

Charlotte releva une manette et le bras télécommandé s'immobilisa.

Jonathan contempla un instant les cuves d'acier chromé étincelantes.

— Que se passe-t-il avant cela, avant l'étape de la mise en bouteilles ? J'imagine qu'il y a une équipe de nuit qui vient nettoyer les locaux et préparer le matériel pour le lendemain matin ?

— Les cuves et les pompes sont nettoyées chaque matin sans exception. Tout ce qui reste de la veille dans les cuves ou les pompes est mesuré. Pour passer nos commandes nous nous basons sur la quantité de produit restant dans les cuves, et non sur la quantité de produit mis en bouteilles.

S'installant devant le bureau, Jonathan mit l'ordinateur sous tension, puis alluma le moniteur.

— Qui est chargé de passer les commandes ? Le chef de fabrication ?

— Non, quelqu'un d'autre.

— Les quantités de produit restantes et utilisées sont répertoriées ?

— Jusqu'à la dernière goutte. Pour le Golden Lotus, par exemple, nous avons commandé de la teinture de valériane à une firme spécialisée. Mettons qu'elle nous en ait livré cent litres que nous avons mis en cuves pour les mélanger ensuite à d'autres composants. Nous calculons la quantité qui a été mise en bouteilles, en tenant compte des pertes de produit lors de la fabrication, et nous obtenons cent litres. Nous avons eu des cas de vol il y a quelques années. Depuis, chaque étape de la fabrication est rigoureusement contrôlée. Chaque goutte de produit est enregistrée.

Quand l'orage gronda soudain au-dessus de leurs têtes, faisant vaciller les lampes, Jonathan dit :

— Je ferais mieux de recopier tous les fichiers avant qu'il n'y ait une coupure de courant. Tu veux bien lancer le programme, s'il te plaît ? demanda-t-il en se levant pour lui laisser la place.

Charlotte s'assit devant l'ordinateur et entra son code personnel pour accéder à la base de registres. Après quoi elle rendit la chaise à Jonathan, qui se mit aussitôt au travail.

— Vous avez une gamme de produits très vaste ! dit-il avec un petit sifflement d'admiration. Voyons, Bliss, Golden Lotus, et quel était le nom du dernier déjà ?

— Le Baume de Mei-ling.

Après avoir introduit une disquette dans le lecteur, il pianota une ligne de commandes afin d'enregistrer les données dont il avait besoin.

— Fais le guet, dit-il sans cesser de pianoter. Ça n'est pas le moment de se faire pincer.

Tandis qu'il jetait un coup d'œil à sa montre pour calculer le temps que prendrait le chargement des fichiers, son regard tomba sur un bloc-notes accroché au mur à côté du bureau, sur lequel figuraient les ordres de production de la journée : Formule 8, les Huit Plantes Célestes. Un jour, alors que Charlotte et lui étaient en train de se régaler d'un plat de porc aux champignons parfumés dans leur restaurant favori de Chinatown, elle lui avait dit que le huit était le chiffre porte-bonheur des Chinois.

— Les Chinois adorent les homonymes, lui avait-elle dit.

Jonathan se souvint qu'il lui avait demandé :

— Et comment est-ce que ça se mange ?

Rejetant ses longs cheveux en arrière, elle avait éclaté de rire, si fort que les autres clients avaient relevé le nez de leur bol de riz en fronçant les sourcils.

— Un homonyme est un mot qui se prononce de la même façon qu'un autre, Johnny ! Et si un mot ressemble à un autre — un mot qui porte chance —, alors ce premier mot porte chance lui aussi !

— C'est complètement idiot, avait-il dit pour la taquiner.

— En chinois cantonais huit se dit *baat,* et en mandarin *pa.* Ces deux mots ressemblent à *faat*, qui signifie prospérité. Moyennant quoi, si ton adresse ou ton numéro de téléphone comporte le chiffre huit, c'est bon pour toi. Et c'est encore mieux s'il en comporte deux, parce qu'alors c'est comme de dire « prospérité, et encore plus de prospérité. » Tu saisis ?

— Tu as cessé d'être chinoise, dit-il soudain à voix haute.

Charlotte lui jeta un regard surpris.

— Je te demande pardon ?

Il secoua la tête.

— Rien. Je pensais tout haut.

— Mais je n'ai jamais été chinoise.

— Si. Quand tu étais enfant, quand on était amis toi et moi, et qu'on vivait à San Francisco, tu étais chinoise, Charlotte. Je me souviens que quand quelque chose te déplaisait tu t'exclamais : « *Chow mah !* », ce qui signifiait « parfaitement scandaleux » ou quelque chose de ce genre. Et la première fois que je t'ai emmenée chez moi et que tu as vu ma chambre, tu m'as obligé à changer mon lit de place sous prétexte qu'il était « orienté vers la mort ». Et tu m'as conseillé de couvrir mon écran de télévision avec un chiffon noir afin que mon esprit ne soit pas dérangé pendant mon sommeil.

Elle se mit à arpenter nerveusement la cabine de contrôle, tout en gardant un œil fixé sur la porte et l'écran de contrôle accroché juste au-dessus.

— C'était l'influence de ma grand-mère. Mais maintenant j'ai changé.

— Maintenant tu es américaine à cent pour cent, dit-il doucement avec une pointe d'ironie dans la voix.

Il continua de la regarder pendant un petit moment encore avant de détourner les yeux. Les souvenirs lui revenaient au galop. Il n'y était pas préparé. Lorsqu'il avait appris par des sources internes que les produits Harmony avaient fait une troisième victime, il n'avait pas hésité une seconde — il avait aussitôt emballé quelques effets personnels, son matériel informatique d'urgence, et informé la femme de ménage et sa secrétaire qu'il s'absentait pour quelques jours. Il avait ensuite téléphoné à Adèle, sa femme, depuis l'avion, pour lui dire la même chose, sans toutefois entrer dans les détails. Elle avait accueilli la nouvelle avec le même calme que la femme de ménage et la secrétaire. Au début de leur mariage, les départs soudains de Jonathan vers des destinations mystérieuses avaient été source de désaccord entre les deux époux, mais avec le temps Adèle avait fini par s'y faire.

— Fais-moi savoir quand tu seras de retour, lui avait-elle répondu sans ajouter le moindre commentaire.

Une fois dans l'avion, il avait passé en revue tout ce qu'il savait sur les laboratoires pharmaceutiques et leurs besoins spécifiques en matière de sécurité informatique. Puis il avait élaboré un protocole d'analyse personnalisé du système de sécurité d'Harmony au cas où celui-ci aurait été saboté. Mais à aucun moment il ne s'était laissé aller à penser à Charlotte. A aucun moment il n'avait laissé ses souvenirs s'immiscer dans ses réflexions sur l'espionnage industriel et les logarithmes cryptés. Même quand ils s'étaient retrouvés face à face, deux heures plus tôt, il avait réussi à garder ses distances. Il était venu ici pour accomplir une mission. Certes, personne ne lui avait demandé de venir et il n'était pas payé pour cela — mais s'il le faisait c'était uniquement parce que Charlotte et lui avaient été amis dans le temps, et rien de plus.

« Grand-mère est tellement contrariée ! »

Cette voix, entendue vingt-trois ans auparavant, semblait aussi réelle et fraîche que si la Charlotte qui se trouvait ici même, avec lui, dans la cabine de contrôle, avait encore seize ans. Il eut envie de dire : « Laisse-moi tranquille » au fantôme qui le hantait, mais au lieu de cela, il entendit sa propre voix d'adolescent qui répondait :

— A quel sujet ?

— Les nouveaux préfixes téléphoniques ! Grand-mère vient seulement de découvrir que le préfixe de San Francisco était le 415.

Ils se trouvaient dans le sanctuaire secret de Charlotte, un de leurs endroits préférés lorsqu'ils voulaient s'échapper du monde. Elle l'avait amené ici pour la première fois quand ils avaient treize ans. Ce jour-là, dans la rue, des garnements s'étaient mis à la suivre en criant : « Sale chinetoque ! » et en lui jetant des pierres et des crottes de chien avec leurs lance-pierres. Charlotte était restée digne, relevant le menton malgré les larmes qui coulaient sur ses joues, mais Jonathan avait explosé. S'élançant de l'autre côté de la rue, il avait rossé deux des garçons et mis le troisième en fuite. Dans la bagarre il avait reçu un coup à l'arcade sourcilière et Charlotte l'avait emmené chez elle pour panser sa plaie, après quoi elle lui avait fait connaître son sanctuaire privé, un endroit où elle seule avait le droit d'entrer.

Trois ans plus tard, en 1973, ils s'y trouvaient justement quand Charlotte lui avait dit que sa grand-mère était contrariée parce qu'elle avait découvert que le 415 était le préfixe de San Francisco.

— Quatre est un chiffre porte-malheur pour les Chinois. Il ressemble au mot « mort », c'est pour cela que les Chinois ne l'utilisent jamais.

Et tandis qu'elle lui parlait il l'écoutait sans rien dire, en regardant le vent qui jouait dans ses cheveux, et le soleil qui brillait sur sa peau délicate. Le sanctuaire secret de Charlotte était un petit jardin suspendu aménagé sur le toit de la maison de sa grand-mère. Il était garni de plantes en pots et d'arbustes, et même d'une vasque pour les oiseaux que Charlotte prenait soin de remplir chaque jour. De là on apercevait le pont de Golden Gate, la baie et la ville et, plus loin, le bout du monde.

Johnny lui avait rendu la politesse en lui montrant son sanctuaire privé — il ne l'avait encore jamais montré à personne, et il n'oublierait jamais l'expression effarée de Charlotte lorsqu'elle y était entrée pour la première fois.

De même qu'il n'oublierait jamais son expression outrée lorsqu'ils s'étaient revus pour la dernière fois, à San Francisco. Il s'était rendu là-bas dans l'espoir de réparer la cassure qui s'était produite entre eux six ans auparavant — 1981, le monde s'était effondré lorsqu'elle lui avait annoncé au téléphone : « J'ai besoin de reprendre ma liberté. »

Cette année-là, 1981, il avait espéré qu'elle accepterait de l'épouser. Mais elle avait choisi de suivre son propre chemin. Si bien que six ans plus tard il était allé à San Francisco, espérant qu'elle avait changé d'avis et qu'elle accepterait de faire sa vie avec lui.

Au lieu de quoi, elle s'était levée et était sortie en claquant la porte.

— Jonathan ?

Il cligna des paupières. Le restaurant italien où ils s'étaient retrouvés et l'expression outrée de Charlotte s'évanouirent soudain. Elle se tenait devant lui, vêtue de son tablier et de son bonnet en papier et le regardait, les sourcils légèrement froncés.

— Comment se présente la copie des fichiers ?

— Elle suit son cours, dit-il d'une voix émue, la gorge serrée par les souvenirs.

Il avait presque failli s'élancer à sa suite lorsqu'elle était sortie du restaurant. Il avait failli lui crier : « Dis-moi de ne pas l'épouser, Charlie. Dis-moi que c'est toi que je devrais épouser. »

— Oh, mon Dieu ! s'écria soudain Charlotte, en montrant l'écran de sécurité. (Quelqu'un était entré dans le labo.) C'est Knight ! Il vient par ici !

Eteignant aussitôt le moniteur, Jonathan bondit sur ses pieds.

— Par là ! dit-elle, et ils se faufilèrent en toute hâte dans un local technique encombré de balais, de seaux et de serpillières.

— Pourvu que le système ne lance pas la défragmentation du disque dur, chuchota Jonathan, les yeux rivés sur la porte.

— Pourquoi ?

— Parce que Knight va l'entendre, et il saura que le programme a été lancé.

A travers la porte légèrement entrebâillée, ils aperçurent Knight qui entrait, son imperméable et son crâne chauve luisants de pluie. Il balaya la pièce des yeux, puis son regard se posa sur le moniteur mis en veille.

Charlotte entendait son propre cœur battre jusque dans ses oreilles. Avait-il entendu le bourdonnement de l'unité centrale qui se trouvait sous le bureau ?

Jonathan observait lui aussi l'agent Knight d'un œil anxieux, mais ses pensées étaient ailleurs. Charlotte se tenait tout près de lui, elle le touchait presque, et son parfum — un parfum délicat d'aubépine — lui montait à la tête.

— *Jonathan !* lui souffla-t-elle soudain en indiquant d'un signe de tête sa sacoche noire, qu'il avait oubliée au pied de la chaise, à côté du bureau.

— Oh, non ! dit-il, horrifié.

Fallait-il qu'il ait eu la tête ailleurs ! En temps normal, jamais il n'aurait commis pareille erreur.

— S'il la voit…

Ils retinrent leur souffle et Charlotte se rapprocha de Jonathan. Il lui passa un bras autour de la taille tandis que Knight inspectait lentement du regard les bureaux, les moniteurs, les panneaux de contrôle qui se trouvaient dans la cabine. Lorsqu'il s'approcha de la grande baie vitrée pour jeter un coup d'œil à la salle de conditionnement, son pied gauche faillit heurter la mallette.

Charlotte s'efforçait de garder son calme en se disant qu'elle était PDG de cette compagnie. Elle avait parfaitement le droit de se trouver là, et de faire appel à un consultant extérieur. Pourquoi se sentait-elle coupable ? A cause de Knight, bien sûr. Si quelqu'un d'autre que lui avait été chargé de l'enquête, elle lui aurait peut-être dit ce qu'elle savait. Mais elle n'avait aucune confiance en cet homme. En particulier depuis qu'elle savait que Margo et lui entretenaient des rapports… cordiaux.

Elle sentait le bras de Jonathan autour de sa taille, la chaleur de son corps. Elle aurait voulu s'appuyer contre lui, se reposer entièrement sur sa force. Mais elle l'avait déjà fait une fois, et il s'était dérobé et l'avait laissé tomber.

Elle tourna légèrement la tête pour le regarder, et presque instinctivement il se tourna lui aussi. Ils n'étaient qu'à quelques centimètres l'un de l'autre, prêts à se noyer dans les yeux l'un de l'autre. Et soudain le cagibi se transforma en un tourbillon de passion et de désirs brûlants. Le bras de Jonathan se resserra autour de sa taille, et Charlotte sentit sa respiration s'accélérer. Valerius Knight était oublié. Oubliés la mallette noire, l'ordinateur et l'usine de conditionnement. Le monde entier s'évanouit, tandis que Jonathan et Charlotte se rencontraient l'espace d'un bref instant d'une intensité inouïe.

Il baissa la tête, elle lui tendit ses lèvres.

Au même moment la porte de la cabine se referma, pulvérisant du même coup l'enchantement de l'instant. Ils se séparèrent.

— Il est parti, dit Jonathan, en s'écartant de Charlotte pour retourner à l'ordinateur.

Tandis que Jonathan récupérait sa disquette et fermait la session, Charlotte, haletante, reprenait son souffle. Soudain, éprouvant le besoin de rompre le silence plein de souvenirs et de passion pour revenir à la réalité, elle dit :

— Tu as fait un long voyage. Tu as peut-être faim ou besoin de te reposer ?

Il lui jeta un regard pensif, puis ouvrit la bouche et hésita avant de dire :

— Un bon petit café et tout devrait rentrer dans l'ordre.

— Je vais aller faire un tour à la cafétéria. Il y a pas mal d'employés qui sont restés dîner, pour prendre des forces avant de braver la tempête. Ce soir, au menu, il y a de la soupe de saumon fumé, ajouta-t-elle avec un petit sourire. Excellent pour le système nerveux.

Les yeux de Jonathan rencontrèrent les siens, et soudain elle redevint l'ancienne Charlotte, celle qui parlait comme sa grand-mère.

16

De retour dans le musée, Jonathan s'installa sans délai devant l'ordinateur. Tandis qu'elle contemplait sa large carrure et ses cheveux mouillés qui rebiquaient sur son col de chemise, Charlotte repensa aux hommes qu'elle avait connus au cours de sa vie : l'athlète professionnel, bon amant mais manipulateur ; le consultant en publicité, qui refusait toute discussion et s'arrangeait toujours pour exposer d'abord son propre point de vue sans lui laisser le temps d'en placer une, puis concluait en l'embrassant précipitamment : « Bon, on ne va tout de même pas se chamailler pour ça » ; il y avait eu aussi le reporter, qui croyait si fort à l'égalité des femmes qu'il était resté dans la voiture, un jour qu'elle était en train de changer un pneu crevé ; et le comptable qui sortait systématiquement sa calculette chaque fois qu'ils allaient au restaurant, pour vérifier l'addition jusqu'au dernier centime. Dans l'ensemble, les hommes que Charlotte avait connus étaient gentils et avaient bon caractère, même s'ils avaient des défauts. Mais n'avait-elle pas aussi les siens : son impatience, son attachement à Harmony Biotech qui frisait parfois l'obsession, sa manie de garder des secrets et de mettre des barrières entre elle et les autres ? Aucun d'entre eux ne l'avait suffisamment aimée pour essayer de la faire changer ou pour faire tomber ces barrières. Mais son pire défaut était que, chaque fois qu'elle rencontrait un homme, elle ne pouvait s'empêcher de le comparer à Jonathan.

Non pas que Jonathan fût meilleur que tous les autres hommes de la planète, mais le fait est que sa présence seule suffisait à la rassurer.

Il avait volé à son secours sans qu'elle ait eu besoin de l'appeler à l'aide.

Tournant les talons, Charlotte sortit du bureau pour aller inspecter le musée. Tout à l'heure, alors que Jonathan était parti jeter un coup d'œil au central des télécommunications, elle avait commencé à faire des recherches sur sa famille. Et c'est ainsi qu'elle avait découvert que les parents de sa mère n'avaient jamais été mariés. Et que sa grand-mère et son arrière-grand-mère avaient été des parias à Singapour, et que son arrière-grand-père n'était jamais retourné là-bas. Sa grand-mère avait fait le voyage seule jusqu'en Amérique, quand elle avait seize ans. Elle était partie à la recherche de son père. Mais l'avait-elle trouvé ?

Tandis que Charlotte laissait errer ses yeux d'une vitrine à l'autre, son regard se posa sur un mannequin vêtu d'un *cheongsam* de soie bleu lavande — une robe moulante, descendant jusqu'aux genoux, dotée d'un col mandarin et d'une jupe fendue sur le côté. Elle essaya de s'imaginer ce qu'avait éprouvé cette jeune fille en arrivant en pays inconnu, seule, pour y retrouver son père.

— Tu as vu ? dit Jonathan en montrant du doigt le répondeur téléphonique. Le voyant des messages clignote.

— Je n'avais pas remarqué, dit Charlotte en enfonçant la touche pour faire défiler la bande en arrière. Le message a dû arriver pendant que nous étions au labo.

La voix claironnante de Naomi emplit soudain la pièce : « Char ! Je suis toujours à l'institut. La tempête a abattu un arbre qui bloque l'entrée du parking. Ils sont en train d'essayer de le déplacer. Dès que je peux sortir d'ici, j'arrive. Mais il est arrivé quelque chose d'atroce, Char ! Figure-toi qu'en passant dans la salle des profs, il y a quelques minutes, j'ai jeté un coup d'œil au journal télévisé. Ils ne parlaient que de toi. »

— Oh, non, gémit Charlotte, en s'efforçant de ne pas perdre son sang-froid.

Mais la chose était pire qu'elle ne l'avait imaginé.

« Non seulement ils ont montré cette horrible photo, continuait la voix tendue de Naomi, mais ils ont passé un extrait de cette interview de malheur ! »

Le cœur de Charlotte fit un bond dans sa poitrine. Naomi faisait allusion à l'interview télévisée réalisée à sa sortie de prison, peu après l'incident de Chalk Hill, une interview qui avait porté à sa réputation un coup bien plus rude encore que la photo où on la voyait avec les bras couverts de sang. La journaliste lui avait promis de rester fair-play, et tout s'était bien passé. Si ce n'est qu'ensuite elle avait fait un montage, dans lequel les propos de Charlotte avaient été déformés de façon à la faire passer pour une sadique démente.

« Char, hésita la voix de Naomi. J'espère que tu es bien assise, parce que tu vas recevoir un choc. Il y a longtemps qu'on n'a pas parlé de Chalk Hill, toi et moi. Et le fait est qu'on a travaillé dur pour essayer d'oublier tout ça. A tel point que je n'ai pas fait d'emblée le rapprochement quand la nouvelle est tombée la semaine dernière. Et je suis sûre que tu ne l'as pas fait, toi non plus. »

Jonathan jeta un regard interrogateur à Charlotte.

— Le rapprochement ?

Charlotte fit un geste des mains pour signifier qu'elle ne comprenait pas où Naomi voulait en venir.

« En tout cas, ça n'est pas un hasard s'ils ont repassé l'interview ce soir ! Il y a un petit malin qui est allé fouiller dans les archives et qui a fait le rapprochement. Char, tu te souviens de la harpie qui t'avait interviewée, celle qui avait brossé de toi un portrait à la Lucrèce Borgia ? Est-ce que tu savais que c'était elle la première victime ? Non, mais tu imagines, Char ? C'est elle qui est morte après avoir utilisé le Baume de Mei-ling. »

17

San Francisco, Californie, 1924

On nous a transférés sur une île qui, bien qu'appelée « Angel », était administrée par des démons. C'est là-bas que pour la première fois j'ai entendu parler du décret d'exclusion, un mur invisible destiné à empêcher les Chinois de fouler le sol américain. Mon père était américain. L'année précédente, les femmes et enfants chinois d'hommes vivant en Amérique avaient été autorisés à entrer aux Etats-Unis. Mais entre-temps la loi avait changé. Le décret sur l'immigration de 1924 interdisait aux familles d'immigrés résidant légalement en Amérique de venir les rejoindre. Des femmes qui avaient fait le long voyage avec leurs enfants furent renvoyées en Chine, à la pauvreté et à la maladie, sans jamais avoir revu leurs époux. Une jeune femme s'était pendue dans sa robe de mariée parce que l'homme qu'elle aimait avait été autorisé à entrer sur le territoire américain alors qu'elle avait été refoulée.

Sur Angel Island, nous vivions dans des baraquements de bois. A travers les fenêtres munies de barreaux nous apercevions au loin la ville de San Francisco. Nous restions enfermées jour et nuit. Les femmes écrivaient sur les murs des poèmes dans lesquels elles révélaient leurs angoisses. Celles de nos compagnes qui revenaient de l'interrogatoire nous racontaient comment les choses s'étaient passées, d'autres n'en revinrent jamais.

Etait-ce parce qu'on les avait autorisées à rentrer dans la ville ou renvoyées en Chine ? Je l'ignore. Quand mon tour arriva, on ne me demanda qu'une chose : le nom, l'adresse et la profession de mon père. Mais ma mère, qui ignorait ces détails, les avait inventés avec l'aide du révérend Peterson.

Aussi, lorsque les geôliers d'Angel Island me dirent qu'ils n'avaient trouvé aucun Richard Smith, agent comptable, vivant dans Powell Street, je leur expliquai que mon père avait quitté Singapour seize ans plus tôt et que nous avions perdu sa trace. Peut-être s'était-il établi à New York, ou dans le New Hampshire ou à La Nouvelle-Orléans. J'avais choisi ces villes parce que « New » était un mot qui portait chance. Finalement, ils acceptèrent de me laisser entrer car mes papiers portaient le visa du consul américain de Singapour. Une chose que même les démons d'Angel Island ne pouvaient ignorer.

Et c'est ainsi que je suis entrée dans la ville où vivait mon père, et même si j'ai honte de le dire, je dois reconnaître que j'étais folle de joie. Ma mère était morte, et je n'avais pas pu assister à ses funérailles. Avant mon départ, j'avais pris toutes les dispositions nécessaires afin que le révérend Peterson puisse enterrer dignement ma mère lorsque celle-ci viendrait à décéder. Je lui avais laissé beaucoup d'argent spirituel afin qu'il le brûle au cours de l'enterrement, et lui avais demandé de faire appel aux meilleures pleureuses de la ville. Bien que ma mère ait été encore en vie lorsque je m'étais embarquée, j'avais cru voir comme un nuage la mort passer sur son visage au moment où je l'avais embrassée pour la dernière fois.

Je l'avais pleurée tout au long de la traversée, à bord du navire bondé de femmes qui apprenaient par cœur avec frénésie les réponses aux questions qu'on allait leur poser lors de l'interrogatoire, puis jetaient la liste par-dessus bord avant de passer la douane. Chaque jour, fouillant l'horizon des yeux, je me demandais si ma mère était morte, seule, rejetée de tous. Et tandis que le navire faisait route à l'est, je faisais face à l'ouest et songeais à ma mère, à la vie que nous avions menée, elle et moi, et à tout ce qu'elle m'avait appris. Mais lorsque j'arrivai enfin en Amérique, je tournai résolument les yeux vers l'Occident, vers ma nouvelle vie.

Le révérend Peterson m'avait parlé de Chinatown. C'est là, m'avait-il expliqué, que je devais chercher à me loger.

— Inutile de chercher une chambre ailleurs, m'avait-il conseillé. Ils ne veulent pas de Chinois.

A l'époque ses paroles s'étaient envolées comme la plume au vent. L'Amérique était la terre de l'égalité. J'aurais pu me loger n'importe où.

Quoi qu'il en soit, j'allai à Chinatown, afin de me retrouver parmi des gens de mon peuple. Tout en cherchant un logement, je songeai à ma vie passée : une vie d'errance aux côtés de ma mère, qui me racontait des histoires de la grande maison de Peacock Lane où elle avait grandi, et où les générations successives de notre famille étaient nées, avaient vécu et étaient mortes. Je rêvais de vivre un jour dans une telle maison. Peut-être que lorsque j'aurais retrouvé mon père, il m'inviterait à habiter sous son toit. Je me le représentais dans une vaste demeure sur les hauteurs de San Francisco, ouvrant sur le ciel et l'océan. C'est là que je vivrais jusqu'à la fin de mes jours.

Chinatown, m'informa-t-on, avait brûlé dix-huit ans auparavant, à la suite d'un important séisme. Et bien qu'elle eût été reconstruite par quelqu'un qui n'entendait visiblement rien à l'architecture chinoise, ses habitants, eux, étaient bel et bien Chinois ! Entassés dans les quelques rues qui formaient Chinatown, ils venaient de Canton, de Pékin, et de toutes les provinces de la Chine. Leurs dialectes flottaient dans l'air comme des guirlandes de nouvel an. J'écarquillai des yeux émerveillés à la vue des canards laqués suspendus dans les vitrines, et des devantures regorgeant d'oignons, d'aubergines, d'oranges appétissantes. Pour les affamés, il y avait les maisons de thé et les marchands ambulants qui offraient des gâteaux au sésame, des beignets à la vapeur, et des brioches au poulet. Je retrouvai des odeurs familières, j'entendis les sons de chez moi. Et moi qui croyais découvrir un pays étranger totalement différent et qui craignais d'avoir le mal du pays. Or les gens que je croisais avaient le même sourire que moi, et leurs yeux étaient bridés comme les miens. Nous venions des quatre coins de l'Asie, nous les « Célestins », comme nous surnommaient les Américains (certains même nous surnommaient le « péril jaune »), mais nous formions une grande famille, qui partageait la même culture, les mêmes croyances, la même cuisine.

Je sentis que j'allais être heureuse ici.

Ma valise et le coffret de médecines de ma mère à la main, je me promenai dans les rues en cherchant des yeux les panneaux « A louer ». Ils étaient rédigés en chinois et placés à la devanture des magasins : *Le Joyeux Blanchisseur, Yin-Fei Maison de thé, Ping Huang Export,* même si les rues avaient pour noms Grant, Stockton et Jackson. Je scrutai un à un les numéros de la rue, à la recherche de nombres porte-bonheur. Finalement, j'entrai dans un immeuble de Grant Street qui portait un numéro favorable : le quatre-vingt-neuf. Une bonne adresse.

Mme Po était la propriétaire du Joyeux Blanchisseur. Elle avait une dent de devant en or et parlait un dialecte chinois que je ne comprenais pas, c'est pourquoi elle me demanda en anglais :

— Tu es seule ? Sans famille ?

Je lui montrai mes papiers, qu'elle lut attentivement.

— Tu ne fais pas tes dix-huit ans. (Elle hocha la tête). Jeune fille seule, pas bon. Hommes venir chez moi, et donner mauvaise réputation à ma maison.

Mais c'était là que je voulais vivre. Elle m'avait dit que l'appartement à louer donnait sur la rue au troisième étage, et j'avais remarqué que les rayons du soleil entraient par la fenêtre ouverte. C'était bon pour le *ki*. Et la porte de l'immeuble était rouge, ce qui éloignait les mauvais esprits. Si bien que je lui offris le double de ce qu'elle me demandait, et elle devint aussitôt très amicale. Prenant ma valise, elle me dit que j'avais l'air d'une jeune fille très respectable.

— Pas d'hommes ici, me rappela-t-elle néanmoins quand nous atteignîmes l'appartement. Beaucoup de putains à Chinatown, mais pas chez moi.

Sitôt que j'eus pris possession des lieux, je changeai le numéro qui se trouvait sur la porte en huit, puis je m'aperçus que trois autres locataires avaient fait de même. Nous ne pouvions tout de même pas tous habiter au numéro huit ! Si bien que j'optai pour deux, symbole de l'abondance.

C'était un appartement agréable, avec une cuisine et une salle de bains minuscules, mais suffisamment grandes à mon goût. Je m'empressai d'acheter de nouveaux rideaux et un tapis. Puis j'installai des plantes et un aquarium, car l'eau apporte la prospérité, et un poisson rouge pour me tenir compagnie. J'éloignai le lit de la fenêtre, de crainte que toutes mes espérances ne s'écoulent par la gouttière jusque dans le caniveau. Je plaçai la tête du lit à l'est, qui porte chance, et le pied à l'ouest, afin de ne pas passer à côté de mon destin. J'achetai une lampe que je plaçai à gauche du lit pour que la partie gauche de mon cœur reçoive la première chaleur du matin. Et enfin je disposai un récipient rempli d'eau sous mon lit, afin de noyer les mauvais rêves.

A la cuisine, où j'allais désormais préparer mes repas le jour et mes remèdes à base de plantes la nuit, je nettoyai le petit réchaud à gaz, car un brûleur bouché empêche l'argent d'affluer. Puis, constatant que le réchaud avait été installé à côté de l'évier, ce qui signifiait que deux éléments conflictuels — le feu qui est yang et l'eau qui est yin — étaient côte à côte, je remédiai au problème en plaçant une planche à découper entre les deux. Enfin j'achetai deux théières Yixing, l'une pour préparer le thé du matin, « pour la chance », et l'autre pour le thé du soir, « pour les beaux rêves ». Et pour finir, j'accrochai un carillon de verre à la fenêtre ouverte pour que le bon *ki* circule dans la maison.

Comparé à notre humble logis situé au-dessus du bordel de Malay Street, cet appartement était un palace. Je l'avais loué afin de pouvoir faire honneur à mon père le jour où je l'amènerais ici.

Je vendis une émeraude et m'achetai une robe neuve très belle — un *cheongsam* taïwanais en soie, brodé à la main — ainsi que plusieurs paires de chaussures à la mode et des sacs à main en cuir assortis. Je voulais être présentable le jour où je rencontrerais mon père. Puis je partis à sa recherche.

Sa bague était la seule chose qui pouvait me conduire jusqu'à lui, car, dans une ville aussi grande que San Francisco, comment aurais-je fait pour le retrouver ?

De toute évidence, la bague avait été réalisée sur commande, et les initiales *RB* gravées par un joaillier de talent. C'est pourquoi je décidai d'aller m'enquérir auprès de différents bijoutiers afin de voir si l'un d'eux avait souvenir d'avoir créé une bague d'aussi belle facture.

A bord du bateau j'avais appris à garder mes possessions les plus précieuses sur moi, c'est pourquoi je portais la bague de mon père au bout d'une longue chaîne suspendue autour de mon cou que je cachais sous ma robe. Quand je rendais visite aux bijoutiers, je tirais pudiquement la chaîne de dessous ma robe pour la leur montrer, mais sans jamais l'ôter de mon cou.

Je commençai par visiter Chinatown, pour faire la connaissance de mes nouveaux voisins. Les marchands m'appréciaient, car je ne discutais jamais les prix. J'achetais toujours les meilleurs produits et ne recomptais jamais la monnaie qu'ils me rendaient.

— Très gentille jeune fille, leur disait Mme Po. De Singapour. Très bonne famille. Mes locataires sont des gens très bien.

Comme aucun bijoutier de Chinatown ne semblait reconnaître la bague, je décidai de m'aventurer un peu plus loin. Sautant d'un tramway dans l'autre, j'explorai la ville jusqu'à ce que la tête m'en tourne. Les gens me dévisageaient comme s'ils n'avaient jamais vu de Chinoise de leur vie, et lorsque je voulus entrer dans un restaurant pour manger et qu'on refusa de me donner une table bien que le restaurant fût presque vide, je compris subitement pourquoi le révérend Peterson avait essayé de me mettre en garde. Plus je m'éloignais de mon propre monde, et plus le monde extérieur devenait hostile.

Partout où j'allais, les agents de police me disaient :

— Allons, circulez !

Ou bien ils me demandaient mes papiers et me posaient une foule de questions, me demandant si j'étais une prostituée. C'est ainsi que j'appris à connaître la haine raciale. Je découvris que les Chinois étaient la seule race qui n'eût pas sa place aux Etats-Unis. J'appris qu'il y avait des lois visant à interdire l'entrée du territoire américain aux Chinois. Nous n'avions pas le droit de devenir propriétaires, d'épouser des Blancs, ou de nous faire soigner dans les hôpitaux réservés aux Blancs. Et quand un Chinois qui s'était aventuré dans un quartier blanc s'était fait rosser et détrousser, les policiers disaient :

— C'est bien fait, vous n'aviez rien à faire là-bas !

Mais j'étais américaine. Et quand j'essayais de l'expliquer aux gens, ceux-ci me toisaient d'un air méprisant, car, à la vue de mon *cheongsam*, ils pensaient aux Chinoises de mauvaise vie qu'on montrait dans les films américains.

Mais il n'était pas question pour moi de renoncer. La bague était mon seul lien avec mon père. J'ignorais son nom de famille, la profession qu'il exerçait et où il habitait. Mais la bague allait me conduire jusqu'à lui, et pour le faire identifier je n'avais d'autre choix que d'arpenter les rues de cette ville qui me rejetait.

Pour finir, après des jours et des jours passés à errer sans succès dans cette ville hostile, les pieds en sang et la faim au ventre, la chance se décida à me sourire. Lorsque j'entrai chez Sadler & Fils dans Market Street, je vis une étincelle dans le regard du bijoutier, comme si ce dernier avait reconnu la bague.

— Puis-je la voir de plus près ? me dit-il en tendant la main pour la saisir.

Mais je me reculai instinctivement.

— Je vous en prie, dis-je. Je voudrais savoir ce que signifient ces initiales.

— Je l'ignore, me répondit-il, avec un regard fuyant. Il faudrait que je puisse la montrer à mes collègues.

Je lui dis que je reviendrais le lendemain, et songeai subitement qu'il allait peut-être prévenir mon père et qu'avec un peu de chance je le retrouverais ici même, dans cette boutique.

Je revins comme promis, vêtue de ma plus belle robe de soie lavande, mes longs cheveux ramassés en un chignon orné de peignes en ivoire. Je m'approchai prudemment de la boutique, le cœur bondissant d'espoir. Comment allais-je saluer mon père ? M'adresser à lui ? Allait-il me recevoir à bras ouverts et me dire combien je ressemblais à ma mère ? Le doute m'assaillit soudain. Il n'était jamais retourné à Singapour. Avait-il oublié la femme qui lui avait sauvé la vie ? Quand il avait recouvré la mémoire, avait-il du même coup refoulé les souvenirs de Singapour ? Allait-il me regarder et dire : « Qui êtes-vous ? »

Avant de pousser la porte de la boutique, je jetai un coup d'œil à travers l'imposante vitrine pour voir si mon père se trouvait à l'intérieur. A la place j'aperçus un beau jeune homme, et une jeune fille qui devait avoir mon âge, blonde avec la peau blanche. Mais ce fut le jeune homme, de quelques années plus âgé que moi, qui attira mon regard. Nonchalamment appuyé au comptoir, il parlait en riant au bijoutier. J'entendis le beau timbre de sa voix, et je vis son profil digne d'une star de cinéma. C'est alors qu'il se retourna brusquement, comme s'il avait senti que je l'observais, et que nos yeux se rencontrèrent.

A partir de cet instant, je sus que ma vie avait basculé.

Il m'était arrivé de voir des pièces de théâtre et des films dans lesquels le héros et l'héroïne tombaient amoureux au premier regard. Ma mère elle-même n'était-elle pas tombée amoureuse de mon père dès qu'elle avait posé les yeux sur lui ? Néanmoins, ce n'est qu'à cet instant, lorsque mon regard et celui gris et lumineux du jeune homme se croisèrent, que je compris ce que cela signifiait.

Saisissant mon courage à deux mains, j'entrai dans la boutique en me disant que le bijoutier avait peut-être de bonnes nouvelles à m'annoncer.

Le jeune homme, dont le sourire semblait figé sur ses lèvres, ne me quitta pas des yeux lorsque je pénétrai dans le magasin. J'aurais voulu détourner le regard, mais j'en étais incapable. J'hésitai un instant sur le pas de la porte, comme envoûtée. A l'intérieur, malgré le scintillement des bijoux éclairés par des lampes de cristal, je ne vis que les yeux couleur de brume et le sourire du jeune homme.

— C'est elle ! C'est la voleuse ! s'écria le bijoutier en me montrant du doigt.

Au même moment un policier sortit de l'arrière-boutique. Comme je tournais les talons pour prendre la fuite, j'entendis le jeune homme qui disait :

— Non, attendez ! Il faut d'abord lui parler ! Elle a peut-être trouvé la bague de mon père par hasard !

— Ce sont tous des voleurs, monsieur Barclay ! s'exclama le bijoutier. Une sale engeance !

A ces mots, je pris mes jambes à mon cou. Dévalant une rue, puis une autre, je sautai dans un tram, puis dans un autre pour retourner en pays connu, parmi des gens vêtus de vestes indigo et de pantalons de soie noire, des gens qui lisaient des placards chinois affichés au mur, des gens qui choisissaient un canard pour le dîner ou se chamaillaient à propos d'un melon. Ouf ! j'étais de retour parmi les miens ; le policier ne m'avait pas suivie.

Les pensées tourbillonnaient confusément dans ma tête. Le bijoutier avait appelé le jeune homme « monsieur Barclay ». Il avait dit : « La bague de votre père. » Ce qui signifiait qu'il était mon demi-frère. Ainsi donc, mon père avait une première épouse, et c'était la raison pour laquelle il était reparti. Dans sa lettre, « Richard » lui promettait de revenir, après avoir réglé un problème.

Mais pourquoi n'était-il jamais revenu ? Sa première épouse avait-elle réussi à le convaincre d'oublier sa concubine chinoise ?

C'est le cœur lourd que je regagnai mon logis. Comment allais-je pouvoir retrouver mon père, s'il y avait un policier embusqué à chaque coin de rue ?

Voyant que la porte de mon appartement était ouverte, je crus tout d'abord que Mme Po était venue me rendre visite. Puis je vis le mobilier sens dessus dessous.

J'avais reçu la visite d'un cambrioleur.

Le coffret à médecines de ma mère avait disparu. Le matelas avait été éventré, et la liasse de dollars que j'avais cachée à l'intérieur avait disparu. L'aquarium, brisé, gisait à terre, mon poisson rouge mort. Mais le plus grave de tout, c'étaient l'aquarium brisé et le sable blanc répandu à terre.

Je cherchai des yeux l'humble statuette de la déesse Kwan Yin, dont ma mère disait que jamais aucun voleur n'aurait osé s'emparer. Elle était toujours à sa place. Malheureusement, estimant que la déesse Kwan Yin avait porté pendant suffisamment longtemps les émeraudes de ma mère, j'avais décidé de lui accorder un petit répit en ôtant les pierres précieuses qui se trouvaient à l'intérieur de son corps pour les cacher ailleurs.

Croyant bien faire, je les avais enfouies dans le sable de l'aquarium.

Réalisant que j'avais tout perdu, j'étais sur le point d'éclater en sanglots quand, soudain, je songeai à l'ironie du sort et aux deux cadeaux que le destin venait de me faire — des cadeaux que jamais personne ne pourrait me voler. Le premier était que je connaissais désormais le nom de mon père : Barclay, ce qui allait me permettre de le retrouver.

Le second était un amour tout neuf. Mais un amour interdit cependant, car le beau jeune homme dont j'étais tombée amoureuse était mon frère.

18

Palm Springs, Californie, 21 heures

« Surtout reste en ligne, Charlotte. J'ai une surprise pour toi. Pour rien au monde je ne voudrais que tu rates ça. »

— Charlotte, s'écria Jonathan. Il y a un nouveau message.

Reposant la chevalière de Richard Barclay dans la vitrine, Charlotte se hâta de regagner le bureau de sa grand-mère, où un nouvel e-mail s'était affiché à l'écran.

— Quel genre de surprise, à ton avis ? s'enquit Jonathan.

Charlotte sentit son estomac se nouer. Depuis qu'elle avait appris par Naomi que la première victime était la journaliste qui l'avait descendue en flammes à la télévision, les nerfs de Charlotte vibraient comme des lignes à haute tension. Valerius Knight allait bientôt faire le rapprochement, lui aussi, si ce n'était déjà fait, et il la harcèlerait de questions sur les deux autres victimes.

— Tu es certaine de ne pas les connaître ? avait demandé Jonathan.

Mais Charlotte était formelle, elle n'avait jamais entendu parler des deux autres femmes. Leurs noms ne lui disaient absolument rien, de plus ni l'une ni l'autre ne vivait en Californie. Il fallait espérer que la mort de la journaliste n'était qu'une incroyable coïncidence, sans quoi Charlotte savait qu'on la soupçonnerait d'avoir assassiné la femme qui avait traîné son nom dans la boue.

« *En attendant,* disait la dernière ligne de l'e-mail, *voici un petit quelque chose qui devrait t'amuser.* » Et un document s'ouvrit à l'écran.

— Qu'est-ce que c'est ? s'inquiéta Charlotte en se penchant pour lire le reste du message. (Elle écarquilla les yeux en voyant s'afficher une liste de chiffres.) C'est mon numéro de compte en banque ! Et le numéro de ma carte American Express ! Seigneur, et ceux de ma carte d'assuré social et de ma carte d'identité…

Jonathan était déjà en train de pianoter sur le clavier, cliquant tour à tour sur tous les menus, afin de retrouver le chemin emprunté par l'e-mail.

Charlotte resserra les bras autour de sa taille en un geste désespéré.

— Tu sais ce que cela signifie ? Maintenant qu'il est en possession de ces données il va pouvoir vider mes comptes en banque, utiliser mes cartes de crédit, je vais avoir le fisc sur le dos.

Jonathan recopia l'adresse du réexpéditeur, la colla en en-tête d'un nouveau message adressé au responsable du serveur et tapa : « *Nous sommes victimes d'un harcèlement. Pouvez-vous nous indiquer la provenance du message ?* » Il avait déjà envoyé la même requête à d'autres réexpéditeurs, sans avoir obtenu de résultat jusque-là.

Puis il interrogea le récepteur du moniteur à impulsions électroniques. Rien. Le micro-émetteur qu'il avait placé sur le portable de Knight restait silencieux.

— Bon, nous savons au moins une chose, dit-il en saisissant son téléphone cellulaire. Nous allons le pincer, Charlotte, je te le promets, la rassura-t-il en faisant pivoter son fauteuil pour connecter le téléphone à son portable. Regarde ça.

Une carte était apparue sur l'écran. Charlotte se pencha en avant. Ses longs cheveux effleurèrent la nuque de Jonathan.

— Qu'est-ce que c'est ?

— Grâce à cette petite machine nous allons pouvoir traquer tous les coups de fil qui sont émis depuis l'usine. Regarde. (Saisissant son téléphone mobile il composa un numéro, et aussitôt des lignes bleues se dessinèrent sur l'écran, où le nom et l'emplacement des branchements et des nœuds de raccordement figuraient en rouge.) Malheureusement, ça ne marche que dans un sens. Quoi qu'il en soit, si notre plaisantin a un complice dans la maison, nous le coincerons au premier appel.

— C'est horriblement frustrant ! gémit Charlotte. Tu as mis en place un réseau d'une complexité inouïe, tu as installé des pièges dans tous les coins, et il parvient malgré tout à nous échapper.

— Quand on joue au chat et à la souris, fillette, c'est le plus patient qui gagne. C'est une chose que j'ai apprise quand je travaillais pour les services secrets.

Faisant volte-face, Charlotte saisit son imperméable et se dirigea vers la sortie.

— Je vais aller voir Knight. Il faut que je sache si l'enquête avance, s'il est au courant de mes liens avec la journaliste et s'il a reçu les résultats du labo concernant la dernière victime.

— Il y a des milliers de fichiers dans cette machine, dit Jonathan en tapotant l'écran du doigt. Nous n'aurons pas le temps de tous les analyser. Néanmoins il nous faut un point de départ. Un dénominateur commun. Le nom de la substance responsable de la mort des trois victimes.

— Je vais faire parler Knight, je te le promets, dussé-je lui tordre le cou.

— Je ne te demande qu'une chose, dit-il avec un sourire. Tâche de ne pas te faire arrêter.

Elle lui jeta un regard scandalisé. Comment osait-il plaisanter avec un épisode aussi tragique que Chalk Hill ? Puis elle réalisa qu'il se référait non pas à l'incident de Chalk Hill, mais à un autre incident beaucoup plus ancien, à la suite duquel ils avaient été arrêtés tous les deux, et emmenés au dépôt.

C'est alors qu'elle vit une nuance d'interrogation dans ses yeux, comme s'il avait eu des tas de questions à lui poser mais qu'il n'osait pas. Pour finir, Jonathan dit simplement :

— Sois prudente.

Puis il détourna les yeux pour qu'elle s'en aille avant que le silence ne devienne insoutenable.

— Je serai de retour à temps pour la petite surprise que nous prépare notre plaisantin, dit-elle à mi-voix avant de sortir.

Sitôt qu'il entendit la porte se refermer, Jonathan bondit sur ses pieds et s'approcha de la console de télésurveillance. Il enfonça une touche et l'allée couverte menant au bâtiment principal apparut à l'écran. Tout d'abord il ne vit rien d'autre que la pluie qui continuait de tomber à verse, puis une silhouette émergea sur la droite de l'écran — Charlotte courant sous la pluie. De dos, avec ses longs cheveux noirs flottant sur ses épaules, on aurait dit une jeune fille.

— Je t'assure que ma grand-mère ne m'aime pas, dit Charlotte d'une voix chantante, une voix dont Jonathan pensait qu'elle était une imitation inconsciente de l'intonation de sa grand-mère. (A seize ans, Charlotte faisait de gros efforts pour devenir une vraie Américaine, mais l'influence chinoise de sa grand-mère restait très forte.) Quand j'étais petite, elle me racontait des histoires pour me donner des cauchemars. Comme celle de la petite fille coléreuse qui trépigne si violemment que la terre s'ouvre sous ses pieds et qu'elle tombe dans un précipice. Cette histoire m'a fait faire des cauchemars pendant des années.

— Elle voulait simplement faire de toi une bonne petite fille, avait répondu Jonathan, qui était en train de souder un composant électronique.

Il était assis par terre en tailleur, environné d'un arsenal de gadgets et de revues d'électronique, tandis que Charlotte était assise sur le lit, en collant et sweat-shirt Greenpeace, ses genoux ramenés contre sa poitrine, ses bras passés autour des genoux. Lorsqu'il l'avait amenée chez lui, la première fois, ils avaient treize ans, il avait trouvé normal que Charlotte s'asseye sur son lit. Mais maintenant qu'ils avaient seize ans il n'arrivait à penser à rien d'autre, au point qu'il était incapable de se concentrer sur son nouveau projet. Son esprit tout entier était absorbé par Charlotte. Il mourait d'envie de l'embrasser, mais n'avait pas le courage de passer à l'acte.

— Grand-mère me racontait qu'à l'origine je n'étais pas une petite fille, mais un canard plumé, suspendu à l'étal d'un boucher du marché Ah Fong, et dont personne ne voulait parce qu'il ne valait pas grand-chose, et qu'elle m'avait échangée contre un melon et élevée ensuite comme un être humain. Je t'assure que c'est ce qu'elle m'a dit, Johnny. Elle pense que je ne vaux rien.

Saisissant une minuscule pince, il dit, tout en poursuivant sa tâche minutieuse :

— Elle t'aime plus que tout au monde. Elle ne veut pas que quelqu'un t'arrache à elle.

Charlotte eut un petit sourire narquois.

— Comment le sais-tu ?

— Les grands-mères chinoises ne sont pas les seules à vouloir éloigner les mauvais esprits, tu sais.

Elle inspecta ce qu'il était en train de fabriquer et demanda :

— Qu'est-ce que c'est ?

— Un ordinateur.

— A quoi ça sert ?

— A toutes sortes de choses, dit-il avec le plus grand sérieux. A éloigner les mauvais esprits, par exemple.

Il n'avait jamais pu lui dire combien il l'enviait d'avoir une grand-mère qui l'aimait au point de vouloir chasser les mauvais esprits. Sa grand-mère écossaise avait fait la même chose avec lui. Elle lui avait raconté qu'elle l'avait échangé contre un chou à une bohémienne qui passait par là. C'était une façon de dire aux fées qu'il ne valait rien et qu'il était inutile d'essayer de le voler.

Mais il n'habitait plus en Ecosse dorénavant. Il vivait en Amérique, et son père n'avait pas l'air de connaître grand-chose au mauvais œil ou aux fées. Il n'avait pas l'air de connaître grand- chose à l'amour paternel non plus. Mais Jonathan ne lui en voulait pas. Car son père faisait des efforts — Jonathan ne manquait de rien, il avait tout ce qu'il pouvait désirer, ce sanctuaire était là pour l'attester. Ainsi, lorsque les premières calculettes électroniques avaient fait leur apparition sur le marché à des prix prohibitifs, Jonathan alors âgé de quatorze ans en avait reçu plusieurs en cadeau.

— Un jour viendra, Charlie, prophétisa-t-il en rejetant ses cheveux longs en arrière, où il y aura un ordinateur dans chaque famille.

Elle rit.

— Pas dans la mienne, en tout cas ! Grand-mère ne veut rien savoir d'une télécommande pour la télévision, sous prétexte qu'une chose qui peut changer une chaîne de télévision est capable de modifier le *ki* d'une personne. Grand-mère ne veut même pas entendre parler des réveils électriques. Elle dit qu'il n'y a pas moyen de savoir à quelle vitesse se déplace l'électricité. Et donc pas moyen de savoir si le réveil retarde ou avance.

Charlotte s'était levée du lit et avait sorti une barre de Snickers du fourre-tout qui ne la quittait jamais. Elle le débarrassa de son papier d'emballage, puis, comme elle le faisait toujours, le cassa en deux et en offrit la plus grosse moitié à Jonathan. Après quoi elle s'assit par terre à côté de lui et, tout en mâchonnant sa barre aux cacahuètes et au caramel, le regarda relier la plaquette qu'il tenait à la main à un télétype muni d'un lecteur de bande perforée. Elle était si près de lui que ses mains devinrent moites. Il sentit également, à son grand dam, qu'il avait un début d'érection.

Aussi loin qu'il pouvait se souvenir, Charlotte avait toujours eu cet effet sur lui. Et c'était encore vrai aujourd'hui.

19

Charlotte trouva Knight assis derrière un bureau inoccupé sur lequel il avait installé son ordinateur. A présent, remarqua Charlotte, non seulement son portable était allumé, mais il était raccordé à une imprimante. Il avait également installé deux téléphones à côté du moniteur. Quelle serait sa réaction, songeat-elle, s'il apprenait qu'un ex-agent des services secrets avait branché son clavier sur écoute ?

Il était en train de manger un burrito au fromage avec une extrême délicatesse, essuyant soigneusement sa moustache noire après chaque bouchée à l'aide d'une serviette étalée sur sa cuisse. Il avait ôté sa veste et desserré son nœud de cravate.

Charlotte vit qu'il portait un holster et un pistolet. Elle se demanda d'où provenait le burrito.

— Ah, madame Lee ! s'exclama-t-il avec un sourire, en reposant son burrito et en s'essuyant les doigts. J'allais justement partir à votre recherche. (Il déchira une feuille qui sortait de l'imprimante et la lui tendit.) Ce sont les résultats de l'analyse finale. La substance toxique a été identifiée, c'est de l'éphédrine.

— De l'éphédrine, répéta-t-elle tout haut. Et aussitôt, dans le micro qu'elle portait dans le creux de l'oreille, elle entendit la voix de Jonathan qui répétait : « Ephédrine ! OK, merci ! »

Tandis que Charlotte lisait le rapport du laboratoire, Knight lui dit :

— Nous avons analysé la formule du Dix Mille Yang et du Baume de Mei-ling. Ni l'un ni l'autre ne contient d'éphédrine. Puis-je en conclure qu'il en va de même pour le Bliss ?

— En effet, murmura-t-elle, en fronçant les sourcils. Le Bliss ne contient pas d'éphédrine.

— Mais il s'agit néanmoins d'une substance à laquelle vous avez recours, n'est-ce pas ?

Elle leva les yeux vers Knight, qui la dominait largement.

— L'éphédrine rentre en effet dans la composition d'un certain nombre de nos produits. Nous l'utilisons pour les affections pulmonaires. Et également comme stimulant.

— Je n'arrive pas à comprendre comment l'éphédrine a pu entrer dans ces produits. Et vous remarquerez qu'elle y a été ajoutée selon des doses précises. Le travail n'a pas été fait dans la précipitation. Et à en juger par la précision des dosages, le sabotage n'a pu avoir lieu après que les produits eurent quitté l'usine. Qu'en pensez-vous ?

Elle relut une fois de plus les résultats d'analyse. Chaque capsule de Bliss contenait exactement la même quantité d'éphédrine. Chaque échantillon de Baume de Mei-ling contenait rigoureusement la même quantité d'éphédrine. L'analyse du Yang, qui était un tonique et donc un liquide, avait été moins évidente, mais elle attestait cependant que le flacon était neuf et que les scellés de fraîcheur sur l'emballage étaient intacts au moment où la victime les avait ôtés.

Knight avait raison. Selon toute évidence, le sabotage n'avait pas été effectué à l'extérieur de l'usine. Et Jonathan avait raison lui aussi : c'était dans les registres de production qu'il fallait chercher la clé du mystère.

— De deux choses l'une, poursuivit Knight après avoir bu une gorgée de café et reposé son gobelet sur le bureau. Ou bien il s'agit d'une négligence grave. Ou bien il s'agit d'un sabotage délibéré. Personnellement je pencherais plutôt pour la thèse du sabotage. (Il fit une pause pour s'essuyer les lèvres avec sa serviette.) Il y a cependant une chose qui m'intrigue. Je crois savoir que Dix Mille Yang est un tonique pour homme. Or la deuxième victime était une femme. Comment l'expliquez-vous ?

— Nous avons découvert qu'à petites doses, et dans certains cas, le tonique Yang permettait de renforcer le système capillaire chez la femme.

— Dans le cas où une femme en abuserait, cela pourrait-il avoir un effet nocif ?

— Non.

Il réfléchit un instant.

— Mais en ce qui concerne le baume, vous ne trouvez pas ça bizarre ?

— Que voulez-vous dire ?

— Eh bien, le Bliss et le Yang sont des produits buvables. Mais le baume est un produit à usage externe.

Charlotte y avait déjà songé : il était en effet étrange que le baume ait été saboté. Que des produits buvables, comme le tonique ou le thé, l'aient été semblait naturel, car dans tous les cas le résultat était garanti. Mais rajouter de l'éphédrine à une pommade n'avait pas de sens, sauf si le produit était directement appliqué sur une plaie, auquel cas il passait directement dans le sang et pouvait avoir un effet nocif.

— Cette femme utilisait sans doute le baume pour soigner des ulcères aux jambes, murmura Charlotte, l'air pensif. Monsieur Knight, êtes-vous sûr que ce soit elle qui ait été visée ? dit-elle en le regardant dans les yeux pour s'assurer qu'il n'était pas en train de jouer au chat et à la souris.

S'il était sûr que c'était bel et bien la journaliste qui avait été la cible, et s'il avait fait le lien entre elle et Charlotte, il cachait bien son jeu.

— Nous sommes précisément en train d'enquêter à ce sujet, mais si c'est le cas, cela veut dire qu'il existe probablement un lien entre elle et les deux autres victimes, vous ne croyez pas ?

Existait-il un lien entre les trois femmes ? Charlotte sentit un frisson glacé lui parcourir le corps. Et un lien entre elle et les trois victimes ?

— Autrement dit, vous pensez que ce sont les produits Harmony qui étaient visés ? dit-elle en s'efforçant de garder son calme.

— Les produits Harmony, dit-il, ou vous-même.

Brandissant le rapport du laboratoire, elle demanda :

— Puis-je le garder ?

— Certainement. Jetez-y un coup d'œil quand vous aurez une minute, et faites-moi part de vos réflexions.

— Merci, dit-elle en tournant les talons.

Il se rassit, reposa sa serviette sur ses genoux, puis, alors qu'il s'apprêtait à mordre dans son burrito, s'exclama :

— Oh, au fait ! Où puis-je vous joindre si j'ai besoin de vous ?

Elle se retourna.

— Je vais à la cafétéria. Si vous avez besoin de moi, vous n'aurez aucun mal à me trouver.

Il lui offrit un sourire poli.

— Je l'espère bien.

Charlotte sentit la moutarde lui monter au nez.

— Monsieur Knight, puis-je connaître le nom de votre supérieur hiérarchique ?

— Pour quelle raison, je vous prie ?

— Quelque chose me dit que vous avez une dent contre moi. Et il me semble que vous agissez moins au nom de l'intérêt général que pour servir vos propres intérêts.

Le visage de Knight se rembrunit :

— Vos suppositions sont correctes, mademoiselle Lee. J'agis en effet dans mon propre intérêt, et j'ai bel et bien l'intention de me protéger et de protéger le public contre les manigances des charlatans.

Elle se radoucit un peu.

— Monsieur Knight, je suis au courant pour votre fils, et je suis désolée…

Il leva une main large et puissante.

— Mon fils est avec le Seigneur. Je vous prierai de ne pas évoquer sa mémoire en ces lieux.

Sur le point de dire quelque chose, elle se ravisa, et, avec un petit signe de tête, tourna les talons.

Mon fils ! songea-t-il en regardant s'éloigner Charlotte. Qu'est-ce qu'elle peut comprendre à mon fils ? Comment aurait-elle réagi si les médecins lui avaient annoncé que son fils de six ans était atteint d'une forme rare de cancer contre laquelle ils ne pouvaient rien ?

Valerius Knight ferma les yeux pour repousser les souvenirs qui le hantaient sans répit : les voyages interminables jusqu'au Mexique, en Suède, à Taïwan, et à Pékin à la recherche du « remède miracle ». Les remèdes « naturels » ! Leur quête insensée avait transformé sa femme, une chrétienne pratiquante, en païenne qui s'était mise à vénérer les plantes ! Mieux valait ne pas avoir d'espoir que d'entretenir de faux espoirs qui vous détournaient des voies du Seigneur.

Le soir où son fils était mort, tandis que les médecins du SAMU s'efforçaient d'arracher le petit corps sans vie des bras de sa femme, Valerius Knight avait retourné la maison de fond en comble. Il en avait ôté tous les flacons, bouteilles, sachets et aiguilles porteurs de faux espoirs ; vidé tous les tiroirs, les étagères et placards de leurs herbes démoniaques ; ramassé chaque comprimé, feuille, racine de ce fatras prétendument curatif et était allé brûler le tout dans le jardin en pleurant à chaudes larmes.

Après cela, sa femme s'était définitivement détournée de Dieu. L'espoir factice contenu dans ces élixirs de malheur avait vidé son âme de sa foi pour y laisser entrer l'obscurantisme du démon. Est-ce que j'agis par intérêt personnel ? eut-il envie de hurler à Charlotte Lee. Et comment ! A chaque fois que je décime une de ces citadelles du diable, mon petit garçon allume un nouveau cierge au paradis.

20

Le rapport d'analyses passé sous sa ceinture, Charlotte s'empressa de regagner son bureau. La tasse de tisane froide qu'elle y avait laissée quelques heures auparavant s'y trouvait toujours. Saisissant la boîte de tisane, elle la fourra dans sa poche d'imperméable et sortit du bureau.

Au lieu de regagner directement l'ascenseur, elle longea le couloir où s'alignaient les bureaux des principaux membres du conseil d'administration. Elle s'arrêta devant la porte de Margo et tendit l'oreille. De l'intérieur lui parvinrent une musique douce et un bruit de voix étouffé. En passant devant la porte d'Adrian, elle l'entendit qui disait :

— Ne vous faites pas de bile pour vos actions. Puisque je vous dis que vous allez récupérer votre fric.

La porte de M. Sung était entrouverte mais le vieil avocat n'était visible nulle part. Tout au bout du couloir, celle de Desmond était également ouverte, mais les lumières étaient éteintes. Il était probablement parti.

— Pour un beau pétrin, c'est un beau pétrin, dit-il soudain dans le noir, la faisant sursauter.

— Tu essayais de faire un somme ? demanda-t-elle.

Une fois ses yeux accoutumés à l'obscurité, elle l'aperçut dans son fauteuil pivotant, en train de contempler la pluie.

— Non. J'étais en train de me dire que j'aurais bien besoin d'un petit remontant.

Desmond n'avait jamais tenu l'alcool, songea Charlotte en repensant à cette soirée de nouvel an où, après avoir bu du champagne, il lui avait dit, d'une voix traînante :

— Becky m'a quitté. Non mais, tu te rends compte ? Je n'ai même pas trente-cinq ans et j'en suis déjà à mon troisième divorce.

— Ça n'est pas moi qui lui jetterai la pierre, avait rétorqué Charlotte. A voir la façon dont tu la traitais. Pourquoi est-ce que tu agis ainsi, Des ? Pourquoi es-tu charmant au début puis odieux ensuite ?

— Parce que, ma chère cousine, je suis incapable de respecter une femme qui tombe amoureuse de moi.

Malgré l'obscurité Charlotte pouvait discerner les trophées qui trônaient dans le bureau de Desmond. Son cousin avait la maladie de la compétition — gagner était pour lui une drogue, et un aphrodisiaque. Il choisissait un sport, s'entraînait jusqu'à ce qu'il ait remporté une médaille, une coupe, la reconnaissance, puis passait à autre chose. C'est ainsi qu'il avait pratiqué tour à tour le tennis, l'escrime, la course automobile, la boxe chinoise. S'il avait pu, il aurait eu une vitrine dans laquelle exposer ses conquêtes féminines, parce qu'elles étaient également pour lui des trophées qu'il fallait conquérir, et qui, une fois conquis, cessaient de l'intéresser.

— Tu sais ce que je crois, dit-il doucement, à peine visible dans ses vêtements couleur de nuit. Je crois que quelqu'un nous a jeté un mauvais sort, Charlie. Je crois que quelqu'un cherche à nous punir.

Elle l'observa attentivement. Même dans le noir, Desmond portait des lunettes de soleil, comme s'il craignait que les mauvais esprits ne pénètrent à l'intérieur de son âme par ses yeux.

— Nous punir de quoi ? demanda-t-elle.

Il tourna la tête de côté. Elle vit une paire de verres noirs qui la regardait.

— Tu le sais parfaitement, Charlie.

21

Bravant la pluie et le vent, Charlotte se hâta de retourner au musée, les mains chargées de bols fumants.

— Du nouveau du côté de l'e-mail ? Notre ami a-t-il dévoilé sa petite surprise ? demanda-t-elle, haletante, en déposant les bols sur le comptoir de la kitchenette.

— Rien pour l'instant. Mais peut-être n'était-ce qu'une menace en l'air.

— Et en ce qui concerne l'éphédrine ?

— Les recherches suivent leur cours, dit Jonathan, sans cesser de pianoter sur son portable.

Voyant qu'il branchait le modem, Charlotte lui demanda, surprise :

— Tu te connectes sur Internet ?

Il secoua la tête.

— Je téléphone. (Il consulta sa montre.) J'ai de mauvaises nouvelles, Charlie. Pendant que tu étais à la cafétéria j'ai intercepté une communication de Knight. Il a fait appel à une équipe d'intervention d'urgence. Ils vont mettre le réseau informatique sous scellés.

— De combien de temps disposons-nous ?

— Ça dépend. S'ils viennent de Washington, ses hommes ne seront pas là avant demain. Mais si l'équipe vient de Los Angeles…

Un visage apparut sur l'écran du portable — un homme au crâne dégarni portant des lunettes cerclées de métal. Il semblait de mauvaise humeur.

— Roscoe ? dit Jonathan. J'aurais besoin d'un ou deux tuyaux concernant l'équipe d'intervention d'urgence de la FDA. Est-ce que tu es au courant ?

— Ecoute, John, on est dans la panade jusqu'au cou, ici. Il y a un petit rigolo qui est entré dans le MCI de Dayton, dans l'Ohio.

— Sans blague !

— Ouais. Le fils de pute a bloqué vingt-cinq pour cent des e-mail dirigés sur l'Europe.

Jonathan réfléchit un court instant.

— Ça ne serait pas un coup de la bande du Jaguar ?

— C'est ce qu'on s'est demandé, nous aussi. Au fait, désolé pour le profil, John. Je n'ai pas eu le temps de faire les recherches. Nos gars sont sur les dents.

— Pogo est toujours en taule ?

— C'est la première chose qu'on a vérifiée, tu penses bien. Le môme est apparemment de corvée de chiottes dans un quartier de haute surveillance. Mais on finira bien par les pincer, ajouta Thorne avec un sourire blasé. Ils ont beau essayer de brouiller les pistes, on finit toujours par les coincer.

— Bonne chance, dit Jonathan, avant de mettre fin à la connexion et de saisir son téléphone portable.

Charlotte souleva les couvercles des bols fumants qu'elle avait apportés.

— J'espère que tu aimes toujours les crevettes sautées et les beignets de porc.

— Pas le temps de manger, fillette. Dès que l'équipe de Knight aura débarqué, on sera hors-jeu.

Enfonçant une touche de son téléphone portable, il l'approcha de son oreille tout en continuant à pianoter sur son clavier.

Décidément, il n'a pas changé, songea Charlotte. Jonathan était constamment sur la brèche, les mains toujours occupées, le corps sans cesse en mouvement.

— Il faut manger.

Il sourit.

— J'ai l'impression d'entendre ta grand-mère.

— Il n'y a pas que ma grand-mère qui parlait comme

ça, elles le font toutes. La tienne ne te gavait pas de nourriture, peut-être ? Elle ne t'obligeait pas à manger sa bonne soupe de pommes de terre ?

— Ma grand-mère ne m'a jamais forcé à manger de la soupe de pommes de terre ! répondit-il en riant. L'agent Warner, je vous prie, dit-il dans le combiné.

— Chaque année en rentrant d'Ecosse tu ne parlais que de haggis [1] par-ci, de scones par-là.

Il plaqua sa main sur le micro du combiné.

— Il m'arrivait de parler d'autre chose aussi !

— La pêche à la truite et l'escalade ! Tu t'éclatais comme un fou chaque été, pendant que je restais bien sagement à la maison et que j'apprenais à devenir une jeune fille chinoise bien élevée.

— Jusqu'à ce que je sois de retour avec mon tartan et mon kilt et que je te corrompe à nouveau jusqu'à la moelle.

— Je ne t'ai jamais vu une seule fois en kilt, dit-elle en détournant promptement la tête.

Savait-il seulement combien elle avait souffert de ses absences ? Et combien elle avait souffert l'été de ses quinze ans lorsqu'il était parti, la laissant seule et vulnérable ?

Pendant que Jonathan échangeait quelques mots avec l'agent Warner, Charlotte mit quelques cuillerées de riz fumant dans un bol de porcelaine bleue.

— Tiens, dit-elle lorsqu'il eut raccroché. Ce n'est pas du haddock, mais il faudra t'en contenter.

— Pas moyen de dégoter le plus petit tuyau sur l'équipe d'intervention d'urgence de la FDA, dit-il, l'air renfrogné.

Comme elle tendait le bras pour saisir la bouteille de sauce au soja, Charlotte jeta un coup d'œil au moniteur de télésurveillance. M. Sung était dans le hall de réception des bureaux de la direction, en train de s'entretenir avec Adrian. Le père de Desmond semblait hors de lui et faisait de grands moulinets, tandis que M. Sung restait impassible.

1. Plat national écossais. (*N.d.T.*)

— Je me demande ce qu'il fabriquait dans la salle de contrôle, tout à l'heure, murmura-t-elle.

Jonathan leva les yeux vers l'écran.

— M. Sung ?

— Il n'est pourtant pas du genre à faire des cachotteries.

— Tu disais qu'il avait changé depuis ton retour d'Europe, l'année dernière.

— Au début j'ai cru que c'était un effet de mon imagination. Mais il y a bel et bien quelque chose de changé en lui…

Charlotte ouvrit un tiroir, jeta un coup d'œil à l'intérieur, le referma, en ouvrit un autre.

— Tu disais que lui et ta grand-mère étaient très proches. Crois-tu qu'il ait pu y avoir autre chose que de l'amitié entre eux ?

Elle se retourna, choquée.

— Tu veux dire qu'ils auraient été amants ? Je ne crois pas. Grand-mère avait dix ans de plus que M. Sung. De plus, tout le monde sait que dans ma famille les femmes ont toujours été malheureuses en amour : mon arrière-grand-mère, avec son bel Américain qui n'est jamais revenu ; ma grand-mère, qui est tombée amoureuse de son demi-frère ; ma mère, veuve avant que je ne vienne au monde ; et moi, tombée éperdument amoureuse d'un garçon qui n'a fait que traverser ma vie, telle une comète. Pas de fourchettes, dit-elle en ouvrant le dernier tiroir dont elle sortit une paire de baguettes. Tu crois que tu pourras t'en sortir ?

— Je vais essayer, dit-il, en lui jetant un regard empli d'une douloureuse nostalgie. N'oublie pas que, dans ce domaine, j'ai eu le meilleur prof qui soit.

Comme elle plaçait les nems dans le four à micro-ondes, un souvenir très ancien lui revint en mémoire : ses mains lisses posées sur les mains calleuses et maladroites de Johnny tandis qu'elle lui apprenait à manger avec des baguettes.

— Non mais, est-ce que tu te rends compte ? dit-elle tout à coup pour chasser les souvenirs qui l'assaillaient. Grand-mère a occupé ce bureau pendant presque un an, et pas une seule fois elle ne s'est servie du four à micro-ondes. Elle se méfiait beaucoup de la technologie. Quand je lui ai dit que le micro-ondes était sans danger, et qu'il était pratique parce qu'il permettait de faire cuire les aliments plus vite, elle m'a dit que les aliments cuits trop vite se digéraient trop vite et qu'ils détruisaient l'harmonie du corps.

— Elle n'avait peut-être pas tort.

Charlotte remarqua que Jonathan mangeait comme s'il avait dîné en compagnie de la reine Elisabeth. Elle repensa à l'époque où ils passaient leur temps dans le domaine privé qu'il s'était aménagé au sous-sol de la grande maison de son père, dans Jackson Street. Pour Charlotte, qui venait du monde suranné et technophobe de sa grand-mère, ç'avait été un choc de pénétrer dans l'univers futuriste de Jonathan, un univers de technologie avancée jonché de papiers de bonbons, de bouteilles de Coca vides, de restes de pizza racornis. Un jour, Jonathan l'avait appelée au téléphone pour lui dire de venir immédiatement. C'était l'année de leurs dix-huit ans, l'année du bac et de l'avenir incertain. Charlotte avait aussitôt filé le rejoindre dans son antre peuplé de chaînes hi-fi désossées, de pièces détachées, de fils électriques, de gadgets électroniques de toutes sortes. Dans un coin de la pièce il avait installé un lit et une plaque chauffante, un petit réfrigérateur, et une télé couleur perpétuellement allumée avec le son coupé. Charlotte se rappelait encore les visages des trois hommes qui étaient apparus à l'écran — les visages familiers d'Haldeman, Erlichman et Mitchell, tous trois impliqués dans l'affaire du Watergate. Elle avait trouvé Jonathan dans un état d'excitation extrême, les cheveux ébouriffés, son jean et son T-shirt froissés comme s'il ne les avait pas quittés pour dormir.

— Regarde, Charlie ! avait-il dit en la prenant par la main et en l'entraînant vers un établi encombré de composants électroniques et de papiers froissés..

— Qu'est-ce que c'est ?

— Le premier ordinateur à microprocesseur ! s'exclama-t-il, fou de joie. Tu piges ? Pour entrer un programme en code binaire il suffit d'activer les interrupteurs qui se trouvent sur le devant. Regarde…

— Pourquoi est-ce que les lampes clignotent ?

— Parce que le programme est lancé ! Un programme que j'ai entré moi-même ! Deux cent cinquante-six bits de mémoire, Charlie ! Tu te rends compte ! Non, mais est-ce que tu te rends compte !

En le voyant exulter ainsi, fou de joie, une lueur de triomphe dans les yeux, elle avait songé à un secret qu'elle ne lui avait jamais avoué. Pour ses quinze ans elle avait invité quelques amis à la maison, mais lorsqu'ils lui avaient répondu : « D'accord mais à condition que ce goujat de Jonathan Sutherland ne vienne pas », elle leur avait rétorqué d'aller au diable, et n'avait invité que Jonathan. Ce jour-là, ils avaient sillonné la ville en tramway, cueilli des fleurs dans Golden Gate Park et dévoré des beignets à la vapeur et des rouleaux de printemps dans Ross Alley.

Ses manières à table s'étaient considérablement améliorées depuis lors, songea-t-elle en revenant brusquement à la réalité. Etait-ce bien la même personne qui lui avait dit un jour : « Manger est une expérience physique totale » ? Il faisait des choses invraisemblables à l'époque, comme de manger des spaghettis ou des œufs au plat avec les doigts, sans jamais avoir recours à ses couverts. Et même plus récemment, il y avait à peine dix ans, il utilisait sa main en guise d'assiette pour beurrer son pain — même si, à l'époque, il commençait à donner des signes d'amélioration. Elle se demanda si sa façon de faire l'amour avait également changé. Jonathan n'avait aucun tabou. Faire l'amour avec lui avait été une « expérience physique totale ». Son comportement sexuel s'était-il raffiné lui aussi ?

Jonathan reposa son bol sur la table et se tourna vers l'ordinateur de bureau qui continuait de sonder la base de données.

— Charlotte, est-ce que tu aurais un pot de ce fameux Baume de Mei-ling à portée de la main ?

— Il devrait y en avoir un pas loin, dit-elle en ouvrant un tiroir.

Elle en sortit un petit pot de Baume de Mei-ling, un flacon de Golden Lotus, une boîte de Bliss, ainsi qu'une autre boîte contenant du thé Keemoon.

Tandis que Jonathan ôtait le couvercle du baume pour en renifler le contenu, Charlotte se demanda s'il y avait autre chose qui avait changé chez lui depuis dix ans qu'ils ne s'étaient pas revus. Brusquement, histoire de briser le silence, elle lui demanda de but en blanc :

— Au fait, comment va ton père, Johnny ?

— Il va bien. Ils se sont installés à Hawaii.

— Ils ?

— Ah, mais c'est vrai. Tu n'es pas au courant. Il s'est remarié.

— Tu es sérieux ?

— Oui. Moi aussi, ça m'a fait un coup.

Jonathan sortit son portefeuille de sa poche arrière et l'ouvrit pour lui montrer une photo en couleurs : un homme et une femme posant sous un palmier.

— Mais c'est Mlle Rourke !

— La fidèle secrétaire de mon père. Tu te souviens d'elle ?

— Difficile de faire autrement. Elle était plus souvent chez vous que ton père ! Mais comment est-ce arrivé ? Ils sont subitement tombés amoureux l'un de l'autre après… combien d'années déjà ?

— Pour mon père, ç'a été brutal. D'après lui, ça c'est passé un jour où ils se rendaient à l'aéroport dans sa limousine, comme d'habitude. Juste au moment où papa allait monter à bord du jet privé de la compagnie pour se rendre je ne sais où, Mlle Rourke lui a tendu son attaché-case comme elle le faisait toujours depuis vingt ans, et puis tout à trac, avec son accent irlandais à couper au couteau, elle lui a dit : « Je ne serai plus là quand vous reviendrez, monsieur Sutherland. Voilà vingt ans que je travaille pour vous, avec un dévouement total, au détriment de ma vie privée, mais le temps passe, et je dois songer à fonder une famille pendant qu'il me reste encore quelques belles années devant moi. » Sur quoi, toujours d'après mon père, elle a éclaté en sanglots, carrément, devant le chauffeur, le pilote et tout, et elle a pleuré, pleuré jusqu'à ce que mon père, ne sachant que faire, la prenne dans ses bras pour la consoler.

— Tu plaisantes ?

— Et tu ne sais pas la meilleure. Il a dit que jusqu'alors il n'avait jamais remarqué qu'elle avait des cheveux roux superbes. (Jonathan rangea la photo dans son portefeuille.) Une semaine plus tard, ils célébraient leurs noces, et du jour au lendemain la vie a complètement changé à la maison. On s'est mis à fêter Noël en famille, à se faire la bise. Je suis devenu « Johnny, mon fils » ! Il a fallu vingt-neuf ans à Robert Sutherland pour se souvenir qu'il avait un fils.

Robert Sutherland en train de consoler sa secrétaire ! Dommage que j'aie raté ça, songea Charlotte avec un petit pincement au cœur.

Malgré elle, son esprit fit un bond en arrière pour revenir au jour qui avait marqué le début de la guerre froide entre Jonathan et elle. Ce jour-là, après six années de contacts épisodiques, ils s'étaient retrouvés dans un restaurant italien de San Francisco, chacun restant sur son quant-à-soi. Le recueil de poésies qu'il lui avait envoyé six ans plus tôt, le gagnant du Prix de la Couronne de Laurier de 1981 qui avait brisé le cœur de Charlotte, se dressait entre eux comme un mur infranchissable. Pourquoi avait-il subitement demandé à la rencontrer ? Le poème disait : « Nous devons partir chacun de notre côté », alors que Charlotte avait cru que Jonathan l'aimait et qu'il voulait l'épouser. Lorsqu'elle avait reçu son message, elle s'était demandé s'il avait changé d'avis. Avait-il finalement décidé qu'il voulait faire sa vie avec elle ?

Ils s'étaient retrouvés au Roma Garden, un petit restaurant de Polk Street, où nappes à carreaux et chandelles offraient un cadre neutre et amical pour ces retrouvailles entre deux ex-amants qui étaient presque devenus des étrangers l'un pour l'autre. Elle avait eu un choc en voyant à quel point Jonathan avait changé. La dernière fois qu'ils s'étaient vus, à Boston, en 1980, il avait les cheveux longs, la peau sur les os, et portait un jean et un T-shirt délavés. L'homme qui se leva pour l'accueillir lorsqu'elle entra dans le restaurant ressemblait à un mannequin de chez Brooks Brothers. Bien sûr, elle savait par les quelques cartes de Noël polies qu'ils avaient échangées qu'en sortant du MIT il était entré au service du gouvernement en qualité d'expert en informatique, ou quelque chose de ce genre. Etait-il possible que six ans passés dans la fonction publique l'aient métamorphosé à ce point ?

Installés l'un en face de l'autre, ils avaient parlé du temps, du menu, de livres et de films, abordant progressivement des sujets plus personnels : le travail de Charlotte au sein du laboratoire de biochimie de l'usine de sa grand-mère, la vie de Jonathan divisée entre sa résidence londonienne et son travail pour le gouvernement américain. Mais il s'agissait principalement de menus propos, et la conversation était émaillée de toussotements et de petits gestes nerveux. Brusquement ils se mettaient à parler en même temps, s'arrêtaient, puis riaient en disant : « Non, toi d'abord. »

Ils commandèrent de la salade et des pâtes aux fruits de mer, accompagnées d'une bouteille de chianti. Charlotte remarqua que Jonathan avait pris sans hésitation la fourchette destinée à la salade. Elle remarqua également qu'il avait humé le vin et l'avait goûté avant d'accepter la bouteille. Vers le milieu du repas, il l'avait surprise en lui donnant un cadeau. Elle était arrivée les mains vides. Lorsqu'elle vit le beau foulard de soie et le carillon de cristal, son cœur bondit d'espoir. Etait-il venu lui dire qu'il voulait faire sa vie avec elle ?

— Tu travailles toujours pour le gouvernement ? lui demanda-t-elle, ayant soudain perdu l'appétit, et se sentant aussi légère qu'une bulle de savon. (Un si joli cadeau. A mesure qu'il se détendait, Jonathan ressemblait de plus en plus au Johnny d'autrefois et les souvenirs de leur adolescence passée à San Francisco revenaient au galop, chargés d'espérances et de promesses d'amour.) J'ai oublié, c'était le FBI ou la CIA ?

— La National Security Agency. Notre mission

consiste à protéger l'accès aux réseaux informatiques du gouvernement.

Il y avait belle lurette qu'il avait perdu son accent écossais. A l'époque où il était étudiant au MIT, Jonathan avait un accent typiquement anglais, résultat de quatre années passées à Cambridge. Mais depuis lors les consonances anglaises s'étaient atténuées. Il avait maintenant un accent hybride qui rappelait à Charlotte que Johnny continuait à évoluer entre deux continents. Elle se demanda s'il avait finalement décidé d'opter pour un seul et de s'y établir pour de bon.

— Mais au fait, comment as-tu fait pour rentrer à la NSA ?

C'était du Johnny tout craché. Elle ne l'imaginait pas du tout occupant un emploi de bureau ordinaire !

— J'ai été recruté, dit-il, en riant. En fait, j'ai été arrêté. Nous étions un petit groupe de copains. Deux d'entre nous ont été arrêtés pour falsification de diplômes. Avec nos talents de pirates nous pouvions vendre un diplôme de doctorat du MIT en bonne et due forme à quiconque était prêt à payer la modique somme de cinquante mille dollars.

— C'est ce que tu as fait ?

Il secoua la tête.

— Non, c'était trop facile. Moi, je me suis attaqué à la FAA, l'administration fédérale de l'Aviation. J'ai réussi à m'introduire dans leur système informatique, après quoi j'ai remonté toute la filière jusqu'à la tour de contrôle de l'aéroport JFK.

— Et alors ?

Elle se pencha en avant, en prenant appui sur ses coudes, diminuant la distance entre Johnny et elle.

— Je n'ai rien fait du tout. Je me suis contenté d'observer — j'ai vu un jet de la TWA effectuant de justesse un virage dans la trajectoire d'un appareil brésilien. Ils se sont ratés de peu.

— Ils t'ont pincé en train d'espionner, c'est ça ?

— Non, je ne me suis jamais fait prendre. J'ai écrit une lettre anonyme à la FAA, en leur signalant tous les points faibles de leurs systèmes de contrôle aérien. (Il rougit). Je n'avais pas pensé aux empreintes digitales sur le papier.

— Et c'est comme ça qu'ils t'ont proposé du boulot ?

— Ils m'ont donné le choix entre travailler pour eux ou aller en taule.

Cette histoire devenait de plus en plus excitante. Au point que Charlotte réalisa tout à coup qu'ils étaient en train d'oublier le poème et la guerre froide qui avait duré six ans. Ils allaient se promener en ville, faire la tournée de tous les endroits qu'ils fréquentaient jadis, puis ils allaient regagner son appartement à elle, et faire l'amour, divinement, comme ils ne l'avaient jamais fait.

— Autrement dit, tu es ce qu'on appelle un espion. C'est cela ? J'ai entendu dire que Silicon Valley grouillait d'agents du KGB.

Jonathan fit tourner son verre de chianti, le vin jetant des éclats de rubis.

— Tout le monde sait que le consulat soviétique de San Francisco est un nid d'espions dont l'activité principale consiste à rapporter la technologie américaine en Union soviétique. Ils ont installé une antenne sur le toit afin de capter tous les messages transmis à Silicon Valley. Leurs agents montent des sociétés bidons, s'équipent en matériel informatique de pointe, puis mettent la clé sous la porte et rentrent au pays en emportant les programmes avec eux. (Il secoua la tête.) Ils me font pitié. Leurs programmes ne sont qu'un bric-à-brac d'applications et d'utilitaires glanés au petit bonheur la chance, et transposés en caractères cyrilliques. (Il releva la tête et la regarda droit dans les yeux.) Je ne travaille plus pour la NSA, Charlie. J'ai démissionné. Je vais monter ma propre boîte.

Il fit une pause. Comme il avait l'air de vouloir en dire plus, elle attendit.

— Tu as entendu parler des Huit d'Amsterdam ? demanda-t-il.

— Je ne suis guère au fait des dernières nouvelles. Je n'ai cessé de travailler à l'agrandissement du laboratoire pharmaceutique de grand-mère, j'ai recruté des chimistes et entrepris de moderniser l'équipement. Je suis tellement occupée que je ne trouve même pas le temps de jeter un coup d'œil à la page humoristique du journal.

Son visage s'assombrit soudain et il détourna les yeux pour faire semblant de s'intéresser aux badauds qui passaient dans la rue. Elle eut envie de lui prendre la main. Johnny semblait dans une grande détresse.

— Qu'y a-t-il ? dit-elle gentiment.

Il la regarda au fond des yeux, comme s'il avait voulu la sonder, comme si, derrière ce beau visage, des sentiments contradictoires étaient en train de se livrer bataille. Pour finir, il secoua la tête et dit :

— Peu importe. C'est une histoire trop longue à raconter, et pas franchement ragoûtante. Je n'ai pas envie de gâcher nos retrouvailles. En tout cas, ce sont les Huit d'Amsterdam qui m'ont poussé à donner ma démission. Cette histoire m'a dégoûté à tout jamais du métier d'espion.

— Est-ce pour cela que tu m'as invitée au restaurant ? Pour m'annoncer que tu avais quitté la NSA ? dit-elle, tout en sachant pertinemment qu'il n'en était rien.

Il avait autre chose à lui dire, et son cœur plein d'espoir se mit à battre plus vite.

Jonathan baissa un moment les yeux, puis dit d'un ton lugubre :

— Charlotte, j'ai quelque chose à te dire.

Elle retint son souffle et attendit, le cœur battant.

— Je vais me marier.

Elle le regarda, interdite.

— C'est quelqu'un que j'ai rencontré il y a un an…

La nappe à carreaux et la chandelle s'évanouirent d'un seul coup, comme si une bombe venait d'exploser.

Jonathan posa sur elle un regard interrogateur.

Elle le dévisagea sans rien dire, s'efforçant de digérer la nouvelle.

Puis celle-ci la heurta de plein fouet, et l'esprit de Charlotte se révolta. Une voix indignée s'éleva soudain en elle : *Comment peux-tu en épouser une autre ? Nous sommes faits l'un pour l'autre, deux frères siamois attachés par le cœur ! Je croyais que nous avions fait un vœu, toi et moi, un accord tacite dicté par les battements de nos cœurs : celui de faire notre vie ensemble ou de la faire seuls.*

Que vient faire cette femme entre nous ?

Soudain elle eut envie de lui jeter le contenu de son verre à la figure.

— Elle s'appelle Adèle, dit-il.

— Tous mes vœux de bonheur, répondit Charlotte en se levant d'un bond.

— Charlie… la supplia-t-il.

— Merci pour le déjeuner.

Saisissant la boîte contenant le foulard et le carillon elle réussit tant bien que mal à gagner la sortie, puis la rue, et poursuivit sa fuite dans le soleil aveuglant.

Ils ne s'étaient plus jamais revus après cela.

Revenant à l'instant présent, tandis que Jonathan saisissait son téléphone portable et demandait à parler à un autre agent des services spéciaux, elle songea : « Tu as dit que tu avais appris la mort de grand-mère par les journaux ? Pourquoi ne m'as-tu pas écrit ? Ou tout au moins envoyé un télégramme ? Elle comptait donc si peu pour toi ? Ou était-ce pour me punir d'être partie en claquant la porte il y a dix ans ? »

Elle tâta le pendentif Shang qui reposait au creux de ses seins et visualisa mentalement le trésor qu'il recelait. Etait-ce une coïncidence si elle l'avait mis quelques heures auparavant, alors que cela faisait des mois qu'elle ne l'avait pas porté ?

Ce n'est pas une coïncidence. C'est un signe du destin…

Saisissant sa serviette, elle s'essuya les mains comme si elle avait voulu effacer ainsi un souvenir douloureux, puis se dirigea vers la porte qui menait au musée. Son regard tomba sur la reconstitution complète d'une herboristerie de Chinatown, avec son comptoir, ses étagères et ses balances, ses souliers, ainsi que toute une variété d'ingrédients qui servaient à composer des potions curatives : anguilles conservées dans des bocaux, barils pleins de racines ; feuilles séchées, roseaux, fleurs ; sacs d'écorces, d'épices, de riz ; bocaux contenant des scorpions, des serpents et des insectes séchés. Une abondance de baumes, élixirs, remèdes en tous genres. Et sur l'une des étagères, un gros chat persan blanc, endormi…

Soudain la sonnerie de l'ordinateur retentit, indiquant qu'un message était en train d'être émis, Charlotte se retourna :

— Qu'est-ce que c'est ?

— Oh, non. Encore une vidéo.

Elle s'attendait à voir à nouveau l'intérieur de sa propre maison, mais cette fois, à sa grande surprise, la scène était tournée en extérieur. Un quartier résidentiel, de nuit, sous une pluie torrentielle.

— C'est pour de vrai cette fois, ou bien… Oh, non ! s'écria Charlotte.

— Quoi ?

— C'est la maison de Naomi. La caméra est placée de l'autre côté de la rue, juste en face de chez elle ! Peut-on savoir s'il s'agit d'un vrai film ou d'un montage ?

— Attends.

Il s'assit devant l'ordinateur et pianota aussitôt une ligne de commandes. Au même moment, une voiture que Charlotte connaissait parfaitement apparut à l'écran et se gara juste devant la maison.

— C'est Naomi !

— Merde, murmura Jonathan, tandis que la mention *Adresse inconnue* s'affichait dans la fenêtre du DOS. Impossible de retrouver la source d'émission.

— Mais est-ce que c'est filmé en direct ?

— Il n'y a pas moyen de le savoir.

Ils virent Naomi qui descendait de voiture et, se couvrant la tête avec un foulard, remontait en courant l'allée menant à la maison de stuc rose entourée de fougères et d'azalées.

— Cette fois ce n'est pas du chiqué, Jonathan. Il va se passer quelque chose, dit Charlotte en s'emparant du téléphone.

— Comment peux-tu en être sûre ?

— J'ai pris un café avec Naomi ce matin, avant qu'elle se rende à l'institut. Elle était habillée exactement comme ça.

Jonathan ouvrit son téléphone portable.

— Quel est le numéro des flics ?

— Tu ferais mieux d'appeler le SAMU.

— Et s'il s'agissait encore d'une fausse alerte ? Tu as déjà crié au loup une fois.

Leurs regards se croisèrent.

— Appelle l'opérateur et demande les services de police de Palm Springs.

Charlotte tremblait si fort qu'elle dut s'y reprendre à deux fois pour composer le numéro. Les yeux rivés sur l'écran, elle retint son souffle lorsqu'elle vit Naomi qui s'arrêtait devant la porte d'entrée et fouillait dans son sac à main à la recherche de ses clés.

Tandis que Jonathan demandait les services de police et que Charlotte appelait en vain le numéro de Naomi qui sonnait occupé, ils virent Naomi introduire sa clé dans la serrure et tourner la poignée.

— Non mais je rêve, dit Jonathan incrédule. Ils m'ont mis en attente.

La porte d'entrée s'ouvrit toute grande, et juste au moment où Naomi s'apprêtait à franchir le seuil, une petite forme sombre bondit hors de la maison et s'élança dans le jardin. Naomi se retourna brusquement en criant quelque chose.

— Bon sang, j'espère que ce n'est qu'un montage, dit Charlotte en composant à nouveau le numéro d'une main tremblante.

— Les services de police ? s'empressa de dire Jonathan, qui avait enfin obtenu un interlocuteur. Je voudrais signaler un…

— Ça y est, ça sonne ! s'écria Charlotte.

Au même moment il y eut une lueur aveuglante, les fenêtres de Naomi volèrent en éclats et des flammes gigantesques jaillirent de la porte d'entrée, tandis qu'une boule de feu explosait dans le ciel noir.

22

San Francisco, Californie, 1925

Le cambrioleur s'imaginait-il m'avoir volé tout ce que je possédais ?

Certes, il avait emporté mes émeraudes et mon argent, mais il m'avait laissé les ingrédients qui se trouvaient à la cuisine, les herbes, la cire et les huiles essentielles dont j'avais besoin pour fabriquer mes remèdes, une bouteille de tonique et un pot d'onguent dont ma mère avait le secret, ainsi que mes deux théières Yixing. Ce sot croyait-il que les émeraudes étaient plus précieuses que les remèdes ?

Par chance, craignant qu'on ne me demande de prouver mon identité, j'avais emporté mes papiers avec moi lorsque je m'étais rendue à la bijouterie. Aussi, bien que n'ayant plus un sou vaillant, il me restait malgré tout mes papiers d'identité, une photo de moi prise à l'école de la mission et la lettre que mon père avait laissée à ma mère.

J'allai raconter mes déboires à Mme Po. Elle me demanda si je pouvais encore payer le loyer. Je lui dis que oui, mais quand je lui demandai si elle allait signaler le cambriolage, elle me répondit : « A qui ? »

Le cambrioleur avait également dédaigné mes robes de soie, mes souliers neufs et mes sacs à main, si bien que je pus les revendre à bon prix. Avec l'argent, j'achetai des plantes médicinales, ainsi que d'autres produits nécessaires à la fabrication de mes remèdes : une bouilloire, une passoire, une batterie de casseroles, une balance, de la mousseline, un mortier, des bocaux, du papier et de la ficelle. Cet imbécile de cambrioleur avait abandonné derrière lui la chose la plus précieuse de toutes : le petit livre dans lequel ma mère avait consigné toutes les formules de ses remèdes.

J'allais les confectionner et les vendre aux habitants de Chinatown.

Afin d'économiser, je m'installai dans un logement plus modeste qui se trouvait à l'étage inférieur. Il ne comprenait qu'une seule pièce, et une plaque chauffante tenait lieu de cuisine. Mais il possédait un évier et c'est tout ce dont j'avais besoin pour pouvoir travailler.

Je me mis à la recherche de mon père.

Mais tout d'abord il fallait que je sache comment s'épelait son nom. Je ne l'avais entendu prononcer qu'une seule fois, par le joaillier. Etait-ce Barklay, Barklie, Barclay ? Comment savoir ? les possibilités étaient multiples. De plus, il m'était impossible de retourner à la bijouterie ou de m'adresser à la police. Mon père me semblait aussi inaccessible que la lune et les étoiles.

De même que l'amour qui avait germé dans mon cœur le jour où j'avais aperçu le jeune homme dans la bijouterie.

Les jours, les semaines, les mois passèrent, et je n'arrivais toujours pas à oublier les yeux couleur de brume, le gentil sourire, et la façon dont le jeune homme m'avait dévisagée quand j'étais entrée dans la boutique, comme s'il avait lui aussi été frappé par la foudre. L'amour que j'éprouvais pour lui ne cessait de grandir — un amour terrible, interdit, car il s'agissait de mon frère. Chaque soir avant de m'endormir je revoyais son beau visage, mais la voix du bijoutier résonnait soudain, méprisante, pour me rappeler mon péché : « C'est elle, monsieur Barclay. C'est la fille qui a volé la bague de votre père. »

Ainsi donc ils croyaient que j'étais une voleuse. Il

fallait que je trouve un autre moyen d'entrer en contact avec mon père.

Il y avait un autre locataire dans l'immeuble de Mme Po, un jeune homme affable, du nom de M. Lee, un artiste qui peignait des toiles exotiques pour les touristes. Après le cambriolage, il m'avait proposé de m'aider. Mais j'avais refusé son argent. Lorsque je m'installai dans le logement plus petit, il m'offrit à nouveau timidement son aide. Mais je refusai une fois de plus. Un soir, cependant, tandis que je remontais l'escalier, mon lourd panier plein de remèdes au bout du bras, M. Lee me le prit des mains et le porta pour moi jusqu'à ma chambre. Puis il m'invita à prendre le thé. Il me parla de lui — il était originaire d'Hawaii et espérait pouvoir faire venir sa famille en Californie —, puis ce fut mon tour de lui raconter ma vie et je lui avouai que j'étais à la recherche de quelqu'un.

Ce soir-là je découvris que les gens qui avaient le téléphone étaient répertoriés dans un annuaire. M. Lee, qui possédait un téléphone dans son atelier d'artiste, me montra le sien. Je me mis aussitôt à le feuilleter frénétiquement. Aucun Barklay ou Barkly n'y figurait, en revanche les Barclay y étaient légion !

Je ne trouvai aucun Richard, mais je notai néanmoins toutes les adresses en songeant que si les autres Barclay lui étaient apparentés, ils pourraient peut-être me dire où il se trouvait. Et c'est ainsi qu'une fois de plus je m'aventurai hors les murs de Chinatown.

La première maison où je me rendis était très vaste et très cossue, la propriété d'un homme fortuné, juchée au sommet d'une colline, entourée de vastes pelouses et dotée de larges fenêtres qui dominaient la baie. En la voyant, je songeai : « C'est dans une maison comme celle-ci que doit habiter mon père. »

Comme je m'arrêtais un instant sur le trottoir pour regarder à travers la grille du portail, un policier s'approcha de moi et me demanda ce que je faisais. Je lui mentis — car m'aurait-il crue si je lui avais dit la vérité ? — et lui dis que j'admirais la maison. Il m'ordonna de circuler.

Je sillonnais la ville en tous sens, à pied, en bus, en tramway, pour me rendre dans des quartiers où les gens me jetaient des regards suspicieux. Mais je retournais sans cesse à la maison sur la colline, de plus en plus certaine qu'il s'agissait de la maison de mon père.

Or, un jour, alors que je me tenais au coin de la rue, hésitant à aller sonner à la porte de la belle maison, une voiture sortit du garage. Elle descendit lentement la longue allée privative qui menait au portail, puis s'arrêta un instant avant de s'engager sur la chaussée. La personne qui se trouvait au volant était le beau jeune homme de la bijouterie ! Le jeune homme qui avait conquis mon cœur. Mon frère.

Ainsi donc, c'était bien la maison de mon père. L'un des hommes les plus riches de San Francisco.

Comme je n'osais pas me présenter à la porte d'une aussi somptueuse demeure, je songeai à un autre moyen d'entrer en contact avec mon père. M. Lee me proposa obligeamment d'utiliser son téléphone. Il me montra comment parler dans le combiné et demander le numéro que je désirais à l'opératrice.

La première fois ce fut une femme qui me répondit : « Maison Barclay, j'écoute », mais je fus incapable d'articuler un mot. « Qui est à l'appareil ? » demanda la femme. Je l'écoutai, paralysée par la peur, puis raccrochai aussitôt.

Le lendemain, M. Lee, très aimablement, m'autorisa à me servir une fois encore de son téléphone. Ce fut la même femme qui me répondit, et une fois de plus je restai sans voix.

La troisième fois, une autre femme décrocha et, voyant que je ne disais rien, elle dit d'une voix dure et cassante :

— Ne seriez-vous pas la fille qui a volé la bague de mon mari ?

Je raccrochai sans demander mon reste.

M. Lee, toujours très calme et posé, me suggéra de rappeler à un autre moment de la journée, quand les dames n'étaient pas seules à la maison. Si bien que je me présentai à nouveau dans son studio le soir même et, cette fois, ce fut un homme qui prit la communication.

— Gideon Barclay, dit-il.

Je me tus.

— Allô ? Il y a quelqu'un à l'appareil ? (Il fit une pause. Puis il ajouta d'une voix plus douce :) Est-ce la jeune fille de la bijouterie ?

Je voulus répondre, mais aucun son ne sortit de ma gorge. Je posai une main sur mon cœur et sentis la bague de mon père, lourde et rassurante, la seule chose qui me restait de lui. « Ils vont me la reprendre », songeai-je.

— Avez-vous appris quelque chose de nouveau ? demanda M. Lee lorsque je raccrochai toujours sans avoir dit un mot.

— Oui, j'ai appris quelque chose. Le nom de mon frère. Il s'appelle Gideon.

J'écrivis au révérend Peterson que je me portais bien et que j'avais réussi à retrouver la famille de mon père. Je lui demandai si ma mère était morte et quand, et si elle avait été enterrée dignement. A la vérité je commençais à craindre qu'elle ne fût pas morte — car quelle fille aurait eu le cœur d'abandonner sa mère alors qu'elle la savait gravement malade ?

Ma lettre me fut retournée sans avoir été décachetée, et accompagnée d'une petite note rédigée par l'une des dames de la mission : le révérend Peterson avait été muté dans une autre mission, en Chine intérieure. De telle sorte que j'ignorais si ma mère était morte. Ou si elle était toujours en vie, seule et malade.

Mes remèdes ne se vendaient pas.

Chaque jour je descendais dans la rue avec mon panier et criais :

— Bonne santé à vendre ! Longévité pour vingt-cinq cents ! Achetez le thé qui porte chance, pour dix cents seulement !

C'est alors que je découvris que la plupart des remèdes de ma mère étaient déjà connus des gens de Chinatown. Ils les fabriquaient eux-mêmes à la maison et ne voyaient pas l'utilité de payer pour quelque chose qu'ils savaient faire.

Je découvris également que les gens refusaient d'acheter une chose qui leur était inconnue et n'achetaient que les produits qu'ils connaissaient déjà. En faisant le tour des herboristeries, je vis partout les emballages rouge et or de la marque du Dragon Rouge. Tout le monde à Chinatown achetait les thés et les remèdes du Dragon Rouge. Il n'y avait pas de place pour de nouvelles spécialités.

Pour finir, je fus obligée de louer mes services aux uns et aux autres pour pouvoir survivre — je faisais le ménage dans la blanchisserie de Mme Po et dans la maison de thé de M. Chin, je portais les paquets trop lourds des gens qui faisaient leurs emplettes. Avec l'argent que je gagnais j'achetais de nouveaux ingrédients pour mes remèdes, que je fabriquais sur ma petite plaque chauffante — broyant, raffinant, mélangeant, concoctant jusque tard dans la nuit. Car j'avais une foi inébranlable dans les remèdes de ma mère, et bien que j'eusse traversé une mauvaise passe, j'étais convaincue que les choses finiraient par s'arranger.

Puis arriva le jour où, ne pouvant plus payer la chambre que j'occupais au-dessus de la blanchisserie, je dus descendre m'installer au sous-sol, dans un réduit aveugle d'à peine deux mètres sur un mètre cinquante. Mon lit consistait en une natte de paille étalée à même le sol. Plus ma situation matérielle allait en empirant, et plus je me rapprochais des entrailles de la terre. Un vieux couple de voisins, qui vivaient eux aussi dans un réduit du sous-sol, avait coutume de dire que l'étape suivante était la tombe.

Mais je refusais de perdre espoir.

A l'aide de mon petit réchaud, je continuai à confectionner les remèdes de ma mère. Il était hors de question que j'aille à la paroisse pour demander la charité. Jamais je n'aurais tendu la main, car ma mère m'avait appris que le cercueil était préférable à la sébile. Il y avait des œuvres charitables à Chinatown qui venaient en aide aux gens dans le besoin, mais elles étaient régies par des clans. Les immigrants originaires de Hong Kong, Shanghai, Canton, Pékin, ou de Chine intérieure s'adressaient à leur clan lorsqu'ils avaient besoin d'aide. Mais j'étais originaire de Singapour, si bien qu'à leurs yeux je n'étais pas totalement chinoise. A Chinatown, on me considérait comme une étrangère.

Quand je n'avais pas assez d'argent pour pouvoir acheter de la nourriture, j'allais trouver le cuisinier du restaurant Wong Lo, avec qui j'avais sympathisé. Il me donnait des restes : des carcasses de poulet sur lesquelles il restait encore un peu de chair, de la peau de poisson, des épluchures de légumes, un cœur de chou. Je les faisais bouillir tous ensemble sur mon petit réchaud et préparais ainsi ma soupe du soir.

Voyant que les gens boudaient mes produits, je décidai d'aller trouver Mme Po, dont les mains étaient rongées par le chlore qu'elle utilisait pour blanchir le linge. Peut-être accepterait-elle d'être ma première cliente. Si je pouvais la convaincre d'essayer mes produits, je savais qu'elle les aimerait et qu'elle en ferait la réclame auprès de ses amis et clients. Si bien que je décidai de lui offrir un petit pot de baume.

— Qu'est-ce que c'est ? demanda-t-elle.

Je l'avais surnommé secrètement *le baume qui a guéri les blessures d'un Américain qui ne savait plus qui il était.*

— Ça n'a pas de nom, répondis-je.

— Et à quoi est-ce que ça sert ?

A soulager les pieds gangrenés de ma mère quand elle ne pouvait plus marcher sur ses « lis dorés ».

— A cicatriser les plaies.

— Et encore ?

— C'est tout.

— Peuh ! Pourquoi achèterais-je un remède qui ne guérit qu'une seule chose ? dit-elle en me montrant fièrement un pot d'Onguent céleste du Dragon Rouge. Lis l'étiquette.

Je lus l'étiquette. L'onguent prétendait guérir un

éventail invraisemblable de maladies, depuis le mal de gorge jusqu'aux hémorroïdes !

— Certes, ça ne marche pas à tous les coups. Mon mari souffre toujours de terribles migraines. Alors je lui dis, mets-en plus, finis le pot, et la migraine s'en ira.

Je lui offris la bouteille toute simple dans laquelle je conservais le tonique de ma mère.

— Je vous en prie, essayez ceci, la suppliai-je.

— Humph ! J'ai un tonique meilleur que celui-là, dit-elle en sortant une élégante bouteille rouge ornée de lettres d'or de derrière son comptoir. (Je le goûtai. Voyant que je faisais la grimace, elle déclara :) Pour qu'un remède soit bon il faut qu'il soit amer. Si tu ne sais pas ça, tes médicaments ne valent rien.

Mais ma mère disait toujours : « Flatte les papilles et l'estomac suivra. »

Je commençais à perdre espoir. Mme Po représentait à elle seule tout Chinatown — tous les gens à qui je voulais vendre mes médicaments. Si je n'arrivais pas à la convaincre, je n'aurais jamais aucun succès avec les milliers de Chinois qui peuplaient Chinatown.

C'est pourquoi, avec le peu d'argent qui me restait, j'achetai des produits du Dragon Rouge pour les essayer moi-même. Je découvris que leurs thés étaient amers, leurs baumes malodorants et leurs herbes de piètre qualité. Et pourtant les gens les achetaient, par habitude sans doute. Je remarquai également que les remèdes du Dragon Rouge prétendaient soigner plusieurs maux à la fois. Pour le Chinois, économe et pragmatique, le remède qui guérissait le plus de maladies était le meilleur. Dès lors, pourquoi aurait-il acheté six remèdes alors qu'il pouvait en acheter un seul qui guérissait six maux ?

M'asseyant à terre, j'étalai devant moi tous les remèdes que j'avais confectionnés sur mon réchaud. J'en avais douze pour douze maladies différentes. Puis je posai à côté le baume du Dragon Rouge, qui « donne du tonus, tue les vers, calme les foies échauffés, donne de la force d'âme, et dissout les verrues », et le thé du Dragon Rouge qui « protège contre les oreillons, calme les rages de dent, rétablit le cycle menstruel, fortifie le yin ».

Comment un seul remède pouvait-il accomplir autant de prodiges ? Les noms des plantes qui entraient dans sa composition ne figuraient pas sur le paquet. Mais les Chinois n'en avaient cure, ils pensaient : « Tout ça dans un seul médicament. C'est un achat judicieux. »

Je songeai au baume que j'avais offert à Mme Po et qu'elle avait refusé. Il s'agissait d'une recette toute simple, à base de menthe, de cire, d'eucalyptus, de pétrolatum et de camphre permettant de cicatriser les gerçures et les plaies. Elle agissait vite et bien. Mais cela ne suffisait pas. Y avait-il moyen d'y ajouter d'autres ingrédients afin de guérir également d'autres maladies ?

Tout en réfléchissant à la question, je continuais de balayer chez M. Chin et de faire la plonge chez Wong Lo. J'avais les mains à vif à force de récurer. Je repassais pour Mme Po et faisais des courses pour les commerçants jusqu'à tomber d'épuisement. Avec l'argent que je gagnais, j'achetais d'autres ingrédients que j'ajoutais à mon baume — de l'huile d'amande douce pour nourrir la peau, de la poudre de cigale pour les allergies, des chrysanthèmes pour résorber les abcès et des racines de Kudzu pour les courbatures et les douleurs musculaires ; de la rhubarbe pour résorber les œdèmes, et du gypse contre les démangeaisons dues à la chaleur. La nuit, au-dessus de mon réchaud, je m'efforçais de trouver les doses exactes pour chaque ingrédient — trop d'une substance risquait de rendre le baume toxique, et trop peu, inefficace. Je fis l'acquisition d'un réveille-matin doté d'une sonnerie puissante. Ainsi il m'était possible de dormir pendant que ma décoction de gardénia frémissait à petit feu, et de me réveiller à temps pour passer la décoction, y rajouter de l'eau, et enfin me rendormir pendant qu'elle frémissait à nouveau.

Lorsqu'il me manquait de l'argent pour pouvoir acheter un produit, j'allais louer mes services chez Huang Import-Export. Je me postais à minuit devant la porte de l'entrepôt et réceptionnais les marchandises venues de Chine, après quoi je triais les plantes, en ôtais les impuretés et la terre et les débarrassais de toutes les parties non médicinales. Puis je triais soigneusement les fleurs, les tiges et les racines, les lavais et les séchais, puis les étalais de façon à ce que M. Huang puisse les inspecter au matin. En échange de mon travail, il me donnait une mesure de Yunnan bai yao, appelé également « vernis des montagnes », une drogue aux vertus hémostatiques et cicatrisantes puissantes.

Nombreux étaient les nouveaux ingrédients qui entraient désormais dans la composition de mon baume. Mais allaient-ils agir de façon conjointe ? Et comment le savoir ?

Il me fallait un cobaye. Mme Po ne voulait pas me confier ses mains gercées, son époux préférait garder ses migraines, M. Huang refusa poliment que je guérisse son eczéma, quant à M. Lee, il ne souffrait d'aucune maladie.

Il ne me restait qu'un moyen vraiment efficace de tester mon baume : me brûler.

Ce que je fis. Puis je me mis à dormir sans oreiller de façon à me donner un torticolis et me rendis au Golden Gate Park pour me faire piquer par les moustiques. Après quoi je m'appliquai le baume afin de déterminer son efficacité sur telle ou telle affection, augmentant ou diminuant les doses de tel ou tel ingrédient en fonction des résultats. Ayant fait une réaction allergique, je revis la composition du baume, en ayant soin cette fois d'en ôter l'herbe à taupe, qui est un anesthésiant local. La fois suivante, je ne fis pas de réaction. Pour finir, au terme d'une longue expérimentation, je découvris que mon nouveau baume calmait les brûlures, les démangeaisons, et les douleurs. Le remède idéal en somme.

C'est alors que Mme Po vint m'annoncer qu'elle avait besoin de ma chambre, pour la louer à quelqu'un qui avait de l'argent. Elle m'intima l'ordre de plier bagage. Je la suppliai. Je lui dis que j'avais mis au point un nouveau remède que j'allais vendre dans la rue.

— Deux jours, dit-elle, en brandissant deux doigts crevassés.

Jamais, même à Singapour, dans les moments les plus sombres que nous avions connus ma mère et moi, je n'avais souffert à ce point de la faim.

Tout en me frayant un chemin à travers la foule en vantant mes produits, je m'efforçais de ne pas regarder la nourriture aux devantures, car je salivais à la vue du canard laqué ou des poissons entiers cuits à la vapeur. Je m'obligeais à respirer par la bouche pour ne pas sentir l'odeur des crevettes sautées et du poulet croustillant farci. Je détournais les yeux quand un enfant mordait à belles dents dans une tranche de pastèque rouge vif, ou qu'une vieille femme grignotait des graines de tournesol, ou encore quand un homme d'affaires mangeait un bol de nouilles fumantes sur le pouce.

« Ne pense pas à la nourriture », m'exhortais-je.

Pour finir, sentant que la tête commençait à me tourner, je m'arrêtai à un coin de rue et posai mon panier devenu trop lourd. Soudain je sentis une main sur mon bras, et laissai échapper un cri.

M'étant retournée, je vis les beaux yeux gris dont le souvenir ne m'avait pas quittée depuis un an.

— Attendez, dit Gideon Barclay. Ne partez pas. Je vous en prie. Je ne vous veux pas de mal.

Mais l'eussé-je voulu, j'aurais été incapable de prendre mes jambes à mon cou, tant j'étais sous le charme. Il portait un blazer bleu marine et un pantalon blanc très chics, et lorsqu'il ôta son chapeau, le soleil jeta de beaux reflets dorés dans ses cheveux châtains.

— Je vous ai cherchée partout depuis le jour où nous nous sommes vus dans la bijouterie. C'est vous qui avez appelé à la maison ?

Je hochai la tête.

— Pourquoi ?

— Je cherche mon père.

— Oh, dit-il. Si ce n'est que ça, dites-moi son nom et je poserai la question à mes domestiques. Encore qu'à ma connaissance nous n'ayons guère de domestiques chinois...

— Richard Barclay, dis-je, tandis que la foule se déversait autour de nous tel un fleuve contournant une île.

Gideon me jeta un regard surpris.

— Que voulez-vous dire ?

— Richard Barclay est mon père. La bague qui est en ma possession en est la preuve.

— Certes, le joaillier a effectivement reconnu la bague. Il ne peut y avoir de doute car ma mère l'avait fait faire spécialement pour lui. Mais... comment est-elle entrée en votre possession ? Mon père la portait lorsqu'il est mort.

— Mort ? Richard Barclay est mort ?

— Il est mort en mer, il y a dix-sept ans. Alors qu'il revenait de Singapour...

— Aii-yah ! m'écriai-je, tandis que Gideon s'élançait pour m'empêcher de tomber et m'entraînait loin de la foule. Mort ! criai-je en chinois. Après toutes ces années ! Mon père est mort !

Il m'entraîna jusqu'à un porche sombre et silencieux qui formait un renfoncement entre deux boutiques. Là, à l'abri des regards, je pleurai tout mon soûl.

— A présent, veuillez m'expliquer ce que tout cela signifie ? dit Gideon au bout d'un petit moment, tandis que je séchais mes larmes avec le mouchoir qu'il m'avait donné.

Je lui racontai mon histoire, et lorsque j'eus fini il hocha la tête en silence.

— Nous avons perdu le contact avec mon père pendant un certain temps. Il s'était rendu à Singapour pour affaires et nous sommes restés plusieurs semaines sans nouvelles de lui. Et puis, brusquement, ma mère a reçu un télégramme disant qu'il s'embarquait le soir même pour San Francisco. Malheureusement le bateau a essuyé une tempête et il a sombré corps et biens dans le Pacifique. Nous pensions qu'il avait sa bague sur lui. Mais vous dites qu'il l'avait donnée à votre mère ? fit Gideon avec un regard incrédule.

Je voyais bien qu'il ne croyait pas à mon histoire. « Il pense que j'ai volé la bague de son père. Il va appeler la police » , songeai-je. Pourtant je possédais la preuve que je disais la vérité — la lettre que mon père avait laissée à ma mère. Mais il s'agissait d'une lettre d'amour, et je ne pouvais la faire lire à personne car j'avais juré à ma mère que je ne la montrerais qu'à Richard, pour lui prouver qui j'étais. Pas même son fils n'était censé la voir, et pourtant si cela avait été possible j'aurais pu établir la preuve que je disais la vérité.

Mais il y avait autre chose qui m'empêchait de dévoiler le contenu de cette lettre à Gideon : mon père y disait à ma mère des choses qui auraient pu le blesser. Et pour rien au monde je n'aurais voulu lui faire de peine.

— Comment vous appelez-vous ? me demanda-t-il gentiment.

Je lui dis mon nom.

— Parfaite Harmonie… Quel joli nom pour une jeune fille à la beauté si parfaite.

Et c'est alors qu'il me fit une proposition extravagante. Il me proposa de m'acheter un miroir !

Devant ma confusion, il éclata de rire en rejetant la tête en arrière et en dévoilant de belles dents blanches.

— Non, pas une glace pour se regarder, dit-il. Une glace à manger. Un dessert. Je parie que vous n'en avez jamais mangé. Un sundae à la vanille, nappé de chocolat chaud avec des cacahuètes grillées, de la crème fouettée et couronné d'une cerise. Il y a un drugstore à deux pas d'ici.

Sur ces mots, et à ma grande honte, il me prit mon panier des mains — aii-yah ! un homme portant le fardeau d'une femme. Toutes les têtes se retournaient sur notre passage, mais mon frère n'avait pas l'air de s'en soucier.

Je lui demandai à quoi servaient les glaces, et il me répondit qu'elles étaient bonnes à manger. Je demandai :

— Mais que soignent-elles ? L'excès de yang ? Le foie échauffé ?

— Elles ne soignent rien. Elles ont simplement un goût délicieux.

— Mais dans ce cas, pourquoi les achète-t-on dans un drugstore ?

Il rit à nouveau, et ajouta encore à ma confusion en me prenant par le bras. Puis je me souvins qu'il était mon frère, ce qui l'autorisait à me toucher. Néanmoins j'étais mal à l'aise, et bien que j'eusse porté un gilet à manches longues, j'avais l'impression que ses doigts me brûlaient la peau. La pression délicate de sa main sur mon bras, cette étreinte possessive me ravissait et m'épouvantait tout à la fois. Car si mes pieds le suivaient par politesse, mon cœur le faisait de plein gré.

Le drugstore ne ressemblait en rien à une pharmacie chinoise. Ici la boutique était spacieuse et aérée, et les médicaments étaient présentés dans des vitrines ou sur des étagères situées derrière le comptoir. Ici ni barils ni sacs d'herbes, pas de balances ni de mesures, pas de cartes indiquant les différents méridiens du corps humain. Tout était scrupuleusement rangé et méticuleusement propre.

Je m'approchai de la vitrine du comptoir, curieuse de voir à quoi ressemblaient les médicaments américains. Et tandis que j'écarquillais de grands yeux fascinés, Gideon dit :

— Pendant que j'y suis, je vais acheter des pastilles pour la gorge.

Tandis qu'il contemplait les différentes boîtes de pastilles, je regardai les remèdes disposés en vitrine, dont les noms, Anti-Catarrh, Gas-Ex, Dis-Pepso, me semblaient fort déplaisants. Mais peut-être les noms déplaisants chassaient-ils les maladies déplaisantes.

Après avoir acheté sa boîte de pastilles, Gideon m'entraîna vers une petite table installée à proximité d'une « fontaine à soda ». J'étais terriblement gênée par les coups d'œil désapprobateurs que nous jetaient les autres clients, mais Gideon ne paraissait pas s'en soucier. Il n'avait même pas l'air de les voir. Je vivais depuis suffisamment longtemps à San Francisco pour savoir ce que signifiaient ces regards en biais. Ils signifiaient : un homme blanc avec une femme jaune.

Gideon me fit asseoir, puis s'assit à son tour, et déposa mon panier à terre. La table de marbre, au piétement en fer, était minuscule, et les chaises n'étaient guère confortables. Peut-être était-ce une façon d'inciter les gens à partir au plus vite et à faire de la place pour les clients suivants.

Jetant un coup d'œil à mon panier, il dit :

— Et comment vont les affaires ?

— La chance est de mon côté, répondis-je, en tirant nerveusement sur les poignets élimés de mon chandail.

Il inspecta mon modeste fardeau : les flacons sans étiquette, les paquets de papier brun entourés de ficelle, les pots de confiture disparates dans lesquels je vendais mon nouveau baume. Il sourit et me dit d'un air taquin :

— Ce qu'il vous faut, c'est un bon agent commercial.

Je ne compris pas ce qu'il voulait dire, mais il s'était exprimé d'une façon amusante. Sa voix se cassait par instants, et de temps à autre il émettait un petit rire bref. Je ris, puis me couvris aussitôt la bouche avec la main.

— Vous avez un très joli sourire, Harmonie. Vous avez tort de le cacher.

Puis ses yeux se mirent à détailler ma robe dont la soie était usée jusqu'à la trame par endroits, les boutonnières raccommodées avec des bouts de fil de différentes couleurs, le col mandarin élimé. Et mon gilet à manches longues troué aux coudes.

— Vous êtes très pâle, remarqua-t-il. Est-ce que vous mangez correctement ?

— Plus qu'à ma faim, répondis-je, bien que n'ayant rien avalé depuis la veille. Je suis même obligée de donner mes restes.

Il fit signe au garçon.

— Attendez de goûter leur sauce au chocolat chaud, dit-il, vous m'en direz des nouvelles. Ils y ajoutent des raisins secs, ce qui lui confère un goût très spécial.

Au même moment mon estomac émit un gargouillis sonore ; confuse, je posai instinctivement une main sur mon ventre. Gideon rit. Puis il regarda ma main et son rire s'évanouit. Baissant à mon tour les yeux je constatai à mon grand dam que la manche de mon gilet s'était relevée, révélant le bandage que je portais au poignet.

— Vous vous êtes blessée ?

— Ce n'est rien.

Il tendit la main.

— Laissez-moi jeter un coup d'œil.

Je lui tendis ma main, le cœur battant et les joues en feu. Quand ses doigt effleurèrent les miens, une vague de chaleur déferla dans tout mon corps. « Il est mon frère, songeai-je. Nous avons le même père. » Il releva ma manche et aperçut les marques laissées par les piqûres d'insectes et les brûlures. Il fronça les sourcils et dit :

— Que vous est-il arrivé ?

Je lui parlai de mon baume, et de quelle façon j'avais procédé pour savoir dans quel domaine il était efficace.

— Grand Dieu, s'exclama-t-il. Vous voulez dire que vous vous livrez à des expériences sur vous-même ?

— Je n'ai guère le choix.

— Pour un malheureux baume ?

Mon regard croisa celui de Gideon Barclay, et soudain j'eus envie de lui confier ce que j'avais sur le cœur.

— Chinatown est plein de médicaments. Les gens achètent des remèdes par centaines chaque jour. Ils achètent ceux qui prétendent guérir le plus grand nombre de maladies. Mais ces remèdes-là ne valent rien. Si bien que les gens dépensent leur argent en vain. En revanche les remèdes de ma mère peuvent guérir de nombreuses maladies, mais comment une femme seule, comme moi, et nouvelle à Chinatown pourrait-elle convaincre ces personnes qui ne jurent que par les remèdes du Dragon Rouge ?

Je m'arrêtai soudain, car, bien qu'il fût mon frère, cet homme était un étranger pour moi, et je n'étais pas habituée à me confier à un étranger. Puis j'ajoutai plus bas :

— Je veux fabriquer un remède qui soit à la portée de toutes les bourses, et qui soit efficace pour tout le monde.

— Voilà qui est ambitieux ! (Regardant mon bandage, il fronça les sourcils.) Mais il doit y avoir un autre moyen que de vous adonner à ce genre d'expériences. Comment vos parents peuvent-ils vous laisser faire une chose pareille ?

— Je n'ai pas de parents.

Il me jeta un regard outré.

— Seigneur, vous voulez dire que vous vivez seule ? Mais quel âge avez-vous donc ?

Devais-je lui dire la vérité, que j'avais dix-sept ans ? Ou lui dire, comme l'affirmaient mes papiers, que j'en avais dix-neuf ?

— Je vous prie de m'excuser, dit-il sans me laisser le temps de lui répondre. Je n'aurais pas dû vous poser ce genre de question, c'est inconvenant.

Il se tut et me considéra un long moment avec gravité, puis avec étonnement. Je sentis ma propre expression changer, et passer de la timidité à la surprise. Quand Gideon me sourit, je lui rendis son sourire, et ce fut comme si nous venions de conclure un accord tacite. Au même instant je me souvins que ma mère m'avait dit un jour : « Ton père et moi communiquions avec les yeux. »

A l'époque, je n'avais pas compris ce qu'elle voulait dire. Mais aujourd'hui, je savais.

— Pouvez-vous me parler de mon père ? dis-je. Je ne l'ai jamais connu.

— Je ne l'ai guère connu moi-même. J'avais cinq ans quand il s'est embarqué pour Singapour.

Il y avait une chose que je voulais savoir.

— Dans la bijouterie…

— Oh ! Je suis navré pour l'agent de police. J'ignorais qu'il était là !

— Il y avait une jeune fille avec vous… blonde, très jolie.

— Oui, Olivia.

— Est-ce… votre sœur ?

Avais-je une demi-sœur blonde avec la peau blanche ?

— Non, sa famille et la mienne sont amies. Je la

connais depuis… voyons voir. Elle est venue à la fête d'anniversaire que j'ai donnée pour mes treize ans. Olivia a six ans de moins que moi, ce qui veut dire que je la connais depuis dix ans. Naturellement, à l'époque, la différence d'âge était beaucoup plus marquée que maintenant. Aujourd'hui j'en ai vingt-trois et elle en a dix-sept ! Nous sommes de bons amis, dit-il avec un grand sourire. (De très bons amis ? eus-je envie de lui demander.) Puis-je voir la bague de mon père ?

Devant mon hésitation, il dit :

— N'ayez pas peur, je n'ai pas l'intention de vous la reprendre.

Je tirai la chaîne de dessous ma robe et Gideon se pencha en avant pour examiner la bague.

— C'est bien celle de mon père. Je la reconnais.

Je me reculai vivement. Comme je glissais à nouveau la bague sous ma robe, Gideon me décocha un regard étrange.

— Pardonnez-moi cette remarque, mais vous ne m'avez pas l'air de rouler sur l'or. A la vérité, vous paraissez extrêmement démunie.

Ses paroles me blessèrent, mais je ne pense pas qu'il s'en rendit compte. Il s'exprimait avec une franchise tout américaine et inconnue des Chinois.

— Cette bague pourrait vous rapporter une coquette somme si vous la vendiez, dit-il.

Choquée, je lui répondis :

— Vendriez-vous la seule chose qui vous reste de votre père ?

C'est alors que je vis dans ses yeux une chose étrange — une réponse à la question qui le tracassait depuis le début. Et je compris que Gideon Barclay s'était lancé à ma recherche parce qu'il était convaincu que j'avais dérobé la bague de son père et qu'il m'avait amenée dans ce drugstore avec l'espoir de la récupérer. Or, je savais à présent que son opinion à mon sujet avait changé.

— Vous êtes réellement la fille de mon père, n'est-ce pas ? dit-il d'une voix incrédule.

— Pourquoi êtes-vous subitement prêt à me croire ?

— Pardonnez-moi si je vous dis ça, mais j'ai l'impression que vous n'avez pas mangé à votre faim depuis fort longtemps. Et puis cette robe a connu des jours meilleurs. Sans parler de ces remèdes… dit-il en montrant du doigt mon humble fardeau. Je n'ai pas l'impression que les affaires soient florissantes. Je me trompe ?

— Je ne puis exiger plus que ce que j'ai, dis-je, en essayant d'imaginer quelle aurait été l'attitude de ma mère en pareilles circonstances.

Il se pencha en avant et me toucha le bras, un sourire éclairant à nouveau son regard.

— Si vous aviez volé cette bague, vous l'auriez vendue depuis longtemps. Le fait que cette bague vous soit plus précieuse que votre propre vie me laisse supposer que vous dites la vérité.

Un sentiment merveilleux m'envahit tout à coup. Le fils de Richard Barclay, mon frère, m'avait reconnue.

— Il faut que vous veniez à la maison, dit-il soudain enthousiaste. Il faut que vous veniez vivre avec nous !

L'espace d'un instant, une joie immense emplit mon cœur, et je songeai : « Oui, oh oui ! Je vais aller vivre dans la maison de mon père ! »

Mais l'instant d'après je me rappelai la voix accusatrice qui m'avait dit au téléphone : « Vous êtes la fille qui a volé la bague de mon mari ? »

Comment pouvais-je dire à Gideon que sa mère n'accepterait sans doute pas de bon cœur que la fille de la concubine chinoise de son mari vienne vivre sous son toit ?

Voyant ma confusion et ma peur, il ajouta, comme s'il avait voulu me mettre à l'aise :

— Mais nous avons tout le temps d'y songer.

— Vous avez… une photo de mon père ? demandai-je.

— Justement, il se trouve que oui !

Il glissa une main dans la poche intérieure de sa veste et en sortit un portefeuille. Tandis qu'il tournait les porte-cartes transparents, j'aperçus une photographie de la jeune fille blonde, Olivia. « C'est une amie, rien de plus », avait-il dit. Mais portait-on sur son cœur la photographie d'une jeune fille qui n'est rien qu'une amie ?

— Le voici, dit-il en se penchant pour me montrer la photo.

Mon père portait un chapeau qui jetait une ombre sur son visage. Gideon était tout petit, âgé de deux ans à peine. Mais ce fut l'expression de la femme qui attira mon regard — une expression dure et sans joie et qui semblait me dire : « Toi et ta mère, vous n'aurez jamais mon mari. »

Gideon me jeta un long regard pensif avant de me dire :

— Gardez la bague, Harmonie. Je dirai à ma mère que je ne vous ai pas trouvée.

Puis il commença à sortir des billets de banque de son portefeuille.

— *Aii-yah !* me récriai-je.

Jamais je n'aurais accepté que quiconque me fasse la charité, fût-il mon propre frère.

— Allons, dit-il, en essayant de m'obliger à prendre l'argent.

J'étais muette de honte. Constatant mon désarroi, il reprit ses billets et recommença à me dévisager en silence.

— Vous êtes vraiment étonnante, dit-il tout bas. Si votre mère était comme vous, je comprends que mon père ait… (Il rougit et se redressa brusquement.) Mais comment se fait-il que le garçon ne soit pas encore venu prendre la commande ? (Il fit signe au serveur qui se tenait dans un coin de la salle.) Je meurs d'envie de manger un sundae… Ah, le voilà.

Se tournant à nouveau vers moi, il m'adressa un sourire qui me réchauffa et me brisa le cœur tout à la fois.

Comme le destin était cruel de me faire tomber amoureuse d'un homme que je n'avais pas le droit d'aimer.

— Parfaite Harmonie, dit-il, l'air songeur. Et comment s'appelait votre mère ?

— Mei-ling, cela signifie Belle Intelligence.

— Les Chinois savent donner aux choses de jolis

noms. La dernière fois que j'étais à Hong Kong — pour y construire un pont, c'est mon métier, je suis ingénieur. Ou tout au moins, dit-il avec un petit rire modeste, j'essaye de l'être !

— Vous construisez des trains ?

— Oh, mon Dieu, non ! Je construis des routes, des ponts, des barrages. Je vais là où les grosses compagnies ont des intérêts, principalement en Asie du Sud-Est — mines de zinc, plantations de caoutchouc, ce genre de choses. Bref, tout ça pour dire que j'ai dîné dans un restaurant qui s'appelait La Pagode de la Montagne Envolée. Un Américain l'aurait baptisé Chez Harry !

Le garçon arriva enfin, et je vis d'emblée à son visage que quelque chose n'allait pas. Le drugstore était loin d'être plein et pourtant il avait mis un temps fou à venir prendre notre commande. Je savais pourquoi. Et Gideon aussi apparemment.

— Nous voudrions commander, fit-il au garçon.

Voyant que l'homme ne répondait rien, qu'il ne nous demandait pas ce que nous désirions, Gideon s'enquit :

— Il y a un problème ?

Le garçon me glissa un regard en biais et toussota.

— S'il y a un problème, dit lentement Gideon, j'aimerais savoir lequel. (Il souriait toujours, mais je vis que c'était un masque derrière lequel il cachait la colère qui commençait à poindre dans ses yeux gris.)

— J'ai reçu des ordres de la direction, dit l'homme. Je suis navré, mais je ne peux...

— Apportez-nous deux sundaes au chocolat et deux limonades, ordonna Gideon d'une voix posée.

Le garçon s'éclaircit à nouveau la voix :

— Ecoutez, nous ne voulons pas d'histoires...

— Et vous n'en aurez pas si vous nous apportez ce que nous vous avons commandé. Deux sundaes au chocolat et deux limonades.

Je dis :

— Je vous en prie, Gideon, je ne veux pas de sundae.

Mais il était furieux.

— Harmonie, c'est une question de principe. Ces salopards s'imaginent qu'ils peuvent nous traiter ainsi parce que personne ne leur dit jamais rien.

Voyant que le garçon s'éloignait en haussant les épaules, Gideon voulut le rattraper. Mais je posai une main sur son bras :

— Il est naturel qu'un frère veuille défendre l'honneur de sa sœur, mais ma place n'est pas ici.

Puis, sans lui laisser le temps de protester, je saisis mon panier et quittai la table. J'entendis Gideon qui m'appelait, me disait d'attendre, de revenir. Puis j'entendis sa voix qui me poursuivait dans la rue, jusqu'à une ruelle. Mais là, contournant en hâte un camion garé devant le restaurant Wong Lo, j'entrai dans la boutique de fleurs de Mme Wu, et ressortis de l'autre côté de l'immeuble, puis je me fondis dans la foule anonyme jusqu'à ce que la voix de Gideon ait cessé de m'appeler.

Ce soir-là je fis un vœu : oublier mon frère et l'amour interdit que je lui vouais. Je décidai de me consacrer entièrement à mes recherches. J'allais me remplir la tête avec des recettes et des formules, des noms de plantes et de minéraux ; des périodes fastes et néfastes, des mesures et des températures. J'allais consacrer entièrement mes journées à la fabrication de remèdes et, le soir venu, éreintée, je sombrerais dans un sommeil de plomb. Et j'essayerais de l'oublier, car que je savais que, quoi que je fasse, il ne cesserait de hanter mes pensées.

Le lendemain matin, après un maigre déjeuner composé de galettes de riz et de thé que m'avait donnés le charitable cuisinier de Wong Lo, je descendis dans la rue pour vendre mon nouveau remède, que j'avais décidé d'appeler « Guérit Tout ». Mais bien que mon baume eût désormais soigné un grand nombre de maux : les gerçures, les brûlures, les piqûres d'insectes, les maux d'estomac et les migraines, bien qu'il procurât une sensation de confort à la peau et dissipât les douleurs musculaires et articulaires, personne ne voulut m'en acheter. J'y ajoutai de nouveaux ingrédients :

cette fois mon baume en contenait deux de plus que le baume du Tigre. Pourquoi les gens refusaient-ils toujours de me l'acheter ?

Je dus me rendre à l'évidence : j'étais au fond du gouffre. Personne ne voulait de mes médicaments. Je n'avais rien à manger, pas un sou vaillant. Ma logeuse m'avait donné jusqu'au lendemain pour plier bagage et céder la place à un nouveau locataire. Ma vie était en train de partir en lambeaux, comme les nuages dans la tempête. Quelle était la raison d'une telle infortune ? Etait-ce parce que le révérend Peterson avait, par erreur, fait de moi un tigre au lieu d'un dragon ?

Je m'étendis sur le plancher et pleurai à chaudes larmes. Je pleurai parce que ma mère, qui était désormais au paradis, me regardait et voyait que sa fille était tombée très bas.

De désespoir je me mis à prier la déesse Kwan Yin pour qu'elle me vienne en aide. J'allumai les bougies et les bâtons d'encens avant de m'agenouiller devant la statuette de porcelaine qui avait fait le voyage avec moi depuis Singapour. Et tout en me prosternant devant la déesse, le front collé au plancher, je me mis à prier avec tant de ferveur que j'en oubliai de m'adresser à la déesse et parlai à ma mère à la place.

« Pardonne-moi, criait mon cœur. Je ne voulais pas te quitter ! Je ne voulais pas que tu meures dans la solitude ! Je n'aurais jamais dû venir ici ! Je n'ai pas de père ici ! Et je n'ai pas de mère ! »

Soudain on frappa à la porte.

— Tu es là ? cria Mme Po. Ouvre la porte !

Mais je n'étais pas en état d'affronter ma logeuse. Demain, il serait bien assez tôt pour affronter mon triste sort.

— *Chow ma !* Fille de rien ! Putain !

Puis j'entendis son pas résonner dans l'escalier.

Bien qu'affamée et à bout de forces, je restai prostrée devant l'autel de Kwan Yin. Ma tête devint soudain légère, comme si mon âme sortait de mon crâne par mes oreilles et ma bouche. Un grelot se mit à tinter dans ma tête. Derrière mes paupières closes je commençai à avoir des visions. Et c'est alors que j'entendis la voix de ma mère : *Ecoute, Harmonie-ah. Mais n'écoute pas avec tes oreilles. Ecoute avec ton cœur. Et tu trouveras la réponse.* Je retins mon souffle, stupéfaite. Je jetai un coup d'œil autour de moi. Etait-elle ici, avec moi ? Pourquoi ne pouvais-je pas voir son fantôme ?

— Quelle réponse, maman ? dis-je tout haut.

— *Ecoute avec tes sens. Ecoute avec ta mémoire...*

Je tendis l'oreille. J'entendis les rumeurs de la blanchisserie, et la voix courroucée de Mme Po, les vociférations en bas dans la ruelle, et une musique de jazz lointaine, et le bruit de la foule et du trafic qui semblait ne jamais s'arrêter. Qu'étais-je censée entendre ?

Je me mis à pleurer. J'avais beau essayer, je n'arrivais pas à entendre ce que ma mère voulait me faire entendre.

Ecoute avec tes sens...

J'essayai à nouveau, et au bout d'un moment je réalisai que j'entendais l'eau qui coulait dans les canalisations comme un frais ruisseau qui coule dans la forêt. L'odeur de moisi et d'humidité de mon logement en sous-sol devint une riche odeur de terre et d'argile. Les bâtons d'encens au bois de santal répandaient un parfum poivré, semblable à celui d'une forêt par un jour d'été. Et puis, brusquement, une autre voix aussi forte et claire que la voix de ma mère résonna dans la pièce. C'était la voix de Gideon, mon frère. Il disait : « Les Chinois savent donner aux choses de jolis noms. »

Et c'est alors que, dans mon esprit, je le revis choisir une boîte de pastilles pour la gorge au drugstore, et je vis une chose que je n'avais pas remarquée sur le coup : il avait examiné avec soin les boîtes et son choix s'était porté sur la plus jolie et celle qui portait le plus joli nom.

Soudain je me souvins des autres médicaments en vente dans le magasin, qui portaient de vilains noms, et dont l'emballage était repoussant ou sans recherche. Ils m'avaient semblé vieux, jaunis, et poussiéreux, comme s'ils étaient restés trop longtemps en vitrine. Mais il y en avait d'autres aux noms plaisants à l'oreille — Ivoire ou Senteurs du Cachemire — et ceux-là se trouvaient sur le dessus du comptoir et avaient l'air tout neufs comme si le stock en avait été renouvelé depuis peu parce qu'ils se vendaient comme des petits pains.

Implorant le pardon de la déesse, je bondis sur mes pieds et m'approchai de la plaque chauffante. Là, je vidai tous les pots de baume dans une casserole et allumai le feu. J'ajoutai un peu d'huile de rose jusqu'à ce que le parfum divin masque l'odeur de camphre et de cire d'abeille, puis un peu de jus de cassis pour en changer la couleur qui, de blanc, vira au rose pâle. Lorsque la mixture eut refroidi, je jetai un coup d'œil aux pots de confiture que j'avais utilisés jusque-là pour y mettre l'onguent. Ils étaient grossiers et vieux, car je les avais trouvés dans des boîtes à ordures.

Comment aurais-je pu mettre un baume aussi beau à voir et aussi agréablement parfumé dans un récipient aussi laid ? Je regardai autour de moi. C'est alors que j'aperçus un petit pot de céramique dont M. Lee m'avait fait cadeau pour mon anniversaire.

« Je les peins pour les touristes, m'avait-il dit de sa voix douce comme la soie. Celui-ci ne s'est pas vendu. Est-ce qu'il vous ferait plaisir, Harmonie ? »

En réalité, il s'agissait du plus joli de ses petits pots — avec un décor de fleurs et d'oiseaux — et à la façon dont il me l'avait offert je compris qu'il l'avait gardé exprès pour cette occasion. J'avais fait le vœu de ne jamais le vendre. C'était le récipient idéal pour présenter mon baume.

Il ne me restait maintenant plus qu'à trouver un nom. « Quelque chose de chinois, quelque chose de joli », aurait dit Gideon.

Je n'eus pas besoin de chercher longtemps. Je décidai de le baptiser Baume de Mei-ling, en hommage à ma mère. Car je savais désormais qu'elle était morte, sans quoi comment sa voix aurait-elle pu me parvenir depuis le paradis ? Je priais pour qu'elle ne soit pas morte seule ou dans la souffrance.

Comme j'étais en train de transvaser mon nouveau

baume dans son nouveau flacon, on frappa à la porte. En entendant les bruits qui montaient de la rue, je réalisai qu'on était le matin. Je n'avais pas dormi et pourtant je me sentais fraîche et reposée.

Mme Po était à la porte, une expression de colère sur le visage.

— Tu plies bagage aujourd'hui, cria-t-elle. Cet homme est venu plusieurs fois. Je l'ai chassé. A présent, c'est toi qui pars ! Je ne veux pas de putain chez moi ! Va-t'en !

— Tenez, dis-je en tendant la main. C'est pour vous.

Elle examina le pot de baume d'un air soupçonneux.

— Ouvrez-le.

Elle ôta le couvercle et regarda à l'intérieur. Elle approcha le pot de son nez. Une expression ravie passa brièvement dans ses yeux.

— Que guérit-il ?

— En applications locales il soulage les douleurs, cicatrise les crevasses, les piqûres d'insectes, les brûlures, les abcès, les gerçures.

— Oh ? et quoi d'autre ?

— En inhalation il débouche le nez, décongestionne les poumons, soulage la gorge sèche et les migraines.

Son sourire s'élargit.

— En massage sur l'estomac il aide à digérer, et plus bas il augmente la vigueur et la fertilité des organes féminins.

— Ah ?

— Si vous l'appliquez au-dessous du nombril de votre époux, il augmentera sa virilité.

Mme Po rit si fort que je vis toutes ses dents en or.

— Je vais commencer par M. Po ! dit-elle en se donnant une claque sur la hanche. Je vais le débarrasser de sa migraine, et ensuite nous passerons aux choses sérieuses ! (Elle regarda le pot.) Hum. Combien ?

Je n'avais pas songé au prix. Si j'en exigeais un prix trop élevé elle refuserait ; trop bas elle penserait que mon baume ne valait rien. Sans parler du pot lui-même, quel prix pouvais-je mettre sur l'exquise œuvre d'art de M. Lee ?

— Vingt-cinq cents.

Elle fit la moue.

— Et vous gardez le pot.

Sa moue fit place à un sourire radieux.

— Bonne fille. Respectable. Je t'ai toujours trouvée charmante.

Etait-ce la joie ou la faim, la tête se mit soudain à me tourner, tandis que les idées dansaient la sarabande dans ma tête. J'allais trouver un nom pour chacun de mes remèdes — le tonique s'appellerait Golden Lotus, Lotus d'Or, en hommage à la poétesse qui l'avait inventé, et l'infusion calmante Bliss, qui voulait dire bien-être suprême, car c'était là ce qu'elle procurait. J'allais les vendre à mes voisins et aux gens dans la rue, je gagnerais de l'argent et retrouverais ma dignité, et ensuite j'irais téléphoner à Gideon Barclay et lui dirais que sa sœur serait très honorée de le revoir…

— Bonne fille. Respectable. C'est d'accord, l'homme peut venir te rendre visite.

— Quel homme ? demandai-je avant de me souvenir qu'elle avait parlé d'un homme qui était venu et qu'elle avait chassé quand j'avais ouvert la porte.

— *Aii-yah !* J'avais oublié. Il a laissé ceci hier soir. (Elle fouilla dans la poche de son chandail et en sortit une enveloppe.) Il a demandé à te voir. Je lui ai dit que tu n'étais pas là.

L'enveloppe portait le monogramme *GB*.

— Mais j'étais là !

Elle haussa les épaules.

— Je ne voulais pas que tu reçoives tes clients dans mon sous-sol.

« J'ai eu un mal de chien à trouver votre adresse, écrivait Gideon dans sa lettre. Le Joyeux Blanchisseur. L'endroit doit être plaisant avec un nom pareil. (Je l'imaginais en train de sourire tandis qu'il écrivait ces mots. Mais il ajoutait ensuite qu'il devait partir, et, dans des termes que je ne comprenais pas très bien, faisait allusion à un nouveau contrat à l'étranger. Ce que je compris cependant, c'est que son bateau appareillait le matin même à huit heures, et qu'il serait parti une année

entière. Il me demandait de venir le rejoindre à l'embarcadère, où il m'attendrait jusqu'à la dernière minute. Il écrivait ensuite :) *Vous n'avez pas voulu de mon argent, cependant je sais que vous en avez besoin, Harmonie. Ci-joint, vous trouverez de quoi faire face.* » L'enveloppe contenait mille dollars en billets de banque. Une fortune.

— *Aii-yah !* s'écria Mme Po en roulant des yeux exorbités. La chance a souri à ma locataire préférée !

Pour finir Gideon ajoutait : *« Il semble qu'il y ait eu quelque confusion. Vous m'avez dit que vous étiez ma sœur. Mais je ne suis pas votre frère, Harmonie. Ma mère était veuve et j'étais déjà né quand Richard Barclay l'a épousée. Vous et moi ne sommes pas parents. Je vous en prie, venez me rejoindre à l'embarcadère afin que je vous fasse mes adieux. Je ne cesse de penser à vous. »*

Je me précipitai vers l'escalier où le soleil se déversait à flots depuis la porte de la rue laissée entrouverte. M'arrêtant alors net, je dis :

— Madame Po, quelle heure est-il, je vous prie ?

Elle consulta sa montre. Il était midi passé.

Le bateau de Gideon était déjà loin.

23

Palm Springs, Californie, 22 heures

Avant même de détourner les yeux de la vitrine où étaient exposés des récipients de porcelaine servant à la fabrication de remèdes chinois, elle sentit le regard de Jonathan posé sur elle comme une sombre caresse.

Elle essaya de discerner les émotions qui se cachaient derrière ce regard ténébreux, comme elle l'avait fait si souvent par le passé. Car Jonathan était incapable d'exprimer ses sentiments avec des mots. Même lorsqu'il avait pris la terrible décision de garder ses distances, de partir vivre de son côté, Jonathan n'avait pas été capable de le lui dire en face. A la place, il lui avait envoyé un recueil de poèmes avec une toute petite note en page de garde, *« Voilà ce que j'éprouve, page 97. »* Il avait eu recours aux mots d'un autre pour lui dire ce qu'il avait sur le cœur. Mais à présent elle se sentait incapable de déchiffrer le message contenu dans ses yeux. Jonathan était trop loin, à la fois dans l'espace et dans le temps.

— Tu te sens bien ? dit-il depuis la porte du musée contre laquelle il était adossé, bras croisés.

Elle fit un petit signe de tête raide, encore sous le choc de ce qu'elle avait vu en arrivant chez Naomi.

Lorsque la boule de feu avait explosé à l'écran, ils s'étaient rués vers le parking et s'étaient esquivés discrètement à bord de la voiture de location de Jonathan. Puis il y avait eu le trajet sous la pluie diluvienne jusqu'à la maison de Naomi, un véritable calvaire. Tout au long du chemin, Charlotte n'avait cessé de répéter :

— Mon Dieu, faites que ce ne soit qu'un montage vidéo.

Mais ses espoirs s'étaient évanouis lorsqu'ils avaient aperçu au loin les tourbillons de fumée, les gyrophares et les immenses jets d'eau jaillissant des lances à incendie. Bravant l'orage, les curieux avaient envahi la rue, et un flic avait essayé tout d'abord de repousser Charlotte, jusqu'à ce que celle-ci ait réussi à le convaincre que Naomi était sa meilleure amie.

En fait, l'incendie avait été circonscrit, seule une épaisse fumée provoquée par la pluie continuait à s'échapper de la maison qui, bien que très endommagée, n'avait pas été entièrement détruite. Tous les badauds s'accordaient pour dire que la propriétaire avait eu de la chance qu'il y ait eu de la pluie.

En apercevant son amie assise à l'arrière d'une voiture du SAMU, Charlotte fut tellement soulagée qu'elle manqua presque tourner de l'œil. Enveloppée dans une couverture, la tête serrée dans un bandage et l'air complètement ahurie, Naomi sembla tout d'abord ne pas la reconnaître, ni même remarquer la présence de Jonathan, qui s'esquiva presque aussitôt et se fondit dans la foule pour mener sa propre enquête.

— Naomi ! s'écria Charlotte. Dieu soit loué, tu n'as rien ! (Puis elle vit Juliette, la chatte, trempée et tremblante entre les bras de Naomi. S'asseyant à côté de son amie elle lui passa un bras autour des épaules.) Tu vas bien ? Comment te sens-tu ? Est-ce qu'on s'occupe de toi ?

— Salut, Char. Oui, ça va, dit Naomi en repoussant une mèche de cheveux roux de devant sa figure. J'ai mal à la tête. Il y a eu une explosion et je me suis retrouvée projetée à terre. Je crois que je me suis blessée au front. Est-ce que tu as vu la maison ?

— Oui. Je suis navrée, Naomi.

— Et dire que je venais justement de faire nettoyer la moquette.

Charlotte scruta un instant le visage de son amie, à

la recherche de contusions ou de blessures. Mais lorsqu'elle plongea ses yeux dans ceux brillants de larmes de Naomi, elle réalisa que celle-ci plaisantait, comme toujours dans les moments difficiles.

Le cœur de Charlotte se serra devant le spectacle de cette pauvre Naomi serrant son chat terrifié contre son cœur, tandis que les pompiers fouillaient de fond en comble la petite maison de stuc qu'elle aimait tant. Naomi qui n'aurait pas fait de mal à une mouche — Naomi, la Walkyrie du désert, celle qui avait donné l'assaut à Chalk Hill, huit ans plus tôt. Charlotte sentit une boule se former dans sa gorge. « Tout est de ma faute. C'est moi qui t'ai fait ça. »

— Elle s'est enfuie, dit Naomi, en caressant la tête de sa chatte. Quand j'ai ouvert la porte Juliette a bondi hors de la maison. Je me suis élancée à sa poursuite. Si je ne l'avais pas fait... (Elle avala sa salive avec difficulté.) Rodéo est mort. Je sais bien que ce n'était qu'un pauvre matou aveugle, mais il ne méritait tout de même pas de partir en fumée.

— Tu veux que j'appelle Mike ?

Naomi fit un geste pour s'essuyer le front. Quand sa main noire de suie effleura son bandage elle fit la grimace.

— J'ai demandé à ce qu'on le prévienne. Il devrait arriver d'un moment à l'autre.

— Tu penses que tu vas pouvoir t'installer chez lui ?

— Bien sûr. Sa maison à lui n'a pas cramé.

Un pompier s'approcha, le visage noir de fumée.

— Nous avons trouvé l'origine de l'incendie, mademoiselle Morgenstern. Il s'est déclaré à la cuisine. La cuisinière était allumée.

Naomi regarda Charlotte en fronçant les sourcils.

— Je n'avais pas laissé la cuisinière allumée. Je ne m'en suis même pas servie ce matin. J'ai pris mon café avec toi, tu te souviens, Charlotte ?

A cet instant, une BMW arriva sur les chapeaux de roue et s'arrêta dans un crissement de pneus. Son conducteur sauta hors du véhicule, et se précipita vers elles.

— Voilà la cavalerie, murmura-t-elle avec un petit sourire tremblant.

Un homme rondouillard, avec une queue de cheval et des lunettes à la Ben Franklin, se frayait un chemin parmi la foule en jouant des coudes.

— Bonté divine, Naomi, mais que s'est-il passé ?

— Mike, dit Charlotte au fiancé de Naomi. Tu vas la ramener chez toi et t'occuper d'elle, d'accord ? Et surtout je veux que tu la gardes à l'œil.

— Bien sûr ! Mais bon sang, que s'est-il passé ?

— C'est un accident, répondit calmement Charlotte, qui ne souhaitait pas en dire plus, sachant Naomi capable de commettre un acte irraisonné si elle découvrait qu'il s'agissait d'un incendie volontaire. (Naomi aurait été capable de laver dans le sang la mort de son vieux Rodéo.) Les inspecteurs de la brigade des pompiers vont mener une enquête plus approfondie. Dans l'immédiat, Naomi est en état de choc et elle a besoin qu'on s'occupe d'elle.

— Naturellement… oui… bien sûr. Oh, mon Dieu !

Jonathan, revenu de son tour d'inspection, prit Charlotte à part.

— Tu vois cet espace vide, là-bas, le long du trottoir ? dit-il à voix basse en montrant du doigt un emplacement resté sec sur la chaussée mouillée. A mon avis c'est là qu'était garée la voiture d'où la scène a été filmée. Je parie même que le salopard a regardé toute la scène du début à la fin et qu'il vient seulement de partir.

Jonathan avait raison, car l'emplacement sec qu'il avait montré du doigt commençait seulement à disparaître sous le crachin.

— Et personne ne l'a vu ?

— Dans l'affolement général, avec tous les curieux qui n'arrêtent pas d'aller et venir ? J'ai jeté un coup d'œil à l'intérieur de chaque voiture stationnée le long du trottoir. Pas la moindre caméra vidéo. (Puis Jonathan ajouta quelque chose qui fit bondir le cœur de Charlotte dans sa poitrine :) Ils disent que c'est la gazinière qui est à l'origine de l'incendie. Mais ils ignorent comment elle a été allumée. Moi, je le sais.

— Comment ?

— Tu as composé le numéro de téléphone de Naomi, et dès que le téléphone a sonné, la maison a explosé.

— *Quoi ?*

— C'est un truc vieux comme le monde : on relie un détonateur à la ligne téléphonique, la sonnerie du téléphone produit une étincelle et la bombe explose.

— Mais comment savait-il que j'allais téléphoner ?

— Parce qu'il savait que tu allais chercher à la prévenir par tous les moyens.

— Un peu plus et elle mourait par ma faute ! Jonathan, si la chatte n'avait pas pris la fuite au…

— C'est probablement l'odeur de gaz qui l'a affolée.

Ils se regardèrent un instant sans rien dire, songeant à ce qu'ils auraient trouvé si Juliette ne s'était pas sauvée.

— Il faut prévenir la police.

— Non, Charlotte, s'ils découvrent que tu as été impliquée dans cette affaire ils vont t'arrêter et t'interroger. Cela risque de prendre des heures, et de laisser à notre plaisantin tout le loisir de perpétrer d'autres méfaits. Il faut que nous le retrouvions, Charlotte.

— Oh, dit-elle soudain en jetant un coup d'œil inquiet par-dessus l'épaule de Jonathan.

Il se retourna et vit une femme armée d'un micro qui venait dans leur direction, suivie d'un cameraman.

— Mike, dit précipitamment Charlotte. Emmène vite Naomi loin d'ici. Mon nom a fait la une de tous les journaux télévisés du soir…

— Je sais, dit-il d'une voix sombre en prenant la main de Naomi dans des siennes. J'ai regardé la télé. Bonté divine… Charlotte ! Chalk Hill !

— Si cette journaliste découvre que Naomi est ma meilleure amie, elle est fichue de faire l'amalgame avec Chalk Hill…

Il ne se le fit pas dire deux fois.

— Je vais prendre soin d'elle. Tu peux compter sur

moi, dit-il en aidant sa fiancée hébétée à se mettre debout.

— Je t'appellerai tout à l'heure pour prendre de ses nouvelles.

Puis Charlotte et Jonathan s'étaient esquivés au nez et à la barbe de la journaliste, et avaient regagné Harmony Biotech sur les chapeaux de roue. Une fois là-bas, Jonathan avait éteint ses phares et garé la voiture dans un coin discret, à l'abri des regards.

S'approchant de la vitrine à côté de laquelle elle se tenait depuis un petit moment, il lui prit les mains. Elles étaient glacées.

— Je veux que tu t'en ailles, Jonathan.

Il sourit.

— C'est un ordre ?

— L'assassin s'en prend aux gens qui me sont proches. Bientôt ce sera ton tour.

— Ecoute, personne ne sait que je suis là. Je vais continuer à garder l'incognito, voilà tout. Et nous allons mettre les bouchées doubles pour essayer de démasquer le coupable.

Il regarda ses mains fines et lisses comme l'ivoire. Charlotte avait pleuré sur le chemin du retour, puis ses larmes avaient cédé la place à une colère noire. Pour finir elle s'était calmée. En l'espace de quatre heures, elle avait échappé à une tentative de meurtre, assisté à ce qu'elle croyait être l'assassinat en direct de sa bonne, puis avait failli perdre sa meilleure amie dans un incendie. Qu'elle le veuille ou non, il n'était pas question qu'il l'abandonnât.

— Je veux lui parler, explosa soudain une voix. Et je veux lui parler sur-le-champ !

Jonathan se retourna d'un bond.

— Qu'est-ce que…

— C'est Knight, dit Charlotte en s'élançant vers le bureau.

Lorsqu'ils atteignirent le moniteur de télésurveillance, Knight était en train de dire :

— Trouvez-la et dites-lui que je veux lui parler.

(Debout, les mains sur les hanches, le menton projeté en avant tel un bouledogue, il s'adressait à Desmond.)

Ce dernier, affolé, lui répondit :

— Monsieur Knight, je vous l'ai déjà dit, j'ignore où se trouve ma cousine.

— Ce qui est sûr, dit Knight, c'est qu'elle n'est pas dans son bureau et que sa secrétaire est rentrée chez elle. Elle ne s'est tout de même pas évaporée ?

— Bon, j'y vais, dit Charlotte en saisissant son imperméable.

Jonathan la retint par le bras.

— Tu es sûre que tu es d'attaque ? Tu devrais laisser mijoter Knight dans son jus un petit moment, ça ne lui ferait pas de mal.

— Je n'ai pas le temps de me laisser aller, Jonathan. Nous avons une enquête à mener.

Elle jeta un coup d'œil à l'ordinateur. Sur l'écran une barre horizontale était lentement en train de se remplir, indiquant la quantité de fichiers qui avaient déjà été parcourus. Dans une petite fenêtre située en haut de l'écran, des chiffres défilaient en permanence : le nombre de références trouvées pour chaque mot clé.

— L'éphédrine entre dans la composition de treize produits, lui avait expliqué Jonathan quelques instants auparavant. Or il se trouve que ces treize produits sont particulièrement prisés du public — notamment le tonique Golden Lotus. Il arrive en second, juste après le Bliss, qui détient le record des ventes. Sais-tu quelle quantité de Golden Lotus vous fabriquez chaque année ? Il va nous falloir un petit moment pour retrouver le lot défectueux.

Jonathan était convaincu que l'éphédrine avait été « empruntée » à un autre produit et introduite Dieu sait comment dans la formule chimique du Bliss, du Dix Mille Yang et du Baume de Mei-ling. Tout le travail consistait à découvrir de quel produit il s'agissait. Pour ce faire, il fallait comparer ces chiffres avec ceux figurant dans les registres de production des produits frelatés. Une fois cette première étape franchie, il ne restait plus qu'à découvrir l'identité des personnes qui avaient eu accès aux registres de production ces jours-là. Bien qu'Harmony Biotech ait employé pas loin de mille personnes, retrouver celles qui avaient eu l'occasion et la capacité de détériorer ces produits ne semblait pas insurmontable.

— Il faut que la personne ait eu accès au programme, avait dit Jonathan, et à la fonction « écrire une nouvelle formule ». Ou tout au moins qu'elle ait eu connaissance des mots de passe. Le système enregistre le nom des utilisateurs qui demandent l'accès aux formules, cela devrait nous permettre de retrouver le coupable. Je te promets qu'on va le coincer.

Mais Charlotte n'en était pas si sûre. Le temps jouait contre eux. L'équipe d'intervention d'urgence était en route. Et une fois que les hommes de Knight auraient pris les choses en main, ni Jonathan ni elle ne pourraient plus avoir accès au système informatique.

— Je vais faire une brève apparition, dit-elle en enfilant son imperméable. Avant qu'il ne décide de partir à ma recherche. (Elle fit une pause.) J'ai dit à Des que j'allais éplucher la comptabilité. Je ferais mieux d'emporter des preuves avec moi. Est-ce qu'il est possible d'accéder à la comptabilité sans interrompre les recherches ?

— Il suffit d'ouvrir une nouvelle fenêtre.

Elle s'assit puis, après avoir ouvert le fichier du bilan comptable, tapa son nom, la phrase clé et le mot de passe.

Mot de passe invalide. Veuillez recommencer.

— J'ai tapé trop vite, murmura-t-elle, et elle retapa son nom, suivi du mot de passe, plus lentement cette fois.

Mot de passe invalide. Veuillez recommencer.

— Qu'est-ce qui se passe ?

— Laisse-moi essayer. Tu utilises le même nom et le même mot de passe pour ce fichier que pour le reste du système ?

— Non. Mon mot de passe est « bonne santé ».

Mot de passe invalide. Veuillez recommencer.

— Attends, je vais essayer autre chose, dit Jonathan

en refermant la fenêtre et en entrant directement dans le dossier système.

— Est-il possible qu'un intrus ait modifié le système ?

— Non, répondit-il en pianotant une suite de commandes. Ton mot de passe est caché. Tu vois ceci ? dit-il en désignant du doigt un point sur le moniteur. Un intrus va chercher le fichier contenant les mots de passe. Mais si le système est bien protégé, le fichier se cache dans un autre fichier, et le curseur se place sur le répertoire principal. Je vais voir si… hum.

— Qu'y a-t-il ?

— Je pensais que ton mot de passe avait été changé. Mais non… regarde.

Charlotte se pencha pour mieux voir.

— Qu'est-ce que cela signifie ?

Jonathan retourna au sous-répertoire contenant la comptabilité pour tenter d'y accéder.

Mot de passe invalide. Veuillez recommencer.

— Tu as été exclue du système.

— Exclue du système ! Comment cela ? Par l'intrus ?

— Si c'est le cas, dit Jonathan, nous ne sommes pas sortis de l'auberge.

— Pourquoi ? Il ne peut rien nous voler. Tous nos programmes de comptabilité sont dotés de systèmes de sécurité.

— Le salami, ça te dit quelque chose ?

— Tu plaisantes ou quoi ?

— C'est une tactique de piratage qui consiste à saper l'intégrité des données mises en mémoire dans le système. En gros, le salami c'est l'introduction d'un cheval de Troie dans la base de données — il s'agit généralement d'un programme parfaitement anodin, à l'intérieur duquel on a dissimulé un logiciel d'attaque.

— Comme quoi par exemple ?

— Comme… dit-il d'un ton sec tandis que ses doigts virevoltaient à toute allure sur le clavier, fermant l'une après l'autre une suite d'applications… lorsque tu installes un logiciel afin d'évaluer l'efficacité du personnel en termes d'heures de travail. D'accord ? Un programme on ne peut plus inoffensif en apparence. Mais ce que tu ignores, c'est que le logiciel contient des instructions cachées qui vont lui permettre d'exécuter des fonctions illicites. Tu as entendu parler des virus informatiques ? Eh bien, le salami est une sorte de virus, à cette différence près qu'au lieu d'esquinter ou de démolir un système il en ôte des bribes d'information, une petite tranche à chaque fois, de telle sorte qu'il passe inaperçu — d'où son nom de salami. Il est généralement utilisé dans le piratage des données financières.

— Mais l'installation est dotée d'un système de protection qui nous avertit quand les données ont été modifiées.

— Au dixième de penny près ? Ton système est un Dianuba, Charlotte. Il est censé calculer jusqu'à la troisième décimale, si bien que ton système de sécurité ne va rien détecter d'anormal. Un pirate ayant recours au salami peut détourner ces dixièmes de penny et les transférer sur un compte spécial. Charlotte, ton chiffre d'affaires annuel se décline en millions de dollars. Toute cette menue monnaie détournée vers un compte privé va s'accumuler sans que tu t'en rendes compte. (Il fit pivoter son fauteuil.) Charlotte, à qui as-tu dit que tu allais éplucher la comptabilité ?

— A Desmond, dit-elle. Adrian, Margo. Et à M. Sung. Tout le monde est au courant. Ce pourrait être n'importe qui. Nous employons près de mille personnes.

— Et l'une d'elles est notre assassin, dit-il d'une voix sombre.

24

Lorsqu'elle fut partie, Jonathan se tourna vers l'écran de télésurveillance, où Valerius Knight et Desmond Barclay étaient en train d'échanger des propos aigres.

Jonathan observa attentivement le cousin de Charlotte. Depuis la dernière fois qu'il l'avait vu, vingt ans auparavant, Desmond avait changé. Sa luxuriante chevelure noire s'était considérablement éclaircie, et sa silhouette athlétique et élancée s'était empâtée. Et il portait des lunettes de soleil. Pourquoi diable portait-il des lunettes noires alors qu'il pleuvait et qu'il faisait nuit ?

Tout en le regardant faire les cent pas, avec son blouson de cuir noir sur le dos comme s'il avait été sur le point de sortir, Jonathan songea que malgré le changement physique survenu au fil des ans la personnalité de Desmond était toujours la même. La chaîne en or, la chevalière au petit doigt, et cette façon qu'il avait de parader devant Valerius Knight, parachevaient le portrait de cet homme mal dans sa peau qui cherchait à s'affirmer par tous les moyens.

Jonathan repensa à l'une des dernières fois où il avait vu Desmond. C'était chez Charlotte. Ils devaient se rendre ensemble à une braderie de composants informatiques organisée à Menlo Park par le club Système D. Desmond avait fait une apparition surprise, vêtu d'un sweat-shirt et d'un pantalon de jogging à l'effigie de l'université de Stanford, à laquelle il n'était pas encore inscrit puisqu'il venait tout juste de décrocher son baccalauréat. Mais il portait ce survêtement pour cacher un complexe d'infériorité dévastateur. Desmond ne ratait jamais une occasion de démontrer à Jonathan qu'il était le « meilleur » des deux, bien que le père de Jonathan fût probablement plus riche que celui de Desmond.

— C'est un enfant adoptif, avait dit Charlotte, pour prendre la défense de Desmond, lorsque Jonathan avait failli lui voler dans les plumes un jour où il avait déclaré que les Ecossais n'étaient bons qu'à brailler et à boire du whisky. (Ils n'avaient alors que seize ans l'un et autre, et Jonathan avait encore du mal à maîtriser sa fougue.) Desmond manque de confiance en lui. Il essaye de compenser ce qu'il considère comme une tare en humiliant les autres.

Jonathan avait fini par entendre raison, songeant que ça ne devait pas être marrant tous les jours d'avoir des parents comme Adrian et Margo Barclay : un père qui pérorait à longueur de journée et une mère qui possédait un appétit sexuel de barracuda. Jonathan s'était souvent demandé ce qu'aurait pensé Desmond s'il avait su que sa mère avait fait des avances à son rival.

Car ils avaient bel et bien été rivaux, et Charlotte avait été l'enjeu de cette rivalité.

Ce jour-là, quand Desmond avait déboulé chez Charlotte sans crier gare, comme le faisaient ses parents, qui se comportaient comme si la maison leur appartenait, il avait toisé l'adolescent pâle et dégingandé, fou d'informatique qu'était alors Jonathan et lui avait dit :

— Elle ne sera jamais ta femme.

Et, ironie du sort, la prédiction de Desmond s'était réalisée.

De retour au bureau, Jonathan consulta sa montre, puis s'assit devant son portable. Il brancha le modem et un message apparut aussitôt à l'écran, l'informant que la connexion avait été établie et qu'elle était « en attente de réponse ».

Depuis quatre heures il essayait en vain de joindre son associé. Apparemment Quentin n'avait pas passé la nuit chez lui.

Toujours pas de réponse. Ni répondeur ni transfert

d'appel. Jonathan fronça les sourcils. Quentin n'était pas du genre à s'évaporer dans la nature sans prévenir.

L'icône de réception des messages se mit à clignoter. Quentin. Mais lorsque Jonathan ouvrit le fichier, ce ne fut pas la figure ronde et juvénile de son associé qui parut à l'écran, mais le visage aristocratique de sa femme. Il cliqua sur « Play » et le visage s'anima, les lèvres d'Adèle remuant en parfaite synchronisation avec sa voix enregistrée : « Impossible de fermer l'œil. Il faut absolument que tu me dises quand tu comptes être de retour. Sans quoi il va encore falloir que j'invente une excuse. »

Il immobilisa le visage sur l'écran, fasciné, comme toujours, par la beauté et la perfection du visage d'Adèle en dépit d'une nuit sans sommeil. Cependant sa bouche boudeuse trahissait sa contrariété. Ils étaient censés aller passer le week-end chez des amis d'Adèle, un lord et sa femme, où ils auraient bu du champagne au petit déjeuner, puis seraient montés à cheval, ou auraient fait une partie de chasse ou de poker, selon l'humeur du jour. Et le soir ils auraient probablement dîné sur la pelouse au clair de lune, en smoking et robe du soir, dans un service en cristal et en porcelaine. Il fut un temps où Adèle acceptait volontiers d'excuser son mari, informant leurs hôtes de ce qu'ayant été appelé pour une mission top secret Jonathan ne pourrait se joindre à eux. Les missions secrètes que Jonathan accomplissait pour le compte de multinationales et de gouvernements étrangers donnaient un peu de piquant à la vie très rangée d'Adèle.

Mais trouver des excuses avait cessé de l'amuser.

Saisissant son téléphone portable, il composa son numéro personnel et écouta la sonnerie à l'autre bout de la ligne. Adèle avait envoyé son message à cinq heures vingt, heure de Londres. Il était six heures à présent.

Pas de réponse.

25

Tandis qu'elle se hâtait de regagner le bâtiment principal sous la pluie battante, Charlotte se demanda s'il était possible que les choses aillent plus mal. En rentrant de chez Naomi, Jonathan et elle avaient trouvé un message sur le répondeur, émanant d'un membre du Comité d'éthique de la FDA, basé à Washington DC. Ce dernier était un « allié » d'Harmony Biotech et avait émis un avis favorable concernant la formule GB4204. Il avait appelé pour la mettre en garde : « La commission a décidé de geler votre projet, Charlotte, suite aux trois empoisonnements provoqués par des produits Harmony. Autrement dit, si la responsabilité de votre firme est mise en cause, il vous faudra repartir de zéro, et je crains qu'il ne faille plusieurs années avant que votre formule ne soit approuvée. Mais ça n'est pas le plus grave, Charlotte. Je ne devrais pas vous le dire, mais je le fais parce que je suis personnellement favorable aux produits naturels. J'aime votre compagnie et les valeurs qu'elle incarne. Il faut que vous sachiez que Synatech a soumis sa propre formule anticancéreuse à notre comité. Je ne peux malheureusement pas vous en dire plus, si ce n'est que, votre propre projet étant gelé, il y a de fortes chances pour que Synatech se taille la part du lion à vos dépens. »

« Non, songea-t-elle en posant une main sur sa poitrine pour sentir la présence rassurante de son pendentif Shang. Il faut absolument que notre formule sorte la première. Je l'ai promis... »

— Charlotte ! l'apostropha Desmond dès qu'elle sortit de l'ascenseur. Dieu merci, tu n'étais pas encore partie !

Elle ôta son imperméable trempé et le secoua pour en ôter la pluie.

— Qu'y a-t-il ?

— Je croyais que tu étais rentrée chez toi.

— Ma voiture est toujours sur le parking, Des. Et puis je ne serais pas partie sans t'avertir.

Elle se tourna vers Valerius Knight, qui la dévisageait d'un air songeur.

— On peut dire que vous tombez à pic, dit-il. Vous avez une boule de cristal ou quoi ?

— Vous vouliez me voir, monsieur Knight, dit-elle en priant le ciel pour qu'il ne remarque pas la veine qui battait dans son cou.

— J'ai de mauvaises nouvelles. Il y a eu une quatrième victime, à Chicago.

Charlotte, interloquée, balbutia :

— Oh, non.

— Un vieux monsieur. Il n'est pas mort, mais il est dans un état critique. Il a été transporté d'urgence à l'hôpital. Après avoir essayé votre soi-disant remède contre l'impuissance...

— Le Dix Mille Yang.

— Nous n'avons pas encore reçu le résultat définitif des analyses de sang, mais les symptômes semblent évoquer un empoisonnement à l'éphédrine.

Il jeta un coup d'œil à sa montre, puis à l'horloge murale —comme un homme pressé, se dit Charlotte, ou qui attend quelqu'un.

— Desmond, essaye d'obtenir un peu plus d'informations concernant la dernière victime, sa famille...

— D'accord. Euh, Charlotte ?

— Oui ?

— Tu as trouvé quelque chose ? Dans la comptabilité ?

La jeune femme scruta les verres noirs de ses Ray-

Ban en songeant au message *Mot de passe invalide* qui s'était affiché chaque fois qu'elle avait essayé d'entrer dans le fichier de la comptabilité. Desmond savait-il que les fichiers avaient été bloqués ? Etait-ce lui qui en avait interdit l'accès, afin de savoir ce qu'elle cherchait réellement ?

Elle secoua la tête.

— Je n'ai encore rien trouvé, Des. Mais je n'ai pas encore terminé. Où est Margo ?

Il fourra ses mains dans ses poches.

— Dans son bureau, j'imagine, en train de se faire une beauté.

Charlotte le considéra un moment en silence. Il y avait quelque chose de changé dans sa voix. Dès qu'il parlait de sa mère, c'était avec une pointe d'amertume. Charlotte l'avait constaté pour la première fois l'an passé, de retour de son voyage en Europe — de la même façon qu'elle avait constaté un changement chez M. Sung. A l'époque, elle s'était dit qu'elle se faisait des idées, car, bien que M. Sung lui semblât différent, elle n'aurait pas su dire précisément en quoi. Et c'est alors qu'elle avait trouvé que Desmond avait lui aussi légèrement changé. Jusque-là il avait toujours été très fier de sa mère, ne ratant jamais une occasion de vanter les mérites de Margo, sa beauté et sa jeunesse sur lesquelles les années ne semblaient pas avoir de prise. Mais à présent les choses étaient différentes, il y avait de la rancœur dans sa voix.

Que s'était-il passé pendant son absence ?

Coupant court à ses méditations, la jeune femme dit :

— Si tu vois Margo, dis-lui que je voudrais m'entretenir avec elle de la déclaration que nous allons faire à la presse.

— Bien sûr. Qu'est-ce que tu vas leur dire ?

Avec un peu de chance, le nom de l'assassin.

Tout en regardant s'éloigner son cousin, Charlotte revit Naomi enveloppée dans sa couverture, serrant sa chatte apeurée contre elle. Et elle se demanda si Desmond aurait été capable de commettre un acte aussi abject.

Elle se tourna vers Knight.

— Si vous n'avez plus besoin de moi…

Il jeta à nouveau un coup d'œil à sa montre, et répondit avec un sourire poli :

— J'attends quelqu'un pour… un complément d'information. Quand vous partirez, ayez l'obligeance de me le faire savoir.

Juste au moment où elle allait tourner les talons, il ajouta :

— Ah, une dernière chose. Vous avez dit ne pas connaître la première victime, la femme qui est décédée à la suite d'une application de Baume de Mei-ling.

Charlotte sentit sa gorge se serrer. Elle s'efforça de le regarder droit dans les yeux.

— En effet.

— Et vous continuez de l'affirmer ? Vous n'avez jamais rencontré cette femme ?

— Pas que je m'en souvienne.

Charlotte enfila le couloir en direction du bureau d'Adrian. Dès qu'elle fut hors de vue de Knight, elle s'arrêta et fit une série d'inspirations profondes afin de retrouver son calme. Etait-il déjà au courant de l'interview qui avait eu lieu huit ans auparavant ? Ou bien lui avait-il simplement posé la question par acquit de conscience ? S'il réitérait sa question, Charlotte n'était pas certaine qu'elle pourrait garder son sang-froid.

Elle trouva le responsable de la gestion et des finances en train de mener deux conversations téléphoniques à la fois. Contrairement à Margo, qui lorsqu'elle émergeait de son bureau était toujours fraîche comme une rose, parfaitement maquillée et en pleine possession de ses moyens, Adrian faisait peine à voir. Pour la première fois, songea Charlotte, il paraissait largement ses soixante-huit ans.

— Il faut que je te parle, dit-elle.

Il leva une main, doigts écartés, pour lui signifier : « Dans cinq minutes. »

— Ça ne peut pas attendre.

Il mit un terme à ses deux conversations téléphoniques et lui accorda son attention.

— Bon, de quoi s'agit-il ?

Comme toujours, Charlotte fut frappée par les yeux d'Adrian. Etait-il conscient de l'effet qu'ils produisaient sur les gens ? Ses prunelles gris-bleu encadrées par d'épais cils noirs lui conféraient un regard à la fois mystérieux et intense. C'était de ces yeux-là, réalisa soudain Charlotte, que Parfaite Harmonie était tombée amoureuse lorsqu'elle les avait aperçus à travers la vitrine du bijoutier. C'étaient les yeux de Gideon Barclay, car Adrian était son fils.

Charlotte n'avait jamais oublié comment ces mêmes yeux l'avaient observée le fameux été de ses quinze ans. Les Barclay étaient venus à la maison pour parler affaires, les adultes s'étaient réunis dans la bibliothèque — Gideon, Margo, Adrian, Olivia et la grand-mère de Charlotte, ainsi que M. Sung, pour discuter de contrats requérant leur approbation. Assise à la fenêtre, Charlotte regardait au-dehors en songeant à Johnny, qui se trouvait en Ecosse, lorsque, ayant senti qu'on l'observait, elle s'était retournée et avait croisé le regard d'Adrian. Elle connaissait les pensées qui se cachaient derrière ces yeux gris : comme tous les autres, Adrian aurait voulu savoir où elle était allée pendant les trois semaines où elle avait disparu. Mais à la différence des autres, Adrian ne lui avait jamais posé la question.

— Est-ce toi qui m'as exclue du programme de comptabilité ? dit-elle de but en blanc.

Il soupira en se massant la nuque.

— Oui. Je suis désolé. J'aurais dû te prévenir. J'ai exclu tout le monde jusqu'à ce que cette affaire soit réglée.

— Tu n'avais pas le droit de le faire sans me consulter.

— Je le sais, dit-il en frottant son menton où commençait à poindre une barbe naissante. Mais... (Un de ses téléphones sonna. Alors qu'il s'apprêtait à décrocher, Charlotte posa une main sur la sienne :) Adrian, que se passe-t-il ? Voilà trois heures que tu es pendu au téléphone.

— Evidemment. Nos investisseurs sont inquiets.

— Et tu cherches à les rassurer ?

Grâce au micro que Jonathan avait caché dans le bureau d'Adrian, Charlotte avait pu suivre une partie de ses conversations, cependant elle n'avait pas réussi à se faire une idée claire de la situation. Adrian avait l'air de quelqu'un qui n'a pas la conscience tranquille.

— Comment le pourrais-je alors que j'ignore si nous allons réussir à nous sortir de ce pétrin ! De plus, c'est à ma femme que revient cette tâche. C'est elle la spécialiste des retournements de situation.

Le téléphone s'arrêta de sonner. Aussitôt la sonnerie de l'autre ligne retentit.

— Ne t'inquiète pas pour les investisseurs, Adrian, dit Charlotte. S'il le faut, nous leur rendrons leur argent.

Lui tournant le dos, il passa une main dans son épaisse chevelure grise et dit dans un murmure :

— C'est impossible.

— Pourquoi cela ?

Il alla à la fenêtre et, écartant les rideaux, contempla la tempête qui faisait rage au-dehors. En temps normal, la vue était époustouflante depuis le bureau d'Adrian : la cime enneigée du mont San Jacinto et les pelouses vert émeraude du terrain de golf. Mais ce soir, on n'apercevait qu'un magma de vent, de pluie et d'éclairs.

— Parce que nous ne l'avons pas, dit-il à voix basse.

— Nous n'avons pas quoi ?

Il ne retourna et fixa sur elle ses prunelles grises et comme nimbées de brume.

— L'argent des investisseurs, Charlotte. Nous ne l'avons plus.

26

La barre d'état était presque pleine — les recherches étaient presque terminées.

Puis : *Recherche terminée. Soixante-huit éléments trouvés*, s'afficha enfin sur l'écran.

Jonathan pianota aussitôt : « Manque d'éphédrine », et attendit la réponse avec impatience tandis que l'icône représentant une loupe se déplaçait en cercles autour de l'instruction : *Recherche en cours*…

Puis : *Zéro élément trouvé.*

Il essaya à nouveau : « Stock d'éphédrine incomplet. »

Zéro élément trouvé.

— Flûte, murmura-t-il en tapotant nerveusement le plateau du bureau.

Il essaya : « Ephédrine en excès. »

Zéro élément trouvé.

« Ephédrine en surnombre. »

Zéro élément trouvé.

Il réfléchit un instant tandis que le curseur imperturbable continuait de clignoter, puis tapa : « Rechercher par date » en indiquant le mois et les jours au cours desquels les produits avaient été frelatés.

Deux éléments trouvés.

Faisant apparaître les deux éléments à l'écran, il compara les dates. Les deux formules contenant de l'éphédrine avaient été produites le même jour que le

Bliss et le Baume de Mei-ling frelatés. Mais aucune diminution du stock d'éphédrine n'avait été enregistrée.

Il ouvrit ensuite le récapitulatif de l'activité de la semaine et fit défiler la liste des produits manufacturés. Lorsqu'il eut atteint le bas de la liste, il retourna au début et recommença à la parcourir soigneusement, sans omettre de lire la date et l'heure de fabrication.

Trois dates manquaient. Les fichiers avaient été effacés.

Quittant l'écran des yeux Jonathan se tourna vers le moniteur de télésurveillance. Charlotte se trouvait dans le bureau d'Adrian, une expression de colère sur le visage.

— Du calme, Charlotte, murmura Jonathan. Nous touchons au but. Ça n'est pas le moment de tout faire capoter.

Brusquement, comme il disait cela, il se sentit transporté des années en arrière, un soir où Charlotte et lui avaient fait les quatre cents coups. Ce soir-là, pour la première fois, il lui avait montré sa « boîte bleue » — un gadget qui produisait des fréquences sonores permettant de téléphoner n'importe où sans débourser un sou. La chose était parfaitement illégale donc terriblement excitante pour les deux adolescents qui, en pleine nuit, s'étaient retrouvés dans une cabine téléphonique. Là, Jonathan avait montré à Charlotte comment placer la boîte bleue sur le combiné, puis composer le numéro et écouter la sonnerie se déclencher à l'autre bout de la ligne sans avoir mis une seule pièce dans l'appareil. Il était minuit passé, et Charlotte, transie, se tenait serrée tout contre lui tandis qu'il tenait le combiné contre son oreille.

La plaisanterie s'était terminée le soir même au poste de police, après que Jonathan eut l'idée saugrenue d'aller fouiller dans les poubelles de la compagnie du téléphone à la recherche de vieux annuaires. Une demi-heure plus tard, au poste de police, tandis qu'ils attendaient que leurs parents respectifs viennent les chercher, Jonathan avait admiré le courage de Charlotte. Tout deux savaient que la punition allait être terrible : on allait probablement leur interdire de se revoir.

Plus qu'une bonne réprimande de la part des policiers ou que la colère paternelle, ce qu'il craignait avant tout c'était qu'on l'empêchât de revoir Charlotte.

27

— Tu as joué en bourse l'argent des investisseurs ? s'écria Charlotte d'une voix stridente.

— Je ne l'ai pas joué, plaida Adrian. Il s'agit d'un placement, un placement sûr qui peut nous rapporter des centaines de millions de dollars.

— Adrian, tu n'avais pas le droit ! Bon sang, mais est-ce que tu te rends compte qu'en agissant ainsi tu risques de couler la société ? Je n'arrive pas à croire que tu puisses être aussi cupide !

Il eut un geste suppliant.

— Du calme, dit-il, nous n'avons encore rien perdu. Aucun investisseur n'a encore réclamé son argent. Dès que toute cette affaire d'empoisonnements sera terminée…

— Terminée ! Les ventes sont en chute libre. Et il vient d'y avoir une quatrième victime !

— Quoi ?

— Tu vas appeler les actionnaires et leur dire que tu t'engages personnellement à leur rembourser leur argent.

— Mais c'est impossible ! Où veux-tu que je trouve une somme pareille ?

— Ça n'est pas mon problème, rétorqua-t-elle posément. Mais une chose est sûre : tu ne toucheras pas aux primes du personnel ! Cet argent leur a été promis. Si tu essayes de mettre la main sur ce fric…

— Mais enfin, Charlotte, sois raisonnable.

Elle le foudroya du regard, blême de colère.

— Fais ce que je te dis, jeta-t-elle avant de sortir sans se retourner.

Adrian resta un long moment à contempler la porte de teck richement sculptée que Charlotte venait de claquer — une porte qui laissait entendre que ce bureau appartenait à un homme très puissant — puis il se tourna vers la baie vitrée et, posant ses mains sur la vitre froide, regarda la tempête qui soufflait au-dehors.

Jamais il ne s'était senti aussi vieux, ni aussi impuissant et inutile.

Charlotte pensait-elle vraiment qu'il avait joué cet argent par cupidité ? Qu'il ne pensait qu'à l'argent ?

Il appuya son front sur la vitre et ferma les yeux.

Ce n'était pas pour s'enrichir qu'il l'avait fait. Non. Ça n'avait même rien à voir avec l'argent. Pour une fois Adrian Barclay avait voulu faire cavalier seul. Parce qu'il voulait qu'on l'admire pour autre chose que pour le nom dont il avait hérité, pour une chose qu'il avait accomplie entièrement seul.

Il réprima un petit sanglot. Bon sang, dans quel pétrin s'était-il fourré ! Et dire qu'il était tellement sûr de son coup.

Comment marcher dans les traces d'un père revenu de la guerre avec une moisson de médailles, un père qui avait construit des ponts monumentaux et qui sillonnait la jungle en se riant des tigres. Aussi loin qu'Adrian pouvait se souvenir, c'était : « Ainsi vous êtes le fils de Gideon Barclay ? » Toutes les portes s'ouvraient devant lui, il était invité partout et les femmes lui tombaient dans les bras. Non pas parce qu'il était quelqu'un, mais parce qu'il était le fils de quelqu'un.

Le projet qu'il avait mis sur pied avec l'argent des investisseurs lui aurait permis de faire ses preuves, de montrer qu'il était capable de mener une entreprise à bien du début à la fin : un village pilote, un village du tiers monde entièrement autosuffisant, la création d'Adrian Barclay, conçu par lui de A à Z, sur son ordinateur, financé par un système d'investissements judicieux, et qui verrait le jour en Afrique ou en Amérique latine, un village où les habitants seraient heureux, bien nourris, avec des maisons, des écoles, des églises et des hôpitaux tout neufs, dotés de moyens modernes.

Une idée géniale, qui serait reconnue et applaudie dans le monde entier, et dont le mérite ne reviendrait qu'à lui seul.

Relevant la tête, Adrian aperçut son reflet livide dans la vitre. Et derrière lui une autre vision. Il se retourna. Margo se tenait devant la porte, comme si, tel un pur esprit, elle avait pu traverser les murs. Sa belle Margo, dont il aurait tant voulu qu'elle soit fière de lui ! Margo à qui il n'avait jamais pu donner d'enfant.

Margo observait son mari. Elle avait entendu la conversation qu'il avait eue avec Charlotte. Et elle avait eu envie de se jeter sur la jeune femme comme une tigresse et de la déchiqueter à coups de griffes et de dents avant de la servir en pâture à Adrian.

Elle aurait pu commettre un meurtre pour lui.

Adrian, son sauveur — Adrian, sans qui sa vie aurait été vouée aux hommes et au sexe —, Adrian qui savait, lui, pourquoi elle se jetait ainsi à la tête des hommes, et ce qui l'avait poussée à séduire Knight, et à faire comme si elle le trouvait désirable.

C'était parce que ça les éloignait. Quand on leur faisait des avances sans y aller par quatre chemins, toutes griffes dehors, ça les faisait fuir, comme Valerius Knight, qui l'avait d'abord approchée, puis s'était raidi et avait toussoté en mettant bien en évidence l'alliance qu'il portait à la main gauche. Une fois rejetée, Margo savait qu'elle ne risquait plus d'être importunée, elle était libre.

Il pleuvait le soir où, très longtemps auparavant, Margo, qui n'avait alors que sept ans, s'était réveillée en sursaut d'un cauchemar. Elle avait longé le grand corridor, dépassé la chambre de l'oncle Gideon et s'était rendue dans la chambre d'Adrian. Elle l'avait réveillé, en tirant sur sa manche de pyjama et en disant : « J'ai peur. » Les deux enfants ne se connaissaient pas encore très bien, Margo venait tout juste d'emménager chez les Barclay — avec Gideon, qu'elle appelait

« Oncle », et l'autre dame, Fiona, qu'elle appelait « Tantine ». En principe, elle ne devait pas rester très longtemps, sa mère avait dit qu'elle viendrait bientôt la rechercher. Mais elle continuait à faire des cauchemars, et elle avait peur de dormir seule.

Si elle dormait seule, l'odeur d'alcool risquait de revenir… et la douleur.

Sans un mot, Adrian, âgé lui aussi de sept ans, avait repoussé la couverture et Margo était venue se blottir contre lui. Et elle avait dormi profondément, sans faire de cauchemar.

Margo n'avait guère de souvenirs de son enfance à Philadelphie — elle se souvenait des beaux meubles de la grande maison, des lustres étincelants, des femmes en élégantes robes blanches. Mais les souvenirs s'étaient estompés par endroits — il y avait l'odeur d'alcool suivie de la douleur. Puis la gare de chemin de fer, et sa maman lui disant : « Allons, pressons, Margo. Et ne regarde jamais en arrière. Quoi que tu fasses, ne regarde jamais en arrière. »

Et Margo lui avait obéi. En plus de soixante ans, pas une seule fois elle n'avait regardé en arrière.

Jusqu'à ce soir.

A présent les souvenirs se pressaient dans sa tête. Non pas des souvenirs d'avant, quand elle se revoyait étendue sur le lit, et qu'elle se demandait si elle allait sentir l'odeur d'alcool et la douleur, mais des souvenirs de la grande maison de San Francisco où elle avait grandi et découvert que la jalousie des autres — ceux qui étaient envieux de votre maison, de vos habits, de votre réussite — vous aidait à oublier les mains avilissantes des hommes sur votre corps, et la vue des billets de banque passant des mains d'un inconnu aux mains de votre père.

— La Grande Dépression nous a obligés à réduire notre train de vie, avait expliqué sa mère à Fiona, la mère de Gideon, lorsqu'elle lui avait confié sa fille « pour un certain temps, afin de lui donner toutes ses chances ».

Mais la mère de Margo, une amie d'enfance de

Fiona, n'était jamais revenue chercher sa fille. Quelques mois après la mort du père de Margo — écrasé par une rame de métro : « Il a perdu l'équilibre », avaient dit les témoins — la mère de Margo mourut à son tour d'une overdose de somnifères et de boisson. Après cela il ne fut plus jamais question que Margo quittât les Barclay, ou qu'elle quittât le lit d'Adrian.

De la même façon qu'il ne fut jamais question qu'elle épousât quelqu'un d'autre qu'Adrian. Il était le seul à connaître son secret, le seul à savoir que son père la vendait à d'autres hommes pour de l'argent. Adrian était le seul à l'avoir vue pleurer pendant son sommeil, il était le seul à savoir qu'avec Margo les relations sexuelles seraient à jamais impossibles. Mais malgré cela, il l'aimait et voulait l'épouser. Car elle était également la seule à connaître son secret à lui : son terrible complexe d'infériorité.

Il avait toujours été bon avec elle, lui témoignant tendresse et respect, s'efforçant de garder ses liaisons extra-conjugales aussi discrètes que possible et de ne pas les faire durer. Et elle avait été bonne avec lui, l'aidant à reprendre confiance en lui, en chantant ses louanges alors que tous les autres vénéraient Gideon.

Et ce soir, devant son air penaud et affligé, Margo se souvint d'un autre soir, quand, il y avait de cela trente-huit ans, la grand-mère de Charlotte, Parfaite Harmonie, s'était présentée chez eux, à minuit, un bébé dans les bras. Elle revoyait encore ses petits poings minuscules, sa frimousse rose et chiffonnée — un bébé ! un cadeau du ciel !

— Je le prends, avait dit Margo, sans se soucier du qu'en-dira-t-on et sans demander d'où venait l'enfant ni pourquoi Harmonie l'avait amené en secret.

Adrian et elle l'avaient appelé Desmond.

— Tu as tout entendu ? demanda Adrian d'une voix apeurée de petit garçon.

Il semblait avoir rapetissé, comme s'il était subitement redevenu l'adolescent qui vivait dans l'ombre de son père. Mais Margo, elle, n'était nullement abattue, elle n'avait peur de rien et Charlotte ne l'intimidait pas le moins du monde. Cependant, ce n'était pas le cas d'Adrian et elle était venue pour le rassurer, le prendre dans ses bras et lui dire : « Ne crains rien, tout ira bien. »

Mais au lieu de cela, elle dit :

— Adrian, j'ai peur.

Il l'attira contre lui et elle se blottit entre ses bras. Puis peu à peu ses bras retrouvèrent leur vigueur, il resserra son étreinte, et lui dit d'une voix qui avait repris de l'assurance :

— Ne t'inquiète pas, chérie. Tout ira bien.

28

Charlotte regagna le musée à toutes jambes puis, ayant soigneusement verrouillé la porte derrière elle, se précipita dans le bureau, où Jonathan était en train de détacher une feuille de l'imprimante.

— Je crois que j'ai été suivie, dit-elle en allant droit à la console de télésurveillance.

Elle enfonça rapidement plusieurs touches, faisant défiler un à un les différents sites sur l'écran.

— Par qui ?

— Je n'en sais rien, répondit-elle tandis que les images se succédaient à toute allure sur le moniteur.

L'usine et le parc balayés par la pluie semblaient déserts jusque dans les moindres recoins.

— J'ai entendu la conversation que tu as eue avec Adrian.

— Je ne sais pas ce qui m'a retenue de lui tordre le cou ! dit-elle en continuant d'enfoncer les touches de la console, les larmes aux yeux. Et Desmond ! (Elle se retourna d'un bond, comme une furie.) Tu ne devineras jamais ce qu'il m'a dit ? Il veut que je vende la firme. Non mais, tu te rends compte ? Nous avons déjà eu des offres. Desmond prétend qu'en vendant maintenant nous pourrions rentrer dans nos frais et même réaliser des bénéfices. Et le plus fort, c'est qu'il a déjà engagé des pourparlers avec la Synatech, et ce depuis plusieurs semaines ! Quand je lui ai demandé s'il leur avait parlé de la formule GB4204, il m'a juré ses grands dieux que non. Mais je ne le crois pas ! Quelle famille ! (Les mains sur les hanches, elle foudroya Jonathan du regard, comme s'il avait été les trois Barclay réunis.) Ils me haïssent, parce que j'ai hérité de la maison. Tu savais que c'est à moi que grand-mère l'avait laissée ? Margo était tellement sûre qu'elle leur reviendrait. Quand je lui ai proposé de la lui vendre à un prix très raisonnable, elle a poussé de hauts cris, déclarant que la maison était à elle et qu'elle n'avait nullement l'intention d'acheter une chose qui lui appartenait déjà. Si bien que j'ai demandé à M. Sung de trouver un acquéreur. Ce qu'il a fait !

Incapable de contenir ses larmes, Charlotte promenait nerveusement ses yeux d'un moniteur à l'autre. Pour finir elle se tourna vers Jonathan.

— Je ne sais pas ce que j'aurais fait s'il était arrivé quelque chose à Naomi. Je ne crois pas que j'aurais survécu.

La prenant par les bras, Jonathan plongea ses yeux dans les siens :

— Ça n'est pas de ta faute, Charlotte. Tu es une victime au même titre que Naomi.

— Dis-moi que tu as de bonnes nouvelles. Dis-moi que ce cauchemar va bientôt prendre fin.

Il saisit la feuille imprimée qui se trouvait sur le bureau.

— Il y a trois lots de Golden Lotus qui ne contiennent pas d'éphédrine.

— Tu en es sûr ?

— Il y a une anomalie dans les dates qui ont été enregistrées. Quelqu'un a effacé trois fichiers de production.

— Comment les as-tu retrouvés ?

— Quand j'ai vu que l'absence d'éphédrine n'était signalée dans aucun fichier, j'ai pensé que les fichiers en question avaient été ôtés du système — le type qui a fait le coup n'aurait pas été assez stupide pour les y laisser. C'est pourquoi j'ai pensé qu'il les avait effacés. Et c'est apparemment ce qu'il a fait.

— Mais tu as tout de même réussi à les récupérer ?

— Non seulement à les récupérer, mais à en savoir un peu plus sur notre saboteur, expliqua Jonathan. La plupart des gens croient qu'effacer un fichier revient à l'effacer du disque dur. Mais c'est une erreur. Lorsqu'on efface un fichier, celui-ci est placé dans un lieu de stockage temporaire et le système est averti de ce que l'espace libéré est prêt à recevoir de nouvelles données. Mais le fichier effacé est toujours là, et il y restera tant que de nouvelles données n'auront pas pris sa place. Il m'a suffi de lancer un programme de recherche pour le retrouver.

Charlotte fronça les sourcils.

— Que veux-tu dire quand tu dis que tu as réussi à en savoir plus sur le saboteur ?

— Que le type en question n'est pas un as de l'informatique.

Elle parcourut rapidement des yeux la feuille imprimée.

— Trois lots de Golden Lotus ne contiennent pas d'éphédrine. Ce qui veut dire que trois autres lots, ou un lot de trois produits différents, en contiennent, dit-elle en jetant la feuille sur le bureau. J'ai consacré ma vie au développement de la formule GB4204. Il est hors de question que j'échoue si près du but. Afin de pouvoir mener des expériences j'ai insisté pour que grand-mère dote la firme d'un laboratoire de recherches. J'ai toujours eu l'intime conviction que parmi toute la pharmacopée de grand-mère se trouvait un remède anticancéreux.

Charlotte n'avait pas besoin de dire à Jonathan combien la formule GB4204 lui tenait à cœur. C'était un monument personnel élevé à la mémoire d'un homme qu'elle vénérait. Jonathan connaissait l'histoire tragique des parents de Charlotte, son père, décédé dans un accident de plongée alors qu'elle n'était pas encore née, et sa mère, morte quelque temps après d'une chute dans les escaliers. Si bien que Charlotte avait été élevée par sa grand-mère, dans une grande maison au mobilier sombre, peuplée de domestiques silencieux. Gideon Barclay avait été bien plus qu'un oncle pour Charlotte.

C'était Gideon qui était venu chercher Charlotte au poste de police, la nuit où ils s'étaient fait arrêter. Il avait souri aux deux comparses et les avait taquinés, tandis qu'ils attendaient que le majordome de Robert Sutherland, qui était en voyage d'affaires, vienne chercher Jonathan. Au lieu de les punir, l'oncle de Charlotte les avait emmenés manger un Zimburger dans Powell Street, et avait écouté avec intérêt les propos passionnés de Jonathan sur l'électronique et les télécommunications. Gideon avait même promis de ne rien dire de l'incident à la grand-mère de Charlotte. Et apparemment il avait tenu parole.

La sonnerie de l'e-mail retentit soudain.

« Quels sont tes plans, Charlotte ? Il ne te reste plus que huit heures. Tu peux m'écrire à RB@outlaw.com. P.-S. : J'espère que le rôti de matou était à ton goût. »

Jonathan s'assit aussitôt devant l'ordinateur, ferma la fenêtre de recherche de la base des registres, et cliqua sur l'icône Netscape.

— Qu'est-ce que tu fais ? demanda Charlotte.

— Je vais identifier l'adresse qu'il t'a donnée. Attends...

— RB, dit-elle d'une voix songeuse. Crois-tu que ce soit une blague d'initié ?

— Que veux-tu dire ?

— RB, pour Richard Barclay ?

Internic produisit l'adresse de outlaw.com un instant plus tard.

— C'est un cybercafé de West Hollywood.

— S'il est là-bas, nous n'avons qu'à le faire arrêter !

— Il se peut qu'il y soit, mais à mon avis il n'est pas complètement idiot. Il s'agit probablement d'une adresse qu'il utilise depuis son serveur.

Jonathan se remit à pianoter sur le clavier, il copia-colla l'adresse de l'en-tête et l'envoya au serveur accompagnée du message suivant :

« Nous faisons l'objet de menaces et de harcèlement de la part de cet individu. Pouvez-vous nous communiquer son identité ? »

— Jonathan, la remarque concernant le matou rôti…

— De deux choses l'une, ou il a lui-même posé le détonateur, ou il sait qui a fait le coup. (Il réfléchit un moment en silence.) Charlotte ?

— Oui ?

— La mort de ta grand-mère.

— Eh bien ?

— Tu es sûre qu'il s'agissait d'un accident ?

Mais juste au moment où elle allait lui répondre, un bruit assourdissant emplit brusquement la pièce. C'était l'agent Knight en train de pianoter sur son portable, le bruit de la frappe étant répercuté par le micro connecté à l'ordinateur de Jonathan. Ils regardèrent les lettres s'afficher à l'écran.

— Oh, mon Dieu, murmura Charlotte lorsqu'elle réalisa ce que Knight était en train d'écrire.

— Oh, non ! dit Jonathan.

— Je ne savais pas, dit-elle. Je te jure que je ne le savais pas !

Abasourdis, ils regardèrent la suite du rapport de Knight s'afficher à l'écran : suite à un rapport d'enquête communiqué à la FDA, il ressortait non seulement que Charlotte Lee connaissait la première victime avec qui elle avait eu une algarade, mais que Mlle Lee avait également été codéfenderesse dans une procédure de divorce engagée huit ans auparavant par le Dr Laura Phillips, laquelle prétendait que Mlle Lee avait eu une liaison adultère avec son mari. Le Dr Phillips était alors directrice du laboratoire de recherches de Chalk Hill.

Elle était également la deuxième victime à avoir succombé après avoir utilisé du Dix Mille Yang.

29

San Francisco, Californie, 1927

— Il vous faut un nom, Harmonie, me dit un jour M. Lee.

Il faisait une chaleur étouffante et il suait à grosses gouttes au-dessus d'une de ses œuvres.

Ses paroles me laissèrent interdite, car je crus qu'il faisait allusion à un *autre* nom, un nom auquel j'avais pensé moi aussi. C'est alors que je réalisai ma méprise, car je ne lui avais jamais rien révélé de la quête que je menais secrètement.

Je lui avais dit que le cambrioleur qui avait visité mon appartement m'avait laissé mes papiers d'identité, mais ce n'était vrai qu'en partie. Car je n'avais qu'une moitié d'identité. J'étais Parfaite Harmonie. Mais je n'avais pas de patronyme.

« Quand tu auras retrouvé ton père, m'avait dit ma mère lorsque j'avais quitté Singapour, il te reconnaîtra officiellement comme sa fille. Il te donnera un certificat de naissance en bonne et due forme. Et tu porteras son nom. »

Ma mère ayant été mise au ban de la société pour avoir déshonoré sa famille, je ne portais pas son nom de famille. Elle avait renoncé à son patronyme et ne se faisait plus appeler que Mei-ling. J'étais venue en Amérique pour reprendre mon nom de famille, et à la place j'avais découvert que mon père avait péri en mer, et que tout ce qui me restait de lui était sa chevalière et la lettre qu'il avait laissée à ma mère.

De bien maigres preuves à présenter à des magistrats. C'est ce que m'avaient dit tous les avocats, chinois ou américains, que j'avais consultés. Tous me disaient : « Vous n'avez rien pour prouver votre bonne foi. »

Parfois je prenais le tram jusqu'à California Street pour jeter un coup d'œil à la maison de mon père derrière sa haute grille — la maison Barclay. Elle avait appartenu à mon père. Elle aurait dû me revenir. Car l'un des avocats que j'étais allée trouver avait découvert ceci : Richard Barclay n'avait laissé aucun héritier, hormis un fils adoptif. Moyennant quoi j'étais son unique enfant. L'avocat m'avait conseillé d'engager une procédure en vue de rentrer en possession de la maison. Même si cela risquait de prendre beaucoup de temps et de me coûter très cher, le jeu en valait la chandelle, car j'avais des chances de gagner le procès.

Mais je ne voulais pas de cette vaste maison, aux innombrables fenêtres. Le logement que j'occupais audessus du Joyeux Blanchisseur me suffisait amplement, car maintenant que mes remèdes se vendaient bien j'avais à nouveau emménagé au troisième étage, dans le spacieux appartement doté d'une orientation est-ouest bénéfique grâce à laquelle le *ki* circulait librement.

A présent il ne me manquait plus qu'un nom.

« Vous ne pourrez jamais prouver que la lettre était adressée à *votre* mère », m'avait dit un avocat. « Vous ne pourrez jamais prouver que la bague appartenait à Richard Barclay », m'avait dit un autre. Un troisième avait déclaré : « Fiona Barclay est une femme très riche et très puissante, jamais vous ne pourrez gagner un procès contre elle. Elle n'acceptera jamais que vous portiez son nom. » Quant au quatrième, il avait pris mon argent et dit : « Vous voulez mon avis ? Retournez vivre en Chine. »

J'avais dix-neuf ans à l'époque, mais mes papiers disaient que j'en avais vingt et un. Il était grand temps que j'aie un nom.

Ayant promis à ma mère de ne jamais parler de la lettre à personne d'autre qu'à mon père, je ne l'avais pas montrée aux avocats. Or c'était la seule preuve dont je disposais pour attester qu'il était mon père, et il était mort. Que devais-je faire ?

J'avais songé à montrer la lettre à Gideon, car j'avais le sentiment que je pouvais lui faire confiance. Cependant mes sentiments à son égard me déconcertaient. D'une certaine façon les choses étaient plus faciles du temps où je pensais que j'étais amoureuse de mon propre frère.

Mais lorsqu'il m'avait révélé que nous n'étions pas parents, que j'étais tombée amoureuse d'un homme comme les autres, l'amour que j'éprouvais pour lui s'était mué en un fardeau insupportable. Car alors la question se posait : serions-nous un jour réunis ?

Gideon était revenu à San Francisco un an jour pour jour après avoir quitté le port en emportant mon cœur avec lui. Tout au long de ces douze mois d'absence je m'étais consacrée corps et âme à la fabrication de mes médicaments. J'en avais amélioré la formule et m'étais efforcée de les faire connaître à Chinatown et au-delà, repoussant toujours plus loin les limites. Je commençais même à recevoir des patients — des personnes âgées, pour la plupart, qui ne pouvaient s'offrir les soins d'un praticien expérimenté, ou qui ne pouvaient pas payer du tout. Les choses prirent leur essor tout doucement, car les gens se méfiaient de mon jeune âge. Mais peu à peu, et grâce au bouche-à-oreille, j'acquis une certaine réputation. Si bien que je n'avais guère le temps de me morfondre ou de songer à l'amour ; mes journées étaient bien remplies, et la nuit venue je m'endormais comme une souche. Mais lorsque j'appris par le journal qu'un gros paquebot venait d'accoster et que je vis une photo de Gideon prise lors d'une réception donnée chez les Barclay où le maire de San Francisco ainsi que divers autres notables et stars de cinéma avaient été invités, mon cœur bondit dans ma poitrine et je recommençai à me consumer d'amour.

La blonde Olivia posait au côté de Gideon sur la

photo, son bras passé sous le sien. En voyant la façon dont cette amie d'enfance dont il gardait le portrait dans son portefeuille le regardait, un sourire radieux sur les lèvres, tandis qu'il souriait au photographe je compris que mon amour était sans espoir.

Si bien que, lorsqu'il me fit porter une lettre, me demandant s'il pouvait venir me rendre visite, je ne répondis pas. Lorsqu'il m'en fit porter une deuxième, la semaine suivante, je renvoyai le messager. La troisième lettre, ce fut Gideon en personne qui vint me l'apporter.

Entre-temps, j'avais loué un petit local à l'arrière de la boutique de M. Huang. Ainsi, les plantes médicinales et les minéraux que je me procurais chez lui ne quittaient pas l'entrepôt : ils allaient directement dans le local doté de tables, de lavabos et de fourneaux où mes quatre jeunes employées et moi-même préparions et emballions mes remèdes.

Il s'agissait d'une entreprise fort modeste. Chaque paquet, chaque flacon ou pot de céramique était rempli, étiqueté, puis emballé à la main. L'une des filles, assise derrière un bureau, rédigeait une à une les étiquettes en chinois et en anglais, sans omettre la date de fabrication et la composition du produit. La plupart des herboristes n'inscrivaient pas la composition de leurs produits, de crainte que leurs concurrents ne se les approprient. Néanmoins, certaines personnes étaient allergiques à certaines plantes, comme je le suis moi-même à la stramoine, et couraient un risque de réaction.

Au début les herboristes du quartier avaient hésité à prendre mes produits en dépôt. « Nous avons pléthore de produits du Dragon Rouge, disaient-ils. Comment pourrions-nous vendre les vôtres ? » Si bien que je remis à chacun d'entre eux trois bouteilles de Golden Lotus, trois paquets de Bliss et trois pots de Baume de Meiling, en leur disant : « Gardez tout l'argent que ces produits vous rapporteront. Sur la prochaine livraison, vous toucherez une commission », tant j'avais confiance en la qualité de mes produits.

Les herboristes les vendirent jusqu'au dernier et

m'en commandèrent d'autres. Et c'est ainsi que l'argent commença à rentrer.

Quand je vendais un remède à un voisin ou à un ami, je lui disais : « Essayez-le, s'il reste sans effet, je vous rembourserai. »

Mais à l'exception de Mme Po, aucun n'osa jamais me rapporter mes remèdes ; sans doute avaient-ils honte d'avouer qu'ils se soignaient eux-mêmes.

Toujours est-il qu'un an après que mes prières eurent été exaucées et que la déesse Kwan Yin m'eut parlé avec la voix de ma mère Gideon entra à nouveau dans ma vie.

Protégée par un tablier de boucher, les cheveux retenus par un bonnet de coton blanc, j'étais en train de faire fondre de la cire au-dessus du fourneau avant d'y ajouter du pétrolatum et des plantes médicinales, quand je réalisai que mes ouvrières avaient cessé leurs bavardages — mon petit atelier n'était jamais silencieux. Je me retournai, intriguée, et vis un grand Américain qui se tenait dans l'embrasure de la porte, le teint hâlé, et les cheveux un peu plus longs que la dernière fois que je l'avais vu, au drugstore. Il me souriait.

— Bonjour, Harmonie.

Mes employées ricanèrent doucement puis se remirent au travail. Je dis à Judy Wong de me remplacer au fourneau, et je sortis sur le seuil avec Gideon, sans prendre le temps d'ôter mon tablier et mon bonnet. Notre échange fut bref. Il était venu me dire qu'il ne faisait que passer à San Francisco et qu'il était attendu au Panama, où on lui offrait un nouveau contrat. Mais il avait son diplôme d'ingénieur à présent et pouvait construire des ponts, des barrages, et des routes n'importe où dans le monde. Et les offres ne manquaient pas.

Etait-ce pour me dire cela qu'il était venu me voir ? Pour me dire qu'il ne pourrait jamais mener une vie stable ? Que nous étions voués à nous rencontrer ainsi, à la sauvette, entre deux contrats à l'autre bout du monde ?

Jetant un coup d'œil du côté des ouvrières, il dit :

— Votre petit commerce a prospéré depuis la dernière fois. Etes-vous heureuse, Harmonie ?

— Je suis très occupée, je n'ai pas une minute à moi.

Un an auparavant, il s'était approché plus près de moi, si près que j'avais pu distinguer une minuscule tache dans son œil droit, telle une paillette d'or flottant dans l'océan gris clair de sa prunelle.

— Etes-vous heureuse ? répéta-t-il un peu plus bas.

Si Gideon m'avait embrassée à ce moment-là, je me serais abandonnée à son étreinte. J'aurais abandonné Chinatown et mes remèdes, et je l'aurais suivi au bout du monde.

Mais soudain il se recula, et son visage s'assombrit.

— Vous ne voulez pas me le dire ? Pourquoi tant de mystère, Harmonie ? Je ne cesse de penser à vous.

— Il ne faut pas penser à moi.

— Pourquoi ?

« Parce que je veux porter le nom de votre père. Je veux être reconnue comme sa fille, son unique enfant. Je vous supplanterai, Gideon. Nous deviendrons rivaux. »

— Parce que je suis chinoise et que vous êtes américain, dis-je à voix haute.

— Allons, Harmonie, ne me dites pas que vous pensez encore à cet imbécile de serveur du drugstore !

Comment aurais-je pu oublier ? Il m'avait traitée pire qu'un chien à cause de mes yeux bridés.

— J'aimerais que nous discutions, vous et moi. Et puisque vous ne voulez pas aborder les questions privées, nous parlerons affaires. J'aimerais investir dans votre entreprise de produits pharmaceutiques. Vous ne seriez plus obligée de travailler dans une arrière-boutique. Vous pourriez acheter une usine, et vendre vos produits dans tous les Etats-Unis. Qu'en pensez-vous ?

L'idée était séduisante, mais avec quels moyens ? C'est alors que je réalisai qu'il me proposait de me donner de l'argent.

Je secouai la tête. A l'époque, lorsque je pensais qu'il était mon frère, j'avais accepté son argent, mais maintenant que je savais que nous n'étions même pas parents c'était totalement exclu.

Je lui dis qu'il fallait que je retourne vaquer à mes occupations. Il refusa de partir tant que je n'acceptais pas une invitation à dîner pour le lendemain. J'acceptai. Mais je n'y allai pas. Et je n'entendis plus parler de lui.

Si bien qu'un an plus tard, par un après-midi suffocant, M. Lee, qui s'affairait au-dessus d'un tableau, m'annonça de but en blanc qu'il me fallait un nom.

J'aimais beaucoup le regarder travailler, ses toiles d'inspiration taoïste exaltaient la beauté de la nature. M. Lee travaillait à la manière des anciens, avec des gestes précis, la pointe de son pinceau effleurant le papier de riz comme un baiser pour y laisser une trace de couleur — l'image d'une vision intérieure. Il peignait des tigres qui semblaient bondir hors de la page, et des paysages d'une très grande beauté, suspendus entre la terre et les cieux. Les gens admiraient beaucoup son talent, et disaient qu'il était de loin l'artiste le plus accompli de Chinatown. Mais moi, je connaissais le secret de son art : chaque matin, tandis qu'il préparait ses pierres à encre et ses pinceaux en poils de mouton, M. Lee priait intérieurement le ciel de lui accorder l'inspiration.

C'est donc par ce chaud après-midi, un an après que Gideon fut entré dans ma vie puis en fut ressorti, que M. Lee, quittant sa toile des yeux, posa sur moi son regard clair et si singulier. De tels yeux étaient inhabituels chez un Chinois. Mais il est vrai que tout en M. Lee était inhabituel. Il disait ne pas avoir encore trente ans, et pourtant il paraissait plus vieux. Son front était largement dégarni et il portait d'épaisses lunettes. Il avait le dos légèrement voûté à force de rester penché au-dessus de ses toiles, et aussi parce que sa haute taille semblait l'y contraindre. Timide, modeste et réservé, M. Lee appartenait à un autre âge, une époque lointaine où les lettrés vêtus de longues robes de soie chuchotaient et méditaient sur le sexe des anges.

Il était tombé plus bas que terre, au sens propre, car

il vivait désormais dans la petite chambre où j'avais moi-même brièvement séjourné. Bien qu'il fût un excellent artiste, le meilleur de Chinatown, il travaillait très lentement, trop lentement au goût des touristes qui, toujours pressés, achetaient des toiles faites à la va-vite et de médiocre facture. Et tandis que les autres peintres affluaient à Chinatown et prospéraient, M. Lee perdait peu à peu du terrain. Ses toiles se vendaient de plus en plus mal, et il craignait de devoir retourner dans sa famille sans le sou. De la même façon que j'avais une fois décliné son geste généreux, il avait décliné mon offre. S'il n'était pas capable de réussir par ses propres moyens en Californie, alors il retournerait vivre à Hawaii.

— Il vous faut un nom, me dit-il doucement, en posant son pinceau.

Il ne se référait pas au nom de Barclay, car je n'avais jamais abordé ce sujet que je jugeais trop personnel avec M. Lee. Il voulait parler d'un nom pour mes remèdes.

Il avait raison, car mes produits commençaient à acquérir une certaine réputation. Or, lorsque les gens entraient dans une herboristerie ils étaient obligés de demander : « Donnez-moi un peu de ce baume rose que fabrique la fille qui vit au-dessus du Joyeux Blanchisseur. » Ce qui n'était guère rationnel ou pratique. Il était infiniment plus simple de dire : « Donnez-moi du baume du Dragon Rouge. »

Mais quel nom allais-je pouvoir donner à mes remèdes ? Quel symbole choisir ? La Compagnie du Dragon Rouge avait opté pour le rouge et or, couleurs qui portaient chance, et bien sûr pour le symbole du dragon, qui pour tous les Chinois est synonyme de chance et de puissance. Et bien que mes remèdes fussent joliment présentés et emballés, ils ressortaient moins bien que les produits du Dragon Rouge à l'étalage des marchands.

Je n'avais jamais rencontré le propriétaire de la Compagnie du Dragon Rouge, mais je le connaissais de réputation et j'avais la conviction que les herboristes le craignaient, au point que certains d'entre eux n'osaient pas refuser de vendre ses produits. Sinon comment expliquer que des produits aussi médiocres — voire même dangereux pour certains — aient pu figurer à la devanture des meilleures herboristeries ?

— Il vous faut un symbole, Harmonie, dit M. Lee. Pour que vos produits attirent l'œil des clients et qu'ils s'en souviennent.

Mais quel symbole ? songeai-je. Comment aurais-je pu me mesurer à un dragon ?

La grande maison sur la colline était magnifiquement meublée. Une exquise odeur de bois ciré imprégnait l'air, et lorsque je pénétrai dans cet univers garni de meubles victoriens, de jardinières fleuries égayé par le tintement cristallin des pendules, je ne pus m'empêcher de songer que si mon père avait été encore en vie et s'il nous avait amenées vivre dans cette maison, ma mère et moi, le cours de notre existence en eût été bien changé.

J'étais venue parler à Fiona Barclay. J'étais venue lui demander de me rendre le nom de mon père.

Lorsqu'elle entra dans la pièce, je me levai poliment. C'était la première fois que j'entrais dans une maison occidentale, et, hormis les dames de la mission de Singapour, je n'avais jamais rencontré de femme occidentale. Elle dit :

— Vous avez demandé à me voir…

Puis elle s'arrêta brusquement et me dévisagea longuement.

J'ignore quels sont les critères de la beauté pour les femmes américaines, mais à mes yeux Fiona Barclay était jolie. Elle était parfaitement maquillée et ses cheveux étaient coiffés d'une façon que j'avais vue dans un magazine. Ses vêtements de soie étaient bien coupés. Elle avait un port altier et digne qui convenait parfaitement à la maîtresse d'une aussi somptueuse demeure. Je lui donnais une quarantaine d'années, et pourtant je notai un léger essoufflement dans sa voix, comme celui de la belle-mère de Mme Po lorsqu'elle avait passé la journée à fumer la pipe.

— Etes-vous la jeune personne qui a volé la bague de mon époux ? finit-elle par dire au bout d'un moment.

— Je vous honore, ô première épouse.

— Je ne suis pas une *première* épouse. Je suis une épouse tout court, et cette bague m'appartient.

— Pardonnez-moi, mais cette bague est la seule chose qui me reste de mon père.

Elle ne m'invita pas à m'asseoir et ne me proposa pas de prendre de thé. Peut-être les Américains avaient-ils une autre façon d'honorer leurs hôtes.

— Votre père ? dit-elle.

Au même moment une autre personne entra dans la pièce — je la reconnus aussitôt, pour l'avoir vue sur la photo que Gideon gardait dans son portefeuille. C'était Olivia, dont Gideon disait qu'elle n'était qu'une amie. Lorsque je la vis devant moi en chair et en os, je remarquai combien elle était belle avec ses cheveux blonds qui brillaient comme de l'or. Deux ans plus tôt, dans le drugstore, Gideon m'avait dit qu'elle avait dix-sept ans. Elle devait donc en avoir dix-neuf à présent, comme moi. Elle sourit et me demanda si je voulais du thé.

Mais Mme Barclay dit :

— Non merci, Olivia. Pas de thé, cette jeune personne ne fait que passer.

Puis, posant sur moi un regard de glace, elle enchaîna :

— Ainsi donc, vous prétendez que Richard était votre père. Avez-vous des preuves ? Un certificat de mariage ?

Le certificat de mariage était un faux — le nom qui y figurait, Richard Smith, y avait été apposé à seule fin que je puisse pénétrer sur le territoire américain.

— Un certificat de naissance ?

Celui-ci aussi avait été falsifié.

— Mademoiselle, je ne sais pas ce que vous manigancez, et je n'en ai cure. Mais cette bague est à moi et j'exige que vous me la rendiez.

— Je ne manigance rien…

— Que cherchez-vous ? Votre part d'héritage ? De l'argent ? Vous voulez peut-être vivre dans cette maison ?

Je secouai la tête.

— Je ne veux rien de tout cela.

— Que voulez-vous alors ?

— Je veux porter son nom.

Elle me foudroya du regard, tandis qu'Olivia nous observait, une expression de surprise sur le visage.

— Vous plaisantez.

— Ce nom m'appartient. Vous êtes la seule personne à pouvoir légalement me le rendre.

La veuve de Richard Barclay me considéra un long moment. Au loin on entendait résonner les cloches des tramways et les cornes de brume.

— Je ne vous accorderai pas plus d'une minute de mon temps, dit pour finir Mme Barclay. Mais je suis curieuse de savoir comment vous est venue l'idée d'inventer ce conte à dormir debout. Et d'après vous, comment mon mari aurait-il fait la connaissance de votre mère ?

Je lui racontai comment ma mère avait volé au secours de Richard alors qu'il se faisait rosser. Je lui racontai son amnésie, et ses blessures profondes. Je ne lui dis pas tout ce qui s'était passé dans la petite chambre au-dessus de l'échoppe de soieries de Mme Wah, ni que ma mère et Richard n'avaient pas contracté de mariage officiel avant de faire l'amour.

— Il souffrait d'amnésie, dites-vous ? Dans ce cas, comment savez-vous qu'il s'agissait bien de lui ?

Je lui racontai l'histoire de la bague, et du bijoutier que j'avais entendu appeler le jeune homme M. Barclay. Je ne lui dis pas que Gideon m'avait emmenée dans un drugstore avec l'intention de m'offrir un sundae au chocolat chaud. Car je supposais que Gideon avait tenu parole, et qu'il n'avait jamais dit à sa mère qu'il m'avait retrouvée.

— Mais il y a autre chose, ajoutai-je pleine d'espoir. Bien que mon père ne se souvînt pas de son nom, il se souvenait de San Francisco, et il a raconté plusieurs anecdotes à ma mère…

Fiona leva une main.

— Il suffit. Rien de ce que vous me dites là n'a valeur de preuve.

Mais j'avais une preuve cependant : la lettre que Richard Barclay avait laissée à ma mère. Mme Barclay reconnaîtrait certainement son écriture, sa signature. Je l'avais apportée avec moi dans mon sac, mais tandis que j'entreprenais de l'en sortir, Mme Barclay déclara :

— Tout ceci est trop douloureux pour moi. Je n'aurais jamais dû accepter de vous recevoir. (Elle inspira à grand-peine.) Rendez-moi la bague de mon mari et je vous promets de ne pas prévenir la police.

— Mais j'ai une preuve, dis-je en sortant la lettre.

Il eût suffi que Mme Barclay en ait lu une partie seulement pour savoir que j'étais effectivement la fille de Richard.

— Votre soi-disant preuve ne m'intéresse pas, dit-elle, tandis que sa respiration se faisait de plus en plus difficile et haletante.

— Fiona… fit Olivia soudain inquiète.

Mme Barclay la fit taire d'un geste. Une main posée sur la poitrine, elle continua d'une voix pincée :

— Je n'ai pas de comptes à vous rendre. Mais sachez néanmoins, au cas où vous auriez des doutes, que Richard Barclay était mon époux bien-aimé. Et qu'il m'aimait tendrement. Nous étions très proches l'un de l'autre. Quand je pense que vous avez l'audace de venir jusqu'ici, avec vos histoires scabreuses…

Elle se mit brusquement à suffoquer.

Olivia se précipita pour la faire asseoir dans un fauteuil.

— La bague… murmura Mme Barclay d'une voix rauque. Rendez-moi la…

Olivia se précipita dans le hall en criant :

— Appelez le Dr Hafner ! Vite ! Mme Barclay a une crise !

Lorsqu'elle revint en courant au chevet de Mme Barclay, Olivia entreprit de déboutonner promptement son col. Mais Mme Barclay n'arrivait pas à reprendre son souffle. Elle repoussa Olivia, et ouvrant toute grande la bouche, essaya désespérément de prendre de grandes inspirations.

— Fiona, ne vous affolez pas ! dit Olivia. Oh, mon Dieu…

Je rangeai précipitamment la lettre dans mon sac à main que je déposai sur un guéridon, puis j'en sortis un flacon de Golden Lotus que j'emportais toujours avec moi. Je le tendis à Olivia.

— Donnez-lui ceci.

— Mais vous ne voyez pas qu'elle ne peut pas respirer ? Elle est en train d'étouffer !

Je m'approchai de Fiona et, passant un bras autour de ses épaules, je pressai le goulot de la bouteille contre ses lèvres.

— Ne résistez pas, dis-je. Cessez de vous débattre. Vous avez suffisamment d'air dans les poumons. Prenez ceci. Avalez. Cela va calmer le spasme.

La première gorgée fit tousser Fiona, qui cracha et suffoqua de plus belle. Mais j'insistai.

— Essayez d'avaler ceci, dis-je, en tentant de lui faire boire une autre gorgée, mais en vain car le liquide se déversa aussitôt sur son menton.

— Qu'est-ce que vous faites ? s'écria Olivia.

Mme Barclay écarquillait de grands yeux terrorisés. Ses lèvres commençaient à bleuir. La saisissant fermement par les épaules, je renversai la bouteille dans sa bouche grande ouverte. Elle toussa à nouveau, recrachant le sirop.

— Vous allez l'étouffer ! hurla Olivia, qui essayait de me faire lâcher prise.

D'autres personnes accoururent dans la pièce. L'une d'elles dit :

— Ouvrez les fenêtres, vite, donnez de l'air !

Une autre ajouta :

— Le Dr Hafner arrive.

Sans leur prêter attention, j'essayai à nouveau de faire avaler ma potion à Fiona, non pas par tendresse pour elle, car je n'aimais pas Mme Barclay, mais par amour pour Gideon.

A la quatrième tentative, elle réussit à avaler le sirop. Mme Barclay cessa de tousser et les sifflements commencèrent à se calmer. Tandis qu'elle reprenait haleine, elle s'effondra dans mes bras. Je l'aidai à s'asseoir dans un gros fauteuil, puis m'effaçai pour laisser les autres s'occuper d'elle. Un grand gaillard, vêtu d'un tablier de jardinier, souleva la femme à demi évanouie et la porta jusque dans sa chambre.

Quelques minutes plus tard, je me retrouvais seule. Personne ne me parlait, ils ne me voyaient même pas.

Tandis que j'attendais dans le vaste salon, je sortis la lettre de mon père et me mis à la lire, bien que la connaissant par cœur pour l'avoir lue un grand nombre de fois.

Puis, repliant soigneusement la lettre, je la rangeai dans mon sac. Je levai les yeux vers le plafond comme si j'avais voulu deviner ce qui se passait à l'étage.

« Richard Barclay était mon époux bien-aimé. Nous étions très proches l'un de l'autre. »

Cette lettre était la preuve que la bague était mienne et que j'avais le droit de porter le nom de Barclay. Mais si je la montrais à Fiona, je risquais de réduire en miettes tous les précieux souvenirs liés à Richard, l'illusion d'un amour qu'elle croyait posséder. En revanche, si je gardais la lettre pour moi, je n'avais plus aucune preuve tangible que la bague était à moi, et elle pouvait me faire arrêter.

Que devais-je faire ?

Olivia entra.

— Fiona demande à vous voir, dit-elle. Si vous voulez bien me suivre.

Lorsque nous fûmes au pied de l'escalier, Olivia se tourna vers moi :

— C'était très courageux et généreux à vous. En particulier après la façon dont elle vous a reçue. J'ignore la nature du problème qui vous oppose à Mme Barclay, et ce que vous êtes l'une pour l'autre, mais il me semble qu'elle a été très dure. En tout cas, je vous remercie d'avoir agi comme vous l'avez fait.

Tout en suivant Olivia dans le grand escalier qui menait à l'étage, je réalisai combien la maison était vaste et combien elle recelait de trésors et de souvenirs d'un glorieux passé. Les murs étaient couverts de tableaux, des portraits d'ancêtres en costumes du temps jadis. La maison était remplie de générations d'esprits, comme la maison natale de ma mère, à Singapour, que nous avions été obligées de quitter. Fiona Barclay avait tout, alors que je n'avais rien.

Ma décision était prise. Je lui montrerais la lettre et j'exigerais d'être reconnue.

Mais lorsque j'entrai dans la chambre, je vis des portraits absolument partout — des tableaux, des photos, des coupures de journaux —, un véritable sanctuaire dédié à mon père. Dans cette pièce Fiona avait gardé vivants la mémoire de mon père et son amour pour lui. Puis je vis d'autres photos : celles d'un bébé, d'un bambin, d'un garçonnet en short, puis d'un adolescent en tenue de tennis, et enfin d'un jeune homme en blazer — son fils, l'amour de ma vie, Gideon.

« Ma mère était veuve et j'étais déjà né quand elle a épousé Richard Barclay », m'avait dit Gideon dans le drugstore. Et pourtant, dans sa lettre, Richard disait qu'il avait épousé Fiona par charité, parce qu'elle avait été abandonnée par un lâche.

Gideon n'était donc pas au courant ! Fiona lui avait sans doute raconté une histoire plus glorieuse, comme ma mère avait chargé sa servante de dire à son père qu'elle était morte dans le port en essayant de sauver un enfant de la noyade.

Comme ma démarche était égoïste ! Je n'avais pensé qu'à moi et à Fiona Barclay. Je n'avais pas pensé à Gideon, mon bien-aimé, qui aurait été blessé par la lettre que j'apportais aujourd'hui avec moi.

— Il y avait des années que je n'avais pas respiré aussi librement, me dit Mme Barclay depuis l'imposant lit à colonnade.

Elle portait à présent un déshabillé de satin et dentelle, et reposait contre de gros oreillers blancs.

— Olivia m'a dit que vous m'aviez administré un de vos médicaments.

Je sortis la bouteille de Golden Lotus et la lui tendit. Elle inspecta l'étiquette.

— Je demanderai à mon chimiste de l'analyser. Peut-être pourra-t-il m'en fabriquer. (Elle reposa la bouteille.) A présent, dit-elle, puis-je avoir la bague de mon mari ?

Je regardai sa main tendue. Je réfléchis un instant à ce que j'étais venue chercher. Je songeai à ce que j'avais apporté avec moi, dans mon sac. Je regardai la mère de Gideon, puis la photographie de Gideon enfant, posée sur sa table de chevet.

Pour finir je détachai la chaîne que je portais autour du cou, et, pour la première fois depuis que ma mère me l'avait donnée, je me séparai de la bague de mon père.

Tandis que ses doigts se refermaient autour du bijou, Fiona Barclay ferma les yeux et posa son poing sur sa poitrine. A cet instant, je compris qu'elle embrassait son bien-aimé Richard.

Pour finir, les yeux brillants de larmes, elle dit :

— Je suis fatiguée, à présent. Olivia va vous raccompagner.

— Je suis la fille de Richard Barclay, dis-je.

J'aurais voulu qu'elle dise oui, devant Olivia, devant un témoin qui l'aurait rapporté à Gideon. Je ne demandais rien de plus. Rien qu'un oui.

Fiona secoua la tête.

— Vous n'êtes pas la fille de mon mari.

Elle sonna le majordome pour qu'il lui apporte son déjeuner, puis demanda à Olivia d'arranger ses oreillers, d'ouvrir les rideaux et de lui apporter un magazine. Et tandis que le majordome chinois que j'avais aperçu un instant plus tôt remettait un plateau à Olivia, qui à son tour le plaçait sur les genoux de Fiona, je demeurai figée. Qu'attendais-je au juste ? Je l'ignore.

Fiona Barclay commença à manger son potage,

auquel elle rajouta du sel en décrétant qu'il n'était pas assez salé.

— Madame Barclay, dis-je. Quand vous êtes entrée dans le salon, tout à l'heure, vous avez tressailli en m'apercevant. Pourquoi ? Est-ce ma ressemblance avec votre époux ?

Sans lever les yeux de son assiette, elle répondit :

— Quand la femme de chambre m'a dit que quelqu'un demandait à me voir, je ne m'attendais pas à trouver une Chinoise. Merci pour la bague. Vous pouvez disposer.

Voyant que je ne bougeais pas, Olivia vint à moi, et me dit d'une voix affable :

— Allons, venez, je vais vous raccompagner.

Mais j'avais ma dignité. Je ne voulais pas qu'on me raccompagne. Me tournant vers Fiona, je la saluai.

— J'ai été honorée de faire votre connaissance, première épouse.

Puis je regagnai l'escalier, le cœur serré par le chagrin et la déception. Au moment où j'allais franchir la porte d'entrée, il me sembla entendre quelqu'un qui m'appelait doucement. C'est alors que le majordome chinois sortit de derrière une tenture et me fit signe. Je m'approchai.

— Tout l'arranzé, me dit-il en souriant de toutes ses dents. Tout l'arranzé.

— Qu'est-ce qui est arrangé ?

— Patronne elle pas zentille avec toi. Mais moi tout l'arranzé. (Son sourire s'élargit). Moi pissé dans soupe à patronne.

Lorsque je regagnai mon appartement, j'y trouvai M. Lee, qui m'attendait patiemment.

— J'ai quelque chose pour vous, Harmonie, dit-il, en me tendant timidement une feuille de papier.

C'était la plus jolie peinture miniature que j'aie jamais vue — un saule pleureur se reflétant dans un lac. Habilement calligraphiée parmi les branches du saule, on pouvait lire l'inscription en chinois et en anglais : *Parfaite Harmonie, Remèdes Chinois*.

— Pouvez-vous reproduire ce dessin, monsieur Lee ?

Bien que nous fussions amis depuis déjà deux ans, je continuais de l'appeler monsieur.

— Je connais quelqu'un qui peut le faire. Et je peux en faire d'autres — des étiquettes pour vos tisanes et vos pilules.

Je réalisai soudain qu'il avait la même vision que moi : toute la gamme de mes produits trônant à l'étalage des herboristeries dans leur nouvel emballage bleu et argent.

Il sourit :

— A présent, vous avez un nom.

Et lorsque j'éclatai en sanglots, il crut que je versais des larmes de joie.

30

Palm Springs, Californie, 23 heures

Les nouvelles n'étaient pas bonnes, et Jonathan, qui ne voulait pas traumatiser Charlotte, ne savait comment les lui annoncer.

Lorsqu'il s'approcha de la porte du musée, il l'aperçut debout devant une vitrine dans laquelle étaient exposés des boîtes et des flacons portant des étiquettes bleu et argent. La légende disait : *Produits Harmony, aux alentours de 1927.*

Après avoir lu le rapport dans lequel Knight faisait état de ses liens avec la seconde victime, Charlotte était retournée dans le musée avec l'espoir d'y trouver des indices qui auraient pu l'aider à démasquer le coupable.

— Je te jure qu'il n'y a pas un mot de vrai dans toute cette histoire d'adultère, avait-elle dit à Jonathan. Le mariage du Dr Phillips avait commencé à battre de l'aile à l'époque de l'affaire Chalk Hill. Et comme Laura Phillips était persuadée que j'avais juré la perte de son laboratoire — une histoire inventée de toutes pièces par Laura Phillips elle-même —, elle en est venue à la conclusion que j'entretenais une liaison avec son mari. Ce dernier et moi avons réfuté ses allégations, et pour finir elle a abandonné les poursuites. Mais en fait, si je n'avais pas fait le rapprochement avec la deuxième victime, c'est parce que les Phillips avaient divorcé et que Laura s'était remariée. Je ne connaissais pas son nouveau nom, et elle a quitté le labo il y a cinq ans.

Jonathan n'oublierait jamais le choc éprouvé, huit ans plus tôt, en allumant la télé et en découvrant les images du massacre d'animaux qui s'était déroulé dans un laboratoire de recherches de Californie du Nord. Tout d'abord il n'avait même pas reconnu Charlotte, tant son visage était déformé par la colère et le chagrin. Puis, lorsqu'elle s'était mise à défoncer le crâne d'un berger allemand avec un bloc de pierre, Jonathan avait réalisé que la Charlotte Lee dont parlait le présentateur des actualités était *sa* Charlotte — à genoux, sanguinolente, sauvage, et déclarant en voix off : « Si c'est la seule façon de nous faire entendre, eh bien soit. »

Il avait eu envie, exactement comme maintenant, de la prendre dans ses bras et de la consoler. Lui savait pourquoi elle avait eu ce geste, même si le monde entier l'ignorait. Mais elle avait érigé entre eux une barrière infranchissable, et chaque fois qu'il voulait lui tendre la main il se heurtait à un mur.

Cela dit, il était bien obligé de reconnaître qu'il avait lui aussi dressé des barrières. Ainsi, en rentrant de chez Naomi, tandis qu'ils attendaient à un feu rouge, Charlotte lui avait-elle demandé de but en blanc ce qui s'était passé à Amsterdam. Elle se référait aux Huit d'Amsterdam, la bande de pirates qui avait conduit Jonathan à démissionner de son poste au sein des services secrets américains. Jonathan ne s'était pas senti le courage de lui répondre, et elle n'avait pas insisté.

— Charlotte. L'équipe de Knight vient d'arriver.

Elle le regarda sans un mot ; elle ne semblait pas surprise. Elle le suivit jusqu'au bureau, et jeta un coup d'œil à l'écran de surveillance : deux voitures et une camionnette venaient de se garer sur l'aire de stationnement, et des hommes se hâtaient d'en descendre avant de s'élancer sous la pluie.

— Ils vont d'abord mettre la main sur le serveur. Il faut qu'on les en empêche.

Il s'assit devant l'ordinateur et tapa une commande pour afficher le dossier système.

— J'ai recopié ta base de données mais je n'ai pas terminé.

Leurs regards se croisèrent l'espace d'un battement de cœur. L'un et l'autre savaient à quoi il faisait allusion : il fallait que Charlotte aille trouver Knight et ses hommes pour essayer de gagner du temps. Mais ce faisant, elle courait le risque de se faire interroger par Knight au sujet des deux victimes qu'elle prétendait n'avoir jamais rencontrées.

— Combien de temps te faut-il ? dit-elle.

— Ça représente neuf gigaoctets. Il a fallu que je charge les fichiers un par un. Il me faut au moins trente minutes de plus. Branche ton micro auriculaire, et empêche-les de s'approcher du serveur tant que tu n'auras pas entendu mon signal.

Elle jeta un nouveau coup d'œil au moniteur. Les agents fédéraux étaient en train de pénétrer dans le bâtiment principal, et ils avaient l'air pressés.

— Je vais essayer de trouver un moyen. (Elle se mit à fouiller dans ses poches.) Je crois que j'ai égaré mon micro. Il a dû tomber de mon oreille.

— Je n'en ai pas d'autre. Tu as un pager ?

Elle fixa le pager à sa ceinture, en donna le numéro à Jonathan, puis dit :

— Je l'ai programmé sur vibration. Dès que tu as fini de charger les fichiers, donne-moi un signal. Comme ça je saurai que je peux laisser les hommes de Knight s'approcher des machines.

— D'accord, mais surtout attends bien mon signal. S'ils entrent dans le système pendant que je suis en train de charger les fichiers, ils détecteront ma présence et me retrouveront. Je vais être accusé de rétention d'informations et arrêté. Charlotte, ajouta-t-il, je ne peux pas me permettre de me faire coffrer, tu comprends ? Surtout pour une affaire de piratage informatique.

— Je comprends. Ne t'inquiète pas. Je ne les laisserai pas t'attraper.

Il sourit.

— Et tâche d'éviter Knight, dans la mesure du possible. Il a suffisamment de preuves pour se livrer à un véritable interrogatoire.

— Je m'occupe de Knight.

— Mais surtout, tiens-les éloignés du serveur.

31

Quelques instants plus tard, au moment où Charlotte sortait de l'ascenseur, l'un des agents disait à ses hommes :

— On va commencer par verrouiller le serveur.

— Excusez-moi, s'interposa Charlotte, mais qui êtes-vous ?

L'homme sortit une carte d'identification de son portefeuille.

— Nous avons un mandat de perquisition, madame.

— Je n'en doute pas. (Elle jeta un coup d'œil au hall de réception, qui, hormis les nouveaux venus, était désert. Les bureaux, dont les portes étaient restées ouvertes, semblaient déserts également. Elle se demanda si les Barclay étaient rentrés chez eux.) Mais j'aimerais néanmoins y jeter un coup d'œil, dit-elle en tendant la main.

L'homme plongea une main dans la poche intérieure de son blouson, laissant voir un holster et un revolver, et dit :

— Nous avons ordre de mettre les scellés sur votre système informatique, madame.

— Entendu, mais j'exige de lire le mandat de perquisition avant.

— C'est votre droit, acquiesça-t-il, avant de donner l'ordre à ses hommes de se déployer sur tout l'étage et de perquisitionner en premier lieu les bureaux encore occupés, en leur rappelant de prendre des photos du matériel, de l'étiqueter et d'attendre le conseiller technique avant d'éteindre les machines.

Voyant qu'ils commençaient à s'éparpiller dans tout l'étage, sans attendre qu'elle ait pris connaissance du mandat, Charlotte posa précipitamment les papiers sur le bureau de la réception et s'élança à la suite des agents, en jetant au passage un coup d'œil dans chaque bureau pour voir qui était encore là et en cherchant un moyen de les retarder.

Elle tomba nez à nez avec Valerius Knight dans la salle des photocopieuses. Il était en train de montrer un plan de l'usine Biotech au chef d'équipe, en lui indiquant le nom de chaque bâtiment et de chaque unité. Elle s'arrêta net. Si elle tournait les talons maintenant, elle avait encore une chance d'éluder ses questions.

— Ah, mademoiselle Lee, une fois encore vous tombez à pic.

La meilleure des défenses était l'attaque.

— Je connais mes droits, monsieur Knight, dit-elle en allant droit à lui. Vos agents sont tenus de faire la preuve de leur identité et de produire un mandat avant de pouvoir procéder à la perquisition.

Il lui décocha un petit sourire.

— Sauf quand il y a urgence et que la destruction de preuves est à craindre.

— Je vous en prie. Est-ce que vous voyez quelqu'un en train d'effacer frénétiquement des fichiers ?

— C'est précisément pour empêcher une telle éventualité que mon équipe est ici.

Voyant le plan qu'il tenait à la main, et la façon dont il indiquait chaque terminal informatique d'Harmony Biotech à son adjoint, elle réalisa que Valerius Knight n'avait pas perdu son temps au cours des quatre heures qui s'étaient écoulées. Elle remarqua également que le musée ne figurait pas sur le plan.

— Vous allez confisquer tous les ordinateurs ? dit-elle.

— Tout le système, jusqu'à la dernière disquette, dit-il. En commençant par le serveur. Au fait, je vous demanderai de bien vouloir nous donner accès à la centrale électrique, si vous n'y voyez pas d'inconvénient.

Elle releva fièrement le menton.

— J'insiste pour que vos hommes dressent l'inventaire exhaustif de tout ce qu'ils confisqueront.

— Mais certainement. C'est la procédure d'usage.

— Et j'exige que le responsable du système informatique soit présent lors des opérations.

— Je lui ai déjà téléphoné. Malheureusement, il habite de l'autre côté de Saguaro Canyon et celui-ci est infranchissable à cause des crues provoquées par les pluies torrentielles. A présent, si vous voulez bien nous ouvrir le local où se trouve le terminal...

La banque de données d'Harmony Biotech contenant des formules pharmaceutiques classées secrètes, le local climatisé dans lequel se trouvait le terminal informatique était jalousement gardé. Tandis que Charlotte enfilait à contrecœur le corridor menant au serveur, Knight dans son sillage, elle cherchait un moyen de gagner du temps. Elle lui expliqua que le système de sécurité était conçu de telle sorte qu'une personne seule ne pouvait avoir accès au serveur : il fallait être deux pour pouvoir déverrouiller la porte.

— Généralement, c'est moi et le responsable de l'informatique.

— Je suis persuadé que nous allons pouvoir trouver quelqu'un d'autre en possession de la carte magnétique.

— Je n'en suis pas si sûre. Je crois bien que tout le monde est parti.

— Au fait, mademoiselle Lee, quand vous aurez un moment, j'aimerais vous poser deux ou trois questions concernant les trois victimes.

— Je croyais vous avoir déjà dit tout ce que je savais sur ce sujet, répondit Charlotte, sur ses gardes.

Knight braqua sur elle deux yeux noirs comme des gueules de canon.

— Un complément d'information m'a été communiqué dont j'aimerais m'entretenir avec vous. D'autant que vous avez déclaré ne connaître aucune des trois victimes. Ce que j'ai à vous dire pourrait peut-être vous rafraîchir la mémoire.

— Qu'est-ce que cela signifie ? rugit soudain Adrian en sortant comme une tornade de son bureau. Un type débarque sans crier gare dans mon bureau et il me dit que je n'ai plus le droit de me servir de mon ordinateur ! Après quoi ce salopard sort sa caméra vidéo et se met à filmer.

Margo apparut à son tour.

— Que cherchez-vous au juste dans notre système informatique ?

— Des empreintes digitales informatiques, madame Barclay. J'ai la conviction que les produits ont été frelatés ici même, dans les locaux d'Harmony Biotech. Je suis également certain que l'analyse des fichiers me permettra de découvrir le coupable.

— Vous voulez dire que quelqu'un ici se serait rendu coupable de sabotage ? Un employé mécontent, peut-être ?

— Ou un membre du conseil d'administration cherchant à masquer un détournement de fonds. Les mobiles ne manquent pas, fit Knight.

Elle lui décocha un regard si fielleux que Knight lui-même eut du mal à le soutenir.

— Etes-vous en train de dire que vous nous soupçonnez ?

— A ce stade de l'enquête, madame, je soupçonne tout le monde.

— Nous sommes des Barclay, dit-elle d'une voix glaciale. Nous n'avons pas pour habitude de détourner des fonds ou de nous livrer à des malversations.

— Excusez-moi, madame, mais ce n'est pas la première fois que j'entends cette rengaine.

L'ignorant, Margo se tourna vers Charlotte.

— La conférence de presse se tiendra demain matin à neuf heures. J'ai convoqué toutes les chaînes locales, ainsi que CNN.

Knight regarda Charlotte.

— Et peut-on savoir pourquoi vous avez organisé une conférence de presse ?

— Pour préserver la bonne réputation de ma firme, répondit-elle, en tirant sur les poignets de son chemisier et en jetant par la même occasion un coup d'œil discret à sa montre.

Cinq minutes seulement s'étaient écoulées. Comment allait-elle pouvoir les retarder vingt-cinq minutes de plus ?

— Monsieur Knight, j'ai moi-même fouillé les archives et si vous m'en laissez le temps je suis à peu près sûre de pouvoir remonter à la source du sabotage.

Il haussa les sourcils.

— Puis-je savoir d'où vous avez mené vos recherches ? Je ne me souviens pas vous avoir vue dans votre bureau.

— Monsieur Knight, cette usine est vaste. Nous avons des terminaux un peu partout.

Il hocha lentement la tête sans la quitter du regard.

— Je n'en doute pas. (Il la considéra en silence pendant un petit moment encore, avant d'ajouter :) Veuillez ouvrir le local, je vous prie.

— Combien de temps cela va-t-il prendre ? s'impatienta Adrian tout en jetant un coup d'œil dans son bureau, où un agent de la FDA, à quatre pattes sous le bureau, était en train d'étiqueter les cordons et les câbles électriques. J'ai besoin de pouvoir accéder à mes fichiers.

Charlotte trouva qu'Adrian Barclay avait meilleure mine. Son visage avait repris de la couleur, et il semblait moins voûté. Elle dévisagea Margo. Elle aussi paraissait avoir repris du poil de la bête.

— Nous allons soumettre votre système au laboratoire d'analyses des délits informatiques, monsieur Barclay, expliqua Knight calmement. A compter de maintenant, plus personne n'est autorisé à entrer dans le système informatique.

— Mais vous n'avez pas le droit ! explosa Adrian.

Posant ses mains sur ses hanches, Knight dit d'une voix lasse :

— Bon, maintenant, qui d'autre est en possession de la carte magnétique permettant d'accéder au serveur ?

— Je n'ai pas la moindre idée de l'endroit où se trouve la mienne, répondit Margo avec un regard du côté de son bureau, où l'un des hommes de Knight venait d'entrer.

Des bruits leur parvenaient des autres bureaux dont les portes étaient restées ouvertes : le système informatique était confisqué promptement et méthodiquement. Bientôt les agents allaient le fermer complètement et l'emporter pièce par pièce. Charlotte tâta le pager qu'elle portait sous sa veste en priant le ciel pour que Jonathan ait le temps de recopier tous les fichiers sur son ordinateur. Il restait encore vingt minutes.

— Je n'ai jamais eu besoin de déverrouiller cette porte, poursuivit Margo en pointant un doigt vers le local informatique.

En entendant la note de dédain dans la voix de Margo, Charlotte songea qu'à l'exception de la messagerie électronique, Margo n'avait jamais vraiment su se servir d'un ordinateur. Savait-elle que les fichiers effacés restaient sur le disque dur, par exemple ?

— Je vais chercher ma carte, dit Charlotte. Et je pense que Desmond doit en avoir une, lui aussi, en espérant qu'il ne soit pas rentré chez lui.

Tout en remontant à la hâte le corridor, elle lança un coup d'œil par-dessus son épaule et vit qu'Adrian s'était retranché dans un coin pour pouvoir téléphoner sur son portable. Margo se tenait à côté de Knight et ils avaient l'air de plaisanter. Les agents fédéraux travaillaient sans bruit et avec diligence, étiquetant, photographiant, débranchant les machines qui étaient déjà éteintes et les emballant dans du film plastique, saisissant les disquettes, qu'ils rangeaient ensuite dans des étuis rembourrés. Mais où pouvaient bien être Desmond et M. Sung ?

En approchant de son propre bureau, elle constata que la porte était entrouverte. Elle se souvenait parfaitement de l'avoir fermée et verrouillée avant de partir. Etait-ce un agent fédéral qui l'avait ouverte avec un passe ? Il n'y avait personne à l'intérieur et son ordinateur était allumé. Elle réalisa soudain qu'un nouveau message était affiché. En s'approchant du bureau, elle nota un parfum dans l'air — un parfum familier mais qu'elle n'arrivait pas à identifier.

« Elle est rusée, Charlotte, disait le message. *Elle n'a pas parlé de moi aux agents fédéraux. Ha, ha. Ils peuvent fouiller le système de fond en comble, ils ne me retrouveront jamais. Il ne te reste plus que sept heures. »*

Il n'était fait aucune allusion à la conférence de presse. Il lui avait dit de lui faire savoir à quelle heure elle était programmée, mais Charlotte avait été dans l'incapacité de le lui dire, ignorant les dispositions que Margo avait prises. Or, curieusement, il ne lui en reparlait pas.

Comme s'il l'avait su.

Il était également au courant pour les agents du FBI. Comment ? N'empêche qu'il ne semblait pas informé de la présence de Jonathan.

Elle contempla un instant le message affiché à l'écran en contrôlant à grand-peine la fureur qui bouillait en elle. Je te jure, promit-elle silencieusement à son interlocuteur anonyme, que tu vas payer ce que tu as fait à Naomi.

Ouvrant un tiroir de son bureau, Charlotte en sortit sa carte magnétique et la glissa dans sa poche. Elle jeta un coup d'œil à sa montre. Encore quinze minutes. Elle songea un instant à dire à Knight qu'elle ne retrouvait pas sa carte, puis réalisa qu'il ne la croirait sûrement pas. De toute façon, la meilleure façon de gagner du temps était de se montrer coopérative.

Comme elle quittait son bureau, le nom du parfum qu'elle avait humé dans l'air lui revint à l'esprit. C'était *Organza*, de Givenchy.

Le parfum préféré de Margo.

Avant de rejoindre Knight et les autres, Charlotte fit un détour par la salle du personnel, où le réfrigérateur était couvert de petits mots retenus par des aimants. Choisissant le plus gros d'entre eux, elle le passa au-dessus de sa carte de sécurité, puis remit l'aimant à sa place et se hâta de retrouver les autres.

M. Sung se trouvait avec eux à présent. Il portait toujours le même costume gris. Contrairement à Knight, qui avait ôté sa veste et déboutonné son col de chemise et dont la mâchoire se couvrait d'une barbe naissante, M. Sung était aussi impeccablement mis que s'il venait de commencer sa journée.

Charlotte l'entendit qui disait à Knight :

— Vous nous rendriez un fier service si vous pouviez laisser le système en place. Nous avons des formules chimiques à tester et les primes du personnel à calculer. Votre équipe ne pourrait-elle pas examiner le système sur place ?

Knight lui répondit comme s'il prononçait un sermon depuis la chaire d'une église.

— Le protocole, monsieur Sung, nous oblige à confisquer le matériel et à l'examiner dans le laboratoire du FBI. Ainsi nous sommes sûrs que personne ne pourra falsifier les données pendant que nous menons notre enquête. (Un sourire effleura ses lèvres.) En tant qu'homme de loi, vous savez mieux que quiconque qu'il est indispensable de préserver les indices. En examinant le système sur place, nous nous exposerions à une éventuelle falsification des données, par effacement ou modification.

— Mais en quoi un ordinateur constitue-t-il une preuve ? fulmina Adrian en s'approchant du groupe et en refermant son téléphone portable d'un geste rageur.

— Pas seulement une preuve, monsieur Barclay, répondit Knight, impassible. Je suis intimement persuadé que les formules chimiques ont été falsifiées ici même, dans les laboratoires d'Harmony Biotech. Ce qui veut dire que votre système informatique est également l'instrument du crime. Réfléchissez un peu, poursuivit-il, tandis que son sourire s'élargissait. C'est un revolver encore fumant. (Il se tourna vers Charlotte.) Vous avez votre carte magnétique ? M. Sung a proposé la sienne.

Charlotte sortit sa carte, puis hésita. Si l'aimant n'avait eu aucun effet, ils allaient pincer Jonathan en train de recopier les fichiers.

M. Sung s'avança le premier, et introduisit sa carte dans la fente métallique ménagée sur le côté de la porte. Un message apparut sur l'écran d'affichage, confirmant que le numéro était valide, suivi de : *Prière d'insérer la deuxième carte*.

Charlotte sentit son pouls s'accélérer tandis qu'elle s'approchait à son tour. Que feraient-ils à Jonathan s'ils le prenaient en flagrant délit de falsification de preuves au beau milieu d'une enquête criminelle menée par le FBI ?

Il est en train de mettre sa carrière en jeu pour me tirer de là.

La carte lui échappa des mains et tomba mollement sur la moquette.

— Désolée, marmonna-t-elle, en se baissant pour la ramasser.

Au nom du ciel, Jonathan ! Envoie-moi un signal !

Elle inspira et retint son souffle tandis qu'elle insérait sa carte dans la fente. Voyant que rien ne se passait, Knight dit d'une voix sèche :

— Vous l'avez introduite dans le mauvais sens.

Elle retourna la carte et la glissa à nouveau dans la fente. Une demi-seconde s'écoula, puis un message s'afficha : *Carte invalide. Veuillez insérer la deuxième carte.*

— Si vous voulez bien me permettre, dit Knight en tendant la main.

Elle lui remit la carte, et il essaya à son tour, en la faisant glisser plusieurs fois de suite dans la fente, dans un sens, puis dans l'autre. Rien.

— Ça ne m'était encore jamais arrivé, s'étonna Charlotte en soutenant tranquillement le regard inquisiteur de Knight. Pensez-vous que quelqu'un ait cherché à forcer le verrou ?

Elle jeta un coup d'œil à l'horloge murale. Vingt minutes s'étaient écoulées. Il fallait tenir encore dix minutes.

— N'ayez crainte, dit Knight. Nous avons tout ce qu'il faut. Randall ? appela-t-il. Nous allons avoir besoin du chalumeau. (Son sourire s'était transformé en rictus.) Ça va nous prendre environ une heure, mais nous allons l'ouvrir, je vous le garantis.

Charlotte sentit la tension qui la quittait. Une heure était plus que suffisant.

— Oh, mais ce sont des méthodes de brutes ! s'écria soudain Margo. (Elle tourna les talons et se dirigea vers son bureau, dont elle ressortit quelques instants plus tard, sa carte magnétique à la main.) Tenez, je ne sais pas si elle marche, je ne l'ai jamais essayée.

Avant que Charlotte ait pu réagir, Knight avait introduit la carte dans la fente. Une lumière verte apparut sur l'écran d'affichage, et la porte s'ouvrit d'elle-même.

Elle jeta un coup d'œil à sa montre. Il fallait encore huit minutes à Jonathan.

— Monsieur Knight, est-ce que vos hommes ne pourraient pas attendre demain matin ? dit-elle. Les comptables vont reprendre leur service dans quelques minutes et commencer à calculer les primes du personnel…

— Mademoiselle Lee, il y a eu trois homicides, peut-être quatre. Nous n'avons pas de temps à perdre. D'autres personnes sont peut-être menacées de mort. Il me semble que les chèques peuvent attendre un jour ou deux, vous ne croyez pas ? Où est O'Banyon ? Dites-lui que le serveur est disponible.

Tandis qu'elle attendait, tout en priant le ciel pour que cet O'Banyon de malheur n'arrive pas sur-le-champ, Charlotte observa Margo, Adrian et M. Sung, et se demanda si l'un d'eux était le coupable. Adrian avait-il le sang-froid nécessaire pour déclencher une explosion en reliant une ligne téléphonique à une cuisinière à gaz ? Desmond aurait-il eu le cran de la tuer avec une porte de garage ? Margo avait-elle les connaissances requises pour réaliser un film truqué de la mort de Yolanda ? Tous auraient été capables de détourner des fonds, comme l'avait laissé entendre Knight. Mais de là à tuer ?

« Notre ami s'y connaît suffisamment en informatique pour falsifier une formule chimique, avait dit

Jonathan, mais il ignore qu'effacer un fichier ne signifie pas le détruire. »

Tous trois avaient des connaissances en informatique, mais limitées. M. Sung se servait de son ordinateur pour faire du traitement de texte ou des recherches ayant trait à la jurisprudence sur Internet ; Adrian avait recours à son ordinateur pour jouer en bourse et lire le *Wall Street Journal* ; Margo ne devait pas se servir souvent du sien.

Charlotte pensa à Desmond, qui, pour l'heure, brillait par son absence. Il avait un mépris souverain pour les ordinateurs. Charlotte se souvint que lorsqu'ils étaient gosses il se moquait de Jonathan et de ses composants électroniques. Quand Jonathan avait déclaré : « Un jour les ordinateurs remplaceront les hommes », Desmond avait répondu d'un ton méprisant : « En tout cas moi, ils ne me remplaceront pas. »

Et pourtant, songea ironiquement Charlotte, ils l'avaient fait. Il n'y avait pas plus informatisé que Desmond. Ce dernier était obsédé par la technologie. Il s'entourait de tous les gadgets électroniques les plus sophistiqués et coûteux disponibles sur le marché.

« Je suis ce qu'il convient d'appeler un homme à la pointe du progrès », lui avait-il déclaré non sans fierté en lui montrant le dernier flipper informatique qu'il s'était acheté.

La grand-mère de Charlotte avait dit un jour que la salle de jeux de Desmond ressemblait à l'intérieur d'un vaisseau spatial, tant elle contenait de voyants lumineux et d'écrans à affichage digital. Même le reste de sa maison était régi par un ordinateur central, qui contrôlait la température, la lumière, la musique, la sécurité. Néanmoins, mis à part une heure ou deux passées à jouer à *Myst* sur son ordinateur personnel, Desmond n'avait jamais manifesté aucune passion ni aucun talent pour l'informatique.

Etait-il possible que ce soient les Barclay qui aient fait le coup, comme Knight et Jonathan semblaient le penser ? Tous les trois avaient un mot de passe confidentiel pour pouvoir accéder aux fichiers classés secrets, et suffisamment de connaissances pour pouvoir falsifier une formule chimique. Et pourtant aucun d'eux n'était assez féru d'informatique pour savoir qu'un fichier effacé restait sur le disque dur.

Mais quels auraient pu être leurs mobiles ? se demanda Charlotte en regardant les moniteurs, les cordons électriques et les modems qui commençaient à s'empiler sur le comptoir du hall d'accueil. Les hommes de Knight étaient incroyablement efficaces.

Elle jeta un coup d'œil à l'horloge murale. Encore cinq minutes. Le message de Jonathan allait arriver d'une minute à l'autre. Dépêche-toi, Jonathan, priait-elle mentalement. Dépêche-toi, pour l'amour du ciel...

Charlotte tourna son attention vers les deux personnes auxquelles un lien à la fois étrange et inextricable la rattachait. Elle avait cessé de les appeler « tante » Margo et « oncle » Adrian depuis longtemps, depuis le jour où elle avait appris par sa grand-mère qu'elle n'était parente des Barclay que par alliance. Ce jour-là, elle avait également appris pourquoi la mère d'Adrian, Olivia, puis la femme d'Adrian, Margo, avaient pendant si longtemps rejeté Harmonie. Car de Barclay, l'un des noms les plus prestigieux de l'aristocratie américaine, les deux femmes ne possédaient que le patronyme, alors que le sang des Barclay coulait bel et bien dans les veines d'Harmonie et de Charlotte, même si elles n'avaient pas hérité du nom.

Mais était-ce une raison suffisante pour vouloir causer la perte d'une compagnie ? songea Charlotte. Et pourquoi maintenant, alors que tant d'eau avait coulé sous les ponts ?

Elle s'écarta légèrement du groupe et releva discrètement son chandail de façon à pouvoir lire l'écran d'affichage de son pager. Etait-il possible que Jonathan l'ait déjà appelée et qu'elle ne s'en soit pas rendu compte ?

Son sang se glaça dans ses veines.

Un message clignotait sur l'écran : *Batterie insuffisante*.

Le pager ne marchait pas ! Jonathan n'avait aucun moyen de lui faire savoir qu'il avait terminé !

— Que se passe-t-il ?

Charlotte fit volte-face et aperçut Desmond, qui arrivait au pas de charge dans leur direction : un homme agité, vêtu de noir, les yeux cachés derrière des Ray-Ban noires. Tandis qu'il approchait, en demandant une fois de plus ce qui se passait, Charlotte songea : « C'est curieux, il n'était pas aussi agressif autrefois. »

Le sentiment étrange que Desmond et M. Sung avaient changé lui revint. En revanche, Adrian et Margo ne lui donnaient pas la même impression. Que s'était-il passé, l'année dernière, lorsqu'elle était en voyage en Europe ? Y avait-il eu quelque chose entre Desmond et M. Sung ?

« Es-tu sûre que la mort de ta grand-mère ait été accidentelle ? » Jusqu'à ce que Jonathan lui pose cette question, Charlotte n'avait jamais envisagé d'autre éventualité. Et puis il avait posé d'autres questions qui n'avaient fait que jeter le trouble dans son esprit : y avait-il eu une enquête policière ? Sa grand-mère connaissait-elle le nom de la personne qu'elle devait rencontrer sur cette île ? Comment se faisait-il que M. Sung ait survécu ?

Lorsqu'elle lui avait répondu : « Il n'était pas à bord, il a vu le bateau couler depuis le rivage » et que Jonathan avait demandé : « Pourquoi ne l'avait-il pas accompagnée ? », les doutes et les interrogations de toutes sortes s'étaient mis à l'assaillir.

Primo, elle était allée en Europe, un an plus tôt, et quand elle était revenue de voyage, Desmond et M. Sung lui avaient paru changés. Puis soudain, six mois plus tard, sa grand-mère avait péri dans un naufrage. Lorsque Charlotte avait vu le cercueil de sa grand-mère descendre sous terre, elle avait songé qu'elle perdait l'unique famille qu'elle possédait au monde. Mais pas un seul instant il ne lui était venu à l'idée de se demander pourquoi.

A présent elle se posait la question.

— Ils sont en train de confisquer le système, mon chéri, dit Margo à Desmond.

Elle tendit la main pour chasser une mèche folle du front de son fils, mais Desmond se recula avec un geste nerveux.

Et Charlotte songea : « Desmond a changé d'attitude vis-à-vis de sa mère. »

Lorsqu'il était enfant, il était rare de ne pas les voir ensemble, sa mère et lui. C'était comme s'ils avaient formé une paire, une sorte de société d'adoration mutuelle : Desmond chantant les louanges de sa mère, et Margo célébrant celles de son fils. Mais à présent Desmond se montrait presque méprisant envers elle.

O'Banyon, le technicien, fit son apparition et, ôtant prestement son imperméable trempé, pesta contre l'orage. Il se rendit immédiatement vers l'ordinateur et fit un rapide tour d'inspection du matériel.

Charlotte jeta un coup d'œil du côté des box de verre où se trouvaient les bureaux des secrétaires. Aurait-elle pu utiliser l'un des téléphones qui s'y trouvaient pour appeler le musée ? Mais Jonathan aurait-il seulement l'idée de décrocher ?

— Mademoiselle Lee ?

Elle se retourna. Knight la considérait d'un air pensif.

— Vous disiez que vous vouliez être présente lors de la mise sous scellés du système. O'Banyon est notre conseiller technique. Les ordinateurs, ça le connaît, ajouta Knight avec un grand sourire.

— Mais avant de fermer, lança O'Banyon en contemplant le matériel qui s'étalait sous ses yeux, il faut que je sois certain que personne n'est en train d'utiliser le système. Sans quoi toutes les données seront perdues.

— Mais il faut néanmoins que nous empêchions le sabotage de preuves, monsieur O'Banyon, souligna Knight.

— C'est vrai… dit le technicien en vérifiant les branchements entre le moniteur, le clavier et l'unité centrale. Vous avez trois serveurs, murmura-t-il. Bien, voilà le nœud de raccordement… voyons voir auquel des trois est relié le moniteur…

Charlotte regarda la pendule. Trente-cinq minutes. Jonathan avait-il terminé ? Avait-il essayé de la contacter ?

Après s'être familiarisé avec la configuration, O'Banyon s'assit devant le clavier et appuya sur la barre d'espacement. L'écran de veille disparut, et la commande « Nom du responsable » apparut. Il tapa le nom que lui avait fourni Knight, et quand la commande « Mot de passe » s'afficha, il entra le mot de passe que Knight lui avait également communiqué.

Mais au lieu d'ouvrir immédiatement la session, le système afficha un nouveau message : *Mot de passe incorrect. Veuillez recommencer.*

O'Banyon fronça les sourcils, en caressant pensivement ses cheveux coupés en brosse, puis tapa à nouveau le mot de passe.

Mot de passe incorrect. Veuillez recommencer.

Juste au moment où il allait essayer à nouveau, un autre message s'afficha sur l'écran : *Attention ! Troisième essai. Si le mot de passe est incorrect le système se fermera automatiquement et effacera tous les fichiers.*

— Qu'est-ce que c'est que ce travail ? beugla Knight.

— En tout cas, il est rudement bien protégé, votre système, dit O'Banyon, visiblement impressionné.

— Mais qu'est-ce que ça veut dire ?

— Il y a un dispositif de sécurité supplémentaire pour faire échec aux petits malins qui tapent des mots de passe au petit bonheur jusqu'à ce qu'ils tombent par hasard sur le bon. Ça s'appelle une pilule empoisonnée.

— Vous voulez dire qu'il va vraiment effacer tous les fichiers ?

O'Banyon haussa les épaules.

— Bien sûr. Pourquoi pas ? La compagnie a certainement des copies de sauvegarde. (Il leva les yeux vers Charlotte, un sourire admiratif sur les lèvres.) Vous êtes drôlement vernie, ma petite dame, vous avez un système de sécurité de première bourre. Je n'en ai jamais vu de semblable, sauf à l'armée, pour protéger des fichiers classés. Comme ça, au moins, vous pouvez êtes tranquille : personne n'ira vous faucher vos formules chimiques.

S'adressant à un de ses hommes, Knight dit :

— Débrouille-toi pour joindre le responsable de l'informatique au téléphone, et que ça saute. Son numéro est à côté de mon portable. Demande-lui de te donner son nom et le mot de passe. Peut-être que celui qu'il m'a donné était erroné. Et si ça ne marche pas cette fois, nous déconnectons tout le fichu système et nous l'emmenons au labo de toute façon.

— Je ne pense pas que ce soit une bonne idée, s'interposa O'Banyon.

— Et pourquoi ça ? glapit Knight.

Le technicien désigna une petite icône rouge qui clignotait au bas de l'écran.

— Ça veut dire que le serveur ne peut pas être débranché.

— Ah, vraiment ? La tempête fait rage. Les lumières n'ont pas cessé de vaciller, au cas où vous ne l'auriez pas remarqué. Le serveur est protégé par un UPS je ne sais trop quoi.

Le technicien s'adressa à Charlotte.

— J'ai aperçu un générateur à l'extérieur, madame. J'imagine qu'il alimente toute l'usine en cas de coupure de courant ?

— Oui.

Il se tourna vers Knight.

— Dans ce cas, monsieur, l'UPS n'est pas un générateur. C'est un système d'alarme. Il prévient le système informatique en cas de panne dans le circuit électrique, pas en cas de panne de secteur.

Knight fit la grimace.

— Vous voulez dire : lorsque le serveur est débranché ?

— Exact. Pour cette machine, la coupure de courant ne peut provenir que du circuit électrique, ce qui signifie qu'elle est le fait d'un intrus. Pour se protéger, la machine efface tous les fichiers. C'est très impressionnant. La compagnie n'a rien à craindre dans la mesure où elle possède tous les fichiers en double ; en revanche, le pillard repart les mains vides !

— Dans ce cas, articula Knight lentement, comme quelqu'un qui s'efforce de ne pas perdre patience, comment fait-on pour entrer dans le système ?

— On fait appel au responsable du système informatique. Il n'y a que lui qui puisse nous donner accès au système.

Knight était en train de méditer gravement sur tout cela, lorsque le deuxième agent s'en revint en disant que le numéro de téléphone personnel du responsable ne répondait pas.

— Très bien, rugit Knight, dans ce cas mettez la chambre forte sous scellés et placez-la sous haute surveillance jusqu'à ce que nous ayons pu mettre la main sur le responsable. Personne ne doit avoir accès aux fichiers. Débranchez toutes les machines qui se trouvent dans cette usine, y compris la console Nintendo de la salle du personnel. Personne ne doit approcher de ce fichu système tant que nous n'aurons pas réglé cette affaire, compris ?

— Hello, tout le monde.

Toutes les têtes se retournèrent.

— Qui êtes-vous ? aboya Adrian.

Charlotte se retourna et vit Jonathan, qui souriait de toutes ses dents.

— Jonathan ! dit Desmond comme s'il tombait des nues.

Knight se fraya un chemin sans ménagement parmi les autres.

— Et puis-je savoir qui vous êtes ?

Jonathan lui tendit la main et dit d'une voix affable :

— Jonathan Sutherland, expert en sécurité informatique.

Les yeux de Knight se plissèrent.

— Expert en sécurité ? C'est vous, le Sutherland qui a démantelé le réseau des Huit d'Amsterdam ?

Jonathan cligna des paupières.

Knight hocha la tête.

— J'ai entendu parler de vous.

— Et à qui ai-je l'honneur ?

Knight montra son badge.

— Valerius Knight, de la FDA.

Jonathan se tourna vers Charlotte et lui tendit une feuille de papier.

— J'ai retrouvé ce que tu cherchais.

— Mais encore ? demanda Knight.

— Le coupable, répondit Jonathan avec un sourire espiègle. La personne qui a saboté les produits et provoqué la mort de trois femmes.

32

San Francisco, Californie, 1928

Les cris des gens qui hurlaient au feu me tirèrent du sommeil. Je me précipitai à la fenêtre et aperçus de grandes flammes et un énorme nuage de fumée qui montait vers le ciel noir. Enfilant promptement mon peignoir, je dévalai l'escalier quatre à quatre. En chemin je rencontrai M. Lee, également en robe de chambre. Une foule compacte, sortie de tous les immeubles voisins, se pressait dans la rue. La sonnerie de la voiture de pompiers résonnait au loin, mais comment allaient-ils faire pour s'approcher du feu ?

Soudain, je réalisai que c'était l'entrepôt de M. Huang qui était en flammes.

Dans la rue, les gens avaient commencé à faire la chaîne pour éteindre l'incendie. M. Lee et moi-même nous joignîmes à eux et commençâmes à passer frénétiquement des seaux d'eau, mais l'eau se répandait en cours de route et les seaux étaient à moitié vides lorsqu'ils arrivaient à l'autre bout de la chaîne. Les gens criaient : « Laissez passer la voiture des pompiers ! Laissez passer la voiture des pompiers ! »

Puis nous entendîmes une femme qui se lamentait :

— Où est mon mari ? Où est M. Huang ! *Aii-yah !*

Sans une seconde d'hésitation, M. Lee s'élança à l'intérieur de l'immeuble et disparut dans la fumée et les flammes. Je me précipitai à sa suite, puis battis en retraite lorsque les pompiers accoururent avec leurs lances à incendie.

— Il faut le sauver, criai-je. M. Lee est à l'intérieur !

Le pavé était mouillé et glissant et je faillis perdre l'équilibre, mais heureusement quelqu'un me rattrapa de justesse. Lorsque je me retournai, je vis une paire d'yeux qui fixaient sur moi un regard inquiet.

— Dieu merci, vous êtes vivante, dit Gideon.

— M. Lee ! m'écriai-je. Il est à l'intérieur.

Aussitôt, Gideon ôta sa veste et plongea dans les flammes en protégeant sa figure avec ses bras. Je réalisai soudain que les trois hommes qui se trouvaient dans le brasier étaient mes trois meilleurs amis, et que l'un d'eux était l'amour de ma vie.

— Au secours ! hurlai-je, en courant d'un pompier à l'autre. Il faut les sauver ! Sortez-les de là !

Mais les vociférations fusaient de toutes parts, et d'autres voitures de pompiers arrivèrent, déployant d'autres lances à incendie. La confusion était telle et il y avait tant de fumée et de flammes que j'eusse été incapable de dire aux pompiers où étaient allés M. Lee et Gideon, et par quelle porte ils étaient entrés.

Les pompiers armés de haches tentèrent de pénétrer dans l'immeuble, mais ils furent obligés de rebrousser chemin. Je voulus y entrer moi-même, mais des mains vigoureuses m'empoignèrent pour m'en empêcher.

— Gideon ! hurlai-je. *Gideon !*

C'est alors que j'aperçus M. Huang, assis au bord du trottoir, la tête entre les mains. Je courus à lui. Avait-il vu M. Lee ? Savait-il où se trouvait Gideon ?

Il secoua la tête, hébété, tandis que sa femme le serrait contre elle, en répétant son nom, comme une litanie.

Horrifiée, je contemplais les flammes qui jaillissaient des fenêtres comme d'immenses langues de feu, tandis que les tourbillons de fumée montaient au ciel comme des esprits malfaisants cherchant à obstruer la voûte céleste et les étoiles.

— Gideon, dis-je en éclatant en sanglots.

C'est alors que Mme Po parut, les cheveux en désordre, et me dit :

— Toi, viens avec moi, viens avec moi !

Elle dut m'entraîner de force loin de l'immeuble en flammes, pour m'obliger à la suivre dans une contre-allée. Gideon... pensai-je en regardant en arrière.

Mais lorsque nous tournâmes au coin de la rue, parmi les voitures de pompiers et la foule compacte, je ne vis qu'un seul homme... Gideon, adossé à un réverbère, en train de s'essuyer le front.

Je m'élançai vers lui. Il me prit dans ses bras.

Ses lèvres sur les miennes avaient un goût de feu et de braise.

— Où est M. Lee ? demandai-je.

— Il va bien. Nous avons réussi tant bien que mal à ressortir des flammes. Mais nous l'avons échappé belle.

C'est alors que je réalisai qu'ils étaient ressortis par la porte de service, là où on livrait les marchandises et où se trouvait mon petit atelier. L'incendie n'était pas arrivé jusque-là.

J'éclatai en sanglots, et Gideon prit mon visage entre ses mains.

— J'ai cru que je t'avais perdu ! m'exclamai-je.

Ou était-ce Gideon qui avait dit cela ? Ses lèvres cherchèrent à nouveau les miennes, ici même, en pleine rue, avec la foule qui se pressait autour de nous, moi en robe de chambre, mes cheveux défaits retombant jusqu'à ma taille, Gideon en smoking, le visage noir de suie, dans les bras l'un de l'autre, au milieu du vacarme, de la fumée et de la chaleur.

Lorsque mes larmes s'arrêtèrent enfin de couler, je scrutai attentivement le visage de Gideon à la recherche de blessures, mais, mis à part des traces de suie sur les joues et quelques mèches de cheveux roussies, il n'avait rien. Je le pris par la main et le conduisis chez moi pour lui faire boire une tisane, qu'il commença par refuser.

Entre-temps l'incendie avait été circonscrit, et peu après il fut maîtrisé. Les gens commencèrent à regagner leurs logis, tandis que d'autres s'attardaient pour estimer les dégâts en hochant tristement la tête. La plupart d'entre eux se souvenaient du grand incendie qui avait ravagé Chinatown en 1906.

Pendant que Gideon buvait sa tisane, j'allai m'habiller dans la chambre. Il était de retour à San Francisco depuis six semaines, et, bien qu'il ne m'eût pas donné signe de vie, j'avais vu sa photo dans la chronique mondaine des journaux.

Lorsque je revins dans le petit salon, il me considéra un moment en silence.

— Eh bien ? dit-il au bout d'un moment, rompant le dialogue silencieux de nos yeux, dans lesquels, après un an de séparation, le désir était palpable. Pourquoi es-tu plus belle à chaque fois que je te revois ? Il y avait une réception sur la colline. Quand j'ai vu l'incendie, je n'ai pas pu m'empêcher de penser à toi. Je suis parti en courant sans rien dire à personne.

— Tu es rentré depuis six semaines.

Pourquoi avais-je dit cela ? Cela ressemblait à une accusation. Comme s'il avait eu l'obligation de me signaler sa présence, alors qu'il n'en était rien.

— Je sais. Je voulais te voir, Harmonie. Mais la dernière fois que je t'ai donné rendez-vous, tu m'as posé un lapin. Tu te souviens ? Je t'ai attendue, ce jour-là. Je t'ai attendue toute la journée, Harmonie, et tu ne m'as même pas téléphoné. Je n'avais aucune envie d'essuyer un autre échec. Mais je n'ai pas cessé une seconde de penser à toi pendant que j'étais dans cette fichue jungle, Harmonie. Pourquoi est-ce que je n'arrive pas à te sortir de ma tête ?

Nous nous tûmes un instant, laissant le bruit de la rue s'installer entre nous. Les pompiers regagnant leur caserne, les voisins s'interpellant l'un l'autre, quelqu'un passant un disque sur un phonographe.

Incapable de soutenir plus longtemps son regard, je m'approchai de la fenêtre et contemplai les fenêtres noircies de l'entrepôt de M. Huang.

— Gideon, tout ceci est tellement déconcertant, dis-je, sans trop savoir si je me référais à l'incendie ou à sa venue inopinée.

— Pourquoi ? dit-il, en s'approchant à son tour de la

fenêtre, un sourire conciliant sur les lèvres. Est-ce toi qui as mis le feu à l'entrepôt ?

— Non, mais c'est moi qui étais visée.

— Toi ! Mais pourquoi ?

— Parce que j'avais décidé de louer ce local pour y installer mon nouvel atelier. Mais c'est un secret, Gideon. Personne n'était au courant.

Il frotta son menton couvert de suie d'un air pensif, puis dit :

— Allons, viens. On va faire un tour.

— Un tour ! A cette heure-ci ?

— Nous avons besoin d'un bon bol d'air après avoir respiré toute cette fumée. Et puis tu vas m'expliquer toute cette histoire.

Nous descendîmes Columbus Avenue puis prîmes la direction de Fisherman's Wharf. Je n'étais que très rarement montée en voiture, et j'éprouvais une étrange sensation, d'autant plus étrange que j'étais assise au côté de Gideon, tout près de lui, comme si nous avions été assis sur un canapé, et pourtant très loin. Un vent froid s'engouffrait par les fenêtres grandes ouvertes, et la voiture tressautait chaque fois que les roues passaient sur les rails des tramways.

— Tu veux dire que quelqu'un a mis volontairement le feu à l'entrepôt pour t'empêcher d'y installer ton atelier ? Mais pourquoi ?

Tout en regardant la ville endormie défiler sous mes yeux, et la baie apparaître au loin, tel un grand mur noir, je racontai à Gideon ce qui s'était passé au cours de l'année écoulée.

Mon entreprise était en pleine expansion. Mon nouveau label — le saule pleureur se reflétant dans le lac — était bien connu des consommateurs. Les gens qui ne savaient pas lire savaient qu'ils pouvaient faire confiance aux remèdes qui portaient cette étiquette. Mais si mon entreprise prospérait, mes produits dans leurs emballages bleu et argent restaient peu nombreux à côté des produits du Dragon Rouge qui, bien qu'inefficaces, voire dangereux pour certains, envahissaient les étagères des herboristeries. Dans ces conditions, comment les gens pouvaient-ils choisir ? J'avais un rêve : agrandir mon petit atelier et faire connaître mes produits au plus grand nombre possible.

Un soir, pendant que mes employées et moi étions en train de prendre le thé, après une journée entière passée à emballer et étiqueter nos produits, j'avais eu une longue conversation avec M. Lee. Il m'avait suggéré de baisser mes prix d'un penny, car les Chinois sont incapables de résister à une bonne affaire. Mais le lendemain, en faisant le tour des herboristeries, j'avais découvert que le Dragon Rouge avait fait exactement la même démarche.

Si bien que l'idée me vint de distribuer mes produits ailleurs que dans les herboristeries, chez les épiciers, dans les bureaux de tabac, et même chez les marchands de cycles. Mais quelques jours seulement après en avoir discuté avec M. Lee, je vis apparaître les produits du Dragon Rouge à la devanture des épiceries, bureaux de tabac et marchands de cycles.

Un tel concours de circonstances avait de quoi surprendre, mais ce ne fut que lorsque je mis au point de nouvelles pastilles pour rafraîchir l'haleine, carrées, plates et dures, contenant principalement de la réglisse et du menthol, que je réalisai qu'il ne s'agissait pas d'une coïncidence. Je n'avais pas encore livré mon produit chez les marchands que le Dragon Rouge en avait déjà sorti un semblable, qui prétendait à la fois rafraîchir l'haleine et calmer le mal de gorge.

Enfin, quand je décidai d'ajouter un colorant rouge à mon tonique Golden Lotus, pour rappeler aux gens qu'il s'agissait d'un tonique pour le sang, mais aussi parce que je trouvais la couleur rouge plus attrayante que la couleur ambrée originale, le Dragon Rouge ajouta lui aussi du colorant rouge à l'une de ses pommades pour la peau, en spécifiant sur l'étiquette « tonifie le sang ».

Je savais que quelqu'un dévoilait mes secrets à la Compagnie du Dragon Rouge.

Gideon dit :

— Il n'y a pas de doute, il y a une moucharde parmi

tes employées, Harmonie. Quelqu'un livre un à un tous tes secrets au Dragon Rouge.

— M. Huang a dit que l'incendie n'était pas un accident. Un pompier a retrouvé un bidon d'essence et des chiffons. Mon entreprise est minuscule, Gideon, comparée à celle du Dragon Rouge. Je ne comprends pas pourquoi ils font ça.

Le vent jouait dans les beaux cheveux de Gideon, tandis que nous discutions par-dessus les rugissements du moteur.

— Je sais, c'est une grosse firme, dit-il. Partout où je vais, les ouvriers utilisent les produits du Dragon Rouge. Personnellement, je les trouve de mauvaise qualité. (Il me décocha un grand sourire.) Rien de comparable avec les tiens. Malheureusement, la Compagnie du Dragon Rouge a signé des contrats avec toutes les grosses firmes étrangères pour lesquelles je travaille. Comme Titan Mining. La firme fournit le logement et la nourriture à ses employés, ainsi que les médicaments.

Nous nous arrêtâmes à un feu rouge. Un camion passa. Puis le feu passa au vert, et Gideon redémarra.

— La Compagnie du Dragon Rouge s'est implantée en Asie du Sud-Est il y a environ vingt ans, poursuivit Gideon. Et ils ont signé des contrats avec la plupart des compagnies étrangères. Les ouvriers se fournissent en produits Dragon Rouge à l'usine, ils les emportent chez eux, leurs femmes les utilisent. Si bien que quand ils se rendent au village pour acheter d'autres médicaments ils voient la marque rouge et or et ils l'achètent. Tout le monde achète la marque Dragon Rouge simplement parce qu'elle est là, et non pas parce qu'elle est bonne.

Je posai ma main sur le tableau de bord en me demandant comment il était possible de rouler aussi vite.

— Mais puisqu'ils sont si puissants, pourquoi s'attaquent-ils à quelqu'un comme moi ?

Il m'adressa un merveilleux sourire.

— Il faut qu'ils aient flairé en toi une rivale redoutable, pour s'être donné la peine d'introduire un mouchard chez toi. As-tu déjà rencontré le patron de la Compagnie du Dragon Rouge ?

J'avais vu sa photo dans les journaux. C'était un Chinois qui aimait le jazz et fréquentait les boîtes de nuit, dans lesquelles il se rendait en compagnie de femmes blanches, un homme qui se moquait éperdument que ses médicaments soient de mauvaise qualité, ou qu'ils puissent être inefficaces ou dangereux.

Je me tus tandis que nous filions sur la route qui longeait la baie, faisant la course avec la lune qui galopait sur l'eau noire de l'océan. Chinatown et l'embarcadère de Fisherman étaient loin. Devant nous se dressait Fort Point, et au-delà Golden Gate.

Au bout d'un moment Gideon quitta la route et s'engagea sur un petit sentier de terre battue qui menait au sommet d'une falaise herbeuse. Je poussai un soupir de soulagement. Il arrêta le moteur, descendit, puis contourna la voiture pour m'ouvrir la porte. Il me tendit la main et je sortis dans l'air vif de la nuit.

Il m'entraîna jusqu'au bord de la falaise, où le vent s'engouffrait dans nos vêtements et jouait férocement dans nos cheveux.

— Regarde, Harmonie, dit Gideon, en étirant le bras. Qu'est-ce que tu vois ?

Je voyais le ciel noir, l'océan constellé d'étoiles, et l'éternité.

Nous marchâmes un moment, respirant l'air salé de la mer. Nous étions les seuls promeneurs sur ce promontoire verdoyant, et j'avais l'impression qu'il n'y avait que nous deux sur terre.

— Un pont va être construit, ici même, Harmonie, entre ces deux points, reliant San Francisco à Marin.

— *Aii-yah*, murmurai-je. Mais c'est trop loin ! L'eau est trop profonde. Le pont va s'effondrer.

Il rit.

— Ce ne sera pas un pont comme les autres, Harmonie. Il s'agit d'un pont suspendu. Regarde ! (Il glissa une main dans sa poche intérieure et en sortit un petit carnet, dont il feuilleta les pages couvertes de schémas et de nombres jusqu'à une page blanche. Puis, tout en commençant à dessiner à la lueur du clair de lune, il dit :) Cette idée m'est venue une nuit en rêve. Il faut construire trois gigantesques piliers en béton qui seront reliés les uns aux autres par une structure en escalier. Tu vois ? (Je regardais mais je ne voyais que les mains de Gideon, de belles mains, longues et expressives, des mains de poète, pas des mains de maçon.) L'avantage de ce type d'ancrage… dit-il en couvrant rapidement la feuille d'arcs de cercles et de flèches pour figurer la vision qu'il avait en tête, c'est qu'il permet de résister à la formidable pression des câbles et au poids de la travée, tu comprends ?

— Tu veux dire que le pont sera soutenu par des câbles ?

Il me regarda avec un grand sourire.

— Exactement ! Mais beaucoup de gens sont opposés à la construction d'un pont à Golden Gate. Ils disent que cela va défigurer le paysage. Mais ce n'est pas vrai ! Ce pont sera un monument, la preuve que l'homme et la nature peuvent travailler ensemble. En harmonie ! ajouta-t-il avec ce petit rire espiègle que j'aimais tant.

Il allait ranger son carnet quand, timidement, je posai une main sur son poignet et saisis la page qu'il venait de noircir. Riant toujours, il l'arracha et me la tendit. Alors que je pliais soigneusement la feuille pour la ranger dans ma poche, Gideon dit, en regardant la baie :

— Les gens prétendent que c'est irréalisable. A cause du vent, du brouillard et des marées. Mais ce n'est pas vrai, Harmonie. Et je vais le leur prouver. Je vais construire ce pont.

— Je suis sûre que tu en es capable, dis-je.

Il plongea ses yeux dans les miens et posa ses mains sur mes épaules.

— Tu crois en moi, n'est-ce pas ? Je le vois dans tes yeux. Sais-tu que jamais aucune femme ne m'a regardé comme tu le fais ? Et quand je te regarde, j'éprouve une sensation que je n'ai jamais ressentie auparavant.

Cette sensation, je l'éprouvai, moi aussi. Nous communiquions avec les yeux, Gideon et moi.

Il se recula et me contempla un moment avec de grands yeux étonnés. Puis il me dit de but en blanc :

— Epouse-moi, Harmonie. (Puis il ajouta en riant :) Mais oui, absolument ! Nous allons nous marier !

J'étais tellement stupéfaite que j'en restai muette.

Croyant que j'hésitais, il ajouta :

— Je suis parfaitement capable de subvenir aux besoins du ménage. J'ai vingt-six ans, et je suis en train de me faire un nom dans ma profession. Avec toi comme épouse…

— Oh, Gideon, m'écriai-je, en voyant qu'il parlait sérieusement. Nous ne pouvons pas nous marier ! As-tu oublié ce qui s'est passé, le jour où nous sommes allés dans le drugstore ?

— Ne me dis pas que tu penses encore à cet incident ! Harmonie, il ne s'agissait que d'un petit drugstore minable, dont le patron était un ignorant et un grossier personnage.

— Gideon, je suis ce qu'on appelle une femme de couleur. La loi m'interdit d'épouser un homme blanc.

— Cette loi ne te concerne pas, Harmonie, tu es américaine.

— Mais je suis aussi chinoise.

— Et moi, je suis amoureux de toi.

— Mais tu vas et viens sans cesse, Gideon, pleurai-je. Comme la pluie — dont on ne sait jamais quand elle va venir et quand elle s'en ira, s'il s'agit d'une ondée ou d'une tempête ! J'ai besoin de stabilité, Gideon. Je veux un foyer…

— C'est précisément ce que je suis en train de t'offrir. Je ne partirai plus à l'étranger. Lorsque ce contrat-là sera terminé, je resterai à San Francisco. J'ai déjà soumis mon projet aux pouvoirs publics. Et on m'a laissé entendre qu'il avait de bonnes chances d'être accepté. Dis-moi que tu acceptes de m'épouser, Harmonie, dis-moi oui.

Mais la scène du drugstore continuait à me hanter — le garçon et les clients qui me dévisageaient sans rien dire, la colère et l'impuissance de Gideon.

— Et Olivia ? dis-je.

— Olivia ? (Il fronça les sourcils.) Eh bien quoi, Olivia ? Elle et moi sommes amis, rien de plus.

Mais sur les photos des magazines j'avais vu la façon dont elle le regardait. Pour elle, il était plus qu'un ami.

— Et ta mère ?

— Ma mère comprendra quand je lui dirai combien je t'aime. Elle a pu te sembler distante et sans cœur à première vue, Harmonie, mais c'est une femme qui comprend l'amour. Elle et Richard Barclay se sont aimés comme bien peu de gens ont la chance de le faire — elle était veuve, et se débattait pour élever seule son enfant, lorsqu'elle a rencontré Richard. Ils ont vécu une histoire d'amour digne d'un conte de fées, et elle l'a perdu. Elle comprend l'amour, Harmonie. Et elle nous comprendra.

Je refoulai les larmes qui me montaient aux yeux. La lettre de Richard Barclay à ma mère — *Un mariage sans amour... J'ai épousé Fiona par charité... elle avait été abandonnée...* Jamais Gideon ne devait savoir.

Il prit mes mains dans les siennes.

— Harmonie, tu t'es présentée chez ma mère, dans l'espoir qu'elle accepterait de te reconnaître comme la fille de son époux. Tu voulais le nom de ton père. Et tu avais parfaitement raison. Elle n'aurait jamais dû te traiter comme elle l'a fait, elle n'aurait jamais dû te reprendre la bague. Mais si tu m'épouses, Harmonie, je te rendrai le nom de ton père. Et la bague qui te revient.

Je secouai la tête, trop émue pour pouvoir parler. Puis je finis par dire :

— Si je t'épouse, Gideon, ce n'est pas pour ces raisons. Tout ce qui s'est passé avant — le passé, mon père, nos mères —, toutes ces choses n'ont plus d'importance désormais. Parce que ma vie commence aujourd'hui, avec toi. Oui, mon amour, je veux bien t'épouser.

Il m'attira contre lui et murmura :

— Grâce à toi, je suis l'homme le plus heureux du monde. (Et il m'embrassa à nouveau.)

Et là, sous les étoiles du Golden Gate, nous fîmes l'amour, à l'endroit même où le rêve de Gideon et le mien allaient se réaliser.

Je réunis les huit filles qui travaillaient pour moi et leur dis sans y aller par quatre chemins :

— L'une de vous m'espionne pour le compte du Dragon Rouge. Qui est-ce ?

Voyant la façon dont elles se coulaient des regards en biais, puis baissaient les yeux, en marmonnant qu'elles ne comprenaient pas de quoi je voulais parler, je compris qu'elles cherchaient à protéger la coupable.

Comment résoudre le problème ? Qu'aurait fait Gideon s'il avait été à ma place ?

En dépit de la situation difficile dans laquelle je me trouvais, je souris. Comment n'aurais-je pas souri chaque fois que je pensais à mon adorable Gideon ? Il n'était parti que depuis cinq semaines, et déjà je comptais les jours qui me séparaient de son retour. Dix mois me semblaient une éternité. Mais une fois de retour à San Francisco, il ne repartirait plus jamais.

— Je vous ai toujours bien traitées, dis-je à mes ouvrières. En retour il me semble normal de pouvoir compter sur votre loyauté. En agissant comme elle l'a fait, l'une de vous a fait du tort à l'entreprise, et par voie de conséquence à ses compagnes de travail. Est-ce là ce que vous souhaitez ?

Honteuses, elles baissèrent la tête, incapables de me regarder dans les yeux. Que pouvais-je faire ? Je ne pouvais tout de même pas les renvoyer toutes les huit sous prétexte que l'une d'elles m'avait trahie.

Je songeai un instant à demander conseil à M. Lee, mais je savais qu'il avait de gros soucis et ne voulais pas lui en créer davantage. Les besoins de sa famille continuaient à peser lourdement sur ses frêles épaules, de telle sorte qu'à trente ans il avait l'air d'en avoir soixante. Je lui avais offert de lui prêter de l'argent, mais il avait refusé. Et il était tellement soucieux qu'il n'arrivait pas à se concentrer sur le peu de travail qu'on lui commandait. Et maintenant qu'une firme d'Oakland se chargeait d'imprimer mes étiquettes, je n'avais plus de travail à offrir à M. Lee. De temps à autre, je lui disais que quelqu'un était venu me trouver pour me demander le nom de la personne qui avait peint mes étiquettes et si cette personne accepterait de réaliser une grande toile pour un particulier. M. Lee reprenait alors temporairement espoir et sortait aussitôt ses pinceaux et ses encres pour se mettre au travail, mais très vite son enthousiasme retombait, et il se mettait à dire qu'il n'était bon à rien, tant et si bien que la toile restait inachevée. J'étais obligée de lui dire que le client — que j'avais inventé de toutes pièces — se montrerait compréhensif, et attendrait que la toile fût terminée.

Pour finir, je décidai d'en rester là avec mes huit ouvrières. Avant de partir, Gideon m'avait fait promettre de ne rien faire qui pût éveiller les soupçons du Dragon Rouge. Je devais geler mes projets, ne pas chercher à agrandir mon entreprise, ne pas commercialiser de nouveaux médicaments… et attendre qu'il revienne.

« La prochaine fois, c'est chez toi qu'ils essaieront de mettre le feu, m'avait-il dit au lever du jour tandis que nous regagnions la voiture. (Gideon n'avait que trois heures pour faire ses valises et se présenter à l'embarcadère.) Promets-moi de ne rien faire, mon amour, avait-il ajouté en prenant ma tête entre ses mains. Aucun changement. Aucun renvoi. Le patron du Dragon Rouge est un escroc, et je m'en méfie comme de la peste. Pour l'instant, mieux vaut lui laisser croire qu'il a réussi à t'intimider. »

Si bien que je dis à mes ouvrières de reprendre le travail. Juste au moment où je me retournais, j'aperçus un homme en uniforme dans l'embrasure de la porte. Tout d'abord je crus qu'il s'agissait d'un policier. Puis je vis qu'il avait la peau noire. Or il n'y avait pas de policiers noirs à San Francisco, de même qu'il n'y avait pas de policiers jaunes. Il me demanda si j'étais Parfaite Harmonie, puis me dit que Mme Barclay demandait à me voir.

Je m'étais attendue à une telle requête. Gideon m'avait promis de parler de nos fiançailles à sa mère avant son départ. Quelle serait sa réaction ? Je n'allais pas tarder à le savoir.

Je m'étais imaginé toutes sortes de réactions de sa part — depuis le chantage jusqu'aux menaces. Mais je ne m'attendais pas à trouver une Fiona Barclay tout sourire et tout miel, assise à l'arrière d'une éclatante limousine noire — l'homme en uniforme était son chauffeur. Elle était venue m'inviter à déjeuner avec elle à son club.

— Il est temps que nous tirions un trait sur le passé, me dit-elle d'une voix chaleureuse. Je respecte les choix de mon fils. Tu vas devenir un membre de la famille. Et il est temps que nous fassions connaissance.

Nous convînmes donc de nous revoir une semaine plus tard. Elle passerait me prendre dans sa belle limousine.

Qu'allais-je porter pour l'occasion ? Il me fallait choisir un *cheongsam* qui soit parfait.

J'essayai une à une mes robes, puis réalisai en me regardant dans le miroir que j'étais en train de commettre une grossière erreur. Mme Barclay n'accepterait jamais de déjeuner en compagnie d'une Chinoise ! Il fallait absolument que j'aie l'air d'une américaine.

Je quittai Chinatown et me rendis dans un salon de coiffure de Clay Street. Là, la coiffeuse me fit une coupe au rasoir, puis une mise en plis comme celle de Clara Bow sur la couverture de *Photoplay*. J'achetai du rouge à lèvres et du vernis d'Elizabeth Arden. Puis je m'achetai une robe dernier cri — en mousseline bleu saphir agrémentée de pans bleu marine, et élégamment rehaussée de perles, de pompons et de nœuds. La vendeuse me dit qu'à Paris on l'appelait la robe cocktail.

Lorsque Mme Barclay arriva dans sa somptueuse auto, tous les voisins sortirent dans la rue pour m'admirer et me complimenter. Mme Barclay me fit un grand sourire en me disant que j'étais ravissante, et qu'elle avait hâte de me présenter à ses amies. Son club se trouvait à deux pas du palais des Beaux-Arts. Elle m'expliqua qu'il s'agissait d'une maison particulière qui avait été transformée en club pour dames. On y jouait au tennis et on y donnait des galas de bienfaisance. J'étais tellement excitée que je sentais les battements de mon cœur résonner jusque dans mes oreilles.

Puis nous franchîmes le majestueux portail de fer forgé et un homme en uniforme vint nous ouvrir la portière et nous escorter jusqu'à l'entrée principale.

Nous pénétrâmes dans un vaste hall agrémenté de palmiers où des femmes très chics étaient en train de prendre le thé en bavardant. Le club ressemblait à un grand hôtel, c'était absolument magnifique.

Dans le restaurant, appelé Garden Court, une immense verrière laissait filtrer les rayons tamisés du soleil. Partout c'était une profusion de plantes vertes et de fleurs, et un ensemble musical jouait du violon et de la harpe, emplissant l'atmosphère d'une musique exquise. Je croyais rêver et je songeai : « Comme j'ai de la chance que la mère de Gideon me témoigne une telle gentillesse. »

C'est alors que j'entendis une femme qui chuchotait à sa voisine :

— Je croyais que cet endroit était bien fréquenté.

Et je réalisai que toutes les femmes présentes étaient en train de me dévisager.

Mais la mère de Gideon semblait sourde et aveugle. Lorsque nous arrivâmes à notre table, Olivia s'y trouvait déjà. Je ne m'attendais pas à la trouver là. Olivia souriait, mais ses yeux semblaient dire : *Je ne vous pardonnerai jamais*.

C'est alors que je compris ma méprise.

En voyant la façon dont Fiona, Olivia et toutes les autres femmes présentes étaient habillées : leurs jupes plissées toutes simples et leurs chandails blancs ou pastel, je réalisai que je devais détonner terriblement avec mon rouge à lèvres et mon vernis à ongles rouge vif, mes cheveux frisés et ma robe de cocktail parisienne.

La fiancée de Gideon n'était qu'une sang-mêlé, une fille vulgaire et sans goût.

La nourriture qu'on me servit m'était également étrangère. Nous commençâmes par des œufs de poisson — du « caviar » comme les appelait Mme Barclay — et je fis l'erreur de me servir plusieurs cuillerées pleines à ras bord, comme c'est la coutume en Chine pour honorer la maîtresse de maison. Puis vinrent les artichauts, mets que je n'avais jamais mangé.

Une dame qui se trouvait à ma droite se tourna vers moi et me dit en souriant :

— Mais dites-moi, mademoiselle euh…

— Je m'appelle Harmonie.

— Jouez-vous au bridge ?

Je ne sus que lui répondre.

— Jouez-vous au tennis ?

Je secouai la tête.

Si bien qu'elles se mirent à bavarder entre elles, m'ignorant totalement. Elles parlaient d'autres membres du club, de vacances, de films ou de livres, autant de sujets qui m'étaient inconnus et que je ne pouvais aborder.

Puis ma voisine de gauche me dit :

— Où disiez-vous que vous habitiez, ma chère ?

Comment aurais-je pu lui répondre : « Au-dessus du Joyeux Blanchisseur » ? Ou même à Chinatown ? Je dis :

— Jackson Street.

— Ah ! Mais alors vous êtes voisine des Lovecraft ? Ils habitent Jackson Street, près de Broderick.

Je réalisai qu'elle voulait parler d'une autre Jackson Street, située dans un quartier chic, et non pas à Chinatown.

— Je ne les connais pas, dis-je.

Une autre dame dit :

— Vous avez un accent absolument délicieux, ma chère. D'où êtes-vous originaire, si ce n'est pas trop indiscret ?

— De Singapour.

— Ah, mon mari et moi y sommes justement allés il y a trois ans. Nous avons eu la chance de faire la connaissance de M. Somerset Maugham à l'hôtel Raffles. L'avez-vous déjà rencontré ?

Je n'avais pas la moindre idée de qui était cet homme.

Et pour finir, ce que j'avais craint depuis le début arriva.

Ce fut le maître d'hôtel cette fois, et non pas un simple garçon de café. Le garçon du drugstore était jeune, celui-ci était âgé. Mais tous deux se comportaient de la même façon.

— Je suis navré, madame Barclay, mais certaines de ces dames m'ont demandé de… et il lui murmura le reste dans le creux de l'oreille.

Mais tout le monde savait ce qu'il était en train de lui dire. Les dames qui étaient assises à notre table commencèrent à regarder ailleurs, à plier et replier nerveusement leurs serviettes de table, à faire tourner leurs verres de cristal sur leurs pieds délicats. Seule Olivia continuait de me dévisager, comme si elle avait voulu voir ma réaction.

— Vous direz à ces dames, Steven, dit Mme Barclay sur un ton confidentiel, que cette jeune personne est la fiancée de mon fils, et qu'elle sera bientôt ma belle-fille. Et qu'à ce titre elle a, tout comme moi, le droit de se trouver ici.

L'homme rougit jusqu'aux oreilles, ce qui me fit de la peine pour lui.

C'est alors que je compris en quoi consisterait ma vie aux côtés de Gideon : des plats que j'ignorais comment manger, des conversations auxquelles je ne comprenais rien, où il était question de « bridge » et de « polo », des gens qui vous dévisageaient et cherchaient par tous les moyens à vous faire comprendre que vous étiez indésirable.

Je me levai et dis :

— Merci infiniment de m'avoir invitée à ce déjeuner, madame Barclay. (Puis je regardai les autres dames et ajoutai :) J'ai été ravie de faire votre connaissance.

En sortant du club, je rentrai directement à Chinatown. Là, je me lavai les cheveux pour les défriser, ôtai mon rouge à lèvres et mon vernis à ongles Elizabeth Arden et rangeai ma robe de cocktail parisienne. Puis je remis mon *cheongsam*, me rendis à l'atelier et renvoyai séance tenante mes huit employées. Après quoi j'allai trouver M. Lee :

— Je vais chercher un local plus grand où installer mon atelier. Je vais lancer une vaste campagne publicitaire et je veux que vous me dessiniez des affiches et des réclames pour les journaux. Je vais donner au Dragon Rouge une leçon qu'il n'est pas près d'oublier. Je vais également vous donner l'argent nécessaire pour faire venir votre famille d'Hawaii. Je vais les embaucher dans mon atelier. Il ne s'agit ni d'un acte charitable ni d'un prêt. Je vous donne cet argent pour que vous me rendiez un service le moment venu.

Et pour finir, je regagnai mon appartement et m'assis à ma table de travail pour écrire à Gideon.

Lorsqu'on frappa à la porte, je songeai : « Ce doit être un visiteur tardif. » Mais quand je l'ouvris, je trouvai Gideon, et me figeai sur place, laissant la porte entrebâillée de quelques centimètres à peine.

— Je sais. J'aurais dû te prévenir que je venais, s'empressa-t-il de dire. Mais je ne voulais pas perdre de temps. (Il s'arrêta et me considéra un moment en silence.) Harmonie, tu t'es coupé les cheveux.

Instinctivement je posai une main sur le « béret » chinois qui m'arrivait juste au-dessous des oreilles.

— Tu ne devais pas revenir avant huit mois, dis-je, abasourdie.

J'avais l'impression de voir un fantôme.

— J'ai annulé mon contrat. Quand j'ai reçu ta lettre...

Je vis le chagrin et la confusion dans ses yeux, puis ma lettre dans sa main, celle que je lui avais écrite pour lui dire que je ne voulais plus l'épouser.

— Harmonie, que s'est-il passé ? Pourquoi as-tu changé d'avis ? C'est à cause de ma mère, n'est-ce pas ? Que t'a-t-elle dit ? Qu'elle allait essayer de me convaincre de ne pas t'épouser ? Harmonie, rien ni personne ne pourra jamais me dissuader de t'épouser.

— Ta mère a été très gentille. Elle m'a invitée à déjeuner.

Il posa la main sur la poignée.

— Je t'en prie, laisse-moi entrer. Il faut que nous parlions.

Mais je refusai.

— Jamais je ne pourrai vivre dans ton monde,

Gideon, dis-je d'une voix presque suppliante. Et jamais tu ne pourras vivre dans le mien.

— Dans ce cas nous inventerons notre propre monde, Harmonie. Tiens, dit-il, avec un sourire, en me montrant une enveloppe. C'est pour toi. Mon cadeau de mariage. Je voulais attendre le jour des noces, mais j'ai pensé que l'occasion s'y prêtait.

Il ouvrit l'enveloppe et en sortit plusieurs feuilles de papier agrafées ensemble.

— C'est un contrat entre Titan Mining et les produits Harmony, stipulant qu'Harmony détient l'exclusivité de vente et de distribution de ses produits auprès du personnel de Titan Mining.

J'écarquillai de grands yeux. Son sourire s'élargit.

— Ça n'a pas été facile, mais j'ai tout de même réussi à leur faire signer le contrat. Ce qui veut dire que des milliers de travailleurs aux quatre coins de l'Asie vont utiliser tes baumes et tes toniques, Harmonie. C'est un premier pas vers l'import-export ! Ces ouvriers vont rentrer avec tes produits chez eux, et après cela leurs femmes ne voudront plus en acheter d'autres ! Le Dragon Rouge va cesser de monopoliser le marché. Eh bien ? Tu ne dis rien ?

— Je ne savais pas que tu allais faire ça.

— Je voulais te faire la surprise. J'avais mille projets en tête pour mon retour, mais quand j'ai reçu ta lettre, m'annonçant que tu avais changé d'avis, j'ai cru devenir fou. J'ai décidé de rentrer sur-le-champ. Je leur ai dit que j'étais rappelé d'urgence chez moi. Mais tu remarqueras que mon nom figure également sur le contrat, ajouta-t-il avec un grand sourire. Comme tu ne me disais pas pourquoi tu avais changé d'avis dans ta lettre, j'ai ajouté une clause pour te faire revenir sur ta décision. Nous sommes associés désormais, toi et moi, Harmonie. Ce contrat est conclu entre Titan Mining, toi et moi.

Je pris les papiers et les lus.

— Tu es toute ma vie, Harmonie, continua-t-il avec passion. Je ne peux pas vivre sans toi. Je me moque de ce que pense ma mère. Si je dois choisir entre elle et toi, c'est toi que je choisis. Je t'en supplie, Harmonie. Dis-moi que tu acceptes de m'épouser.

Je baissai les yeux sur le contrat qui me désignait comme fournisseur exclusif du personnel de Titan Mining et de ses nombreuses filiales. Ma gorge se noua soudain quand je réalisai la terrible erreur que j'avais commise.

Je n'osai regarder Gideon en face quand j'ouvris toute grande la porte et me reculai pour qu'il voie les invités, le gâteau de mariage entamé, et M. Lee en tenue de cérémonie.

— Tu viens de te marier ? dit Gideon.

Son cadeau de mariage à la main, et alors que mon secret de deux mois bougeait dans mon ventre, je lui répondis :

— Oui.

33

Palm Springs, Californie, minuit

— C'est fini, dit Jonathan en entrant dans le musée. Les flics de Riverside County ont arrêté Brown.

Charlotte releva les yeux de la photographie qu'elle était en train d'examiner. Elle vit le sac en plastique que Jonathan tenait à la main — il était allé déterrer son revolver dans la serre. Puis elle vit l'expression sombre et indéchiffrable de son visage, le visage de quelqu'un qui est en train de se battre contre des démons.

Elle aussi était aux prises avec un tourbillon d'émotions contradictoires : un soulagement intense de voir qu'il avait retrouvé aussi rapidement le coupable, mais aussi un immense désespoir car, maintenant qu'il avait terminé sa mission, Jonathan allait rentrer chez lui.

— Brown a avoué. C'est lui qui a saboté les médicaments. Les flics ont retrouvé chez lui des disquettes sur lesquelles il avait recopié les formules des produits qu'il a sabotés. Apparemment, il avait l'intention de les utiliser pour faire croire à une négligence de la part de la compagnie.

Il y avait également d'autres preuves accablantes de sa culpabilité. Pendant que les policiers étaient chez Brown, en train de l'arrêter, les agents du FBI avaient fouillé son vestiaire, à l'usine, et retrouvé de vieilles coupures de journaux concernant l'affaire Chalk Hill, une carte sur laquelle était tracé l'itinéraire à suivre pour se rendre chez Naomi, ainsi qu'un plan de la maison indiquant où se trouvaient la cuisinière et le téléphone, enfin le Caméscope avec la vidéo de Yolanda. Lorsque Charlotte avait fait sa déposition à Valerius Knight, et qu'elle lui avait expliqué pourquoi elle n'avait pas réalisé tout d'abord qu'elle connaissait les deux victimes, ce dernier en avait déduit que Brown avait choisi ces deux femmes de façon à faire peser les soupçons sur Charlotte.

— A-t-il dit ce qui l'avait poussé à agir ainsi ? demanda-t-elle doucement.

— Il a dit que la compagnie n'avait pas tenu les promesses qu'elle lui avait faites.

— Rusty Brown, murmura-t-elle — l'homme qui avait apposé le cachet de conformité sur trois lots de tonique Golden Lotus ne contenant pas d'éphédrine, et sur chacun des lots de Baume de Mei-ling, de Dix Mille Yang et de Bliss qui avaient été sabotés, puis avait effacé les fichiers du système en pensant qu'on ne les retrouverait jamais — RB, dit-elle.

— RB ?

Elle regarda les yeux sombres qui la dévisageaient. Jonathan et elle étaient en train de parler de Rusty Brown parce qu'il le fallait, et parce que ni lui ni elle n'osait dévoiler les pensées tumultueuses qui l'agitaient.

— Le RB de l'e-mail du cybercafé, dit-elle, en sentant la tristesse monter en elle comme un raz de marée gigantesque, imparable, s'approchant inexorablement du rivage. (Jonathan allait partir une fois de plus, mais cette fois Charlotte n'était pas sûre de pouvoir s'en remettre.) Je croyais qu'il s'agissait d'une blague d'initié — Richard Barclay. Je pensais qu'il s'agissait de quelqu'un de proche. Alors que je n'ai jamais rencontré ce Rusty Brown.

— D'après Knight, Brown est particulièrement remonté contre les laboratoires pharmaceutiques. Ça aurait un rapport avec son passé. Il a eu des démêlés avec son dernier employeur. Ils ont failli le faire coffrer mais il avait un bon avocat.

— Et il travaille seul ? Il n'a pas été payé par quelqu'un pour faire ce boulot ?

— Il a dit qu'on lui avait promis de l'avancement mais qu'il ne l'a jamais obtenu alors qu'il avait fait des pieds et des mains pour l'avoir.

Jonathan regarda le sac en plastique qu'il tenait, et balaya d'un revers de main un grain de poussière invisible.

— Tu as des nouvelles de Naomi ?

— Elle a l'air d'aller mieux. Tout bien considéré, elle pense être aussi bien à Philadelphie. Je lui ai expliqué ce qui s'était passé, pourquoi sa maison avait sauté. Elle ne m'en veut pas. Elle m'a dit la même chose que toi, que j'étais une victime moi aussi. N'empêche que je me sens responsable de ce qui est arrivé. Rusty Brown était mon employé, et je suis responsable de tout ce qui se passe dans l'enceinte de cette usine.

Ils restèrent un moment silencieux, un roulement de tonnerre gronda au loin, faisant légèrement trembler les vitrines. Charlotte vit passer une ombre sur le visage de Jonathan et une tempête se lever dans ses yeux. Il regarda la photo qu'elle tenait à la main.

Elle dit :

— Elle a été prise en 1930, quand ma mère avait un an.

Sur la photo en noir et blanc, deux personnes posaient devant un portail surmonté de l'enseigne *Harmony-Barclay Hong Kong Ltd*. Elle la lui tendit.

Pendant qu'il contemplait la photo, elle étudia attentivement son visage, comme si elle avait voulu en graver chaque détail dans sa mémoire : le long nez droit, l'ombre de sa mâchoire, la lèvre inférieure humide et pulpeuse, parce que cette fois elle savait que lorsqu'il partirait ce serait pour toujours.

Comme elle regardait sa bouche, elle repensa à la première fois qu'ils s'étaient embrassés. Ils avaient seize ans à l'époque, et se trouvaient dans l'antre de Jonathan, au sous-sol de la maison de son père. Il était en train de réparer quelque chose, quand subitement il avait levé les yeux et dit :

— J'ai entendu un bruit bizarre hier soir. Ça venait de la chambre de mon père.

S'asseyant sur le lit, Charlotte avait demandé :

— Quelle sorte de bruit ?

— Mon père pleurait. J'ai écouté à la porte. C'était horrible... il sanglotait à chaudes larmes.

— Pourquoi ?

— J'ai frappé à sa porte. Comme il ne répondait pas j'ai tourné la poignée. La porte n'était pas fermée à clé. Alors j'ai ouvert et je l'ai vu en pyjama en train de pleurer à côté de la fenêtre. J'ai dit : « Papa ? Il y a quelque chose qui ne va pas ? » Il s'est retourné et il m'a regardé, en continuant de pleurer à chaudes larmes.

— Et puis ?

— Et puis c'est tout. Il m'a... regardé.

Voyant qu'il avait les larmes aux yeux, elle était descendue du lit et était venue s'asseoir à côté de lui.

— Mais pourquoi pleurait-il à ton avis ?

— Je crois qu'il voulait me dire qu'il se sentait seul, mais qu'il ne savait pas l'exprimer.

— Qu'est-ce que tu as fait ?

— Je suis sorti. Et j'ai refermé la porte derrière moi. Mais pourquoi est-ce qu'il ne me l'a pas dit, bon sang ? C'était tellement évident. Mon père, l'homme d'affaires tout-puissant, était en pyjama en train de pleurer à chaudes larmes parce qu'il se sentait seul. Pourquoi n'a-t-il pas pu me dire ce qu'il avait sur le cœur ? Ça l'aurait peut-être aidé.

« Et toi, pourquoi ne peux-tu pas dire ce que tu as sur le cœur ? » avait-elle eu envie de lui demander à ce moment-là. Mais c'eût été trop cruel. Si bien qu'elle l'avait consolé. Elle avait pris dans ses bras le garçon solitaire qui pleurait pour son père, et l'avait consolé avec un baiser.

Ils s'étaient embrassés souvent après cela, et avaient découvert le plaisir qu'ils pouvaient se donner l'un à l'autre. Cependant, d'un commun accord, ils n'étaient jamais allés plus loin. Car pour l'un comme pour l'autre la première fois était quelque chose de très spécial, et ils savaient qu'il fallait attendre, et que l'occasion se présenterait d'elle-même.

Celle-ci se présenta un an plus tard. Ce jour-là, c'était au tour de Johnny de la consoler. Il l'avait prise dans ses bras en pressant sa tête contre sa poitrine et s'était mis à lui chanter doucement une vieille ballade écossaise mélancolique. Elle avait enfoui sa tête dans les plis rugueux de sa chemise, et s'était peu à peu arrêtée de pleurer, tandis que Johnny la berçait tendrement entre ses bras, car il savait ce que c'était que de perdre un être cher — une mère, ou un oncle qu'on aimait comme un père. Cependant, cette fois, ils ne s'étaient pas arrêtés à un baiser.

Revenant à l'instant présent, Charlotte dit :

— J'ai toujours su qu'oncle Gideon et moi n'étions pas vraiment parents, qu'il était le fils adoptif de mon arrière-grand-père. Mais maintenant...

— Quoi donc ?

— Regarde cette photo. La femme, c'est Parfaite Harmonie, ma grand-mère. Elle avait vingt-deux ans quand la photo a été prise.

— Elle était très belle, murmura Jonathan.

— Et maintenant regarde l'homme. C'est l'oncle Gideon.

— Je sais. Je l'ai reconnu.

— Non mais regarde-le vraiment, Jonathan, regarde cette façon qu'il a de dévorer grand-mère des yeux pendant qu'elle fixe l'objectif. C'est le regard de l'amour. Et vois l'expression de ma grand-mère. Il y a une profonde tristesse dans ses yeux. Cette photo a été prise à l'époque où ils venaient d'ouvrir leur première succursale à Hong Kong. Ils venaient de passer un contrat avec Titan Mining, qu'ils fournissaient en médicaments. C'était plutôt une bonne nouvelle, non ? Et pourtant, tu vois comme ma grand-mère a l'air triste. Pourquoi ?

— Pourquoi, à ton avis ?

— A voir la façon dont Gideon la regarde, l'amour dans ses yeux et la tristesse dans ceux de grand-mère... Jonathan, ma mère est née sept mois après que ma grand-mère eut épousé M. Lee. J'ai toujours entendu dire qu'elle était prématurée. Mais je n'en suis plus si sûre à présent. Je crois que ma grand-mère était déjà enceinte quand elle s'est mariée. Et je crois que M. Lee n'était pas le père de ma mère. C'est Gideon Barclay qui était son père. L'oncle Gideon était mon vrai grand-père.

— Tu as probablement raison, dit Jonathan en lui rendant la photo. C'était un type bien, tu sais que je l'admirais beaucoup.

— Jonathan, Valerius Knight s'entête à tenir Harmony Biotech pour responsable des morts qui sont survenues. Il va nous intenter un procès. Je pense être capable d'affronter la tempête, Jonathan. Et je pense qu'Harmony Biotech survivra. Mais qu'adviendra-t-il de la formule GB4204 ?

Jonathan savait que Charlotte l'avait baptisée ainsi en souvenir de Gideon Barclay. Il avait eu du chagrin à sa mort, non pas tant à cause de Gideon mais parce que Charlotte était inconsolable. Ils avaient dix-sept ans à l'époque, et chaque jour Charlotte rendait visite à son oncle à l'hôpital et lui parlait tout bas à l'oreille en lui tenant la main, bien qu'il ne pût pas l'entendre parce qu'il était dans le coma. Jonathan n'oublierait jamais le soir où Gideon était mort, car ce soir marquait également le début d'une nouvelle vie.

Ce soir-là ils avaient prévu d'aller au cinéma et Charlotte était censée venir le retrouver chez lui. Voyant qu'elle n'arrivait pas, il avait appelé chez elle. Pas de réponse. Saisi d'un terrible pressentiment, il avait pris son blouson et était parti à sa recherche.

La maison était éclairée, mais personne ne vint lui ouvrir quand il sonna à la porte. Il avait regardé par les fenêtres. C'était comme de regarder dans un musée : des pièces remplies de meubles, mais personne. Il avait contourné la maison et gagné le jardin en terrasse qui dominait la baie. La ville tout entière semblait enveloppée de brume, des rubans de vapeur blanche flottaient au- dessus de la pelouse, s'immisçaient entre les haies, obligeant les citronniers à baisser le nez et les fleurs à courber la tête sous le poids de la rosée.

— Charlotte ? avait-il appelé tout doucement.

D'un pas nonchalant il avait traversé la pelouse couverte de feuilles mortes.

— Charlie ?

Elle était quelque part dans la brume, il sentait sa présence.

Puis il l'avait aperçue, une forme spectrale penchée vers la baie, fouillant le brouillard des yeux. Sans dire un mot il s'était approché, elle s'était retournée, et ils étaient tombés dans les bras l'un de l'autre. Il avait ôté son blouson et l'avait posé sur l'herbe, puis il avait recouvert son corps avec le sien. Lorsque Johnny s'était mis à la caresser doucement, les sanglots qu'elle avait réprimés jusque-là avaient jailli d'un seul coup, et elle s'était agrippée à lui et avait pleuré toutes les larmes de son corps.

— Je sais que le GB4204 ne fera pas revenir mon oncle, dit-elle doucement à présent, en regardant la photo et en songeant à la nuit où Gideon était mort et où Jonathan et elle avaient fait l'amour pour la première fois. Mais à la fin il souffrait tellement, que je lui avais fait le serment de trouver un moyen de guérir les gens souffrant de la même maladie que lui. Je sais qu'il m'a entendue, Jonathan. Il était dans le coma, mais je sais qu'il m'a entendue. Et maintenant, j'ai le sentiment de l'avoir abandonné. (Elle leva vers lui ses yeux pleins de larmes.) J'ai compris d'autres choses aussi. Le contrat original entre Harmony-Barclay et Titan Mining est exposé dans le musée. La légende explique qu'il s'agissait d'un cadeau de mariage de Gideon Barclay à Parfaite Harmonie Lee. Je le savais probablement, mais j'avais oublié. A présent je sais pourquoi ma grand-mère était liée à une famille qui la traitait si cruellement.

Il lui sourit gentiment, et Charlotte se rappela cette fois où il lui avait souri dans le brouillard avec amour et gentillesse.

— Tu n'as peut-être pas trouvé le saboteur ici, dit Jonathan en se référant au musée. Mais tu as au moins trouvé la réponse à certaines questions.

Un ange passa, ses yeux s'assombrirent à nouveau, et, l'espace d'un instant, elle craignit qu'il ne cherchât à l'embrasser.

Mais il dit :

— Charlotte, je reste.

— Comment ? Mais non ! C'est impossible ! Tu ne peux pas rester, Jonathan ! dit-elle, en reculant instinctivement. Tu vas rentrer chez toi. Et me promettre de ne plus jamais revenir.

Il eut l'air surpris.

— Pourquoi ?

— Jonathan, il s'est passé trop de choses depuis le jour où je suis sortie du restaurant italien en claquant la porte. J'ai refait ma vie depuis, et toi aussi. Nous appartenons à deux mondes différents.

— Je ne partirai pas tant que tout n'aura pas été réglé, Charlotte, rétorqua-t-il avec colère. Je ne partirai pas tant que les choses ne seront pas claires entre nous.

— Si les choses ne sont pas claires entre nous, Jonathan, c'est parce qu'il ne peut en aller autrement. On ne peut pas revenir en arrière. Et on ne peut pas aller de l'avant. Ce qui est brisé ne peut être réparé. Jonathan, dit-elle, il y a eu deux messages pour toi pendant ton absence. Ils sont arrivés sur ton ordinateur. Je les ai entendus, je n'ai pas pu faire autrement.

Il la considéra un moment en silence.

— L'un venait de ton associé, dit-elle plus calmement. Et l'autre de ta femme.

Charlotte trouva un prétexte pour se rendre à la cafétéria et le laissa seul. Quand elle revint avec de l'eau chaude pour le thé, il était en grande conversation avec Quentin. Elle ne voulait nullement se montrer indiscrète, mais lorsqu'elle eut entendu une partie de leur conversation, elle ne put s'empêcher d'écouter la suite.

C'était une conversation bien étrange : Jonathan avait un accent anglais alors qu'il était en Amérique, et Quentin avait un accent américain alors qu'il vivait à Londres.

— Je t'assure, John, disait son associé avec son accent nasillard du Midwest, ils ne veulent personne d'autre que toi. Je ne suis pas assez bon. C'est toi la *star*.

— Quentin, arrête. Tu ne vas pas me la refaire, celle-là.

Il y eut un éclat de rire dans le récepteur, mais c'était un rire amer.

— John, tu sais très bien que je n'en ai rien à cirer. De toute façon c'était un coup d'esbroufe. Mais le problème, c'est qu'eux ne le savent pas. Et que nous avons besoin de ce fric. La concurrence est rude de nos jours, mais si on décroche le contrat, on sera en tête du peloton. Le problème, c'est que moi tout seul, ça ne les intéresse pas ! Ils veulent absolument que tu sois présent à la réunion, sans quoi elle n'aura pas lieu ! C'est pourquoi j'ai pris la liberté de te réserver une place dans le prochain avion en partance depuis l'aéroport de Los Angeles. Et tu as intérêt à le prendre, mon vieux, sinon on peut dire adieu au contrat.

— Tu vois, dit doucement Charlotte en entrant dans le bureau. (Jonathan avait raccroché et était en train de refermer son portable.) Deux mondes complètement différents.

— Pas si différents que ça, murmura-t-il en débranchant un à un tous les périphériques et en les rangeant dans sa sacoche noire avec de petits gestes saccadés, preuve qu'il était soit en colère, soit frustré.

— Que voulait-il dire par « c'est toi la star » ?

— Il faisait allusion aux Huit d'Amsterdam, un réseau de hackers qui semait la panique dans toute l'Europe. Quentin et moi faisions partie de l'équipe internationale chargée de démanteler leur réseau. On a fini par les démasquer. A la suite de cette affaire je me suis retrouvé projeté sur le devant de la scène alors que c'est à peine si le nom de Quentin a été mentionné. Si bien que ces nouveaux clients n'ont pas l'impression d'en avoir pour leur argent si Quentin se charge seul du boulot.

— Comment se fait-il que tu te sois associé avec Quentin ?

— On travaillait ensemble à la NSA, dit-il d'une

voix morne, sans la regarder, tout en continuant à ranger, ouvrant et fermant les compartiments de sa mallette. Je ne suis pas resté en bons termes avec la NSA, Charlie, je te l'ai déjà dit. Je suis parti en claquant la porte.

Charlotte le regarda sans rien dire ; il y avait comme une pointe d'amertume dans sa voix, chaque fois qu'il abordait ce sujet.

— Que s'est-il passé ? demanda-t-elle. Tu ne me l'as jamais dit.

Au bout d'un moment il se retourna et la regarda dans les yeux.

— Non, dit-il, en la fixant, tu as quitté le restaurant avant que nous ayons pu finir notre conversation.

Elle eut envie de lui crier : « Ce n'est pas juste. C'est toi qui as changé de sujet. »

Jonathan recommença à ranger son matériel.

— Lorsque j'ai quitté la NSA, Quentin en a fait autant et nous avons décidé de nous associer. Quentin aime Londres, et comme j'avais déjà une maison là-bas, on a décidé de s'y installer.

Et tu vas retourner à Londres...

— Quentin est mon meilleur ami, poursuivit Jonathan en boutonnant son gilet et en enfilant sa veste. Il a renoncé à une carrière en or à la NSA pour moi. J'ai été garçon d'honneur à son mariage. Et je suis le parrain de sa fille. Quent est plus qu'un ami pour moi, c'est un frère.

— Et c'est pour ça que tu as finalement décidé de partir, alors que quelques minutes plus tôt tu voulais rester ?

Il consulta sa montre.

— Mon avion décolle à trois heures. J'ai juste le temps d'aller à l'aéroport.

Il fouilla dans la poche de son imperméable et en sortit les clés de sa voiture de location.

Il s'arrêta et regarda Charlotte. Elle était en train de se préparer une tisane. Otant soigneusement le sachet de son enveloppe d'aluminium, elle le plongea une fois, deux fois, trois fois dans l'eau chaude, pour s'occuper les mains, pour ne pas penser, avant de déposer le sachet dégoulinant dans l'évier en inox.

— Non ça n'est pas à cause de Quentin que j'ai décidé de partir, dit-il finalement. J'ai décidé de partir parce que tu as raison. On ne peut pas revenir en arrière et on ne peut pas aller de l'avant. Nous nous sommes dit adieu il y a longtemps, et à plusieurs occasions. On ne peut pas passer sa vie à se dire adieu.

Mais ce n'était pas la vraie raison. Après le coup de fil de Quentin, Jonathan avait réalisé qu'il ne pouvait pas rester avec Charlotte. L'appel de Quentin lui avait rappelé la bande des Huit et toute cette époque où il s'était passé des choses terribles. S'il restait avec elle, il serait tôt ou tard obligé de lui avouer ce qui s'était réellement passé. Et il n'avait pas le droit de lui faire partager le poids d'une chose aussi horrible.

Charlotte vit les sombres pensées qui voilaient son regard tandis que sa mâchoire se crispait. Une fois encore, Johnny n'arrivait pas à dire ce qu'il avait sur le cœur.

Il s'approcha d'elle. Et lorsqu'il lui mit un doigt sous le menton, elle le laissa faire. Car même si elle avait voulu détourner les yeux, elle n'aurait pas pu tant son regard était magnétique.

— Je ne t'oublierai jamais, Charlie, murmura-t-il.

Puis il déposa un baiser sur sa joue et se recula.

Elle le regarda prendre son imperméable et le poser sur son épaule, puis saisir sa sacoche noire et sortir du bureau, traverser le musée et disparaître, sans un mot, en laissant la porte se refermer derrière lui. Seule et désemparée, Charlotte resta un moment à contempler la porte en se demandant si elle ne rêvait pas. Elle aurait voulu que la porte s'ouvre à nouveau et que Jonathan lui dise qu'il avait changé d'avis, et qu'il avait décidé de rester malgré tout. Mais voyant que la porte ne se rouvrait pas, elle se tourna vers l'écran de surveillance et le regarda s'éloigner sous la pluie d'un pas décidé. Pas une fois il ne regarda en arrière, et lorsqu'il eut regagné le parking, il monta aussitôt en voiture, démarra et disparut dans la nuit.

Que s'était-il passé ? D'abord il lui avait dit qu'il restait, et puis l'instant d'après il avait remballé ses affaires et était parti. Etait-ce à cause du coup de fil de Quentin ? A cause de cette réunion qui semblait tellement importante ? Ou bien cela s'était-il produit lorsqu'il avait appelé sa femme, pendant que Charlotte était à la cafétéria ?

Les sanglots qu'elle avait au fond de la gorge éclatèrent d'un seul coup. Pressant ses doigts contre ses paupières, elle s'effondra sur le comptoir de la kitchenette et pleura à chaudes larmes, tandis qu'une immense vague de tristesse la submergeait soudain.

Une image la hantait qu'elle était incapable de chasser de son esprit.

Quand Jonathan était retourné dans la serre pour déterrer son revolver, Charlotte avait vu la communication vidéo en provenance de Londres s'afficher sur l'écran du portable. Elle s'était figée sur place en voyant apparaître Adèle Sutherland. Celle-ci avait regardé Charlotte droit dans les yeux — ou tout au moins elle en donnait l'impression — en disant : « Nous sommes invités à l'Opéra pour la soirée d'ouverture de la saison, Jonathan. Dans la loge royale. Je t'en prie, dis-moi que tu seras là. Tu sais combien cette soirée me tient à cœur. »

Charlotte était restée clouée sur place. Pour la première fois de sa vie, elle voyait et entendait la femme qui avait réussi à mettre le grappin sur Jonathan alors qu'il lui avait dit, par le biais d'un poème, qu'il avait besoin de partir seul de son côté. Elle avait étudié attentivement son visage, essayant de faire le lien avec la méchante ensorceleuse qu'elle avait imaginée pendant des années. Charlotte savait qu'Adèle était fille de lord, et qu'elle possédait le titre de lady. Et c'est pourquoi elle s'était imaginé un visage parfait — un nez aristocratique, des sourcils hautains. A la place elle avait vu un joli visage, rond et chaleureux, auréolé d'une brume de cheveux châtains. Adèle avait parlé avec douceur, quand elle avait dit : « Coucou, Johnny. J'aimerais bien avoir de tes nouvelles. »

C'était bien là le drame, il avait épousé une femme charmante.

Puis elle songea : « Une invitation à l'Opéra. Dans la loge royale. » *Jonathan allait à l'Opéra avec la famille royale.*

Nous vivons dans deux mondes différents…

Saisissant sa tasse à tâtons, elle s'obligea à humer l'arôme apaisant de la tisane pour retrouver son calme et sa sérénité, tout en refoulant les larmes qui lui montaient aux yeux et les sanglots qui l'oppressaient. Posant une main sur sa poitrine, elle sentit le pendentif en ambre et argent contre la soie de son chemisier. Il lui rappela le jour où Johnny et elle étaient allés chez Wallgreen et s'étaient fait photographier ensemble dans la cabine Photomaton. Charlotte assise sur les genoux de Johnny, qui avait les bras passés autour de sa taille. Plus tard, de retour dans sa chambre, elle avait choisi le meilleur cliché, et avait découpé les deux visages, qu'elle avait ensuite placés face à face, de part et d'autre du pendentif, de telle sorte qu'une fois refermé le pendentif Johnny et elle s'embrasseraient pour l'éternité.

Oh, Jonathan, criait son cœur brisé. Est-ce qu'Adèle est au courant de ton passé de pirate informatique ? Sait-elle que tu as été arrêté plusieurs fois pour avoir passé illégalement des coups de fil dont la facture s'élevait à plusieurs milliers de dollars ? Lui as-tu parlé des jours et des nuits que nous avons passés ensemble, à l'époque où nous nous étions juré un dévouement éternel ? Jonathan ! C'est injuste !

Pourquoi as-tu choisi Adèle et pas moi ?

La vapeur bienfaisante de la tisane qui montait jusqu'à ses narines commençait à opérer. Charlotte était exténuée. Elle avait sommeil. Demain elle ferait le vide dans sa tête et entamerait le douloureux processus qui consistait à ériger des barrières et à reléguer Jonathan tout au fond de sa mémoire, là où il avait passé les dix dernières années, pour se consacrer entièrement à sa vie future.

Elle amena la délicate tasse de porcelaine jusqu'à ses lèvres.

Demain elle allait chercher une nouvelle maison pour Naomi, et entreprendre l'assainissement de la compagnie. Elle allait réunir Adrian, Margo et Desmond…

Ne bois pas cette tisane.

Charlotte tressaillit. La tasse lui échappa des mains et alla se fracasser sur le comptoir.

Elle se retourna d'un bond.

— Qui est là ?

Elle tendit l'oreille mais n'entendit que le martèlement étouffé de la pluie qui tombait au-dehors.

Cette tisane est empoisonnée.

Elle jeta un coup d'œil à l'écran de surveillance, mais ne vit rien d'autre que l'aire de stationnement balayée par la pluie. Se ruant vers le musée, elle alluma toutes les lumières, mais là encore elle ne vit que les vitrines silencieuses et leurs reliques poussiéreuses.

Qui avait parlé ?

Elle regagna promptement le bureau et, saisissant la boîte de tisane, s'assit devant l'ordinateur et entra dans le registre de production pour vérifier le numéro de série figurant sur l'emballage. Une minute plus tard, elle avait la réponse : Rusty Brown avait apposé le cachet de conformité sur ce lot.

— Oh, mon Dieu, murmura-t-elle.

La tisane était empoisonnée ! Combien d'autres produits encore avaient-ils été contaminés ? Comment était-il possible qu'il ait réussi à en saboter une telle quantité sans se faire prendre ?

Tout à coup, tandis qu'elle posait les doigts sur le clavier, Charlotte réalisa qu'il y avait une chose qui la tarabustait depuis un petit moment. C'était une chose que Jonathan lui avait dite, mais qu'elle avait aussitôt évacuée de ses pensées parce qu'elle avait la tête trop encombrée et qu'elle était à bout de forces. Mais à présent, elle aurait voulu s'en souvenir.

Elle jeta un coup d'œil au moniteur de télésurveillance, et vit Valerius Knight, vêtu d'un imperméable, qui se dirigeait vers le minibus avec lequel son équipe était arrivée.

C'était quelque chose que Jonathan avait dit au sujet de Knight...

Elle se concentra, ouvrit tout grand son esprit, et attendit que la chose lui revienne.

D'après Knight, Brown serait particulièrement remonté contre les laboratoires pharmaceutiques. Ça aurait un rapport avec son passé. Il a eu des ennuis avec son dernier employeur. Ils ont failli le coffrer mais il avait un bon avocat.

Charlotte fronça les sourcils. Chez Harmony Biotech le recrutement se faisait selon des critères très stricts. Le passé des candidats à l'embauche était passé au peigne fin. Comment était-il possible que quelqu'un comme Brown ait pu passer au travers des mailles du filet ?

Elle ouvrit aussitôt le fichier du personnel, puis le dossier de Rusty Brown. Celui-ci contenait son histoire personnelle, ses date et lieu de naissance, son expérience professionnelle. Mais nulle part il n'était fait mention de ses démêlés avec la justice. Il avait été embauché six mois plus tôt, le lendemain des funérailles de sa grand-mère.

Charlotte sursauta en entendant le bip de la messagerie électronique. Avant même d'avoir cliqué sur l'icône « Nouveaux messages », elle sut ce qu'elle allait trouver.

« *N'annule pas la conférence de presse, Charlotte. Ils ont coffré Rusty Brown mais moi je suis toujours là. Il y a erreur sur la personne. Si tu ne fais pas ce que je te dis, tu auras des milliers de morts sur la conscience....*

— Oh, mon Dieu, souffla-t-elle en écarquillant des yeux effarés.

... à commencer par ton gommeux de petit ami. »

Après avoir soigneusement verrouillé la porte du musée derrière elle, Charlotte regagna à toutes jambes le bâtiment principal et emprunta l'escalier de secours pour se rendre au troisième étage. Là, elle entrebâilla la porte et jeta un coup d'œil discret dans le hall. Pas une âme. Mais tandis qu'elle regagnait la réception à pas feutrés, elle entendit des voix.

Tournant au coin du couloir, elle aperçut M. Sung et Margo, qui s'entretenaient avec un agent fédéral. Adrian était dans son bureau, en train de beugler dans son téléphone. Desmond n'était visible nulle part.

Charlotte s'arrangea pour regagner son bureau sans être vue. Là, elle saisit son sac à main et ses clés de voiture et regagna en courant silencieusement l'escalier de secours puis la sortie. Bondissant au volant de sa Corvette, elle démarra et quitta le parking sur les chapeaux de roue.

Il pleuvait des cordes. Elle mit les essuie-glaces sur la vitesse maximale, mais malgré cela c'était à peine si elle arrivait à distinguer la route. Tandis qu'elle s'efforçait de mettre de l'ordre dans ses pensées, elle songea : « Par où est-il passé ? » La route de Palm Canyon ou l'autoroute ? Si elle n'arrivait pas à rattraper Jonathan avant qu'il ait rejoint le circuit autoroutier inextricable de Los Angeles, elle ne le retrouverait jamais.

Il avait certainement pris l'autoroute, décida-t-elle, et elle se mit à rouler aussi vite qu'elle le pouvait sur la chaussée rendue glissante par la pluie diluvienne. Lorsqu'elle atteignit la rampe d'accès à l'autoroute 10, elle alluma ses phares et prit la direction de Los Angeles. L'autoroute était pratiquement déserte à cette heure-ci. De temps à autre, elle apercevait les phares de voitures qui la doublaient, mais aucun feu arrière rouge.

Cette section de l'autoroute était peu éclairée, à l'exception de rares panneaux lumineux qui rompaient brusquement l'obscurité : enseignes de motels, pancartes indiquant le monument Joshua Tree et Painted Hills, ou la réserve des Indiens Morongo.

Quelle distance avait-il parcourue ? Il devait avoir un bon quart d'heure d'avance sur elle. Et Jonathan n'était pas ce qu'il est convenu d'appeler un conducteur lent.

Juste au moment où elle dépassait l'échangeur de San Gorgonio, elle jeta un coup d'œil à la jauge à essence et reçut un choc. Le réservoir était presque vide.

A quelques kilomètres de là se trouvait la petite ville

de Banning, et au-delà Badlands — un segment d'autoroute tout en lacets et tristement célèbre pour ses accidents mortels. Une fois à Badlands, plus de postes téléphoniques d'urgence, plus de bretelles de sortie ou de bande d'arrêt d'urgence. Elle serait piégée.

Ne ferait-elle pas mieux de s'arrêter pour prendre de l'essence ?

Non, ça prendrait trop de temps. Un bref coup d'œil à sa montre lui apprit que l'avion de Jonathan décollait dans deux heures et demie. S'il arrivait à l'aéroport avant qu'elle ait pu l'intercepter, il embarquerait immédiatement.

Ses mains moites se resserrèrent sur le volant, elle avait juste assez d'essence pour retourner à Harmony Biotech. Elle avait atteint le point de non-retour.

Inspirant à fond, elle enfonça la pédale de l'accélérateur.

Lorsqu'elle aperçut des feux rouges arrière un peu plus loin sur la route, elle s'écria intérieurement : « Oh, mon Dieu ! Faites que ce soit Jonathan. » Mais lorsqu'elle se rapprocha, elle constata qu'il s'agissait d'un camion.

Doublant le camion, elle essaya d'accélérer, mais la route était glissante. Les premières pluies charriaient toujours avec elles les résidus d'huile de moteur de millions de véhicules ; il n'avait pas encore assez plu pour nettoyer parfaitement la chaussée.

Sentant que l'arrière de sa Corvette chassait légèrement, elle s'agrippa des deux mains au volant et continua de regarder fixement la route à travers le rideau de pluie.

Une autre paire de feux arrière.

Elle accéléra pour se rapprocher de la voiture. Mais il s'agissait d'une Honda blanche avec quatre passagers.

Elle changea de voie et poursuivit son chemin.

Elle dépassa Banning. Ensuite venait Badlands. L'aiguille de la jauge à essence était sur « réservoir vide ».

D'autres feux arrière.

— Mon Dieu, murmura-t-elle, faites que ce soit lui !

Mais c'était une Ferrari avec deux passagers à l'avant.

Charlotte était tellement concentrée qu'elle ne remarqua pas tout d'abord la voiture qui arrivait derrière elle et dont les gyrophares rouges clignotaient dans le rétroviseur.

Une voiture de police.

— Oh, non, s'écria-t-elle. Non ! Pourvu qu'ils ne m'arrêtent pas !

Voyant que la voiture de police lui faisait un appel de phares, Charlotte fut soudain prise d'une furieuse envie d'appuyer sur le champignon et de prendre la fuite. Mais à la place, elle leva le pied de l'accélérateur, se préparant mentalement au pire.

A sa grande surprise, les flics la dépassèrent et continuèrent leur chemin, apparemment satisfaits de voir qu'elle avait ralenti.

Inspirant profondément, elle serra le volant de toutes ses forces, luttant contre la tentation d'accélérer tant que la voiture de police était en vue.

Elle dépassa plusieurs autres bretelles de sortie, autant de possibilités de s'arrêter et de prendre de l'essence. Mais elle n'avait pas le choix, il fallait qu'elle rattrape Jonathan…

Pour finir, une autre paire de feux arrière apparut au loin. Le véhicule semblait d'assez grande taille, et pas très rapide. Tout en gardant un œil sur la jauge à essence, elle raccourcit la distance entre elle et l'autre voiture.

Lorsque ses phares éclairèrent le pare-chocs arrière de la voiture, elle vit un autocollant Alpha Location.

Jonathan !

Elle lui fit un appel de phares.

Il accéléra.

— Non ! cria-t-elle.

Accélérant à son tour pour le rattraper, elle passa dans la voie contiguë et tenta de rouler à ses côtés. Elle klaxonna de toutes ses forces. Elle sentit la Corvette déraper sur la chaussée mouillée.

— Jonathan ! hurla-t-elle, en klaxonnant et en lui faisant des appels de phares.

Mais il était perdu dans ses pensées, regardant droit devant lui.

Elle appuya à nouveau sur l'accélérateur, et sentit ses pneus arrière qui chassaient dangereusement. A présent la lumière rouge de l'indicateur du niveau de carburant était allumée. Dans un dernier effort désespéré, elle accéléra une fois de plus et, aussitôt qu'elle l'eut dépassé de quelques mètres, tourna son volant vers la droite d'un coup sec pour lui barrer la route. Elle vit ses phares s'affaisser alors qu'il freinait de toutes ses forces.

Elle fit une embardée et atterrit sur la bande d'arrêt d'urgence, tandis que le moteur s'éteignait, à court d'essence.

Charlotte se sentit soudain prise d'une violente nausée. Elle tremblait si fort que ses dents s'entrechoquaient. Sentant qu'elle allait perdre connaissance, elle appuya sa tête sur le volant.

— Hep, vous, là ! criait Jonathan en frappant contre la vitre et en essayant de regarder à l'intérieur. Vous avez un problème ?

Il ouvrit la portière à toute volée.

— Ça par exemple ! Charlotte !

Elle lui tendit les bras et il la tira hors de la voiture, puis la prit toute tremblante entre ses bras.

— Bon sang ! dit-il, en prenant son visage entre ses mains. Est-ce que tu te rends compte que tu as failli nous tuer ?

— Ce n'est pas terminé, Johnny, dit-elle hors d'haleine. Il faut que tu reviennes.

34

Après avoir verrouillé et garé la voiture de Charlotte sur le bord de la route, ils regagnèrent Harmony Biotech à vive allure. Lorsqu'ils arrivèrent à proximité du portail, Jonathan ralentit et éteignit ses phares, puis il guida sans bruit la Lincoln jusqu'à un recoin obscur de l'aire de stationnement. Après quoi, s'étant assurés que personne ne les observait, ils filèrent vers le musée. Une fois à l'intérieur, ils refermèrent la porte à double tour derrière eux. Au même moment, la sonnerie de la messagerie électronique retentit.

Jonathan cliqua sur « Nouveaux messages ». Charlotte retint son souffle tandis qu'un nouveau message s'affichait à l'écran :

« Il est presque une heure, Charlotte. Il ne te reste plus que cinq heures. »

Sans prendre le temps d'ôter son imperméable, Jonathan sortit immédiatement son ordinateur portable et le brancha. Il appuya sur une touche et une suite d'impulsions électroniques s'égrena dans le haut-parleur. L'instant d'après un message s'affichait : *Le numéro demandé a été trouvé... veuillez patientez...*

Soudain une fenêtre s'ouvrit et le visage de Quentin apparut sur l'écran.

— Allô ? dit-il. John ! Je te croyais dans l'avion en route pour Londres ! Qu'est-ce qui se passe ?

— Je ne peux pas partir tout de suite. Un empêchement de dernière minute.

— Ah, non ! Ecoute, il faut...

— Je veux que tu organises une téléconférence, Quent. Tu vas dire à ces types que notre client du moment a eu un coup dur et que je ne peux pas le laisser tomber, mais que je suis d'accord pour une téléconférence. De toute façon, ça va peut-être les décider — Quentin, qu'est-ce que c'est que ce bruit ?

Dans le fond on entendait *ka-chunk, ka-chunk, ka-chunk*.

Quentin se posa une main sur l'oreille, et dit :

— Epouvantable, n'est-ce pas ? Ils construisent une nouvelle ligne de métro, et ils sont en train de creuser juste sous ma fenêtre.

— Mais où es-tu ?

— A l'hôtel Four Seasons, en attendant que les travaux de rénovation de mon appartement soient terminés. Je ne te l'avais pas dit ?

Jonathan fronça les sourcils.

— Il y a exactement vingt heures tu étais encore dans ton appartement, et je ne me rappelle pas que tu m'en aies parlé...

— Désolé ! Impossible de t'entendre ! En tout cas, le coup de la téléconférence est une excellente idée. Comme ça, les types vont voir combien nous sommes dévoués à nos clients, ça va leur donner un avant-goût de notre sérieux. Une idée de génie, Johnny ! (*Ka-chunk, ka-chunk.*) Non, mais écoute-moi ce boucan ! Je sens que je vais aller m'installer au Dorchester avant de perdre complètement la boule ! Bon, c'est d'accord pour la téléconférence. On va leur en mettre plein la vue ! Je te rappelle dans deux heures.

Après avoir raccroché, Jonathan continua à regarder fixement l'écran.

— Qu'est-ce qui ne va pas ? demanda Charlotte.

— Je n'en sais rien, mais je connais Quent. Je sais tout de suite quand il me cache quelque chose. Il m'a semblé nerveux.

— Jonathan, rentre à Londres. Je n'aurais jamais dû te rattraper. On a besoin de toi là-bas.

Il continuait de regarder fixement l'écran, et s'apprêtait à dire quelque chose quand la sonnerie de la messagerie électronique retentit à nouveau. Un nouveau message s'afficha :

« *LOLOLOLOL.* »

— Qu'est-ce que ça veut dire ? demanda Charlotte.

— L o L, dit Jonathan, en se levant d'un bond et en ôtant son imperméable, c'est du jargon d'internaute, « *laughing out loud* », c'est-à-dire rire à gorge déployée. (Il se rassit et remonta ses manches de chemise avec de petits gestes décidés, en disant :) Ce salaud se fout de ta gueule. Mais je te garantis qu'il va le payer.

DEUXIÈME PARTIE

35

Palm Springs, Californie, 2 heures

« Pourquoi ne m'as-tu pas attendu, Harmonie ? » s'écria Gideon en voyant la pièce montée, les invités, M. Lee en costume de marié.

Mais comment aurais-je pu ? répondit Harmonie en silence, avec son cœur, si bien que personne ne l'entendit, pas même Gideon. Comment pouvais-je t'attendre alors que tu étais parti pour dix mois et que notre bébé allait naître dans neuf ?

« Jamais je ne pourrai aimer une autre femme comme je t'ai aimée, Charlotte, déclarait Gideon avec feu, sauf qu'il ne s'agissait plus de Gideon mais de Jonathan, qui tendait le bras et posait la main sur son épaule...

Charlotte poussa un cri.

— Hé, murmura Jonathan, en lui secouant doucement l'épaule. Tu te sens bien ?

Elle cligna des paupières et le regarda.

— Tu as fait un cauchemar, dit-il.

Charlotte se redressa et se frotta les yeux. Elle s'était allongée sur le canapé qui se trouvait dans le bureau de sa grand-mère pour faire un somme. Elle jeta un coup d'œil à sa montre. Elle avait dormi une heure.

— Et un sacré cauchemar, apparemment, dit-il.

— Oui... dit-elle. Un rêve étrange.

Elle le regarda. Une mèche de cheveux bruns retombait négligemment sur son front et ses joues commençaient à se couvrir de barbe. Mais ses yeux ne présentaient aucun signe de fatigue.

— J'ai trouvé quelque chose, dit-il. (Il sentait la pluie. Etait-il sorti ?) Notre plaisantin cherche quelque chose et je crois avoir compris de quoi il s'agit.

Faisant basculer son corps, Charlotte posa les pieds par terre et demeura un moment assise, la tête entre les mains. Son rêve continuait de la hanter, des images sans queue ni tête défilaient dans sa tête : sa mère, qu'elle n'avait jamais connue, assise avec elle sur la terrasse chez sa grand-mère, lui disant : *« C'était la tisane, Charlotte, la tisane... »* M. Sung tournant et retournant un casse-tête chinois entre ses doigts. Sa grand-mère se détournant avec une expression dégoûtée d'un artichaut que Charlotte avait préparé pour le dîner.

Loin de se sentir reposée, elle était encore plus lasse, et comme entravée par les réminiscences de son rêve.

Elle se leva et se dirigea vers la kitchenette. Là, elle ouvrit le robinet et s'aspergea abondamment la figure. Les voix et les visages de son rêve s'étiolèrent, puis disparurent tout à fait quand elle s'essuya.

Elle se tourna vers Jonathan, qui était assis devant son ordinateur portable. Il avait travaillé tout le temps qu'elle était endormie.

— Qu'as-tu trouvé ? dit-elle.

— J'ai fouillé les fichiers que j'avais recopiés. Et j'ai trouvé quelque chose de très intéressant dans le répertoire où sont stockées les formules classées. Regarde, dit-il en tapotant l'écran du doigt.

Charlotte se pencha en avant pour mieux voir.

— Ils ont été *recopiés ?*

— Notre intrus n'a pas l'air de savoir que ton système enregistre systématiquement le nom de tous les fichiers ouverts ou copiés. Et regarde ça. Il enregistre même l'heure et la date de l'ouverture.

— Tu veux dire qu'il a ouvert et copié des fichiers toute la soirée ?

— Incroyable, non ? Depuis douze heures, le salopard n'a fait qu'entrer et sortir du répertoire pour recopier les fichiers un par un afin de ne pas se faire pincer.

Et voilà le plus important de tous, Charlie. Le dernier qu'il a ouvert.

Elle regarda à l'endroit qu'il lui indiquait sur l'écran :

— Cette formule a été recopiée *après* que Knight a fait déconnecter tous les périphériques du terminal.

— Ce qui veut dire que quelque part dans l'usine il y a un modem caché, fit Jonathan.

Elle tiqua.

— Est-ce que tu peux le retrouver ?

— Le retrouver ? J'y compte bien. J'ai déjà commencé les recherches.

Quittant l'ordinateur, il se dirigea vers les plans de l'usine étalés sur le bureau.

— Une façon de s'introduire dans un système, dit-il en scrutant attentivement les plans, consiste à désactiver la fonction dial-back de l'un des modems du réseau. Mais ton système aurait détecté la présence d'un modem dont la fonction dial-back aurait été désactivée. Comme il n'y en a pas, nous pouvons en déduire qu'il y a un modem caché, un modem qui a été connecté en mode réponse.

— Comment vas-tu faire pour le trouver ?

— J'ai installé un dispositif « Wargames » sur mon ordinateur, murmura-t-il en traçant une ligne invisible du bout du doigt. Est-ce que tu as vu le film *Wargames* ? C'est un logiciel de numérotation automatique capable de composer des centaines de numéros de téléphone à la suite afin de se connecter sur un modem. Pendant que tu dormais, j'ai introduit tous les paramètres de la numérotation téléphonique de la région. Mon dispositif va composer des numéros jusqu'à ce qu'il trouve le modem resté actif dans l'usine. Je l'ai relié à mon pager, afin qu'il puisse m'avertir dès qu'il aura trouvé le modem.

Tandis qu'il étudiait les plans de l'usine, elle vit une ride profonde se creuser entre ses sourcils froncés. Il semblait aussi concentré que s'il avait essayé de résoudre un casse-tête chinois. Son visage avait la même expression que lorsqu'il avait raccroché et dit que Quentin lui cachait quelque chose. Devant son hésitation, Charlotte avait failli lui dire de rentrer chez lui. Mais juste à ce moment-là le *LOLOLOL* était apparu sur l'écran, et il avait décidé de rester.

Et dire qu'il y avait une heure à peine Charlotte avait insisté pour qu'il s'en aille. A présent elle était contente qu'il soit resté.

— Jonathan, dit-elle en plongeant la main dans son fourre-tout pour en ressortir un élégant peigne doré. Il faut que nous arrivions à comprendre le lien qui existe entre l'intrus et Rusty Brown. Peut-être est-ce quelqu'un qui travaillait avec Brown, ou bien quelqu'un qui, ayant découvert les manigances de Brown, a voulu profiter de la situation. Brown a déclaré qu'il avait agi seul. Et à en croire son casier judiciaire, c'est effectivement sa façon de procéder.

— J'ai mené ma petite enquête pendant que tu dormais. Je suis allé faire un tour du côté du casier de Rusty. Il était vide, naturellement. Les hommes de Knight avaient tout ôté. Mais chemin faisant je suis tombé nez à nez avec le vieux concierge, qui m'a dit deux ou trois choses intéressantes. Primo, que lui et Brown avaient l'habitude d'aller boire un coup ensemble au Highway One Eleven, de temps en temps.

— Le bar-grill Le Coyote, dit-elle. La plupart de nos employés vont là-bas.

— Il a dit que Brown était plutôt du genre réservé, et qu'il ne s'est jamais vanté d'avoir saboté les produits. Apparemment il n'avait pas d'amis, à l'exception d'un « play-boy » qui se joignait à eux de temps à autre et leur payait la tournée. Un jour Brown s'est mis à pester parce qu'il n'avait pas obtenu l'avancement qu'il espérait. Alors le type qui leur payait à boire a commencé à dire à Rusty qu'il avait tort de se laisser faire, et qu'il aurait dû donner une bonne leçon à ses supérieurs.

— Quand est-ce que ça s'est passé ?

— Il y a cinq mois environ.

Charlotte ouvrit de grands yeux. Les formules chimiques avaient été sabotées *quatre* mois auparavant.

— Rusty a dit qu'on lui avait promis une augmentation ?

— Oui, et de l'avancement. Des promesses plutôt mirobolantes pour quelqu'un qui vient de débuter.

— Le concierge a pu te décrire l'autre type ?

— Il a dit qu'il portait la barbe et une queue de cheval. Et une casquette de base-ball. Mais attends, Charlie, tu ne sais pas la meilleure. Rusty a déclaré qu'il avait été recruté par Harmony Biotech. Harmony Biotech l'aurait appelé en déclarant qu'ils étaient désolés qu'il ait perdu son dernier emploi et qu'ils avaient besoin de quelqu'un comme lui, avec ses compétences et son talent.

— Ce qui veut dire que quelqu'un était au courant de ses démêlés avec la justice, et que ce quelqu'un avait décidé de se servir de Brown pour dégommer la compagnie tout en restant dans l'ombre ! (Une telle éventualité avait déjà effleuré Charlotte.) Tu as dit que tu avais découvert deux choses.

— La deuxième confirme nos soupçons. Le concierge a dit qu'il y a environ deux heures il avait surpris quelqu'un en train de fouiller dans le vestiaire de Brown. La personne s'était esquivée avant qu'il ait eu le temps de la voir. Il ne saurait même pas dire s'il s'agissait d'un homme ou d'une femme — apparemment l'individu portait un long manteau et un chapeau. Toujours est-il que ce quelqu'un était bel et bien en train de fouiller dans le vestiaire.

— Pour y placer des pièces à conviction.

Jonathan acquiesça d'un signe de tête.

— Précisément. Et Brown est probablement en train de dire la même chose aux flics à l'heure qu'il est. Il a reconnu avoir saboté les produits mais nie toute responsabilité dans le sabotage de ta porte de garage ou l'incendie de la maison de Naomi. Ils vont se retrouver le bec dans l'eau.

— Et Knight va arriver à la même conclusion que nous : quelqu'un s'est servi de Rusty à son insu.

Jonathan étira brusquement les doigts de sa main droite puis referma la main en un poing serré.

— Je crains fort que nous ne voyons reparaître l'agent Knight d'ici peu.

— Rusty a un casier judiciaire, murmura Charlotte, en levant une main pour défaire sa barrette. Comment a-t-il réussi à se faire embaucher ? Son dossier ne fait nulle part mention de son casier judiciaire. J'ai appelé Mme Ferguson, la directrice du personnel, mais je n'ai eu que son répondeur. J'ai laissé un message en disant que c'était urgent. Malheureusement le cours d'eau à côté duquel elle habite a débordé et la route est impraticable. (Charlotte jeta un coup d'œil à l'écran de surveillance. Le hall de réception était désert.) Mais où sont-ils donc passés ?

— Knight et ses hommes sont partis il y a un petit moment déjà, répondit Jonathan sans cesser de consulter les plans de l'usine. Je lui ai donné une copie des fichiers. Ç'a eu l'air de le tranquilliser. Il l'a emportée au labo et ils vont l'examiner comme preuve de la culpabilité de Brown. Ils ont laissé un type pour monter la garde devant la salle des ordinateurs, mais ça ne nous empêchera nullement de rentrer dans le système. Simplement, il faudra que nous soyons prudents, car quelque chose me dit que Knight ne va pas tarder à pointer à nouveau le bout de son nez.

— Ce que je ne comprends pas, dit Charlotte, c'est comment il va s'y prendre. Je veux parler du cinglé qui a essayé de nous tuer, Naomi et moi — il a dit qu'il allait tuer des milliers de personnes. Mais comment ? La population a été mise en garde, il ne peut tout de même pas forcer les gens à ingérer des produits empoisonnés.

Jonathan releva les yeux du plan. Lorsqu'il vit ses longs cheveux noirs flotter librement sur ses épaules, il s'arrêta. Une vision très ancienne lui revint brusquement à l'esprit : deux tresses soyeuses se répandant sur l'herbe mouillée de rosée, Charlotte les yeux fermés, un sourire sublime sur les lèvres.

Il détourna les yeux.

— Nous le saurons quand nous aurons examiné la

base de registres. Il va falloir que j'entre dans le système.

— Très bien, dit-elle en attirant une chaise.

— Non, je vais y entrer tout seul.

— Mais tu ne connais pas mon mot de passe. Tu m'as même dit quand tu es arrivé que tu ne voulais pas le connaître.

— C'est une façon pour moi de tester la sécurité du système, dit-il en s'asseyant. Je fais comme si j'étais un intrus qui cherche à s'introduire dans la base de registres. De cette façon j'arrive à détecter des failles dans le système de sécurité qui autrement pourraient passer inaperçues. La première étape consiste à ignorer le mot de passe. Tiens, regarde ceci.

— Tu veux dire que tu vas le deviner ?

— Tu paries que j'y arrive en trois coups ?

— Attends, dit-elle, en lui posant une main sur le bras. Le technicien de Knight a découvert un programme de sécurité que je ne connaissais pas. Au bout du troisième essai, si tu n'as pas réussi à entrer dans le système, l'ordinateur efface tous les fichiers.

Il secoua la tête, en lui décochant un regard sombre et intense.

— C'est moi qui l'ai fait, Charlotte. Après avoir terminé de recopier tous les fichiers. Je ne voulais pas que les types du FBI embarquent le système, au cas où nous en aurions eu besoin. Si bien que j'ai changé les mots de passe et j'ai introduit un message bidon concernant l'effacement des données.

Dans la zone *Nom de l'utilisateur*, Jonathan tapa « Charlotte Lee » et appuya sur Entrée.

La commande suivante était *Mot de passe*. Une suite d'astérisques s'afficha sur l'écran lorsqu'il tapa son mot de passe. Il appuya sur Entrée, et un nouveau message s'afficha :

** *Bienvenue à Harmony Biotech* **

Charlotte écarquilla de grands yeux.

— Comment as-tu fait ?

— Question d'habitude, dit-il en pianotant rapidement sur le clavier. C'est comme ça que les escrocs s'y prennent pour relever des numéros de cartes bancaires. Ils regardent par-dessus ton épaule quand tu tapes ton code sur le distributeur de billets.

— Mais quand j'ai tapé mon mot de passe il n'y avait que des astérisques sur l'écran. Même si tu avais regardé…

— Je n'ai pas fait que regarder, j'ai écouté. Tu as enfoncé six touches, et tu n'as pas appuyé sur la barre d'espacement ni sur la touche « majuscule ». Il est vrai, ajouta-t-il, que le fait de te connaître m'a aidé. Le mot de passe que les gens utilisent le plus couramment est leur prénom ou le nom de leur chien. Ils utilisent également leur date de naissance, ou leur numéro de plaque d'immatriculation, leur lieu de naissance. Des mots comme « sorcier » ou « Merlin » reviennent fréquemment. Tu serais étonnée de voir le nombre de gens qui utilisent exactement les mêmes lettres ou les mêmes chiffres, comme sept fois le chiffre sept.

— N'empêche qu'il faut tout de même se creuser pas mal les méninges, envoya Charlotte en peignant ses longs cheveux avant de rattacher sa barrette et de ranger son peigne dans son fourre-tout.

— La plupart des intrus réussissent à trouver un mot de passe en dix essais, et si le système n'est pas protégé par un dispositif qui limite le nombre des essais, ils entrent sans problème dans la base de registres. Mais il est vrai que je connais un certain nombre de choses te concernant, et que ma tâche s'en est trouvée facilitée. Quand j'ai entendu que tu tapais six fois sur le clavier, j'étais presque sûr d'avoir deviné le mot de passe.

Charlotte l'avait choisi parce que personne d'autre qu'elle ne connaissait ce mot : son vrai nom.

Jonathan étira brusquement ses bras en faisant craquer ses articulations. Puis, se levant du bureau, il se rendit à la kitchenette, remplit la bouilloire et alluma la cuisinière.

— Nous n'avons plus que quatre heures devant nous et j'ai besoin de recharger les batteries.

Faisant glisser la fermeture Eclair d'une poche latérale de sa mallette, il en sortit un paquet de café, des filtres ainsi qu'une boîte de sablés écossais.

Dès qu'elle vit l'emballage écossais jaune et blanc de la boîte de biscuits, Charlotte sentit son cœur se serrer tandis que deux souvenirs, l'un gai et l'autre poignant, lui revenaient à l'esprit.

Ils avaient dix-sept ans, Charlotte était assise sur le lit de Jonathan. Ils étaient en train de grignoter des sablés écossais tandis qu'il lui montrait son dernier gadget, un jeu électronique appelé *Pong,* qu'on ne trouvait à l'époque que dans les bars ou les salles de jeux électroniques. Mais Johnny en avait un parce que son père, qui avait dû partir au Pérou pour assister à une conférence internationale alors que son fils s'en revenait tout juste d'Ecosse, avait voulu le consoler avec un jouet extraordinaire. Pendant qu'ils grignotaient en riant leurs biscuits, Jonathan lui avait expliqué que le jeu s'appelait à l'origine *Ping Pong*, mais qu'il avait été rebaptisé *Pong* par Atari en raison de la loi sur le copyright.

Ça c'était le souvenir joyeux. Quant au souvenir triste, il concernait une scène qui avait eu lieu six ans plus tard, à Boston. Il pleuvait ce soir-là, quand Jonathan lui avait annoncé qu'il allait entrer au MIT. Ils avaient arrosé l'événement avec une bouteille de vin et des sablés écossais, puis ils avaient fait l'amour, lentement, délicieusement, sur le couvre-pied en madras de Jonathan. Toute la nuit ils étaient restés blottis l'un contre l'autre, et avaient élaborés des plans pour l'avenir : elle allait découvrir un remède pour guérir le cancer, il allait mettre au point l'ordinateur le plus rapide du monde. Ils allaient devenir quelqu'un, deux jeunes missiles de vingt-trois ans, se projetant dans l'avenir à corps perdu. Et ils allaient voyager et voir le monde.

— On va aller dans le Bosphore, avait dit Charlotte, et regarder le soleil se coucher derrière les dômes et les minarets d'Istanbul.

— Et à Venise, avait ajouté Jonathan, on ira boire un cappuccino sur la place Saint-Marc et regarder la marée montante.

Ils allaient tout faire, goûter à tout, croquer à belles dents tout ce que la vie pouvait leur offrir. Lorsque Charlotte était repartie à San Francisco, le lendemain, Jonathan l'avait accompagnée à l'aéroport. Jamais elle ne l'avait vu aussi heureux et rayonnant.

Et puis douze mois plus tard, le recueil de poésie était arrivé, et tous les rêves de Charlotte avaient volé en éclats.

Eteignant la cuisinière, Jonathan sortit un objet métallique plat en forme de cône de son sac noir : un porte-filtre pliable qui, une fois ouvert par une simple pression des doigts, pouvait recevoir un filtre en papier individuel, dans lequel il mit deux cuillerées bien pleines de café à l'arôme appétissant.

— Je ne pars jamais en voyage sans mon café, dit-il tandis qu'il préparait deux tasses. Est-ce que tu le bois toujours noir ? J'ai du lait en poudre si tu veux.

— Noir, dit-elle. (Puis elle ajouta de but en blanc, sans même réfléchir :) Jonathan, est-ce que tu es heureux ?

Il se retourna, l'air surpris. Puis son regard s'assombrit et il dit :

— Ni plus ni moins que mon prochain.

Incapable de se retenir, elle lui posa une question qui lui trottait dans la tête depuis qu'il était arrivé :

— Est-ce que tu es heureux avec ta femme ?

— Je n'ai pas à me plaindre, dit-il, l'air énigmatique, alors que son regard s'attardait sur ses cheveux, qu'elle avait rattachés. La vie avec Adèle est confortable, sans surprise.

Charlotte détourna la tête. Pour Jonathan, confortable et sans surprise semblait vouloir dire triste.

Jonathan eut soudain envie de lui caresser les cheveux à l'endroit où le peigne n'était pas passé et avait laissé une mèche emmêlée, mais il songea à Adèle et à la conversation qu'ils avaient eue par vidéophone peu après minuit, pendant que Charlotte était à la cafétéria. Les yeux d'Adèle étaient brillants de larmes quand elle avait dit :

« Tu es avec elle, n'est-ce pas ? Quentin n'a pas voulu

me dire où tu étais exactement. Mais je sais que c'est à elle que tu es allé donner un coup de main. »

Jonathan n'avait jamais compris comment un sujet qu'il s'efforçait d'éviter par tous les moyens revenait systématiquement sur le tapis, comme une barrière érigée entre eux. Il y avait une telle détresse dans la voix d'Adèle qu'il s'était senti obligé de lui répondre : « Oui, je suis venu lui donner un coup de main. »

Car il se sentait obligé d'être honnête avec Adèle, c'était la moindre des choses.

Tandis que Jonathan reposait la bouilloire, le regard de Charlotte se posa sur la boîte de tisane.

— Je n'arrive pas à me débarrasser complètement du rêve que j'ai fait, dit-elle. Il y a quelque chose concernant cette tisane que je suis censée savoir.

— Mais tu l'as déjà trouvée. Elle provient d'un lot contaminé.

Elle fronça les sourcils.

— Il y a autre chose. Mais je ne peux pas... (Elle le regarda.) Ma grand-mère avait toutes sortes de croyances dont j'ai toujours pensé qu'il s'agissait de superstitions idiotes. Elle me disait par exemple que, du fait que nous descendions d'une longue lignée de filles qui avaient perdu leurs mères, lorsque le besoin s'en faisait sentir, nous pouvions entendre les voix de nos mères. Je ne l'ai jamais crue. Mais ma grand-mère me disait qu'elle avait entendu la voix de sa mère, une fois, alors qu'elle vivait à Chinatown, à l'époque où elle crevait de faim parce qu'elle n'arrivait pas à vendre ses médicaments. Elle me disait que sa mère lui avait parlé depuis le paradis, et qu'elle lui avait expliqué qu'il fallait qu'elle rende ses médicaments attrayants pour que les gens aient envie de les acheter. Et voilà que ce soir, juste au moment où j'allais boire ma tisane... Jonathan, j'ai entendu une voix aussi clairement que je t'entends.

— Et c'était la voix de ta mère ?

— Je n'en sais rien. Je n'ai jamais connu ma mère. Mais dans le rêve que je viens de faire, elle s'est mise à me parler à nouveau de la tisane... elle m'a dit qu'il fallait que je cherche quelque chose.

Il lui jeta un regard incrédule, comme s'il avait essayé de plonger à l'intérieur de son âme pour y voir avec ses yeux le rêve qu'elle avait fait et le mystérieux message qu'il contenait.

— Essaye de te souvenir de ton rêve, Charlotte, dit-il. Rappelle-le-toi et repasse-le entièrement dans ta tête, point par point. S'il contient un message tu l'entendras forcément.

Prenant le café qu'il lui tendait, elle songea : « Il est toujours superstitieux, exactement comme lorsqu'il revenait des Highlands avec des légendes de champs de bataille hantés et de femmes qui se transforment en phoques. »

Tout en regardant Charlotte tremper son biscuit dans sa tasse de café puis le porter jusqu'à ses lèvres roses et humides, il songea à toutes les fois où il l'avait vue manger par le passé — avec ce même enthousiasme qu'elle mettait dans tout ce qu'elle faisait. Comme dans ce café de Boston où elle avait commandé une double ration de vinaigrette, puis mis une feuille de salade dans sa bouche tout en croquant un gressin beurré en disant :

— Il y a une chose sur laquelle nous sommes tombées d'accord, grand-mère et moi, Johnny : la médecine occidentale et la médecine chinoise sont complémentaires l'une de l'autre. Elle disait toujours : « Charlotte-ah, la médecine occidentale est nouvelle et rapide, la médecine chinoise est ancienne et lente. Un parfait équilibre, comme le yin et le yang. » Mais j'ai décidé de ne pas faire d'études de médecine, Johnny. Après la mort de l'oncle Gideon, j'ai compris que les médecins ne pouvaient rien pour nous. Sans le secours des médicaments, ils ne peuvent rien.

Elle était incroyablement animée, ce jour-là. D'abord elle l'avait écouté lorsqu'il lui avait dit qu'il allait rentrer au MIT, et ri de ses frasques informatiques à l'université de Cambridge, après quoi elle lui avait fait part de ses propres rêves avec un enthousiasme débridé.

— La biotechnologie, Johnny ! avait-elle dit, ses yeux verts pétillants, comme s'ils avaient été embrasés par ses visions intérieures. C'est l'avenir. Grand-mère a un potentiel colossal au bout des doigts. L'entrepôt d'Harmony recèle des montagnes d'herbes curatives, un véritable trésor ! Mais grand-mère continue à les conditionner telles quelles, comme elle l'a toujours fait depuis des années. J'essaye de lui faire comprendre qu'une analyse moléculaire de ces plantes permettrait de révéler leurs propriétés curatives les plus extrêmes. Tiens, prends le saule, par exemple ! Pendant des millénaires, son écorce a servi à guérir les migraines, la douleur et la fièvre ! Du jour où les chimistes ont découvert la structure moléculaire de ses propriétés curatives, ils ont pu la synthétiser. Et maintenant cela s'appelle l'aspirine ! Harmony House est une véritable caverne d'Ali Baba ! Et j'ai décidé d'en découvrir tous les trésors, Johnny ! Tous, jusqu'au dernier !

Cette nuit-là, pour fêter leurs retrouvailles, ils avaient fait l'amour jusqu'au matin dans l'appartement de Johnny, et tissé ensemble leurs rêves d'avenir. Et puis un an plus tard il lui avait envoyé le *Prix de Poésie de la Couronne de Laurier 1981*, et elle l'avait appelé et lui avait dit des choses qui avaient réduit en lambeaux les rêves qu'ils avaient tissés ensemble.

Mais s'il n'avait pas osé lui dévoiler ses sentiments par le biais de ce poème, est-ce que Charlotte et lui auraient continué à s'aimer comme avant ? S'il ne lui avait pas envoyé le recueil de poésie, l'aurait-elle tout de même appelé pour lui dire qu'elle avait besoin de son espace, de sa liberté ? Et six ans plus tard, aurait-elle accepté de le rencontrer à San Francisco ? Auraient-ils fait l'amour, alors qu'au lieu de cela Charlotte était partie en claquant la porte ?

— Charlotte, dit-il en revenant à l'instant présent. Comment as-tu fait pour convaincre ta grand-mère d'installer son usine ici ? Je croyais qu'elle ne voulait pas quitter San Francisco.

— Lorsque après enquête j'ai découvert que la Californie du Sud était l'endroit du monde où l'on menait le plus de recherches biomédicales, j'ai décidé d'y implanter Harmony. Adrian, qui pensait que c'était une bonne idée, a essayé de la convaincre au moyen de chiffres et de statistiques, en lui faisant miroiter des profits substantiels, et en déclarant que l'endroit regroupait une « communauté scientifique ». Mais elle n'a rien voulu savoir. Moi, je lui ai simplement dit que cela nous permettrait de rejoindre la famille des complexes pharmaceutiques, et elle a aussitôt accepté. Grand-mère a toujours été très attachée au mot « famille ».

— Pas étonnant qu'elle t'ait désignée comme son successeur, murmura-t-il. Elle et toi partagiez la même vision du monde.

Leurs yeux se rencontrèrent, et l'espace de trois battements de cœur ils furent happés par les souvenirs d'un passé commun.

— Le temps presse, remarqua-t-il, brisant le premier ce dangereux instant. (Posant sa tasse, il se frotta les mains et dit :) Bien, je vais commencer par jeter un coup d'œil aux formules classées pour voir si notre intrus a laissé des traces de sa visite. Après quoi je retournerai faire un tour au bâtiment principal.

— Des traces de sa visite ?

— Oui, le système tient le journal des différentes sessions de travail. Il enregistre les erreurs de mot de passe d'un utilisateur particulier, ou bien les heures de travail inhabituelles, les effacements, les changements, toutes ces choses. Notre plaisantin a fait son sale boulot pendant les heures de bureau. Les intrus qui se font pincer sont ceux qui commettent l'erreur grossière d'entrer dans le système en pleine nuit, ou d'utiliser le mot de passe d'un utilisateur qui est en congé.

— Mais alors comment a-t-il réussi à rentrer dans le système ?

— Par la porte de service, probablement — je veux dire en utilisant un mot de passe clé utilisé par l'installateur du système — ou bien en se faufilant dans une faille du système de sécurité. La partie visible du système est parfaitement protégée, mais la base de données qui se trouve à l'intérieur est par définition vulnérable.

Tandis que Jonathan se mettait au travail, le regard de Charlotte tomba à nouveau sur la boîte de tisane. Soudain son rêve refit surface, et la troublante mise en garde qui lui avait fait lâcher sa tasse au moment où elle allait boire résonnait à nouveau à ses oreilles. Avait-elle effectivement entendu la voix de sa mère ? Ou était-ce son imagination ?

Elle s'empara de la boîte et examina attentivement les lettres bleu et argent et l'image du saule pleureur se reflétant dans un lac. Puis elle sortit un sachet de la boîte et le posa dans le creux de sa main. Et c'est alors qu'elle comprit.

— Ça y est ! s'écria-t-elle. Jonathan, regarde ! Ces sachets ont bien été contaminés ! Seulement ils ne l'ont pas été au moment de la fabrication, mais ultérieurement !

— Comment ? Mais alors cela signifie que Rusty Brown n'est pas l'auteur du sabotage.

— Tout juste ! L'auteur du sabotage est quelqu'un d'autre qui a cherché à faire incriminer Rusty Brown à sa place. Je parie que si nous procédions à l'analyse des autres boîtes du lot, nous découvririons qu'elles n'ont pas été empoisonnées !

— Doux Jésus ! s'écria Jonathan en bondissant sur ses pieds. Tu veux dire que l'assassin te visait personnellement et qu'il a empoisonné ta boîte de tisane spécialement ?

— L'assassin n'est pas un étranger, dit Charlotte, la mine sombre, en contemplant le sachet de tisane qui reposait dans le creux de sa main. Il connaît parfaitement mes habitudes : il sait que je prends toujours ma Corvette, que je bois cette sorte de tisane, que je suis très attachée à ma femme de ménage et que la mort de Naomi m'aurait anéantie. Un étranger ne pourrait pas savoir ce genre de choses, Jonathan, il ne pourrait pas s'en servir pour les retourner contre moi.

Charlotte tourna les talons et se dirigea vers le musée. Une fois au milieu de la pièce, elle s'arrêta comme si elle s'apprêtait à crier au coupable de se dénoncer.

— Es-tu là ? demanda-t-elle à voix basse. Ai-je déjà vu ton visage, en croyant y voir le visage d'un ami ?

Elle se tenait à côté de la vitrine intitulée *Nouvelle usine, 1936.* Celle-ci contenait un diorama représentant une usine de conditionnement et de mise en bouteilles complète, avec de petits personnages debout à côté d'un tapis roulant miniature, et au-dessus une photo de groupe surmontée d'une énorme pancarte : *Parfaite Harmonie Plantes Médicinales.*

Charlotte se pencha pour mieux voir la photo, scrutant attentivement le personnage central, sa grand-mère, une si jolie jeune femme qu'elle avait du mal à imaginer comme étant sa grand-mère. Harmonie n'avait que vingt-huit ans à l'époque où la photo avait été prise, bien qu'officiellement elle en ait eu trente. Elle portait une robe blanche, en signe de deuil.

Dans la rangée de devant, debout côte à côte, on reconnaissait Margo et Adrian, âgés tous deux de sept ans, et formant déjà un couple, Margo plus grande que son futur époux, le visage d'Adrian empreint d'une pugnacité qui allait s'affirmer au fil des ans.

Naturellement, Charlotte n'était pas sur la photo, non plus que Desmond ou Jonathan.

Il faudrait attendre une autre génération avant qu'ils ne viennent au monde. Mais il y avait d'autres visages que Charlotte reconnaissait sur la photo, arborant des sourires mystérieux comme s'ils avaient recelé des secrets, les secrets d'un assassin qui avait juré sa perte.

— Charlotte ?

Elle se retourna. Jonathan paraissait contrarié.

— Il se pourrait que la personne que nous recherchons ne soit pas ici.

— Que veux-tu dire ?

Il hésita, pesant ses mots.

— Pendant que tu dormais je suis allé jeter un coup d'œil aux comptes de tes concurrents, songeant que la clé de l'énigme résidait peut-être dans le sabotage industriel.

A en juger par le ton de sa voix, il avait découvert quelque chose — quelque chose de déplaisant.

— A ton avis, Charlotte, lequel de tes concurrents bénéficierait le plus de la faillite d'Harmony ?

Il y en avait plusieurs.

— Moonstone, j'imagine. Dans la mesure où il s'agit d'un concurrent direct.

— Je me suis procuré la liste de leurs actionnaires. (Il lui tendit une feuille de papier.) La liste est longue, mais elle est classée par ordre alphabétique, si bien qu'il est aisé d'y retrouver des noms connus.

Elle eut presque peur de la regarder.

— Ne me dis pas que tu as trouvé un Barclay sur cette liste.

— Non, mais j'y ai trouvé un nom qui t'est familier.

Charlotte se mit à scruter la liste, pour voir si l'un des noms lui sautait aux yeux. Et ce fut le cas.

— Naomi Morgenstern !

— Vingt mille actions. Regarde la date.

— Elle les a achetées il y a quatre jours !

— Elle n'y a jamais fait allusion ?

Frappée de mutisme, Charlotte se contenta de secouer la tête. Comment était-il possible que Naomi ait acheté des parts dans une compagnie concurrente ? A moins que…

— Mike, dit-elle soudain. Le fiancé de Naomi est courtier en Bourse. C'est probablement lui qui l'a convaincue d'acheter des actions. Sans quoi Naomi ne l'aurait pas fait.

— Ce Mike, c'est quelqu'un de sûr, à ton avis ?

— Aussi sûr que Naomi, dit-elle, puis elle se souvint de la description que Jonathan avait donnée de l'étranger du Coyote, le type à la queue de cheval qui avait incité Rusty Brown à se venger de la compagnie.

Le fiancé de Naomi portait lui aussi une queue de cheval.

Mais elle secoua résolument la tête.

— Non, c'est complètement ridicule. Mike, l'auteur des crimes ? Et pourquoi pas Bozo le Clown pendant que tu y es ?

Ecartant les doigts de sa main droite, Jonathan regarda fixement l'intérieur de sa paume comme s'il avait été en train de mesurer sa ligne de vie.

— Charlotte, où as-tu dit que tu avais fait la connaissance de Naomi déjà ? A Chalk Hill, n'est-ce pas ?

— Oui, Naomi était membre d'une association appelée Bénies soient les Bêtes.

— Le groupe de défense des droits des animaux ?

— Tu en as entendu parler ?

— Ils ont une antenne à Londres. Comment est-ce que ça s'est passé exactement ?

Chalk Hill était la dernière chose dont elle avait envie de parler, mais Jonathan avait le droit de savoir.

— Bénies soient les Bêtes avait lancé une grosse campagne contre l'expérimentation animale en laboratoire. Leur méthode consistait à entrer de force dans un labo, à relâcher tous les animaux, puis à mettre le feu aux bâtiments. (Elle regarda la liste qu'elle tenait à la main, comme si elle avait été surprise de la voir là.) Les pouvoirs publics avaient été avertis par un corbeau. Les flics et les journalistes on rappliqué avant qu'on ait pu prendre la fuite. Naomi et moi avons été arrêtées.

— Mais pas condamnées.

— Les poursuites engagées contre moi ont été suspendues.

— Et Naomi ?

Charlotte se mordilla nerveusement les lèvres.

— Elle a écopé d'une amende et de six mois de prison avec sursis.

— Vous aviez été arrêtées toutes les deux pour les mêmes motifs, mais les poursuites engagées contre toi ont été abandonnées et tu as été relâchée alors que Naomi a écopé d'une amende et d'une peine avec sursis. Elle ne t'en a jamais voulu ?

Charlotte releva la tête d'un mouvement brusque.

— Bien sûr que non !

— Tu ne penses pas qu'au fond d'elle-même elle t'en a gardé rancune ?

— Certainement pas au point de vouloir m'assassiner, de mener mon entreprise à la faillite ou de faire sauter sa propre maison, voyons !

— Sa maison est bien assurée. Le sinistre va lui rapporter énormément d'argent.

Charlotte lui jeta un regard indigné.

— Parce que tu es allé fourrer ton nez dans la vie privée de Naomi ?

— Je vais fourrer mon nez dans la vie privée de tous ceux qui me paraissent suspects, Charlotte.

— Mais Naomi n'est absolument pas suspecte, alors oublie-la ! Et sache qu'elle est entrée à Bénies soient les Bêtes parce qu'elle tenait la vie pour quelque chose de sacré ! Et qui plus est...

Jonathan fronça subitement les sourcils.

— Quoi ? dit-elle sur le ton de l'impatience.

— Ce nom. Bénies soient les Bêtes. Je suis sûr de l'avoir vu écrit quelque part tout récemment.

Charlotte le suivit jusqu'au bureau, où il se mit aussitôt à fouiller parmi les papiers épars sur la table de travail.

— J'ai essayé de trouver le lien qui pouvait exister entre les victimes, toi et Harmony Biotech. J'ai interrogé les archives de National News et j'ai trouvé un indice... tiens, voilà justement. (Il saisit une feuille de papier.) C'est ça, Bénies soient les Bêtes. Cela concerne... Oh, mon Dieu.

— Qu'y a-t-il ?

— En faisant des recherches sur Chalk Hill, je suis tombé sur un article concernant la présidente de Bénies soient les Bêtes. Mais comme il s'agissait d'un article récent, sans rapport direct avec l'affaire Chalk Hill qui remonte à huit ans déjà, je n'y ai pas prêté attention.

— Et alors ?

— Et alors, il s'agit d'une notice nécrologique ! (Il la lui tendit.) La femme qui était présidente de Bénies soient les Bêtes il y a huit ans... Charlotte, c'est elle, la troisième victime. Celle qui a été tuée en prenant du Bliss.

Charlotte parcourut promptement le texte des yeux.

— Oh, non. Ça y est, je me souviens d'elle à présent. Nous avions eu des mots, elle et moi, à la télévision. Nous nous sommes abreuvées mutuellement d'injures devant des millions de téléspectateurs. Elle avait menacé de me traîner en justice, et moi, j'avais rétorqué que je mettrais le feu à tous les laboratoires d'expérimentation animale qu'elle essayerait de construire. Je ne me souvenais plus de son nom, Jonathan ! Je te le jure. Il y a eu tellement de gens impliqués dans cette histoire. Quand Desmond m'a parlé d'une troisième victime… Oh, mon Dieu ! (Elle mit ses mains devant sa bouche.) Knight !

— Oui, Knight, dit Jonathan en ouvrant promptement l'un des compartiments de sa sacoche pour en extraire une panoplie d'instruments. S'il n'a pas encore eu vent de cette histoire, ça ne devrait pas tarder, de la même façon qu'il ne va pas tarder à découvrir que Rusty n'est pas notre homme. (Jonathan se tourna vers elle.) Ce qui veut dire que Knight va partir à la recherche d'un autre suspect.

Charlotte n'eut pas besoin de demander de qui il s'agissait.

Voyant qu'il était en train de rassembler son matériel et de fourrer précipitamment divers objets dans les poches de son coupe-vent noir, elle demanda :

— Qu'est-ce que tu fais ?

— Il faut que nous filions d'ici, Charlotte. Cet endroit est devenu trop dangereux pour toi. D'une part il y a l'assassin, et d'autre part il y a Valerius Knight, qui risque de se pointer à tout moment avec un mandat d'arrêt contre toi. Je vais me connecter sur le réseau en accès à distance pour que nous puissions continuer à mener notre enquête depuis l'extérieur, après quoi nous allons chercher une cachette.

Elle s'empara de son fourre-tout en cuir :

— Je vais prendre deux ou trois bricoles. (Elle fit une pause.) Jonathan, tu ne soupçonnais pas réellement Naomi, n'est-ce pas ?

— Si, dit-il en la regardant droit dans les yeux. Et je la soupçonne encore.

36

San Francisco, Californie, 1936

Le jour où le Dragon sortit ses griffes, un vent froid soufflait au-dehors tandis qu'un chaud soleil brillait dans le ciel d'un bleu de porcelaine, traversé par des nuages d'un blanc éblouissant — un jour de chance. Je me vêtis avec soin, sans hâte, de crainte d'en venir à briser accidentellement quelque objet tant mon excitation était grande, et de devoir remettre mon rendez-vous à un autre jour. M. Lee m'accompagna, bien entendu, et nous prîmes notre fille avec nous. Car nous n'allions jamais nulle part sans Iris.

Tandis que nous nous rendions à Daly City, je scrutais les rues à l'affût de bons présages — au premier signe de malchance nous aurions fait demi-tour et serions rentrés à la maison. Un jour comme aujourd'hui, il était indispensable que nous ayons de la chance, car c'était aujourd'hui que j'allais voir se réaliser mon rêve le plus cher.

En sortant du club de Mme Barclay, sept ans auparavant, j'étais allée directement trouver M. Lee pour lui dire que j'étais disposée à faire venir toute sa famille en Californie et à la faire travailler, à condition toutefois qu'il m'accorde une faveur en retour. Je lui demandai de m'épouser.

De la part d'une femme chinoise, c'était un comportement indigne. Mais M. Lee ne le prit pas ainsi. Il accéda à ma requête avec honneur et dignité. Il savait que j'étais enceinte, et me dit que cela n'avait pas d'importance. Et bien que nous n'abordâmes pas le sujet des sentiments, je savais qu'il était amoureux de moi. Depuis, j'ai acquis la certitude que M. Lee m'avait toujours aimée, même à l'époque où il m'avait laissée me servir de son téléphone, et plus tard, quand lui et moi changions tour à tour d'appartement, montant ou descendant d'étage au gré des circonstances. Cet amour qu'il me portait en silence, il l'exprimait en acceptant d'élever l'enfant d'un autre comme son propre enfant. Tout le monde nous croyait lorsque nous disions qu'Iris était née deux mois avant terme, car elle était très petite, et frêle, si frêle qu'elle avait failli mourir au cours des premières semaines de son existence.

Mais Gideon n'était pas dupe. Le soir où, il y a huit ans, il était venu frapper à ma porte et avait entraperçu la réception que je donnais en l'honneur de mon mariage, il avait dit : « Pourquoi, Harmonie ? »

Et sept mois plus tard il avait eu la réponse.

Iris était devenue le centre de mon univers. Comment aurait-il pu en être autrement ? Dans ses veines coulaient le sang de mon honoré père, Richard Barclay, et celui du gardien de mon cœur, mon bien-aimé Gideon. Adorable, charmante enfant, dès l'instant qu'on la déposa entre mes bras, je sus que mon rêve était né. Pour Iris j'allais faire de ma petite entreprise un empire.

J'étais redevenue chinoise. Après le sombre épisode du club, je m'étais juré de ne plus jamais essayer de singer les femmes blanches. Je ne revis Fiona Barclay qu'une seule fois après cela, le jour du mariage d'Olivia et de Gideon, auquel M. Lee et moi avions été conviés. Leur fils naquit six mois après Iris. Ils l'appelèrent Adrian, en hommage au grand-père d'Olivia. Le chemin de Gideon et le mien auraient dû se séparer là, mais nous étions liés l'un à l'autre, par le fait que nous savions qu'Iris était notre fille à tous les deux — même si nous n'en parlions jamais — et par le contrat que Gideon avait passé avec Titan Mining. Nous étions associés, et nous nous en tînmes là.

M. Lee était un bon père pour Iris, et un époux attentionné pour moi. Du fait que Parfaite Harmonie Plantes Médicinales prospérait et que notre chiffre d'affaires était en hausse constante, mon époux put se consacrer à plein temps à sa carrière de peintre et donner le jour à de très belles toiles, si inspirées qu'elles devinrent très prisées. Je l'ignorais à l'époque, mais le jour où le Dragon revint dans ma vie, M. Lee venait justement d'entamer ce qui allait devenir la pièce maîtresse de sa carrière.

Lorsque nous atteignîmes Daly City, M. Lee quitta l'autoroute et emprunta une route qui cheminait à travers des vergers et des futaies verdoyantes pleines de vie et de bons présages. Et quand nous arrivâmes devant un grand portail surmonté de l'enseigne *Cidre Taft et Fils,* je dis à Iris :

— Regarde. Tu vois les grandes bâtisses ?

Mais naturellement elle ne pouvait pas voir. Iris ne comprenait pas ce que je lui disais. Elle ne regardait même pas dans la direction que je lui indiquais. Elle ne me regardait pas quand je lui parlais. Ses yeux étaient partout à la fois, dans le ciel, sur l'herbe, à droite, à gauche, toujours en mouvement, tels deux papillons emprisonnés dans une cage invisible.

Elle était « mentalement retardée », disaient les spécialistes : « Son ouïe et sa vue sont parfaitement normales, madame Lee. C'est à l'intérieur du cerveau que réside le problème. Votre fille ne pourra jamais parler, ni comprendre ce que vous lui dites. »

Il n'empêche que je pris Iris par la main et l'entraînai vers le vaste bâtiment dans lequel se trouvaient des machines, des tapis roulants, des entrepôts, des bureaux. J'allais les lui montrer et lui dire combien d'ouvriers travaillaient à la confection, à l'étiquetage, au conditionnement de tous les merveilleux remèdes de la compagnie Parfaite Harmonie Plantes Médicinales. J'avais décidé de traiter ma fille comme une enfant normale, car qui aurait pu affirmer avec certitude qu'elle ne comprenait pas ce que je lui disais ? Et qui sait, peut-être qu'un jour elle allait lever ses yeux vers moi et me dire : « Oui, je vois. »

Le portier de l'usine, un vieux monsieur affable, vêtu d'un bleu de travail, nous fit un signe de la main et s'approcha, le balai à la main. Il dit bonjour à Iris, mais elle ne le reconnut pas, bien qu'elle l'eût déjà rencontré plusieurs fois auparavant. Plongeant la main dans sa poche de pantalon, il en sortit un bonbon. Mais lorsqu'il le lui tendit, Iris ne le prit pas. Elle regarda le soleil en clignant des yeux, puis ses souliers, puis tourna la tête et regarda par-dessus son épaule et à nouveau vers le ciel. Je remerciai le portier en prenant le bonbon. Mais je ne le donnai pas à Iris, car elle ne comprenait pas ce que signifiait donner et recevoir. J'approchai le bonbon de ses lèvres et elle se mit aussitôt à le sucer et à le croquer tandis que ses yeux continuaient à se mouvoir sans cesse, cherchant un point où se poser.

— Une jolie petite fille, murmura le portier.

Et c'était vrai. Bien que, tout comme le mien, le père d'Iris fût américain, ma fille avait hérité des yeux en amande et des pommettes saillantes de ses ancêtres chinois. Je me souvenais avoir vu une photo de ma mère, Mei-ling, quand elle était enfant. Iris lui ressemblait.

Au bout d'un moment l'agent immobilier arriva dans son automobile, et lorsqu'il descendit de voiture, je vis à son regard que quelque chose n'allait pas.

— Je suis désolé, madame Lee, dit-il alors que le vent fraîchissait d'un seul coup et qu'un nuage occultait le soleil. Le propriétaire refuse de vendre.

— Mais c'est impossible, dis-je, tout en devinant déjà ce qu'il allait me dire.

M. Osgood renifla, jeta un coup d'œil au portier, qui se tenait appuyé sur son balai :

— Je suis navré, mais on lui a fait une offre plus intéressante et il l'a acceptée.

— Mais c'est illégal. Je vous ai versé une avance. Mon chèque de dépôt tient lieu de contrat, monsieur Osgood.

— Oui, bon. (Il fouilla dans sa poche intérieure et en

ressortit le chèque intact.) Je vous le rends. Le propriétaire a changé d'avis.

Ce n'était pas la première fois que je m'entendais dire ça.

La première fois, c'était au sujet d'une importante cargaison de plantes médicinales en provenance de Shanghai. En raison des luttes intestines qui sévissaient en Chine, du bras de fer opposant Tchang Kaï-chek et Mao Tsé-toung, et des raids lancés par le Japon sur les villes côtières, les échanges commerciaux avec la Chine étaient devenus très difficiles. Mais j'avais passé un contrat en bonne et due forme avec la Eastwinds Trading Company, et la cargaison de plantes médicinales qui avait disparu des docks m'appartenait. Je découvris plus tard qu'un arrangement secret avait été passé, selon lequel la totalité de la cargaison de plantes, minéraux et épices revenait à la Compagnie du Dragon Rouge. Le second incident concernait un marchand d'antiquités spécialisé dans le commerce des objets orientaux. Ce dernier m'avait informée avec effusion qu'un livre vieux de plus de quatre cents ans, et qu'on attribuait au docteur Li Shizhen, le grand médecin de la dynastie Ming, avait été récemment découvert. Le livre contenait selon lui de nombreuses recettes médicinales jusqu'alors inconnues. Il me le promit, et pour finir le livre échut au Dragon Rouge.

Et à présent c'était au tour de mon usine, le rêve de ma vie.

— Et qui est l'auteur de l'offre ? demandai-je, sans lâcher la main de ma fille, qui, tel le vent, me tiraillait d'un côté et de l'autre, comme pour m'entraîner loin de cet endroit de mauvais augure.

Je connaissais déjà la réponse, mais je voulais l'entendre de la bouche de cet homme.

S'éclaircissant la voix, il me dit sans me regarder dans les yeux :

— La Compagnie du Dragon Rouge.

Mes rêves s'effondrèrent d'un seul coup, tel un éboulement de roches dévalant une falaise. Sentant que je perdais l'équilibre, je pris appui sur le bras de mon mari.

— Monsieur Osgood, dis-je, le propriétaire de la Compagnie du Dragon Rouge est un homme sans scrupule et sans honneur.

— Ecoutez, je comprends votre déception…

— Il a essayé de mettre le feu à l'entrepôt de M. Huang. Il a payé quelqu'un pour me voler mes formules. Il m'a dérobé ma marchandise à plusieurs reprises. Et il fabrique sciemment des produits toxiques qu'il vend à des innocents.

— Ecoutez, je ne suis pas au courant de ces histoires, tout ce que je…

— Et vous vous êtes déshonoré, monsieur Osgood.

— Moi ! Hep, pas si vite !

— Combien vous a-t-il donné pour me rendre mon chèque de dépôt ?

Lorsque la convocation du juge arriva, une semaine plus tard, je me trouvais à Chinatown, dans la petite pièce qui me servait de bureau, au-dessus de Huang Import-Export. Le propriétaire du Dragon Rouge m'intentait un procès pour diffamation ayant entraîné des préjudices moraux.

J'appelai aussitôt Gideon. Si je faisais appel à lui, me dis-je, c'est parce qu'il était mon associé, et qu'il était normal qu'il fût tenu au courant. Cette affaire allait être portée devant les tribunaux, et Gideon connaissait les meilleurs avocats de la ville. Je trouvai toutes sortes de raisons pour faire appel à lui, et non à mon époux ou à mon avocat, ou même à M. Huang. Mais tout au fond de moi je savais pourquoi. Parce que j'avais peur et que j'avais besoin de la présence rassurante de Gideon.

Je n'avais pas remis les pieds dans la maison de Fiona Barclay depuis la fois où je lui avais donné la bague de mon père.

Neuf ans s'étaient écoulés, et rien n'avait changé — toujours le même mobilier victorien, les mêmes coussins de velours brodé, ainsi qu'une vaste collection de bibelots qui occupaient chaque centimètre carré de la maison. Selon Gideon, Olivia menait discrètement campagne pour inciter sa mère à changer la décoration.

Cette dernière les avait encouragés à redécorer à leur goût l'aile de la maison qu'ils occupaient avec leur fils, Adrian, âgé de sept ans — et ils l'avaient fait selon les canons de la nouvelle décoration d'intérieur venue d'Europe (le style Bauhaus, le mobilier tubulaire et le bois moulé), dont Olivia était une fervente adepte. En revanche, Fiona leur avait formellement interdit d'apporter la moindre modification au reste de sa vaste demeure.

Le bureau où je rencontrai Gideon et son avocat dégageait une atmosphère étouffante due au mobilier austère, aux motifs chargés du papier peint et des tapis. Je comprenais qu'Olivia ait eu envie de changer radicalement la décoration de cette maison, d'en ôter tous les bibelots envahissants, les papiers peints surchargés, les tapis à fleurs, pour les remplacer par du linoléum, des meubles stylisés recouverts de satin. Un style moderne, efficace. Je le comprenais d'autant mieux que j'aurais fait la même chose si cette maison avait été la mienne.

Je n'étais pas heureuse dans la maison où je vivais à Oakland, avec M. Lee et Iris. Le *feng shui* y était très mauvais. La maison bâtie à flanc de coteau laissait s'échapper notre chance, qui ruisselait le long de la colline. Une chambre rajoutée au plan initial de la maison avait modifié sa structure qui, de parfaitement carrée, était devenue biscornue. A l'origine, cette pièce avait servi de chambre à coucher à Iris, mais voyant que le bébé ne se développait pas normalement, j'avais décidé de l'ôter de cette pièce néfaste et de l'installer dans notre chambre. Le séjour avait une forme en L qui lui conférait un aspect bancal, et lorsque je vis que ma fille tardait à marcher, et que son esprit était lent à s'éveiller, j'en déduisis que c'était à cause de ce séjour aux proportions néfastes. Je rêvais d'acheter une maison à San Francisco. Mais mon mari étant chinois nous n'y étions pas autorisés, alors qu'à Oakland les lois relatives à la propriété étaient plus souples.

La maison de Gideon avait un bon *ki,* malheureusement le mobilier pesant et sombre l'empêchait de circuler librement. Olivia l'avait compris. C'est pourquoi elle avait voulu en changer l'agencement, afin d'y faire entrer la chance et la prospérité. Et peut-être un deuxième enfant.

Olivia avait fait deux fausses couches, et les médecins lui avaient déconseillé de se retrouver à nouveau enceinte. J'avais donné une bouteille de tonique Golden Lotus à Gideon pour Olivia, mais je doutais qu'elle s'en fût servie. Quant à moi, je n'avais pu avoir d'enfant de M. Lee, et le Golden Lotus n'y avait rien changé. J'avais toujours considéré M. Lee comme un esprit contemplatif, comme un de ces moines qui passent toute leur vie penchés au-dessus d'un manuscrit. Si bien que le soir de notre mariage, lorsqu'il m'avait avoué en sanglotant qu'il ne pourrait jamais me donner un deuxième enfant, je l'avais pris dans mes bras et l'avais consolé. J'allais avoir l'enfant de Gideon. Et cela me suffisait.

Mais à présent je comprenais ce qu'éprouvait Olivia. Et bien qu'elle l'ignorât, je compatissais de tout cœur avec elle.

Nous n'étions que quatre, ce jour-là, dans le bureau. Etait-ce de propos délibéré, parce qu'elle savait que je venais, que Fiona Barclay n'était pas chez elle ? Toujours est-il qu'elle avait emmené son petit-fils Adrian au parc, ainsi que la fille d'une amie d'Olivia, la petite Margo, une fillette du même âge qu'Adrian, venue séjourner quelque temps chez les Barclay.

Lorsque M. Winterborn, l'avocat de Gideon, un homme fort respecté des milieux juridiques, eut pris connaissance de la convocation du juge que j'avais apportée, il me dit :

— Cette affaire se présente mal pour vous, madame Lee. Très mal, même. (Il me jeta un regard par-dessus ses verres à double foyer.) Avez-vous tenu ces propos en présence de témoins ?

Outre M. Osgood, le concierge, qui se trouvait là, avait tout entendu de notre conversation.

— Oui, dis-je.

— Vous dites que vos accusations sont fondées...

les formules dérobées, l'incendie chez Huang Import-Export. Mais pouvez-vous le prouver ?

Je jetai un coup d'œil à Gideon.

— L'incendie, non. Je n'ai pas de preuve.

— Et concernant le fait que le Dragon Rouge fabriquerait des produits nocifs à la santé d'innocents ?

— C'est la vérité. J'ai été appelée au chevet de gens qui avaient été intoxiqués par les médicaments Dragon Rouge.

— Madame Lee, vous savez tout comme moi que la réglementation sur les produits pharmaceutiques ne s'applique pas aux plantes médicinales. Le fabricant n'est en aucun cas obligé de mettre le public en garde contre les effets indésirables d'un produit. Autrement dit, il incombe au consommateur de faire preuve de discernement. (Il ôta ses lunettes et les posa sur un guéridon, à côté de son fauteuil.) Les sommes en jeu sont colossales, madame Lee. Votre entreprise se porte très bien, compte tenu de la récession économique. (L'économie mondiale traversait alors une crise sans précédent, le nombre de chômeurs et d'entreprises en faillite ne se comptait plus. Même les Barclay avaient souffert de la crise, et perdu presque la moitié de leurs investissements. Mais mon entreprise avait prospéré, car lorsque les gens ne pouvaient plus s'offrir les services d'un médecin ils avaient recours à l'automédication.) Cet homme a juré votre perte. Il peut vous prendre tout ce que vous possédez : votre entreprise, votre maison, votre automobile, et jusqu'à votre théière.

— Et en ce qui nous concerne ? intervint Olivia en plaçant une cigarette au bout d'un long porte-cigarette, qu'elle alluma ensuite avec un briquet en or. Peut-il nous faire du tort ?

Lorsque j'avais appelé Gideon à la rescousse, il m'avait dit de venir sur-le-champ. J'avais de toute évidence interrompu Olivia dans une partie de tennis, car celle-ci portait encore sa jupe et son chemisier blancs, comme s'il ne s'agissait que d'un bref intermède et qu'elle retournait ensuite à sa partie.

M. Winterborn dit :

— Ni vous ni votre mari n'êtes cités à comparaître, madame Barclay, et vous ne le serez sans doute jamais. Vous n'êtes associés qu'à la branche « export » de Parfaite Harmonie Plantes Médicinales, basée à Hong Kong. Vous n'êtes pas concernés par la firme de San Francisco.

Notre contrat avec Titan Mining en avait engendré d'autres, et de fil en aiguille mes remèdes s'étaient imposés dans toute l'Asie du Sud-Est. Les plantes médicinales étant importées de Hong Kong, conditionnées ici, puis à nouveau réexpédiées à Hong Kong, il nous avait paru logique d'ouvrir une antenne sur place. A trente-quatre ans, son poste de directeur d'Harmony-Barclay Ltd avait permis à Gideon de faire fortune et de se tailler une réputation dans le milieu des affaires.

— Dans l'immédiat, madame Barclay, dit M. Winterborn à Olivia, vous et votre mari n'avez pas de souci à vous faire.

Olivia se renversa négligemment dans son fauteuil à oreillettes et laissa échapper un long ruban de fumée en me dévisageant. Il fut un temps où Olivia était pleine d'attention pour moi, songeai-je. Mais c'était avant que Gideon ne me demande en mariage, et avant qu'il ne l'épouse parce que j'avais épousé M. Lee.

Je détournai les yeux et jetai un coup d'œil en direction de la porte entrebâillée, derrière laquelle on apercevait le vaste salon et ses immenses baies vitrées dominant les quartiers nord de la ville et, au-delà, la baie. De là il était possible d'apercevoir le nouveau pont, alors en construction — les deux piliers et les haubans soutenant des travées à demi terminées, qui semblaient s'élancer l'une vers l'autre pour se rejoindre. Je me souvins de la nuit où Gideon et moi étions debout sur ce promontoire, lorsqu'il m'avait fait part de son rêve de construire un pont comme on n'en avait encore jamais vu.

Le pont du Golden Gate allait devenir un véritable monument, mais malheureusement, Gideon n'en était pas l'auteur.

— Madame Lee, combien de formules pensez-vous

que la Compagnie du Dragon Rouge vous a dérobées ? me demanda M. Winterborn, m'obligeant à revenir à l'instant présent.

— Quatre dont je suis sûre. Et peut-être cinq ou six en tout.

Pourquoi, Gideon ? eus-je envie de demander. Pourquoi n'es-tu pas l'auteur de ce pont ? L'Etat a-t-il rejeté ton projet pour le confier à quelqu'un d'autre, quelqu'un qui avait des relations ou qui a graissé la patte de la Commission ? Gideon ne m'avait plus jamais parlé du pont du Golden Gate après ce soir-là, de telle sorte que j'ignorais la raison pour laquelle son rêve avait capoté.

— Nous allons avoir besoin de preuves solides et tangibles, madame Lee.

Tout en écoutant l'imposante horloge égrener son tictac discret, je songeai aux deux travées du pont qui semblaient s'étirer sur leurs fondations pour essayer de se rejoindre, comme il nous arrivait de le faire par instants, Gideon et moi, lorsque nous parlions des coûts de production et des recettes de notre entreprise asiatique, et que nos regards se croisaient et se disaient l'amour que nous éprouvions l'un pour l'autre. J'avais le sentiment que Gideon n'était pas heureux dans son mariage.

— Olivia, dit Gideon, en se levant subitement et en se passant nerveusement une main dans les cheveux. (Tout comme sa femme, il était vêtu de blanc. Cependant, contrairement à Olivia, il ne donnait pas l'impression de vouloir retourner jouer au tennis.) Peux-tu nous faire servir le café, s'il te plaît ?

— Bien sûr, dit-elle en se levant tranquillement de son fauteuil. (Elle se tourna vers moi, et dit :) Vous voulez du café, madame Lee ?

Ce qui laissait clairement entendre que je n'étais pas incluse dans le *nous* de Gideon.

— S'il vous plaît, répondis-je.

Elle alla dans un coin de la pièce et tira le cordon d'une sonnette. Lorsque la femme de chambre se présenta, elle lui demanda d'apporter du café et des gâteaux au sésame. Tout en regagnant son fauteuil, elle secoua sa cendre dans un cendrier de cristal et dit :

— Franchement, Gideon, penses-tu qu'il soit raisonnable de t'impliquer dans cette affaire ? Songe au tort que cela pourrait faire à la réputation des Barclay.

Sans lever les yeux du papier qu'il tenait à la main, il fronça les sourcils et dit :

— Au nom du ciel, Olivia, quelle façon de parler !

Elle me sourit.

— Je suis sûre que Mme Lee tombera d'accord avec moi. Il convient avant tout de protéger la réputation des Barclay.

Elle s'entêtait à m'appeler Mme Lee, comme si j'avais été une vieille femme, alors que nous avions toutes deux vingt-huit ans. C'était pour elle une manière de me rappeler que je portais un nom chinois, et que je n'avais pas obtenu ce que j'étais venue chercher dans cette maison neuf ans plus tôt — le droit de porter le nom de mon père. C'était également une façon de me rappeler qu'elle était une Barclay, que nous étions dans *sa* maison, que Gideon était *son* mari. Olivia avait apparemment remporté une compétition dont j'ignorais qu'elle avait eu lieu.

— Votre épouse n'a pas tort, dit M. Winterborn. Dans l'immédiat vous n'êtes pas impliqué dans cette affaire. Mais la Compagnie du Dragon Rouge a le bras long et beaucoup d'argent. S'ils décident de vous attaquer vous aussi, vous risquez d'y laisser des plumes.

Gideon rendit les papiers à l'avocat.

— Je soutiendrai Harmonie, quoi qu'il arrive, dit-il calmement.

— Voilà qui est très chevaleresque de ta part, remarqua Olivia avec un sourire figé.

— Madame Lee, dit M. Winterborn, en se levant à son tour — c'était un homme de grande taille, à la silhouette émaciée, avec des cheveux blancs et des yeux d'un bleu perçant. Vous pouvez être certaine que le Dragon Rouge va faire feu de tout bois pour gagner cette affaire. C'est pourquoi nous allons devoir constituer un dossier de défense très solide. Et pour commencer, je vous demanderai de m'apporter vos registres de fabrication. Nous comparerons les dates de fabrication et de mise en vente de vos produits à celles du Dragon Rouge.

— Mais je ne tiens pas de registre de fabrication, monsieur Winterborn.

Il s'arrêta, me regarda, regarda Gideon avant de poser à nouveau les yeux sur moi.

— Dans ce cas, vous avez peut-être des notes ou des lettres dans lesquelles vous avez consigné vos formules, des traces écrites qui soient datées et authentifiables.

— J'ai le livre de recettes de ma mère. Il contient des dates et des formules.

Il déboutonna son blazer bleu marine, et glissa ses mains dans ses poches de pantalon. Des gestes précis, tandis que son esprit continuait à travailler.

— Puisque ce sont là toutes les preuves dont vous disposez, il faudra bien que nous nous en contentions, dit-il. J'aurai également besoin du nom de tous les gens qui ont travaillé pour vous au cours des dix dernières années. (Il fit une autre pause, et me décocha un regard interrogateur.) Vous avez certainement les noms des gens qui travaillent pour vous, j'imagine ?

— Monsieur Winterborn, expliquai-je, Chinatown n'est pas comme le reste de San Francisco. Une fille se présente à mon atelier, elle me dit qu'elle a faim et qu'elle a besoin d'argent. Je l'embauche à la manutention et je demande aux autres de lui expliquer comment apposer les étiquettes sur les emballages. A la fin de la journée, je lui donne sa paye. Parfois elle revient le lendemain, mais pas toujours.

— Vous avez proféré des accusations très graves à l'égard du Dragon Rouge, madame Lee, et à moins de pouvoir les étayer, vous pouvez perdre tout ce que vous possédez. Me suis-je bien fait comprendre ?

— Cet homme m'a volé mes formules.

Il se passa une main dans les cheveux.

— Oui, je comprends votre problème. Mais nous avons besoin de preuves. Si nous arrivons à trouver ne serait-ce qu'une preuve qu'il y a eu violation de vos droits de propriétaire — la preuve qu'il a volé au moins une formule…

Il y avait une formule que j'étais certaine que le Dragon Rouge m'avait volée, et j'en avais la preuve écrite. Mais comment aurais-je pu en parler ici, en présence de cet homme que je connaissais à peine, et de Gideon et Olivia ?

— Je vous donnerai le livre dans lequel ma mère consignait toutes ses recettes. Certaines des formules qui s'y trouvent sont datées.

Il se frotta le menton d'un air songeur.

— La cour risque de rejeter de telles preuves. Dans la mesure où elles auraient pu être falsifiées. N'avez-vous aucune lettre dans laquelle vous décrivez une formule ?

— Il y en a une, avouai-je à contrecœur. Il s'agit d'une formule secrète que j'ai fabriquée à partir d'une très ancienne recette consignée sur un papyrus. Personne ne savait que j'y travaillais. Et le Dragon Rouge ignorait que je possédais cette recette…

— Continuez.

Je jetai un rapide coup d'œil à Olivia, mais évitai de regarder Gideon.

— Comme cette formule me posait problème, je l'ai envoyée à un chimiste pour qu'il procède à une analyse. Il m'a répondu par écrit qu'il fallait que j'ôte un ingrédient, ce que j'ai fait. Une semaine plus tard, le Dragon Rouge lançait un nouveau produit. Fabriqué selon la même formule que celle du papyrus, à cela près qu'elle contenait l'ingrédient que j'en avais ôté.

— Ce qui veut dire, déclara M. Winterborn avec un large sourire, que la formule avait été volée avant que vous ne receviez la réponse du chimiste. Vous avez conservé ces lettres, madame Lee ?

— Oui.

— Très bien, c'est toujours ça ! dit-il en se frottant les mains, l'air satisfait. Au fait, comment s'appelait ce médicament ?

— Dix Mille Yang.

— Un nom pour le moins inhabituel.

— En chinois c'est un nom très bénéfique. Dix mille est un nombre magique selon la numérologie chinoise, un nombre très puissant. Et le yang est le principe masculin de la vie. Le Dix Mille Yang est un tonique de virilité.

— Un tonique de virilité ? dit-il en haussant les sourcils. Grand Dieu, vous voulez dire que… ?

— C'est un aphrodisiaque.

Lorsque arriva le jour du procès, malgré mon anxiété dévorante, j'avais repris espoir. M. Winterborn et son équipe avaient travaillé d'arrache-pied pour constituer un dossier de défense solide dans le procès que m'intentait la Compagnie du Dragon Rouge. Les limiers de M. Winterborn avaient réussi à retrouver la trace de deux ouvrières qui avaient travaillé pour moi pendant plusieurs années, et celles-ci avaient accepté de témoigner. Après avoir passé au peigne fin le livre de recettes de ma mère et comparé les formules et les dates de fabrication avec celles du Dragon Rouge, ils avaient découvert qu'à huit reprises j'avais lancé un nouveau produit qui, une semaine plus tard, était commercialisé à son tour par la Compagnie du Dragon Rouge. Nous avions également recueilli le témoignage de M. Huang, qui avait déclaré qu'après avoir accepté de me louer son local il avait reçu la visite d'un représentant du Dragon Rouge, qui souhaitait louer le même emplacement.

Avec un peu chance, m'assura M. Winterborn, la Compagnie du Dragon Rouge allait retirer sa plainte et accepter de régler cette affaire à l'amiable, loin des tribunaux, et tout serait arrangé dans quelques jours.

Tout en priant le ciel de me venir en aide, je laissai Iris aux bons soins d'une cousine de M. Lee, venue d'Hawaii avec le reste de sa famille.

Le soleil brillait le jour où le procès débuta. Et lorsque je fis une pause sur les marches du tribunal pour regarder le ciel, je vis passer un échassier, un oiseau de bon augure.

L'homme que j'avais en mon for intérieur surnommé le Dragon se présenta au tribunal dans un costume tout simple, une expression austère sur le visage. C'était un beau Chinois, la soixantaine, le cheveu noir de jais, le visage parfaitement lisse, bien connu pour son charisme et sa générosité, mais également pour son goût prononcé pour les boîtes de nuit et les femmes blanches. Comme pour compenser sa réputation de play-boy, il se présenta au tribunal en compagnie de son fils âgé de dix-huit ans, qui prit place derrière lui, de l'autre côté de la barrière, un garçon taciturne, au visage long, vêtu d'un costume sombre et d'un col dur.

Chose inhabituelle au dire de M. Winterborn, et qui ne pouvait que m'avantager, il y avait quatre femmes dans le jury. Une fois encore, j'interprétai leur présence comme un signe de chance. Je fus également soulagée de voir que le prétoire était quasiment vide, à l'exception de Gideon et d'Olivia, qui avaient pris place au premier rang, et de M. Lee, qui était assis quelques sièges plus loin. Ainsi donc, il n'y aurait pas de témoins de cet infamant procès, et, lorsque l'avocat de la Compagnie du Dragon Rouge se leva pour entamer son discours préliminaire, sa voix puissante résonna d'un bout à l'autre du prétoire.

M. Osgood, l'agent immobilier, fut invité à témoigner le premier, puis ce fut au tour du vieux concierge, qui m'adressa un petit regard contrit comme s'il avait récusé le témoignage de M. Osgood. Mais le Dragon Rouge ne s'en tint pas là. Son avocat fit comparaître toute une ribambelle de témoins, qui déclarèrent l'un après l'autre m'avoir entendue tenir des propos insultants à l'égard de la Compagnie. Certains exacts, d'autres inventés de toutes pièces.

Au cours des jours suivants, ils s'appliquèrent à démentir une à une chacune de mes allégations : produisant des registres de production couvrant les dix dernières années, où étaient consignées des formules, ainsi que leurs dates de fabrication. Je savais que ces registres étaient des faux, mais je n'avais aucun moyen de le prouver. Ils firent comparaître des femmes qui avaient travaillé pour moi et qui déclarèrent que jamais il n'y avait eu d'espionne parmi elles. Enfin, la preuve fut fournie que le Dragon était en voyage à l'étranger au moment où l'incendie avait éclaté dans l'entrepôt de M. Huang.

Ils s'employèrent également à tourner habilement en dérision mes propres témoins. M. Winterborn appela Mme Po à la barre, qui expliqua avec un grand sourire à la cour que je lui avais fait cadeau d'un nouveau baume dans un joli petit flacon, qui avait guéri ses engelures, son insomnie et les migraines de son mari. Et, oui, elle se souvenait précisément de la date à laquelle je le lui avais donné, deux semaines après le nouvel an chinois, parce qu'à l'époque elle avait justement installé une nouvelle presse à vapeur dans sa blanchisserie. La scène avait pris place plusieurs semaines avant que le Dragon Rouge ne lançât un baume de sa fabrication, utilisant la même formule que le mien, et également présenté dans un joli flacon.

Je me sentis soudain gagnée par un petit frisson de triomphe, mais au même moment l'avocat du Dragon prit la parole et demanda :

— Madame Po, pouvez-vous nous dire qui était président à l'époque ?

— Comment ? dit-elle. Qui était président ?

— Président des Etats-Unis.

Je savais que Mme Po ne se préoccupait guère de ce qui pouvait se passer hors de Chinatown. Je savais pourquoi l'avocat lui avait posé cette question. Lorsqu'elle dit : « George Washington », ce fut une explosion de rire général.

Mais entre-temps le prétoire s'était rempli. Je soupçonnais les nouveaux venus d'être des employés du Dragon Rouge, car ils acclamaient chaque petite victoire remportée par le Dragon et huaient mes témoins.

Le livre de recettes de ma mère fut présenté à la cour, lu, copié, photographié, tripoté en tous sens jusqu'à ce qu'il tombe en miettes. M. Winterborn produisit des témoins qui dirent quand certaines de mes formules avaient été produites. Le Dragon Rouge cita des experts qui déclarèrent que ces formules avaient mille ans d'âge. Le fait que le Dragon Rouge ne les eût fabriquées qu'après que je les ai moi-même commercialisées ne prouvait nullement qu'elles avaient été volées.

Pour finir, je dus me rendre à l'évidence : le procès ne tournait pas à mon avantage ni à celui de Parfaite Harmonie Plantes Médicinales.

M. Winterborn m'avait dit qu'il aurait préféré ne pas mentionner le cas du Dix Mille Yang, en raison de la nature un peu particulière du produit. Néanmoins, lorsqu'il devint évident que j'étais en train de perdre la bataille, il me dit que les choses risquaient de tourner au vinaigre. Je n'avais pas le choix. J'étais dans l'incapacité de produire de nouveaux témoins pour étayer mes allégations. Un grand nombre d'employées ayant travaillé pour moi par le passé refusaient de témoigner parce qu'elles avaient peur ou parce qu'elles avaient été soudoyées. Il était de notoriété publique que le patron de la Compagnie du Dragon Rouge comptait des relations parmi la pègre chinoise.

— L'allégation la plus grave n'est pas que le Dragon Rouge vous ait volé des formules ou qu'il ait introduit des espions dans votre atelier, mais c'est qu'il fabrique sciemment des produits dangereux pour la santé, m'expliqua un soir M. Winterborn après une séance particulièrement houleuse. Si nous arrivons à le prouver, nous avons une chance de l'emporter. Mais pour ce faire, je crains que nous ne soyons obligés de parler du Dix Mille Yang.

— Dans ce cas, faisons-le, dis-je.

— Nous allons devoir pousser les choses encore plus loin, madame Lee. Croyez-vous pouvoir retrouver des personnes qui ont été intoxiquées par l'ingestion du tonique Homme Fort ? (C'était ainsi que la Compagnie du Dragon Rouge avait baptisé sa propre formule du Dix Mille Yang.) Pensez-vous pouvoir retrouver des veuves qui accepteront de témoigner ?

Gideon dit :

— Mais enfin, vous ne pouvez tout de même pas demander à une pauvre femme de venir à la barre des témoins pour déclarer publiquement que son mari est mort après avoir ingéré un aphrodisiaque.

— Je vais les retrouver, dis-je.

Chaque soir, en quittant le tribunal, mon mari et moi regagnions notre maison d'Oakland. Puis je faisais manger Iris, je lui donnais son bain et la mettais au lit, après quoi je relisais les notes que j'avais prises pendant la séance, puis passais en revue tout ce qui était prévu pour le lendemain, tandis que M. Lee se retirait dans son studio pour se consacrer à sa peinture.

Le lendemain matin, je lisais dans la presse le compte rendu d'audience de la veille. Celui-ci était étrangement déformé : les journalistes ne semblaient s'intéresser qu'à mes robes « chinoises », à ce que je mangeais pour mon déjeuner : « des beignets à la vapeur et des nouilles sautées venus tout droit de Chinatown. » Ils disaient de moi que j'étais « une épouse et une mère de famille qui dirigeait un négoce », mais ils ne se référaient jamais à mon adversaire comme à un époux ou un père de famille qui dirigeait une entreprise. Même mes états d'âme étaient rapportés — « Mme Lee avait l'air triste », et il y avait également des commentaires à sensation : « La belle et séduisante Harmonie Lee glissait des œillades langoureuses à M. Gideon Barclay. »

Pour finir, à bout d'arguments, il fallut se résoudre à aborder le cas du Dix Mille Yang.

Je me présentai à la barre des témoins contre l'avis de M. Winterborn, qui craignait que l'avocat du Dragon Rouge ne profite de l'occasion pour m'humilier et me tourner en ridicule. Mais c'était la seule façon pour moi de plaider ma cause, et de prouver aux jurés, à la presse et aux juges que j'étais de bonne foi.

— Vous dites que votre tonique est sans danger, madame Lee, dit l'avocat de la partie adverse.

C'était un homme à la carrure imposante, qui portait des vestes à carreaux voyantes et aimait faire des effets de manches.

— C'est exact.

— Je vous demanderai de parler plus fort, madame

Lee, cria-t-il presque. Afin que la cour puisse vous entendre.

Je compris quelle était sa stratégie. Il parlait fort afin de donner de lui-même et du Dragon Rouge une image solide, tout en me donnant l'air vulnérable.

— C'est exact, répétai-je sans hausser le ton, car je savais que la cour m'avait entendue et parce que je ne voulais pas qu'elle croie que cet homme pouvait me manipuler.

— Et comment se fait-il que votre tonique soit sans danger, s'il utilise la même formule que celle d'Homme Fort ?

C'est alors que j'aperçus une femme à l'autre bout du prétoire. Son visage m'était familier, mais je n'aurais su dire où je l'avais rencontrée. Elle semblait nerveuse, agitée. Quand son regard croisa le mien, j'y lus un message silencieux : « Je vous demande pardon. »

— Il ne s'agit pas de la même formule. Il y a dans le produit Dragon Rouge un ingrédient que ne contient pas mon produit.

— Ah, vraiment ? Voilà une remarque fort intéressante. Ainsi donc, vous dites à la fois qu'Homme Fort est une copie de votre formule et qu'elle ne l'est pas !

Un murmure houleux parcourut la salle.

— J'ai fabriqué mon tonique pour un client bien précis — il m'arrive de procéder ainsi dans certains cas, quand les autres remèdes ont échoué. Je fabrique alors un remède sur mesure pour un cas particulier.

— Et comment avez-vous procédé pour mettre au point cette formule particulière, madame Lee ?

— J'ai trouvé la recette sur un papyrus très ancien et je l'ai ensuite fabriquée.

— Un papyrus ancien, dites-vous ? Ce qui signifie que votre formule a… combien d'années ?

Le silence se fit tout à coup dans la salle, tandis que l'auditoire était suspendu à mes lèvres.

— Plus de mille ans.

— Vraiment, dans ce cas, je ne vois pas comment vous auriez pu l'inventer ! argua-t-il d'un ton plein d'emphase, et un nouveau murmure parcourut la salle, obligeant le juge à demander le calme.

Ce fut ensuite au tour de M. Winterborn de m'interroger.

— Il s'agit d'une très vieille recette, madame Lee, mais y avez-vous apporté des modifications ?

— Oui, je l'ai adaptée, personnalisée en quelque sorte.

— Et que s'est-il passé après que vous avez confectionné cette formule unique ?

— Mon client est tombé malade après l'avoir essayée. Les symptômes qu'il présentait — accélération du rythme cardiaque, augmentation de la pression artérielle — m'ont amenée à soupçonner l'un des ingrédients contenus dans la formule. J'ai écrit à un chimiste avec qui j'avais travaillé par le passé pour lui demander son avis. Il m'a répondu qu'il s'agissait effectivement de l'ingrédient que je soupçonnais, et m'a conseillé de l'ôter de la formule. Et j'ai suivi son conseil.

— De quel ingrédient s'agissait-il, madame Lee ?

— De l'éphédrine.

— Est-ce à dire que l'éphédrine n'entre dans la composition d'aucun de vos remèdes ?

— Non, l'éphédrine entre dans la composition du tonique Golden Lotus. L'éphédrine prévient l'asthme.

— Ce n'est donc pas un produit toxique ?

— Seulement à haute dose. Et qui peut être fatal pour les sujets ayant des problèmes cardiaques ou une tension élevée.

— Comment le public en est-il averti ?

— L'étiquette comporte une mise en garde disant que le tonique contient de l'éphédrine, et qu'il est déconseillé aux personnes ayant des problèmes cardiaques.

Il me tendit une bouteille d'Homme Fort, la potion du Dragon Rouge.

— Voulez-vous lire ce que dit l'étiquette, je vous prie ?

— Elle dit que ce tonique renforce la virilité, la vigueur et l'énergie.

— Y est-il fait mention des ingrédients qu'il contient ?

— Non.

— Y a-t-il une mise en garde quant aux risques encourus en cas d'ingestion excessive ?

— Non.

— Votre Honneur, j'ai ici le compte rendu d'analyses effectuées par des laboratoires indépendants sur le contenu de ce tonique. Tous deux concluent que la potion Homme Fort contient une quantité d'éphédrine excessive et dangereuse pour la santé.

Une clameur d'indignation s'éleva dans le prétoire et je vis Gideon qui me souriait en me décochant un clin d'œil.

Le week-end suivant, à la une du journal, on put lire en gros titre : *« Un fabricant de produits pharmaceutiques accusé de vendre un aphrodisiaque toxique »*, accompagné d'un portrait à la plume qui était censé me représenter, mais qui ressemblait davantage à Anna May Wong, la star de cinéma chinoise. Le lundi matin, une foule si dense se pressait sur le parvis du palais de justice qu'on dut faire appel à la police pour contenir les débordements. Les journalistes étaient sur le pied de guerre, ainsi que les caméras de la Movietone, et toute une foule de curieux qui espéraient entrer dans le prétoire.

A présent je comprenais pourquoi M. Winterborn aurait préféré ne pas aborder l'affaire Dix Mille Yang au cours du procès.

— A quoi sert votre tonique ? lança l'avocat de la partie adverse d'une voix tonitruante en se tournant vers le public alors qu'il s'adressait à moi.

Choquée par sa grossièreté, je répondis malgré tout à sa question, car je ne voulais pas avoir l'air de refuser de coopérer.

— A donner du tonus.

Je n'aurais pas su dire quelle était l'humeur de l'auditoire et du jury, mais je priais le ciel pour qu'ils fussent de mon côté.

— Vous voulez dire pour renforcer la musculature ?

— La virilité, dis-je.

— En faisant pousser des poils sur la poitrine des mâles ?

Je jetai un petit coup d'œil à Gideon, qui me répondit par un sourire d'encouragement. Une rumeur parcourut la salle, je sentis monter la tension : tous attendaient que je prononce le mot défendu. Soudain je perdis patience. Pourquoi étais-je punie alors que j'étais la victime ?

— Le Dix Mille Yang est un tonique qui permet d'améliorer les performances sexuelles. Et cet homme, dis-je en pointant le Dragon du doigt, a volé ma formule en y laissant un ingrédient mortel — un ingrédient que j'ai ôté de ma recette. Ce prétendu médicament est un poison.

Le Dragon bondit sur ses pieds.

— Ce n'est pas un poison !

— Dans ce cas, buvez-le, espèce de salopard ! éructa soudain Gideon, en bondissant à son tour sur ses pieds. Buvez-en une bouteille ici même, dans ce prétoire, pour nous prouver qu'il est sans danger !

— Je n'ai pas besoin de ce genre de tonique, rétorqua le Dragon. Mais ce n'est peut-être pas votre cas ?

Une agitation indescriptible s'empara de l'auditoire. Le juge frappa vigoureusement son marteau plusieurs fois de suite, mais le vacarme était tel qu'il ne parvenait pas à se faire entendre.

Quand, au bout d'un moment, le calme fut enfin revenu dans la salle, l'avocat du Dragon Rouge déclara d'une voix de stentor, en me tournant une fois de plus le dos :

— Bien, madame Lee, vous dites avoir préparé cette potion pour une personne en particulier. S'agissait-il d'une personne de sexe mâle ?

— Le Dix Mille Yang est un tonique destiné à une clientèle masculine.

— Dans ce cas, madame Lee, pouvez-vous dire à la cour le nom de la personne concernée ?

M. Winterborn se leva.

— Objection, Votre Honneur. L'identité de la personne n'est absolument pas pertinente.

— Je crois qu'elle l'est, au contraire, Votre Honneur. Mon client a le sentiment d'être l'objet d'une machination. Le nom du client de Mme Lee est un élément capital.

— Objection rejetée. Répondez à la question, madame Lee.

Pas un seul instant je n'avais pensé qu'ils oseraient en arriver là.

— Madame Lee ? dit l'avocat. Pouvez-vous s'il vous plaît dire à la cour le nom du client pour qui vous avez créé cet aphrodisiaque ?

Je me tournai vers Gideon. Il portait une expression atterrée sur le visage.

— Madame Lee ?

— J'ai préparé la formule, finis-je par dire devant cette foule d'étrangers et de journalistes armés de caméras, pour mon époux, M. Lee.

A ces mots, tandis qu'une fièvre explosive s'emparait du prétoire, que les flashes des appareils photo se mettaient à crépiter de toutes parts et que les reporters se ruaient hors de la salle, je regardai mon mari, assis calmement au premier rang, l'air digne et la tête bien haute.

Jamais je n'avais vu Gideon dans une telle colère.

— Ils sont en train de la crucifier ! rugit-il.

— Nous ne pouvons malheureusement rien faire, opina M. Winterborn. Harmonie n'a pas pu étayer ses allégations avec des preuves tangibles. A présent, la balle est dans le camp du jury. Mais je ne crois pas qu'il soit de notre côté.

Gideon foudroya l'avocat du regard.

— Mais vous disiez que c'était une bonne chose qu'il y ait des femmes parmi les jurés.

— Je le pensais, en effet. Mais j'ai changé d'avis.

— Et pourquoi ?

— Parce qu'Harmonie est jeune et belle et qu'elle vend des aphrodisiaques à leurs maris. En d'autres termes, elle représente une menace pour elles.

— Ecoutez, dit Gideon, vous avez des témoignages signés de la main de chimistes comme quoi la potion du Dragon Rouge est nocive. Cela devrait étayer les allégations d'Harmonie, il me semble ?

— Tout est toxique pris en grande quantité. De plus, Gideon, nous ne pouvons pas prouver que des gens sont morts après avoir ingéré de l'Homme Fort. C'est tout le problème. Nous n'avons fait qu'émettre des hypothèses, sans fournir aucune preuve.

— Mais Harmonie a donné des noms...

— D'hommes qui sont tombés malades ou qui sont morts. Mais morts de quoi ? Aucune autopsie n'a été pratiquée. Nous ignorons quel était leur état de santé quand ils sont décédés. (Il se tourna vers moi en poussant un soupir déchirant.) Madame Lee, je crains qu'il ne faille vous préparer au pire.

Mais je refusais de perdre espoir.

— Monsieur Winterborn, répondis-je. J'ai aperçu une femme dans le prétoire, l'autre jour. Elle n'est restée que quelques minutes. Je crois qu'elle avait peur. Elle est partie aussitôt que je l'ai aperçue.

— Qui est cette femme ?

— Tout d'abord, je n'ai pas réussi à la remettre. Puis son nom m'est revenu : elle s'appelle Betty Chan. Elle a travaillé pour moi, il y a neuf ans. Et je suis pratiquement sûre que c'est elle qui a volé mes formules pour les transmettre à la Compagnie du Dragon Rouge. Si seulement nous pouvions la retrouver et la convaincre de témoigner...

— Je vais demander à mon détective privé de faire des recherches.

Ce soir-là, dans mon lit, je me mis à pleurer. Quel avenir allais-je pouvoir donner à ma fille à présent ? Une mère déshonorée ? Une famille ruinée ? M. Lee me prit dans ses bras pour me consoler. Même quand nous étions au lit je l'appelais M. Lee. Il me garda entre ses bras jusqu'à ce que je m'endorme.

Lorsque nous nous présentâmes au prétoire, le lendemain matin, M. Winterborn avait de bonnes nouvelles.

— Mon détective a retrouvé la trace de Betty Chan. Il est allé lui parler.

— Pensez-vous qu'il va réussir à la convaincre de venir témoigner ? dit Gideon.

Comme toujours, il marchait à mes côtés tandis que nous nous frayions un chemin à travers la foule, alors que M. Lee et Olivia marchaient derrière. La chose n'avait pas échappé aux journalistes, qui faisaient sans cesse référence à la « compagnie constante de M. Barclay ». M. Winterborn lui avait conseillé de mettre une certaine distance entre lui et moi, mais son conseil était tombé dans l'oreille d'un sourd.

— Cela dépend. Mais mon homme sait se montrer persuasif, répondit M. Winterborn avec un sourire. En particulier avec les femmes. Je lui ai également demandé de lui faire savoir à mots couverts qu'elle serait récompensée de ses efforts. Je sais que ce n'est pas très moral, mais tout ce procès n'est qu'une vaste parodie.

M. Winterborn demanda une pause au juge, en attendant l'arrivée d'un nouveau témoin. Le juge nous accorda une heure de répit.

Jamais heure ne me parut plus longue. Alors que nous faisions les cent pas dans le hall en guettant les deux entrées et en consultant nos montres, le Dragon et son entourage de plus en plus nombreux chuchotaient à voix basse ou éclataient d'un rire sonore. De temps à autre il regardait de mon côté avec un air triomphant, et je me demandais ce que j'avais bien pu faire à cet homme pour mériter une telle animosité.

Betty Chan ne vint pas.

— Où est votre témoin, maître Winterborn ? s'enquit le juge tandis que le silence s'installait peu à peu dans le prétoire bondé.

— Votre Honneur, si nous pouvions...

— Maître Winterborn, avez-vous ou n'avez-vous pas de témoin à faire comparaître ?

— Votre Honneur, j'ai…

— Maître Winterborn, la patience de la cour a des limites.

La porte à double vantail du prétoire s'ouvrit soudain et le détective de M. Winterborn entra précipitamment. Une rumeur parcourut la salle. L'auditoire avait senti qu'un moment fort se préparait. L'homme s'approcha de la barrière qui nous séparait du reste de la salle et dit tout bas :

— Betty Chan est morte. On vient de repêcher son corps dans la baie.

Sans doute avais-je poussé un cri, car le juge donna un coup de marteau pour ramener le calme dans la salle. Puis je vis le visage livide de Gideon, et le précipice qui s'ouvrait sous mes pieds, prêt à m'engloutir. J'allais perdre le procès.

Et avec lui mon entreprise, mon honneur, mes rêves.

Voyant que mon époux se levait, je crus qu'il s'apprêtait à quitter le prétoire. Mais à ma grande surprise, il dit d'une voix puissante qui ne lui était pas habituelle :

— Je suis le témoin, Votre Honneur. (Puis il s'adressa à M. Winterborn :) Je suis prêt à témoigner, maître.

Mon avocat lui lança un regard stupéfait, puis se tourna vers moi. Mais je n'avais pas la moindre idée de ce que M. Lee avait en tête.

Il s'approcha de la barre des témoins, grand, élancé comme un roseau. Il semblait plus âgé qu'il ne l'était vraiment, et possédait un calme qui me faisait penser aux lettrés chinois vêtus de longues robes de soie. Lorsqu'il atteignit la barre des témoins, M. Lee produisit une enveloppe et la tendit au juge :

— Elle contient un certificat attestant que je suis en bonne santé, dit-il d'une voix sonore qui résonna dans le prétoire à présent silencieux. Le médecin qui m'a examiné se trouve dans cette salle. (Puis, à mon grand étonnement, M. Lee glissa une main dans sa poche et en ressortit une bouteille.) J'ai acheté cette bouteille d'Homme Fort au marché Fen Yuen de Grant Street. J'ai demandé au pharmacien d'y apposer son sceau.

(M. Lee tendit la bouteille au juge.) Comme vous pouvez le voir, la bouteille est encore scellée. Le propriétaire de l'échoppe se trouve également dans la salle.

L'audience s'agita, un brouhaha envahit la salle, tout le monde parlait à la fois.

Je restai figée sur place quand mon mari demanda au juge d'ouvrir la bouteille. Celui-ci s'exécuta tandis que les journalistes filmaient la scène et que les flashes se mettaient à crépiter. Puis il rendit la bouteille à M. Lee.

Avec un panache dont je ne l'aurais jamais cru capable, il se tourna vers l'auditoire et, avant que j'aie eu le temps de réagir, but la totalité de la bouteille d'Homme Fort, le tonique du Dragon Rouge.

— Non ! m'écriai-je.

Un tollé explosa dans la salle d'audience, tandis que les flashes recommençaient à crépiter de plus belle, et que les reporters se ruaient vers les téléphones, situés à l'extérieur du prétoire. L'avocat du Dragon Rouge, visiblement furieux, essayait de dire quelque chose au juge, qui abaissa vigoureusement son marteau plusieurs fois de suite pour essayer de ramener le calme dans la salle. Je m'élançai vers mon mari, qui se tenait face au public, la bouteille vide à la main.

Il avait pris la potion alors qu'il était à jeun et les effets ne tardèrent pas à se faire sentir. Lorsqu'on envoya quérir un médecin, M. Lee était assis par terre, le dos appuyé contre l'estrade où officiait le juge. Son cœur battait si vite que je n'arrivais pas à lui prendre le pouls. Son visage était livide et baigné de sueur. Je crus qu'il allait mourir sur place, sans que je pusse rien faire pour lui.

Je le regardais, frappée de mutisme, pendant que Gideon s'efforçait de repousser les curieux en criant :

— Laissez-lui de la place ! Est-ce que le médecin est arrivé ?

Caméra au poing, des hommes cherchaient à s'approcher le plus possible, tandis que des femmes sanglotaient.

M. Lee fut conduit d'urgence à l'hôpital.

— Pourquoi ? dis-je dans l'ambulance qui nous emmenait. Pourquoi avez-vous fait cela ?

Il prit ma main dans les siennes, et avec un petit sourire plein de douceur, dit :

— Parce que mon œuvre est enfin achevée.

Il mourut le soir même à l'hôpital et les médecins conclurent que le décès était dû à l'ingestion d'Homme Fort. Les témoignages se mirent à affluer après cela. Les gens se succédèrent à la barre des témoins pour raconter les déboires qu'ils avaient eus avec les produits Dragon Rouge. Les ouvriers du Dragon Rouge firent des dépositions anonymes à la police, et une enquête révéla que les registres de production de l'usine avaient été truqués. Lorsque la police demanda aux ouvriers s'ils connaissaient Betty Chan, dont la malheureuse dépouille reposait à la morgue sans que personne ne fût venu la réclamer, ils dirent l'avoir connue à l'époque où elle travaillait comme espionne pour le compte du Dragon Rouge.

Une enquête du fisc révéla que les livres de comptabilité de la société avaient été falsifiés, que celle-ci s'était rendue coupable de fraude fiscale et de blanchiment d'argent et qu'elle entretenait des liens avec la mafia chinoise. L'usine fut fermée, le Dragon arrêté et écroué en attendant le résultat de l'enquête sur les morts survenues à la suite de l'ingestion de ses produits. Il mourut en prison avant l'ouverture du procès, d'un arrêt du cœur selon certains, mais la rumeur courait qu'il s'était suicidé parce qu'il avait été déshonoré.

A mon grand étonnement, la vente des produits Parfaite Harmonie, loin de fléchir, décupla. Le battage médiatique qui avait entouré le procès avait éveillé la curiosité du public, si bien que des gens qui n'avaient jamais essayé mes produits se mirent à acheter du Baume de Mei-ling ou du Bliss. Pour cette raison, mais aussi parce que je voulais assurer l'avenir de ma fille, je décidai, bien qu'étant en deuil, de mener à bien mon projet et d'acheter l'usine de Daly City. Car je savais que M. Lee m'y aurait encouragée.

Je fis venir une géomancienne pour qu'elle en inspecte le *feng shui*. Elle trouva une canalisation percée.

— Votre argent risque de s'écouler par là goutte à goutte.

Et une porte qui empêchait le *ki* de circuler.

Nous repeignîmes les bâtiments dans des couleurs qui s'harmonisaient avec le cadre alentour, nous suspendîmes des carillons pour capturer et répandre le bon *ki*, et, lorsque je vis que le numéro de la rue était le 626 — ce qui, lorsqu'on en ajoute les chiffres, donne quatorze, un nombre néfaste qui signifie « mort certaine » —, je le changeai en 888, pour apporter chance et prospérité à l'usine.

Le jour de l'inauguration de l'usine, un jour choisi soigneusement par un devin, nous fîmes venir des danseurs pour exécuter la danse du lion et invoquer la clémence des dieux. Nous posâmes tous sur la photo de groupe, y compris Gideon et Olivia, qui avaient amené leur fils Adrian et la petite Margo, qui séjournait chez eux.

Je pris également des dispositions pour que M. Winterborn apportât un soutien financier anonyme au fils du Dragon, Woodrow Sung, car ce dernier se retrouvait désormais sans père ni mère et parce qu'il ne me paraissait pas juste qu'il payât pour les fautes paternelles.

Il me fallut des mois avant de pouvoir me décider à entrer dans l'atelier de M. Lee. Je n'avais jamais vu la dernière toile à laquelle il avait travaillé chaque soir en silence au moment du procès, et je n'avais pas la moindre idée de ce qu'elle représentait. Mais le temps était venu pour moi de me rendre à l'évidence, et de voir si elle recelait des indices quant aux raisons qui avaient poussé M. Lee à se tuer.

La toile était telle qu'il l'avait laissée. Je vis d'emblée qu'il ne s'agissait pas de ses sujets habituels : des pandas, des chevaux, ou des chiens gardiens de temples. Des êtres humains étaient le sujet de cette œuvre gigantesque, à l'arrière-plan de laquelle s'étalaient des collines, des nuages et un océan. J'en restai bouche bée. Je n'avais jamais rien vu d'aussi beau.

Puis j'en reconnus les personnages, et je commençai à comprendre leur histoire, et pourquoi M. Lee avait bu la potion.

Je me trouvais au milieu de la scène, un dragon rouge crachait des flammes dans ma direction et je semblais fuir, les bras tendus vers un homme qui n'était pas chinois. A l'arrière-plan, à peine plus visible que s'il avait été un fantôme, se trouvait mon mari, qui me regardait m'élancer entre les bras de Gideon. Au premier plan on voyait une petite fille avec deux papillons à la place des yeux. Et à côté d'elle, un bébé fantôme.

Le bébé qu'il n'avait jamais pu me donner.

37

Palm Springs, Californie, 3 heures

Charlotte entra dans le bureau en catastrophe et s'écria :

— Tu ne devineras jamais ce que j'ai découvert !

— Une seconde, fit Jonathan, qui était allongé sous le bureau. (Il y eut un bruit de fil sectionné, puis, se glissant hors de dessous le meuble, il se redressa, posa la pince et le tournevis qu'il tenait à la main et essuya une traînée de plâtre qu'il avait sur le front.) Je t'écoute.

— Regarde, le pressa Charlotte en lui tendant le journal qu'elle avait trouvé dans l'une des vitrines du musée. M. Sung était le fils de l'adversaire de ma grand-mère, l'homme qui a essayé de la ruiner !

Sur le *San Francisco Chronicle* daté de 1936, on pouvait lire en gros titre : *« Le Dragon abattu par le saule. »*

Charlotte lui fit un bref résumé du procès, puis ajouta :

— Le père de M. Sung mettait de fortes doses d'éphédrine dans ses remèdes.

Jonathan se releva en époussetant ses habits.

— Tu veux dire que M. Sung aurait utilisé de l'éphédrine pour se venger ? dit-il avec un regard dubitatif. Peut-être est-ce quelqu'un qui voudrait faire croire que M. Sung est le coupable.

— Peut-être. Mais je suis sûre d'une chose en tout

cas, dit Charlotte en repliant soigneusement le journal et en le glissant dans son fourre-tout, dans lequel se trouvaient déjà une boîte de tisane toute neuve qu'elle était allée chercher dans son bureau, ainsi que le recueil de poésie que Jonathan lui avait envoyé. Il est impossible que Rusty Brown ait été recruté par la voie habituelle. Une enquête minutieuse est menée par notre service du personnel sur chaque nouvelle recrue. Or cet homme a été inculpé pour sabotage dans une autre usine pharmaceutique ! Comment Mme Ferguson aurait-elle pu passer à côté d'un fait aussi grave ? Cela signifie que quelqu'un placé au-dessus du directeur du personnel a pris la décision de le faire embaucher. Et c'est M. Sung qui a cette prérogative.

Jonathan enfila ses gants de cuir noir.

— Si Sung est effectivement notre suspect, pourquoi t'aurait-il remis le casse-tête chinois qui t'a conduite jusqu'au musée pour mener des recherches ? Pourquoi aurait-il fait une chose pareille ?

— Je l'ignore. J'ai le cerveau en capilotade.

Charlotte se mit à se masser la nuque tout en jetant un regard circulaire au petit bureau qu'elle avait fermé six mois auparavant en pensant qu'elle n'y remettrait plus jamais les pieds. Et pourtant, les plats de la cafétéria, les sachets de thé, l'imperméable de Jonathan suspendu au porte-manteau, les tasses de café, les ordinateurs, les disquettes et les feuilles sortant de l'imprimante étaient là pour lui prouver le contraire. Conçu à l'origine pour accueillir une vieille dame chinoise et ses souvenirs, le petit bureau de sa grand-mère était devenu un véritable quartier général.

Et bientôt Charlotte allait le refermer à nouveau. En effet, Valerius Knight risquait d'arriver d'une minute à l'autre, avec un mandat d'arrêt à son nom — car elle connaissait les trois victimes, même si c'était par pure coïncidence. Elle et Jonathan s'apprêtaient à prendre la fuite et à se cacher jusqu'à ce qu'ils aient réussi à coincer l'assassin.

Tout en songeant à l'article qu'elle venait de lire, et qui relatait les circonstances dramatiques du procès qui avait eu lieu soixante ans auparavant, Charlotte en vint à se dire qu'il était effectivement trop facile d'incriminer M. Sung, uniquement parce que son père avait eu recours à l'éphédrine. Néanmoins, Charlotte était convaincue d'une chose : en dépit des soupçons de Jonathan, Naomi n'était pas l'assassin.

En quoi le fait qu'elle détenait des parts dans une société rivale constituait-il une preuve ? Moonstone avait les reins solides, c'était une corporation en pleine expansion, et le fiancé de Naomi était courtier en bourse. Si Harmony était un jour coté en bourse, Charlotte savait que son amie n'hésiterait pas à acheter des parts chez elle également. Certes, Naomi n'avait pas mentionné le fait qu'elle était maintenant actionnaire de Moonstone — pour la bagatelle de trente mille dollars alors qu'elle s'était plainte d'être sur la corde raide quelques semaines auparavant — mais Naomi était parfois distraite. De plus, les amies ne se disaient pas forcément tout. Il était impensable que Naomi ait pu mettre le feu à sa propre maison pour toucher l'assurance, et tout aussi impensable que Jonathan ait pu suggérer une chose pareille.

Pour toutes ces raisons, mais aussi parce que Naomi risquait elle aussi d'être suspectée par Knight, Charlotte était plus que jamais décidée à fouiller le passé de sa propre famille pour retrouver l'assassin. Et pendant que Jonathan était en train de connecter la fonction « accès réseau à distance » de l'ordinateur de sa grand-mère, Charlotte avait rassemblé en hâte différents documents, lettres et journaux, susceptibles de receler un indice concernant l'identité du coupable, et les avait rangés dans son fourre-tout.

Jonathan consulta sa montre puis jeta un rapide coup d'œil à l'écran de surveillance.

— Il faut que nous parvenions à entrer dans la salle de l'ordinateur central avant que Knight ne montre le bout de son nez. Notre intrus s'est faufilé dans le système à partir d'un des ordinateurs du réseau, et je parie qu'il va continuer. Il faut que je détourne le chemin d'accès, de telle sorte que, la prochaine fois qu'il essayera d'entrer dans le système pour copier une formule, nous le pincerons grâce à la fonction « accès réseau à distance » depuis notre nouvelle cachette.

Charlotte s'approcha de l'ordinateur.

— Mais si tu détournes le chemin d'accès, il ne retrouvera pas les formules et il ressortira du système.

— Regarde d'un peu plus près.

Elle écarquilla de grands yeux.

— Des formules bidon ?

— Auxquelles j'ai rattaché des marques invisibles, tout un chapelet de codes silencieux qui fonctionnent comme des signaux d'alarme. Dès qu'il cherchera à recopier une formule, je pourrai retrouver sa trace. Et en quelques minutes nous l'aurons localisé. Mais le temps presse.

Jonathan jeta à nouveau un coup d'œil à l'écran de surveillance — l'aire de stationnement était en vue, avec quelques véhicules parqués sous la pluie. Il enfonça une touche de la console et le troisième étage du bâtiment principal apparut à l'écran.

— Il est toujours là, dit Jonathan, en faisant allusion à l'agent fédéral de faction devant la chambre des ordinateurs. Il me faut environ dix minutes pour programmer le serveur. Le problème c'est qu'il faudrait absolument détourner l'attention du gardien et, franchement, je ne vois pas comment.

Charlotte observa l'homme qui se trouvait sur l'écran : grand, les cheveux blonds coupés court à la mode militaire, un cou et des bras de joueur de football américain. Pas le genre d'homme à se faire blouser facilement.

— Je vais essayer, dit-elle.

— Non, il faut que tu restes cachée jusqu'à ce que nous partions. On ne peut pas courir le risque de croiser Knight.

— Tu n'as besoin que de dix minutes, c'est ça ? Je resterai sur mes gardes. Sitôt que Knight arrive, je pars en courant.

Il réfléchit un court instant à sa proposition.

— D'accord, mais à condition que tu me promettes de prendre tes jambes à ton cou à la première alerte.

38

— Bonsoir ! dit-elle en s'approchant, le sourire aux lèvres. Je suis mademoiselle Lee, vous vous souvenez de moi ?

— Bonsoir, m'dame, murmura l'homme. Oui, bien sûr.

— Quel tintouin ! Je voulais vous dire combien j'ai apprécié la rapidité avec laquelle votre équipe est intervenue. J'ai hâte qu'on mette la main sur l'auteur du sabotage ! (Elle lui tendit le plateau qu'elle était allée chercher à la cafétéria.) Au fait, j'ai pensé que vous aviez peut-être un petit creux.

A cette heure tardive, il y avait belle lurette qu'on ne servait plus de plats chauds à la cafétéria. Mais elle avait tout de même réussi à se procurer du café et des beignets à la confiture de framboise à peu près présentables.

— Non, merci, m'dame.

— Mais voilà plus de quatre heures que vous montez la garde. Vous devez avoir faim.

— Non, merci, sans façon.

En dépit de son refus, Charlotte voyait bien que l'homme lorgnait les beignets avec convoitise.

— La nuit va être longue, dit-elle en posant le plateau sur le bureau le plus proche. (Saisissant un gobelet en plastique, elle dit :) Lait, sucre ?

— Non, merci, vraiment, dit-il en levant la main.

Charlotte fit mine de scruter le plateau.

— Bon, eh bien si ça ne vous dérange pas, moi, je vais manger un morceau. J'ai une faim de loup. La journée a été rude.

Choisissant un beignet, elle le mordit à belles dents de façon à faire gicler un peu de confiture.

— Ooups ! dit-elle en saisissant une serviette en papier pour s'essuyer le menton. Ça ne rate jamais ! Ils sont plus frais que je ne l'espérais. Le cuistot est un as du beignet… Il les plonge d'abord dans la friture, puis il les fourre de crème anglaise, de chocolat ou de confiture, et ensuite il les saupoudre de cannelle et de sucre. Goûtez-y tant qu'ils sont encore chauds, et vous m'en direz des nouvelles… légèrement croustillants sur le dessus, et moelleux à cœur. Ils vous fondent dans la bouche.

L'homme se passa rapidement la langue sur les lèvres.

— Vraiment pas ? insista-t-elle en lui tendant le plat. Ça n'est pas un beignet qui va vous faire du mal. Je ne le dirai à personne, je vous le promets, ajouta-t-elle avec un clin d'œil.

Il déclina son offre avec une légère hésitation, si bien que Charlotte continua à commenter chaque bouchée avec délice. Voyant qu'il lorgnait à nouveau furtivement l'assiette, elle repartit à l'attaque et, cette fois, il capitula :

— Allez, mais juste un alors, dit-il. (Puis, lorsqu'elle lui offrit une tasse de café, il ajouta :) C'est pas de refus.

Quand les lampes se mirent à vaciller, Charlotte dit :

— Quel temps de chien ! Il ne pleut pas souvent chez nous mais quand ça tombe c'est un vrai déluge !

— Ça, pour un temps de chien, c'est un temps de chien.

S'adossant au mur opposé à la chambre des ordinateurs, Charlotte croisa les bras.

— Ça ne doit pas être drôle de faire le poireau toute la nuit.

— Pas vraiment, dit-il, en finissant son beignet et en s'essuyant la bouche avec une serviette en papier.

— Prenez-en un autre, le pria-t-elle en montrant le plateau du doigt.

Cette fois, il ne se fit pas prier.

Charlotte jeta un coup d'œil en direction du vestibule, où Jonathan attendait. Puis elle regarda le vigile qui était en train de terminer son deuxième beignet. Quant il eut fini sa tasse de café, elle dit :

— Vous devez vous ennuyer à mourir à rester là à monter la garde sans rien faire. Vous avez le droit de lire des magazines au moins ? Je peux aller vous en chercher.

— Non, non, ne vous donnez pas cette peine. Mais merci pour le café et les beignets.

Elle resta adossée au mur, les bras croisés. Elle leva les yeux vers l'horloge murale. Plus que deux heures et demie avant l'heure limite fixée par l'assassin. Sans compter que Knight n'allait pas tarder à pointer le bout de son nez. Lorsqu'elle glissa une main dans la poche de sa veste, elle remarqua que le gardien l'observait attentivement. Faisant mine de l'ignorer, elle tira de sa poche son petit casse-tête chinois et commença à le tourner et à le retourner entre ses mains. Tout en essayant de faire glisser la première pièce pour ouvrir la boîte, Charlotte se mit à fredonner doucement. L'agent de sécurité ne l'avait pas quittée des yeux. Lentement, elle fit coulisser la deuxième pièce d'un côté puis de l'autre, en répétant toujours le même geste rythmique, fascinant, sans cesser de fredonner d'un air distrait. C'est à peine si l'on entendait le tonnerre qui grondait à l'extérieur tant les murs étaient épais. La décoration intérieure d'Harmony Biotech avait été conçue par Margo Barclay : moquette bleu pâle, murs tapissés de toile végétale beige, cloisons de séparation bleu et argent, éclairage tamisé conférant à l'endroit une ambiance raffinée et sécurisante. Par une nuit d'orage comme celle-là, on avait l'impression de se trouver dans un cocon.

La première fois que l'agent de sécurité bâilla, en mettant une main devant sa bouche, Charlotte ne le regarda pas.

Lorsqu'il bâilla à nouveau, la bouche grande ouverte, elle lui jeta un regard furtif. Le troisième bâillement fut accompagné d'un rapide battement de cils — l'homme essayait de rester éveillé. Le sirop qu'elle avait injecté dans les beignets mit un peu plus longtemps que prévu à faire effet, mais l'homme finit par s'endormir. Bien que la réglementation fédérale n'autorisât pas Harmony à fabriquer des produits opiacés, le laboratoire disposait d'une grande quantité de *Papaver somniferum* pour mener ses recherches. Plus connu sous le nom commun de pavot, le *Papaver somniferum* était un inducteur de sommeil.

Affalé dans son fauteuil, le menton sur la poitrine, l'agent de sécurité dormait à poings fermés. Jonathan entra subrepticement et dit à voix basse à Charlotte qu'il la retrouverait dans dix minutes au musée, puis il se faufila à pas de loup dans la chambre des ordinateurs et se mit au travail.

39

Dès que Jonathan eut disparu dans la chambre des ordinateurs, Charlotte s'assura une fois encore que l'agent de sécurité dormait d'un sommeil profond, puis elle se hâta vers l'escalier de secours et gagna le dernier étage. Juste au moment où la lourde porte métallique se refermait derrière elle dans un murmure, une silhouette sortit subitement de l'ombre et lui barra la route.

— Desmond ! s'écria Charlotte, en réprimant un hurlement. Tu m'as fait une de ces peurs ! Un peu plus et j'avais une crise cardiaque.

— Tu veux boire un coup ? dit-il en lui tendant une flasque en métal argenté.

Elle remarqua qu'il sentait l'alcool à plein nez et que sa tenue laissait gravement à désirer. Il avait l'air d'un homme qui ne s'était pas rasé depuis vingt-quatre heures, ses cheveux étaient en bataille, et une tache ressemblant à une goutte de moutarde s'étalait sur le devant de son pull-over noir. Voilà qui était inhabituel de la part de Desmond, qui, en temps normal, était toujours tiré à quatre épingles.

— Eh bien, ma cousine, qu'est-ce que tu fais à rôder par ici à cette heure indue ?

— Je suis venue recueillir des informations.

Il s'essuya la bouche d'un revers de main.

— Les as-tu trouvées au moins ?

— Desmond, dit-elle en le regardant attentivement.

Sais-tu qui a parlé de la plante rare des Caraïbes à ma grand-mère ?

Il haussa les épaules et s'adossa au mur.

— La vieille et moi, on ne se parlait pas beaucoup.

— Est-ce que tu sais comment Rusty Brown a réussi à se faire embaucher ?

Fixant sur elle un œil vague, il marmonna :

— Qui ça ?

— C'est un des responsables de la production. Les flics l'ont arrêté il y a trois heures.

— Ah. Celui-là. Pas la moindre idée... fit-il avec un hoquet.

— Tu es complètement soûl.

Elle allait s'engager dans l'escalier quand il l'attrapa par le bras.

— Pas si soûl que ça, dit-il avec un sourire grimaçant. Tu ne connais pas la dernière, Charlotte ? Mon père est sur le point de perdre plusieurs millions de dollars. En fait, je ne serais pas étonné s'il allait en prison pour avoir boursicoté avec l'argent des actionnaires. Et dire que mes parents croyaient qu'ils allaient s'enrichir avec le GB4204. Et voilà que la FDA refuse de donner son accord, la formule ne verra jamais le jour ! Et voilà ! Mon père est passible de prison, ricana-t-il. Tu avoueras que l'idée est plutôt plaisante.

Charlotte l'observa attentivement. On aurait dit que son beau visage s'était affaissé, que ses traits séduisants avaient perdu leur perfection, comme si, fatigué de faire semblant, il avait subitement jeté le masque.

— Desmond, dit-elle lentement, en observant sa réaction, tu as changé. Que s'est-il passé l'année dernière pendant mon absence ?

— L'année dernière ?

— Quand j'étais en Europe. Que s'est-il passé pendant mon absence ?

— Il s'est passé quelque chose ? Hum, voyons voir, que s'est-il passé... (Ils haussa les épaules.) Je ne vois vraiment pas de quoi tu veux parler. Pourquoi ?

— Est-ce toi qui m'envoies des e-mail ?

Il la regarda en clignant des yeux.

— En voilà une idée ! Et dans quel but, s'il te plaît ? dit-il en reprenant une rasade de whisky. Le pyjama à rayures siérait bien à mon père, tu ne trouves pas ?

— Je ne te reconnais pas, Desmond.

Il se pencha vers elle, lui prit le bras et lui chuchota à l'oreille :

— Vraiment ? (Lui lâchant le bras, il la contourna et, posant une main sur le mur, lui barra le passage.) Je vais te dire un secret.

Elle dut tourner la tête tant il empestait l'alcool.

— Quand j'étais gosse, j'avais la sale habitude de fourrer mon nez partout. Un jour, en fouillant dans le bureau de maman, j'ai découvert une lettre que papa lui avait envoyée. Tu ne trouves pas ça bizarre ? Un homme qui écrit à sa femme alors qu'ils habitent à la même adresse ? Toujours est-il qu'il s'agissait d'une lettre d'amour pleine de « Je t'aime, ma chérie, je serai toujours à tes côtés », et puis « avec toi j'ai l'impression d'être quelqu'un. » Je n'avais pas la moindre idée de ce que tout cela signifiait, mais il y avait une phrase absolument désopilante. Tellement désopilante en fait, que je ne l'ai jamais oubliée. Papa disait, je cite : « C'est terrible pour un père d'avoir un loser comme fils. »

Desmond rejeta la tête en arrière et passa une main dans ses cheveux ébouriffés. Charlotte remarqua qu'il avait des auréoles de transpiration sous les bras.

— Alors, qu'est-ce que tu dis de ça ? Grand-mère Olivia était obsédée par l'idée d'avoir un vrai petit-fils, un vrai Barclay, comme elle disait. Comme si mon père avait été un vrai Barclay. Ah ! Gideon était un enfant adopté, un détail qu'Olivia semblait avoir oublié. Mon père n'était pas haut comme trois pommes qu'Olivia ne cessait déjà de lui ressasser qu'il était un Barclay et que son seul but dans la vie devait être de donner le jour à des petits Barclay. Malheureusement ça ne s'est jamais produit. Ils m'ont adopté. Ah !

Charlotte tendit la main pour s'emparer de la flasque.

— Donne-moi ça !

Mais il esquiva son geste et prit une autre rasade.

— Savais-tu que la nuit où grand-mère Olivia est

morte elle a appelé son fils à son chevet, et lui a dit : « Adrian, tu m'as laissé tomber. » Les derniers mots d'une mère à son fils. Forcément, Adrian Barclay, le fils du grand Gideon Barclay, n'était pas assez mâle pour procréer un héritier.

Il fit un pas chancelant en arrière et alla heurter la rampe métallique.

Charlotte le rattrapa de justesse.

— Desmond ! Tu vas tomber dans l'escalier. Donne-moi cette flasque.

— Et puis, bien sûr, il y a ma mère, cette emmerdeuse.

— Tu devrais avoir honte de parler ainsi, toi qui l'as toujours vénérée.

Il laissa échapper un rot sonore.

— Il arrive un jour où même les adorateurs finissent par y voir clair.

— Que s'est-il passé quand j'étais en voyage, l'année dernière ? Lorsque je suis revenue, tu avais changé. M. Sung aussi. Que s'est-il passé, Desmond ?

— Ah, M. Sung. L'insondable Woodrow Sung, dit Desmond en réprimant un rot. C'est lui qui s'est occupé de mon adoption, tu le savais ? Tous les papiers d'adoption portent sa signature. (Il prit une autre rasade en s'agrippant à la rampe comme s'il avait été à bord d'un bateau ballotté par la tempête.) Est-ce que tu savais que mon père et ma mère ne s'étaient pas mariés par amour ? Ils vivent ensemble depuis qu'ils ont l'âge de sept ans. Apparemment ma grand-mère maternelle aurait confié sa fille aux Barclay et ne serait jamais revenue la chercher. (Desmond fronça les sourcils.) A ton avis, est-ce qu'ils l'ont déjà fait ? Je veux dire, je n'imagine pas mes parents faisant l'amour. Ma mère est une telle castratrice, je parie que mon père n'a jamais bandé une seule fois avec elle.

— Des, dit Charlotte. Je vais t'appeler un taxi. Il faut que tu ailles te coucher.

— Et bien sûr, il y a la Maison. Avec un grand M. Olivia était complètement obsédée par cette maison. (Il s'essuya le menton dans un hoquet.) Entre nous, tu ne trouvais pas ça bizarre que ma mère soit toujours fourrée là-bas ? Personnellement, je préférais notre piscine à la vieille piscine des Barclay. Elle était infiniment plus moderne et puis elle était chauffée.

— Ma grand-mère était une femme généreuse, sa maison était ouverte à tous.

— Mais nous y étions fourrés chaque semaine, bon sang !

« Ils font partie de la famille, Charlotte-ah. Cette maison est autant la leur que la nôtre. »

Il prit une autre rasade.

— Je me souviens qu'elle utilisait un papier à lettres hideux — orné d'un énorme blason ridicule. Il avait appartenu à Fiona. Olivia le trouvait probablement du dernier chic. (Il voulut prendre une autre rasade, mais la flasque était vide. Il la retourna le goulot vers le bas, puis la laissa tomber à terre.) Je me suis toujours senti inférieur à vous tous, marmonna-t-il. Plus ma mère me portait aux nues, et plus je me sentais inférieur. Forcément, je n'étais pas un Barclay. A vrai dire, aucun de nous n'en était un, mais moi… (Ils se pencha vers elle et murmura, une main devant la bouche :) J'étais un enfant adopté. Une pièce rapportée en quelque sorte. Olivia avait été l'amie de Fiona, et plus tard Margo est devenue la protégée d'Olivia. Un joli petit trio. Et puis de l'autre côté de la rue il y avait ta grand-mère et toi. Les vraies Barclay !

Desmond ôta sa main de devant sa bouche et éclata de rire.

Son rire s'évanouit peu à peu, tandis qu'une ombre passait devant ses yeux. Regardant fixement un point situé au-dessus de la tête de Charlotte, il dit à voix basse :

— Sais-tu quel effet ça fait d'avoir un père qui te regarde comme si tu étais quelque chose de nauséabond collé à sa semelle ?

Il baissa les yeux, s'efforçant de fixer son regard sur Charlotte.

— Oh, mais suis-je bête. Comment pourrais-tu le savoir, Charlotte ? Tu n'as jamais eu de père.

— Desmond, appelle un taxi et rentre chez toi.

Juste au moment où elle allait tourner les talons, il tendit la main et l'empoigna fermement par le bras.

— Voyons voir, je me suis laissé dire que c'était un fondu de plongée sous-marine, c'est bien ça ? C'est bizarre que ta grand-mère n'ait jamais eu de photos de lui. Tu ne trouves pas ?

— Lâche-moi, Des.

Il se pencha à nouveau vers elle, lui soufflant son haleine chargée de whisky à la figure.

— Tu ne t'es jamais posé de questions au sujet de ta mère ? Tu sais ce que je pense ? Je pense qu'on nous a caché quelque chose à son sujet.

Elle se débattit pour essayer de s'arracher à son étreinte.

— Ça suffit maintenant. Arrête.

— Personne n'a jamais cru que M. Lee était le père de ta mère. Tu t'en doutes. Il y a eu un procès dans les années trente — et il s'est avéré que M. Lee était impuissant. Mais alors qui était le père de ta mère, à ton avis ? On raconte que…

— Desmond…

— On raconte que quand tu avais quinze ans tu ressemblais comme deux gouttes d'eau à ta grand-mère au même âge, quand Gideon a fait la connaissance de Parfaite Harmonie.

— Que cherches-tu à insinuer ?

— Tu as disparu pendant trois semaines cet été-là. Et mon grand-père aussi. Il n'a jamais voulu dire à personne où il était allé, pas même à grand-mère Olivia, sa propre femme. Et toi, tu n'as jamais voulu me dire où tu étais allée.

— Parce que ça ne te regarde pas. De plus, Gideon était mon oncle.

— Et mon grand-père — et le tien aussi, si ce que l'on raconte est vrai. Je parie que tu l'as dit à ton chevalier servant.

— Oui, je l'ai dit à Jonathan. Et alors ?

— Et alors, où le grand Gideon t'a-t-il emmenée ? Il t'a bien emmenée quelque part, n'est-ce pas ? Tout le monde sait que mon vieux cochon de grand-père avait un penchant pour les Asiatiques.

— Tu me dégoûtes.

Il rit.

— Au fait, ton chevalier servant est toujours là ?

— Cesse de l'appeler ainsi ! (D'un geste brusque elle s'arracha à son étreinte.) Qu'est-ce que tu as à t'en prendre à Jonathan ? Il ne t'a jamais rien fait, que je sache !

— Non, si ce n'est qu'il t'a prise à moi.

— Desmond, je n'ai jamais été à toi. Je te l'ai déjà dit il y a longtemps. Nous sommes cousins…

— Pas vraiment. Tu oublies que j'ai été adopté.

— Ça ne change rien. Nous avons grandi ensemble, Des. Tu es comme un frère pour moi. Et je ne pourrais jamais éprouver autre chose que de l'amitié pour toi.

— Comment le sais-tu puisque tu n'as jamais essayé ?

Brusquement il pressa sa bouche contre la sienne, essayant d'introduire sa langue entre ses lèvres.

Elle le repoussa violemment et le gifla.

— Desmond, tu es complètement soûl. Rentre chez toi.

Comme elle tournait les talons et s'élançait dans l'escalier, elle l'entendit qui criait dans son dos.

— Pense à ton imbécile de mère, Charlotte ! Penses-y !

40

Tandis que Jonathan regagnait le musée sous la pluie, il se remémora une autre nuit pluvieuse, où, blottis sous les couvertures, Charlotte et lui avaient tissé ensemble leurs rêves d'avenir.

Le lendemain, juste après qu'elle eut quitté l'aéroport, il avait regagné son petit appartement de Boston où flottaient encore le parfum de Charlotte et l'écho de son rire, et il avait écrit un poème, laissant son cœur se déverser librement sur la page.

Lorsqu'il l'avait envoyé le lendemain à l'université de la côte Est, qui organisait chaque année un prestigieux concours de poésie, il n'en avait rien dit à Charlotte. Il ne savait même pas pourquoi il l'avait envoyé, étant d'avance certain qu'il ne serait pas sélectionné. Il n'était pas poète, tout au plus un accro de l'informatique qui aspirait à devenir un pirate d'élite. Pendant une année entière il lui avait caché la vérité : il ne lui avait pas dit qu'il avait été sélectionné parmi cinq mille autres, ni qu'il avait reçu un prix en espèces et que son poème allait être publié dans un recueil avec ceux des autres lauréats. Il ne lui avait rien dit parce qu'il voulait que son poème le lui dise à sa place. Son poème était infiniment plus éloquent qu'il n'aurait pu l'être lui-même.

Et le livre était arrivé. C'était au printemps 1981. Il le lui avait envoyé par la poste et avait attendu impatiemment sa réponse.

Et elle lui avait téléphoné…

— Charlotte ? appela-t-il en entrant dans le musée. Charlotte, tu es là ?

Il fit le tour des vitrines, puis alla voir si elle se trouvait dans le bureau. Mais elle n'y était pas. Pourtant elle avait quitté le bâtiment principal depuis déjà dix minutes.

S'étant approché du moniteur de télésurveillance, il enfonça rapidement plusieurs touches, faisant apparaître un site après l'autre : l'agent de sécurité se réveillant et jetant un coup d'œil à sa montre ; la cafétéria déserte ; l'unité de production, où le concierge en bleu de travail était en train de laver le sol. Mais Charlotte n'était visible nulle part.

— Bon sang, Charlotte, murmura-t-il tout en continuant d'enfoncer des touches, faisant apparaître la rampe de chargement, le hall principal, l'aire de stationnement. Mais où es-tu ?

Il se figea sur place lorsqu'il aperçut une silhouette qui marchait d'un pas chancelant sous la pluie — Desmond, sans manteau ni parapluie, titubant parmi les voitures. Soudain il glissa et alla percuter un minibus. Il tenta vainement de se rattraper à la poignée et s'effondra dans une flaque d'eau. Après avoir réussi à se relever tant bien que mal, il s'approcha d'une Cadillac noire, à laquelle il s'adossa pour fouiller dans ses poches. Une minute plus tard, il était assis derrière le volant et démarrait la voiture en oubliant de desserrer le frein à main.

Après avoir regardé Desmond quitter le parking, Jonathan recommença à faire défiler un à un les sites sur l'écran de surveillance : Charlotte restait introuvable.

Il fallait qu'il aille faire un tour à la centrale des télécommunications, après quoi Charlotte et lui étaient censés prendre la poudre d'escampette avant que Knight ne revienne. Mais où diable était-elle passée ?

S'approchant de l'ordinateur, il cliqua sur l'icône e-mail puis sur la commande « Nouveaux messages ».

Rien.

Il retourna à l'écran de télésurveillance et enfonça plusieurs touches pour retourner au bâtiment principal. Là, il vit l'agent de sécurité qui secouait la tête en jetant des regards ahuris autour de lui. Puis, après avoir jeté discrètement une serviette en papier et un gobelet en plastique dans une corbeille, l'homme rajusta sa cravate et reprit son poste devant la porte de la chambre forte comme si de rien n'était.

Jonathan continua ses recherches, de plus en plus inquiet : l'unité de fabrication, le laboratoire, la salle de contrôle, le foyer des visiteurs. Pas la moindre trace de Charlotte.

Saisissant son imperméable, il s'apprêtait à affronter une fois de plus l'orage lorsque l'alarme de son ordinateur portable retentit. On l'appelait au téléphone.

Il hésita un court instant, puis enfonça promptement une touche — avec un peu de chance c'était un de ses anciens collègues de la NSA qui le rappelait. Mais à sa grande surprise, c'était Adèle. Un sourire triste éclairait son visage poupin empreint de douceur.

— Peux-tu me dire quand tu vas revenir, Johnny ? Il faut que je donne ma réponse à Buckingham Palace. Que dois-je dire ?

Son regard contrit et le ton de sa voix lui fendirent le cœur. Il savait combien l'invitation était importante pour Adèle. Il y avait des mois qu'elle faisait des pieds et des mains pour l'obtenir — le père d'Adèle avait beau être lord, il n'était pas apparenté à la famille royale. Et une invitation dans la loge royale n'était pas une mince affaire. Adèle était aussi excitée qu'une petite fille à l'approche de Noël.

Il se sentait terriblement coupable. Depuis qu'il avait revu Charlotte, Jonathan se battait contre des démons, les démons du passé qui n'avaient cessé de le hanter nuit et jour et que jusque-là il s'était forcé vaillamment de repousser. Mais voilà qu'ils recommençaient à le tourmenter. Et il savait que dès qu'il sombrerait dans le sommeil le cauchemar referait surface — un cauchemar qui était en fait un souvenir insupportable. Les Huit d'Amsterdam, dont deux gisaient à terre dans une marc de sang. Quant au troisième, Jonathan n'osait même pas y penser.

Adèle l'avait épousé parce qu'elle croyait qu'il était un héros. Mais Jonathan, lui, savait qu'il n'en était rien. Adèle, Quentin, la NSA, et même le président des Etats-Unis, qui lui avait décerné une médaille parce qu'il avait démantelé la redoutable bande des Huit, tous se trompaient sur son compte. Jonathan Sutherland était un imposteur, mais lui seul le savait.

— Je te rappellerai dans quelques heures, dit-il à Adèle, en se demandant s'il allait un jour retrouver la paix intérieure.

— Dois-je répondre à l'invitation ? demanda Adèle.

Il hésita une fraction de seconde avant de dire :

— Bien sûr, nous irons.

Mais elle avait senti son hésitation. L'instant d'après, un voile de tristesse tomba devant ses yeux.

— Adèle… commença-t-il, mais il s'arrêta net et scruta attentivement l'écran.

Un bruit s'était produit.

— Excuse-moi, chéri, il faut que je raccroche, dit-elle précipitamment, en jetant un coup d'œil par-dessus son épaule. Le jardinier est arrivé avec un millier de questions. Je te rappellerai plus tard. Sois prudent. Je t'aime.

41

En courant, Charlotte entra dans le musée et se dirigea directement vers un énorme cabinet chinois éclairé par un projecteur et protégé par un cordon de velours rouge. *Exemple de mobilier chinois*, disait la légende. Et en dessous : *Secrétaire chinois, 1815*. Aussi loin qu'elle pouvait se souvenir, Charlotte l'avait toujours vu dans la bibliothèque de sa grand-mère, jusqu'au jour où cette dernière l'avait fait transférer dans le musée.

Ayant détaché le cordon de velours, Charlotte s'approcha du meuble plaqué d'ornements en bronze doré remarquablement ouvragés et doté d'une quantité impressionnante de tiroirs et de niches, ainsi que d'un abattant sur lequel étaient posés un antique porte-plume, un buvard et une paire de lunettes anciennes. Les casiers étaient remplis de lettres, et l'un des tiroirs entrouverts contenait des bâtonnets de cire à cacheter et de la ficelle.

Desmond avait dit qu'Olivia était obsédée par quelque chose, qu'elle passait des heures à écrire des lettres.

Charlotte s'empara d'une liasse d'enveloppes richement estampillées et retenues ensemble par un ruban. Jusqu'ici elle avait toujours cru qu'il s'agissait d'un simple accessoire de décoration. Mais à présent elle voyait qu'il s'agissait de vraies lettres.

Elle glissa précipitamment la liasse dans son fourre-tout, avec tous les autres objets qu'elle avait réunis pour mener son enquête, et qui comprenaient, entre autres, le journal intime qu'elle avait déniché dans un tiroir de la cuisine. C'est alors qu'elle aperçut le mot que lui avait laissé Jonathan : *« Un réglage de dernière minute dans le local des télécommunications. Rendez-vous devant ma voiture. »*

Il avait emporté toutes ses affaires avec lui, même son imperméable. Il ne restait, sur le dossier de sa chaise, que sa veste, qu'il avait probablement oubliée dans sa hâte. Charlotte s'en empara et la posa sur son bras. Au même moment le portefeuille qui se trouvait dans la poche intérieure tomba à terre. Comme elle se baissait pour le ramasser, Charlotte aperçut un morceau de papier qui dépassait du compartiment à billets. Un logo familier attira son attention : une lune avec une tête de chat à l'intérieur.

La feuille pliée en quatre était adressée à Jonathan. C'est alors qu'elle reconnut l'en-tête du papier à lettres personnel de Naomi.

« Très cher ami, disait la lettre. *Il y a longtemps que nous ne nous sommes pas vus. Veuillez noter mon changement d'adresse. Il faut absolument que nous restions en contact ! Paix et amour, Naomi. »*

Charlotte regarda la date. Elle remontait à trois ans. *Jonathan connaissait Naomi.*

Un bruit de voix la fit se retourner et lever les yeux vers l'écran de télésurveillance. Valerius Knight et ses hommes émergeaient de deux voitures noires devant le bâtiment principal. Knight était en train de donner des instructions à ses hommes pour qu'ils retrouvent Charlotte Lee.

Ils étaient venus pour l'arrêter.

Elle regarda la feuille de papier qu'elle tenait à la main — ainsi donc, Jonathan connaissait Naomi ; il lui avait menti, et peut-être même l'avait-il trahie. Une immense vague de colère l'envahit d'un seul coup, puis explosa avec la violence de l'incendie qui avait ravagé la maison de Naomi et le laboratoire de Chalk Hill.

Pourquoi ne le lui avait-il pas dit ? Pourquoi ce mystère ? Pourquoi toutes ces questions sur Naomi alors qu'il la connaissait déjà ?

Charlotte jeta la note à terre d'un geste rageur. Jonathan pouvait toujours attendre qu'elle vienne le retrouver à la voiture. Qu'il se charge donc d'expliquer sa disparition à Knight. Charlotte était seule, comme elle l'avait toujours été, et ne pouvait désormais plus compter que sur elle-même.

Bon sang, Johnny, pourquoi m'as-tu laissé tomber ?

Juste au moment où elle allait partir, un bruit de grêle envahit soudain l'ordinateur. Elle eut envie de briser l'écran d'un coup de poing. Mais elle se ressaisit lorsqu'elle réalisa qu'il s'agissait d'une transmission vidéo : une grande boîte métallique aux extrémités de laquelle dépassaient des fils électriques apparut à l'écran. Celle-ci était attachée à un mur de brique.

Le local abritant la centrale des télécommunications.

Fronçant les sourcils, elle s'approcha du moniteur. Etait-ce Jonathan qui était en train de lui transmettre ce film vidéo ? L'objectif de la caméra exécuta un zoom avant. Quelqu'un était là-bas, en train de filmer les lieux !

Et c'est alors qu'elle vit ce qu'on voulait qu'elle voie : une petite boîte juchée au sommet du panneau de contrôle, et plaquée contre le mur de façon à passer inaperçue. Une petite boîte verte d'où émergeaient des fils rouges et bleus. Une lumière rouge se mit à clignoter.

Un texte s'afficha au bas de l'écran et se mit à défiler comme les annonces publicitaires de Times Square : *« Plus petite que celle qui a fait sauter la maison de Naomi mais tout aussi efficace. Il lui suffit d'ouvrir la porte et boum... »*

Une bombe.

— Oh, mon Dieu, souffla-t-elle. Jonathan !

Il n'avait pas encore atteint le local. Elle devait absolument le prévenir. Mais comment ? Enfonçant frénétiquement les touches de la console de télésurveillance, elle passa en revue les différents sites du parc — les bureaux, les galeries, les couloirs, le parking...

Ça y est, elle l'avait retrouvé ! Il se trouvait dans l'aire de pique-nique où le personnel allait parfois déjeuner en plein air. Jonathan était en train de parler avec un homme vêtu de l'uniforme de sécurité d'Harmony Biotech. Jonathan haussait les épaules et secouait la tête comme quelqu'un qui subit un interrogatoire. Knight avait probablement pris les devants et ordonné aux vigiles de l'usine de partir à sa recherche.

Que faire ? Pour avertir Jonathan, il n'y avait qu'une possibilité. Elle devait atteindre le local des télécommunications avant lui. Mais où se trouvait le local ? Il y en avait plusieurs disséminés dans le vaste parc de l'usine.

Il a dit qu'il se rendait au local principal.

Elle jeta un rapide coup d'œil autour d'elle, mais Jonathan avait emporté les plans de l'usine avec lui. Elle s'efforça de se remémorer la disposition des bâtiments tels qu'elle les avait vus sur les plans lorsque Jonathan avait tracé une ligne menant du musée au…

Il se trouvait derrière l'entrepôt.

Sans perdre une seconde — oubliant la lettre de Naomi et sa colère, oubliant qu'elle risquait de se faire arrêter par Valerius Knight — elle s'élança sous la pluie, son fourre-tout sur l'épaule, ses pensées défilant au rythme de ses pas précipités.

L'usine grouillait littéralement d'agents du FBI, mais Charlotte avait sur eux un avantage : elle connaissait bien les lieux. Elle emprunta des chemins détournés, s'arrêtant dans les recoins arborés pour s'assurer qu'elle n'était pas suivie.

En tournant au coin du bâtiment qui abritait la cafétéria et le réfectoire du personnel, Charlotte entra en collision avec une masse solide et faillit s'étaler de tout son long. Un poing puissant la saisit par le bras et l'aida à se redresser.

— Madame Lee ! dit Valerius Knight. Vous voilà enfin ! Je vous ai cherchée partout.

— S'il vous plaît, le supplia-t-elle d'une voix haletante. Lâchez-moi. Jonathan Sutherland est en danger de mort.

— Madame Lee, j'ai un mandat d'arrêt contre vous…

— Mais vous ne comprenez pas, s'énerva-t-elle en dégageant sa main. Il est en danger de mort ! Il faut que vous m'aidiez.

— Vous voulez dire qu'il faut que je vous arrête, madame Lee. Vous êtes soupçonnée de meurtre…

— Au nom du ciel ! Je connaissais les deux premières victimes, je vous l'ai déjà dit.

— Et vous connaissiez également la troisième. Quelle coïncidence, vous ne trouvez pas ?

— Vous ne pouvez pas m'arrêter sur une simple coïncidence, monsieur Knight.

— A cela près qu'il s'agit d'autre chose que d'une simple coïncidence. Nous avons retrouvé une lettre dans les affaires de la troisième victime, écrite sur votre papier à lettres personnel et signée de votre main.

— Comment ?

— Si, si, il s'agit bien de votre signature, nous avons procédé à des vérifications. La lettre offrait un échantillon gratuit de Bliss, lequel y était apparemment joint.

— Ça ne prouve pas que c'est moi qui le lui ai envoyé.

— Madame Lee, où étiez-vous il y a dix jours ?

— Quel rapport avec tout ceci ?

— Le 9 du mois, où étiez-vous ?

— J'étais en Californie du Nord, je faisais la tournée de nos plantations. Monsieur Knight, il faut absolument que nous retrouvions Jonathan.

— Dans la plantation qui se trouve près de Gilroy ?

Elle se figea sur place.

— Oui.

— Madame Lee, l'enveloppe qui contenait la lettre et l'échantillon de Bliss était timbrée au départ de Gilroy, et datée du 9.

Son estomac fit un bond.

— Mais je suis moi aussi victime d'un complot ! Croyez-vous que je me suis amusée à organiser l'accident du garage ?

— Madame Lee, dit-il en sortant une paire de menottes de son trench-coat. Je trouve curieux que vous ayez justement choisi d'emprunter votre deuxième véhicule ce soir-là. On peut dire que vous avez eu la main heureuse, vous ne croyez pas ?

A la vue des menottes, le cœur de Charlotte se mit à battre à tout rompre.

— Ecoutez, dit-elle en s'efforçant de parler calmement. Il faut que vous me croyiez. Jonathan est en danger de mort ! Une bombe va exploser !

— Si mes souvenirs sont exacts, vous avez dit à peu près la même chose quand votre femme de ménage avait soi-disant été empoisonnée.

L'empoignant fermement par le bras, il lui passa une menotte autour du poignet.

— Me croyez-vous réellement capable de tuer trois personnes et d'attenter à la vie de ma meilleure amie ?

Il lui saisit l'autre main.

— Pour moi, un individu qui est capable de tuer un chien sans défense à coups de pierre est capable de n'importe quoi. Qu'est-ce que vous aviez dit déjà ? « Si c'est la seule façon pour nous de nous faire entendre, eh bien soit. »

Quelque chose en Charlotte se révolta brusquement. Sans laisser à Knight le temps de lui passer la seconde menotte, elle pivota sur elle-même puis, se dégageant de son étreinte, fit tournoyer son fourre-tout de toutes ses forces et frappa l'agent du FBI en pleine figure. Knight tomba à la renverse, heurta le bord du trottoir et alla s'effondrer contre un mur. Un craquement se fit entendre lorsque son crâne heurta le mur de béton.

Charlotte contempla un court instant le corps recroquevillé de l'agent, puis détala à toutes jambes.

Le chemin le plus court pour accéder au local des télécommunications était de passer par l'unité de production. Ainsi, elle pourrait esquiver les agents de sécurité déployés un peu partout, et rattraper Jonathan en passant par l'allée de service.

Une fois arrivée devant l'imposante bâtisse, elle se faufila sous le ruban jaune déroulé par la police, puis, poussant précautionneusement la porte, jeta un coup d'œil à l'intérieur. Le couloir était désert. Ignorant les piles de tabliers et de chapeaux en papier, elle pénétra dans le laboratoire silencieux.

Elle traversa le laboratoire, puis se hâta vers le foyer des visiteurs, emprunta un autre couloir, et gagna ensuite la cabine de contrôle de l'unité de production principale. Encore quelques marches et elle gagnait la sortie. De là, il n'y avait plus qu'une courte distance à parcourir pour accéder au local des télécommunications.

Juste au moment où elle allait atteindre la porte, elle entendit un bruit derrière elle. Elle se retourna. Une main s'abattit sur sa bouche. Charlotte se débattit. Puis elle reconnut l'odeur du chloroforme.

Non !

Elle vit le mouchoir blanc ; les vapeurs de chloroforme lui brûlaient les yeux. Elle retint sa respiration tout en se débattant pour essayer d'échapper à son agresseur. Elle avait l'impression que ses poumons allaient exploser. Pour finir, incapable de se retenir, elle ouvrit la bouche et inspira à pleins poumons.

Puis elle fut happée par l'obscurité.

42

Tout d'abord elle ressentit la nausée. Puis la migraine qui lui martelait le crâne. Tandis qu'elle luttait pour émerger de l'inconscience, Charlotte essaya de se souvenir de ce qui s'était passé.

Où était-elle ? Pourquoi avait-elle envie de vomir ? Pourquoi était-elle incapable de bouger ?

Peu à peu, elle reprit connaissance : quelque chose de dur lui cisaillait le dos, une lumière violente l'éblouissait, ses poignets la faisaient souffrir. Elle ouvrit les yeux et vit le vaste plafond de l'unité de production, avec ses passerelles, ses projecteurs, ses gaines d'aération. Elle réalisa soudain qu'elle était allongée sur le dos, les bras étirés au-dessus de la tête, les poignets entravés. Quelque chose de coupant lui rentrait dans le dos, comme si elle avait reposé sur le bord d'une table métallique, les jambes pendant dans le vide. Ses pieds ne touchaient pas terre.

Elle tourna la tête vers la gauche et vit un panneau de commandes métallique d'où sortaient des câbles et des fils électriques. Elle regarda à droite. Il lui fallut un certain temps pour accommoder sa vision et, lorsqu'elle y parvint, elle réalisa avec horreur où elle se trouvait.

Elle était enchaînée au tapis roulant qui menait au dispositif de remplissage automatique des ampoules — le dispositif ultramoderne qu'elle avait fait installer récemment et dont elle s'était montrée si fière, quelques heures auparavant, lorsqu'elle en avait fait la démonstration à Jonathan. Le bras automatique ne se trouvait qu'à quelques mètres de son corps, enchaîné sur le tapis roulant, où étaient alignées les ampoules vides, prêtes à être remplies, puis scellées.

Mais pourquoi était-elle ici ? Et qui l'avait agressée ?

Soudain, elle entendit un bruit qui la fit sursauter. Un moteur s'était mis en route. Tournant à nouveau la tête à droite, elle constata que le bras automatique de la machine se mettait en marche.

Puis, horrifiée, elle vit les aiguilles qui descendaient, rapides comme l'éclair, et injectaient le liquide dans les ampoules. Un parfum d'essence de rose emplit aussitôt l'atmosphère. Puis le bras automatique se retira, les aiguilles remontèrent, et trois flammes jaillirent pour chauffer l'embout des ampoules. Après quoi les flammes s'éteignirent et trois pinces à l'aspect redoutable s'abattirent à leur tour pour refermer l'embout de verre fondu et le sceller hermétiquement.

Le bras automatique se tourna ensuite vers la gauche.

Il venait dans sa direction.

C'est alors que Charlotte réalisa ce qui était en train de se produire, et quelles étaient les intentions de son agresseur. Les mains fermement maintenues au-dessus de la tête, entravées par des menottes et attachées à ce qui semblait être un pilier métallique, les jambes pendant dans le vide, il lui était impossible de se libérer, ou même de bouger. Le poids de son corps la rivait au tapis roulant, sur la trajectoire même du bras automatique.

Trois aiguilles, trois flammes, trois pinces.

Sa tête reposait exactement dans sa trajectoire.

— Au secours, dit-elle, osant hurler, à pleins poumons cette fois. Au secours !

La machine était silencieuse, si bien qu'elle entendit l'écho de sa voix, mais l'unité de production avait été dotée d'un dispositif d'isolation phonique renforcée, de façon à ce que les machines et les tapis roulants ne troublent pas le calme qui régnait dans ce quartier résidentiel de Palm Springs. Non seulement personne ne se rendrait compte que le bras automatique était en marche, mais personne n'entendrait ses appels au secours.

Mais c'était plus fort qu'elle, et elle cria à nouveau :

— Au secours ! Au secours !

Trois aiguilles injectant de l'essence de rose dans les ampoules ; puis trois flammes pour faire fondre le verre ; et trois grosses pinces aiguisées — *clic, snap*.

Le bras automatique se tourna vers la gauche.

Non, songea-t-elle, c'est impossible. Elle tenta désespérément de se libérer les mains. Mais elle n'en eut pas la force, elle reposait sur le tapis roulant, aussi molle qu'une poupée de chiffon. Si seulement elle avait pu prendre appui des deux pieds sur le sol. Mais dès qu'elle essayait d'étirer les jambes, le bord coupant du tapis roulant lui cisaillait les reins si profondément qu'elle avait l'impression que sa colonne vertébrale allait céder. La seule chose qu'elle pouvait bouger, c'était la tête, et seulement à droite ou à gauche. Elle n'avait qu'un choix possible : détourner la tête, ou bien regarder le bras de remplissage automatique approcher lentement mais inexorablement dans sa direction.

Elle écarquilla des yeux terrorisés en voyant les aiguilles qui fusaient à nouveau, avec une férocité redoublée. Jamais elles ne lui avaient paru aussi terribles. La première fois qu'elle avait vu sa nouvelle acquisition en marche, Charlotte s'était félicitée d'une telle efficacité. Le dispositif pouvait produire plusieurs centaines d'ampoules à l'heure, qui étaient ensuite livrées dans le monde entier.

A présent, en regardant les trois pointes acérées fuser vers les ampoules pour y injecter le parfum capiteux, semblables à des seringues hypodermiques remplies d'un poison mortel, elle avait l'impression de se trouver dans un film d'horreur.

Puis c'était au tour des flammes de jaillir comme des langues de feu et d'incendier le verre délicat jusqu'à ce qu'il se recroqueville sur lui-même, totalement malléable.

Et pour finir les pinces. Snap ! Clic ! Sans doute la plus brutale des trois étapes.

Et qui arrivaient droit sur sa figure.

Mais elles allaient d'abord s'attaquer à ses bras, à peine protégés par l'étoffe légère de son chemisier blanc.

Quand avait-elle ôté sa veste ? Elle la portait quand elle était sortie pour prévenir Jonathan qu'il y avait une bombe. Son agresseur la lui avait-il retirée pour la rendre plus vulnérable encore ?

Jonathan ! Oh, mon Dieu. La bombe. Avait-elle explosé ? Etait-il mort ? Allait-elle le rejoindre, en mourant à son tour d'une façon monstrueuse ?

Un sanglot jaillit de sa gorge. « Mon Dieu, faites que Jonathan ne soit pas mort. »

Le bras mécanique se rapprochait inexorablement. Un nouveau lot de trois ampoules était en train d'être percé, rempli, chauffé, scellé.

Elle sentit la transpiration ruisseler sur son front. Elle essaya de dégager ses mains, mais les menottes mordirent dans la chair délicate de ses poignets tandis que le rebord tranchant du tapis roulant lui coupait le dos.

— Au secours ! hurla-t-elle, tandis que l'écho de sa voix se répercutait ironiquement sur le plafond et les murs. *Au secours* !

Plus que six ampoules.

L'odeur de rose était si forte qu'elle en avait la nausée. Charlotte avait l'impression de sentir la brûlure de la flamme sur sa peau. Puis elle entendit le claquement des pinces scellant les ampoules.

Tout d'abord elles allaient s'enfoncer dans ses bras — des aiguilles injectant de l'essence de rose. Puis ce serait au tour des flammes de fuser. Son chemisier allait-il prendre feu ? Et les pinces, n'allaient-elle saisir que l'étoffe de son chemisier, ou allaient-elles entailler la chair tendre de ses bras retournés ?

— Oh, mon Dieu, non ! s'écria-t-elle.

Les sanglots jaillissaient librement hors de sa poitrine à présent, tandis qu'elle essayait désespérément de dégager ses mains, ses jambes battant dans le vide.

Plus que trois ampoules.

Et si elle survivait à la première injection ? Viendrait ensuite le tour des yeux. D'abord les aiguilles — non, elle ne survivrait pas. De l'essence de rose injectée directement dans le cerveau. Resterait-elle consciente suffisamment longtemps pour sentir la brûlure des flammes sur ses yeux ? Ou la morsure des pinces…

— Au secours ! Pitié, oh, mon Dieu, pitié…

Il n'y avait plus d'ampoules, son tour arrivait.

Pétrifiée de terreur, elle regarda le dispositif de remplissage se regrouper, tourner à gauche, prêt à entamer un nouveau cycle. Tout d'abord ce seraient les aiguilles, s'abattant avec une telle force qu'elles lui briseraient les os. Elles étaient suffisamment près pour qu'elle puisse lire les petits caractères figurant sur le côté de la boîte : *Fabriqué aux Etats-Unis, Kansas City, Missouri.*

Oh, mon Dieu, non, pitié, pitiéééé !

Elle entendait la rotation subtile des mécanismes qui se trouvaient à l'intérieur de la machine, tout un système de rouages, de pignons et de leviers se mettant en branle au signal impersonnel d'un code informatisé, un robot qui ne faisait pas la différence entre une ampoule de verre et la chair d'une femme.

De grosses gouttes de sueur se mirent à lui couler dans les yeux lorsqu'elle entendit le cliquetis final qui signifiait que le processus s'était enclenché.

D'abord les aiguilles…

Elles ferma les yeux en serrant les paupières de toutes ses forces. *Jonathan !*

Elle attendit, prête à endurer le martyre.

Elle rouvrit les yeux. Rien. Puis le silence. Quelqu'un avait éteint la machine.

L'instant d'après, elle sentit des mains qui tiraient sur ses poignets et l'aidaient à se libérer de la barre métallique à laquelle elle était attachée. Puis des bras autour de sa taille, tandis que quelqu'un l'aidait à se relever du tapis roulant. Elle jeta ses bras autour de son cou et s'agrippa à lui de toutes ses forces en pleurant à chaudes larmes.

Il partit en courant, l'emportant dans ses bras, fuyant le monstre métallique qui avait failli la détruire, fuyant l'usine déserte, et sortit dans la nuit et dans la tempête.

43

— Dieu merci, tu es en vie, sanglota-t-elle tandis que Jonathan la déposait avec douceur sur la banquette de la voiture.

Une bouffée d'air frais et humide s'engouffra à l'intérieur du véhicule lorsqu'il ouvrit la portière avant pour prendre place derrière le volant.

Il marqua un temps d'arrêt avant de démarrer.

— Au nom du ciel, Charlie, dit-il en rejetant une mèche de cheveux en arrière. Comment te sens-tu ?

Mis à part des douleurs dans le dos, les épaules et les poignets, elle se sentait bien. Lorsqu'elle avait quitté l'usine pour regagner la voiture, dans la pluie et l'air frais, la terreur de Charlotte s'était évanouie pour faire place à de la colère. La colère, elle le savait, agissait sur elle comme un tonique. Mais elle se sentait incroyablement faible, comme si ses os avaient fondu.

— Qui est-ce qui t'a fait ça, Charlie ?

Elle contempla un instant ses poignets à vif, toujours entravés par les menottes.

— Je ne sais pas. Je n'ai pas vu mon agresseur.

— Ton agresseur ?

— Je crois que c'était un homme. Je n'en suis pas sûre. Dieu merci, tu es arrivé à temps pour éteindre la machine. Une seconde de plus et…

— Mais ce n'est pas moi.

— Comment cela ?

— Je suis arrivé juste au moment où la machine s'arrêtait. Ce n'est pas moi qui l'ai éteinte, Charlotte. Je n'en ai pas eu le temps.

Elle se massa le front et pressa ses doigts sur ses paupières.

— Tu veux dire que l'assassin a simplement cherché à me faire peur ?

A moins que ce ne soit quelqu'un d'autre qui ait éteint la machine. Quelqu'un qui ne voulait pas être mêlé à cette affaire.

— Jonathan, dit-elle, en se rappelant soudain. Knight, je l'ai frappé…

— Il n'a rien. Tu ne l'as pas tué. Je l'ai aperçu avec une poche à glace sur le front paraissant de fort mauvaise humeur.

— Il y avait une bombe dans le local des télécommunications…

Il mit le contact.

— Je sais, je l'ai vue. Un vrai travail d'amateur. Je l'ai désamorcée en un tournemain. Bon, nous ferions mieux de nous tirer d'ici avant qu'il ne soit trop tard.

Tandis que la voiture démarrait sur les chapeaux de roue, Charlotte jeta un coup d'œil au-dehors, puis à Jonathan. A présent que la terreur se dissipait et qu'elle commençait à recouvrer ses esprits, de vieux souvenirs refaisaient surface. Elle songea à la lettre qu'elle avait trouvée dans son portefeuille.

— Tu connais Naomi, n'est-ce pas ? dit-elle.

— Oui, dit-il sans la regarder, alors que la voiture quittait le parking à toute allure.

44

San Francisco, Californie, 1942

— Je suis navré, madame Lee, mais je dois vous demander de déménager.

Des gens avaient brisé la fenêtre de notre séjour à coups de pierre. C'est à croire que le monde entier a perdu la tête, songeai-je en contemplant le sol jonché de verre.

La guerre faisait rage sur tous les continents, et voilà qu'ici même, dans notre ville, les voyous se mettaient à casser les vitres des gens qui avaient les yeux bridés.

— S'il ne tenait qu'à moi... s'excusa mon propriétaire. Vous savez, certains de mes meilleurs amis sont chinois. Mais les voisins se plaignent. Ils ont peur d'être pris pour cible à leur tour.

— Nous allons déménager, monsieur Klein, dis-je. Ma fille et moi ne voulons pas vivre dans un quartier où nous ne sommes pas les bienvenues.

Et c'est ainsi qu'une fois de plus je me retrouvai à la rue.

Lorsque j'avais vendu la maison où nous vivions, M. Lee et moi, pour retourner vivre à San Francisco, on m'avait fait comprendre que je ne pouvais pas acquérir de bien immobilier, car bien qu'étant de nationalité américaine j'étais veuve, or la loi stipulait que la signature de mon mari devait figurer sur l'acte de vente. Gideon m'avait proposé de m'acheter une maison, mais j'avais décliné son offre, car il m'avait déjà rendu un grand nombre de services. En outre, je tenais à garder mon indépendance. Etre locataire, lui avais-je dit, croyant que cela ne changerait rien, me convenait. Mais je ne savais pas alors que la guerre allait éclater. Je n'avais pas vu venir le cataclysme qui allait s'abattre sur ma vie et sur celle de millions d'autres gens. J'ignorais alors combien les préjugés raciaux pouvaient engendrer de haine.

Les Chinois qui vivaient à l'extérieur de Chinatown avaient accroché des pancartes devant leurs maisons : « Nous chinois, pas japonais. » Certains d'entre eux portaient même des dossards afin de ne pas se faire agresser dans la rue. Comme je n'avais pas suivi leur exemple, les gens me soupçonnaient d'appartenir à l'ennemi.

Pourtant, c'était mon ennemi à moi aussi. Lorsque j'appris dans les journaux que Singapour était tombée et que tous les Chinois avaient été arrêtés, je songeai à ce jour où, dans la rue, un homme élégant s'était approché de ma mère et moi pour nous faire l'aumône. J'avais seize ans alors. Et cet homme était mon grand-père. Avait-il réussi à fuir lorsque les Japonais avaient envahi la ville ? Et le reste de sa famille qui vivait dans la grande maison de Peacock Lane — Elégance Dorée et Aube d'Eté, les épouses des deux frères de ma mère, le premier jeune maître et le second jeune maître, ainsi que ses deux demi-sœurs, Orchidée de Lune et Cannelle de Lune ? Avaient-elles réussi à s'échapper, ou étaient-elles tombées aux mains de l'ennemi ?

A l'usine, j'avais fait de mon mieux pour réconforter les ouvriers dont les parentes avaient été violées ou assassinées par les soldats japonais. J'organisai des galas de bienfaisance pour récolter des fonds et venir en aide aux Chinois, par le biais de la United China Relief. J'expédiai des médicaments dans les provinces de Chine déchirées par la guerre. J'encourageai mes ouvriers à boycotter les produits japonais. Et pourtant la fenêtre de mon salon avait été brisée par une pierre enveloppée dans une feuille de papier sur laquelle était écrit : *« Sale Japonaise. »*

Je savais que j'allais avoir du mal à trouver une autre maison pour ma fille et moi.

— Je ne sais pas où ils vont m'envoyer, m'avait dit Gideon lorsqu'il avait reçu sa feuille de route. Compte tenu de la nature des tâches auxquelles ils veulent m'affecter — la construction de ponts et de routes —, ma destination doit rester confidentielle. Mais lorsque je serai sur place, l'armée informera mon épouse et ma mère. Si tu as besoin de moi, Harmonie, n'hésite surtout pas à aller les trouver, elles te diront où tu peux me joindre.

Je savais que je ne pourrais pas aller trouver Olivia ; jamais elle ne me dirait où Gideon était en poste. Je savais également que Fiona refuserait de m'aider. Mais je devais songer à Iris. Elle avait treize ans à présent, et devait être constamment surveillée. C'était une jolie jeune fille qui, partout où elle allait, attirait le regard des hommes. Iris n'avait aucun sens du danger, elle ne connaissait pas les hommes. Elle demeurait enfermée dans sa prison intérieure ; elle n'avait jamais appris à parler ; elle vivait recluse dans un monde qui lui était propre.

« As-tu songé à la mettre dans une institution spécialisée ? » m'avait demandé un jour Gideon alors que nous étions en train de revoir ensemble les écritures d'Harmony-Barclay Ldt. Mais au ton de sa voix j'avais deviné qu'il ne le pensait pas vraiment. Il aimait Iris autant que moi, et n'aurait pas supporté de la savoir enfermée. Cependant lui aussi était inquiet de voir qu'elle approchait de la puberté. Il savait que les hommes allaient commencer à la regarder, et qu'ils essaieraient de tirer avantage de la situation.

J'avais soin de garder Iris à l'œil chaque fois que je me rendais avec elle quelque part. Elle était bien connue des ouvriers de l'usine de Daly City, qui l'entouraient de leurs attentions et lui donnaient des bonbons. Elle m'accompagnait chaque fois que je me rendais chez des herboristes ou des chimistes ou que je faisais la tournée des cultivateurs pour acheter des plantes médicinales. Elle venait avec moi au cinéma, même si nous étions obligées de sortir avant la fin du film car elle était incapable de tenir en place ; le soir, nous écoutions la radio ensemble et, bien qu'elle ne comprît pas ce qui se disait, elle riait à certaines émissions.

Il fallait que je trouve une maison sûre et où nous puissions résider de façon permanente, ma fille et moi.

J'avais gardé la lettre que mon père avait écrite à ma mère, où il disait qu'une fois rentré aux Etats-Unis il demanderait le divorce. C'est à contrecœur que je m'apprêtais à la montrer à Mme Barclay, mais je n'avais d'autre choix si je voulais lui prouver qu'Iris était la petite-fille de son mari. Si elle refusait de m'aider, elle ne refuserait certainement pas de venir en aide à la petite-fille de Richard.

Cette fois, lorsque je me présentai devant la grande maison, je me sentais plus sûre de moi que la fois où, âgée de dix-neuf ans, j'étais venue lui demander qu'elle me rende le nom de mon père. Il me fallait assurer l'avenir de ma fille.

— Je voudrais parler à Mme Barclay, s'il vous plaît, dis-je à la femme de chambre qui vint m'ouvrir.

Elle me fit entrer, et me fit traverser le grand vestibule où j'avais pénétré six ans plus tôt, à l'époque où j'étais en procès avec le Dragon Rouge. Mais le décor avait changé depuis. Le pesant mobilier victorien et les papiers à fleurs avaient disparu. A présent, l'endroit était clair et lumineux.

La femme de chambre me conduisit jusqu'à la bibliothèque du rez-de-chaussée, où, là encore, les lourds sofas garnis d'épais coussins et les guéridons aux formes tourmentées avaient fait place à des fauteuils en tube d'aluminium et à des tables de facture moderne en matière plastique. Des catalogues d'échantillons étaient empilés dans un coin, et lorsque je franchis le seuil de la bibliothèque, j'entendis Olivia qui demandait à Margo : « Qu'en penses-tu, ma chère ? » en brandissant un échantillon de satin rose pâle.

On aurait dit la mère et la fille. Margo, âgée de treize

ans, était grande et élancée. Ses cheveux étaient du même blond pâle que ceux d'Olivia, et également coupés au carré. Toutes deux portaient des jupes droites qui leur arrivaient à mi-mollet, et des pull-overs. Toutes deux se retournèrent pour me dévisager avec leurs grands yeux bleus et ronds.

Je savais que la famille de Margo avait perdu une grande partie de sa richesse lors du krach boursier de 1929, et que depuis lors leur fortune n'avait cessé de décliner, du fait que le père de Margo s'était mis à boire et qu'il avait perdu son emploi tandis que sa mère, une ex-compagne de classe d'Olivia, avait été obligée de travailler en usine pour subvenir aux besoins de sa famille. Au nom de leur amitié, Olivia invitait fréquemment Margo à venir séjourner dans la grande maison des Barclay. Mais j'en étais venue à me demander si, dans le cœur d'Olivia, Margo n'avait pas pris la place de la fille qu'elle n'avait jamais eue.

Le jeune Adrian, lui aussi âgé de treize ans, se trouvait également dans la bibliothèque. Allongé sur le ventre, il était en train de feuilleter un magazine. Il leva les yeux vers Iris lorsque nous entrâmes, et Margo et lui échangèrent un regard furtif. Lorsque Olivia nous demanda ce qu'elle pouvait faire pour nous sur un ton qui laissait clairement entendre que je la dérangeais, Margo esquissa un geste furtif qui provoqua l'hilarité d'Adrian : pressant ses doigts contre ses tempes, elle avait tiré ses paupières en arrière.

— Je suis venue voir Mme Barclay, dis-je. La mère de Gideon.

— Fiona ne doit être dérangée sous aucun prétexte. Elle est souffrante et ne reçoit personne.

Le regard d'Olivia se posa sur Iris et s'y attarda un moment. Bien que ma fille eût pu passer pour chinoise, il y avait indéniablement quelque chose d'américain dans sa physionomie. Olivia cherchait-elle la ressemblance avec Gideon ?

— La femme de chambre va vous raccompagner, dit-elle avant de retourner à ses échantillons.

Mais, pour y être montée quinze ans auparavant, je me souvenais où se trouvait la chambre de Fiona. C'est pourquoi, prenant ma fille par la main, je l'entraînai hors de la bibliothèque puis vers le grand escalier.

Au premier étage, tout était toujours tel que je l'avais connu. Et lorsque la femme de chambre me fit entrer dans la chambre à coucher de Fiona et que je vis l'état de santé précaire dans lequel se trouvait la mère de Gideon, je compris pourquoi Olivia avait réussi à changer la décoration de la maison : Fiona Barclay avait cessé de descendre au rez-de-chaussée. Elle ignorait tout des changements qui y avaient été apportés progressivement par sa belle-fille. Olivia se débarrassait peu à peu du mobilier de Fiona, et, par la même occasion, de l'influence de Fiona.

Fiona Barclay était assise dans un fauteuil près de la fenêtre qui dominait la baie. Elle n'avait que soixante ans mais elle en paraissait quatre-vingts.

— Madame Barclay, dis-je, en me demandant si l'affection pulmonaire dont elle avait souffert toute sa vie ne s'était pas subitement aggravée.

Elle se tourna vers moi.

— Vous, dit-elle. Allez-vous-en.

— J'ai besoin d'aide, madame Barclay. Dites-moi où se trouve Gideon.

— Vous vous trompez si vous pensez que je vais accepter de vous aider.

— Pourquoi me rejetez-vous ainsi ?

— Parce que je me suis brouillée avec mon fils à cause de vous. A son retour de Panama, il y a quatorze ans, lorsqu'il a découvert que vous vous étiez mariée, il m'a dit les choses les plus horribles. Il m'a accusée d'avoir essayé de vous détourner de lui. Depuis lors, mon fils et moi sommes devenus des étrangers l'un pour l'autre.

C'est à ce moment-là que j'aurais dû sortir la lettre de mon père et la lui montrer. Mais voyant que ses lèvres et ses ongles étaient violacés, je compris qu'elle avait le cœur malade et qu'il ne lui restait plus longtemps à vivre. Si bien que je laissai la lettre dans mon sac et décidai de retrouver Gideon par mes propres moyens.

Juste au moment où j'allais partir, je vis ses yeux se poser sur Iris.

— Quel est le problème avec la petite ? demanda Fiona. Elle est arriérée ?

Sans me laisser le temps de répondre, Mme Barclay se leva de son fauteuil et, s'aidant de sa canne, s'approcha laborieusement d'une grosse armoire de bois sombre, richement sculptée. Ouvrant les portes vitrées, elle tendit la main et en sortit une petite boîte carrée incrustée de marqueterie, à l'intérieur de laquelle on entendait rouler un objet.

A ma grande surprise, elle la tendit à Iris. Naturellement, ma fille ne la regarda pas, ignorant que celle-ci lui était destinée.

Mme Barclay secoua la petite boîte devant les yeux d'Iris jusqu'à ce qu'elle eût réussi à capter son attention, après quoi elle fit quelque chose d'étonnant. Sans cesser de tenir la boîte devant les yeux d'Iris, Fiona entreprit d'en faire coulisser l'un des côtés.

C'est alors que je réalisai qu'il s'agissait d'un casse-tête, une invention japonaise que l'on trouvait partout à Chinatown mais que je n'avais personnellement jamais essayée.

Juste au moment où j'allais dire à Mme Barclay que ma fille n'avait pas la moindre idée de ce que pouvait être un casse-tête, les yeux d'Iris se fixèrent sur la boîte. Fiona fit coulisser le deuxième côté d'une fraction de centimètre, tandis que ses doigts pressaient l'autre côté de la boîte et faisaient glisser un troisième côté. Ensuite elle fit coulisser les trois côtés pour les ramener à leur position originale, en suivant l'ordre dans lequel elle les avait ouverts, et la boîte reprit son aspect d'origine.

Iris s'empara aussitôt de la boîte, la tourna et la retourna entre ses doigts, et, à mon grand étonnement, commença à faire glisser les trois côtés l'un après l'autre dans l'ordre qui convenait, comme si elle avait déjà manipulé cette boîte une centaine de fois. Puis, sous mes yeux stupéfaits, elle entreprit ensuite de faire coulisser les panneaux numéro quatre, cinq, six, sept — sans hésiter, poussant d'un côté puis de l'autre, sans même prendre le temps d'examiner le bois, ou de réfléchir. Ses doigts se mouvaient avec une dextérité incroyable, comme animés d'une pensée propre jusqu'à ce que, sous mes yeux ébahis, elle réussît à ouvrir la boîte et à en repousser le couvercle, sous lequel se trouvait un bonbon.

J'en restai muette de stupéfaction. Jamais je n'avais vu Iris rester concentrée aussi longtemps : jamais je n'avais vu ses yeux se fixer aussi longtemps sur un objet. Jamais je ne l'avais vue faire quoi que ce soit, et encore moins résoudre un casse-tête.

— La petite peut garder la boîte, dit Fiona en se laissant retomber dans son fauteuil. Et maintenant je vous demanderai de me laisser. Je suis très fatiguée. Je suis désolée mais je ne peux rien pour vous.

— Non mais, jugez par vous-même ! s'écria Mme Fong en me mettant un pot de baume sous le nez.

Je relevai les yeux et fis la grimace en apercevant la substance verdâtre.

— Qu'est-ce que c'est ?

— Du Baume de Mei-ling, à ce qu'il paraît ! Madame Lee, il ne faut pas laisser passer une chose pareille.

Mme Fong, une des inspectrices chargées du contrôle de qualité, était une perfectionniste qui prenait son travail très à cœur. C'était la troisième fois en trois jours qu'elle attirait mon attention sur la nature défectueuse d'un produit.

— Mauvais travail. Elles se laissent aller, dit-elle avec un signe de tête en direction de l'unité de production, où les ouvrières se relayaient vingt-quatre heures sur vingt-quatre depuis que la guerre avait éclaté et que la demande de médicaments avait décuplé. Elles touchent leur paye. Elles rentrent chez elles. Elles se laissent vivre.

Par *elles*, elle entendait les trois cents ouvrières que j'employais désormais à la fabrication des produits Parfaite Harmonie.

A la vue du lot défectueux de Baume de Mei-ling, mon cœur se serra. Si Mme Fong n'avait pas veillé au grain, le lot aurait été expédié, et qui sait quels effets indésirables il aurait pu avoir sur les utilisateurs ?

Je quittai mon bureau et m'approchai du bahut chinois qui se trouvait sous la fenêtre, et sur lequel j'avais installé une plaque chauffante, une bouilloire, trois théières en terre cuite de Yixing, ainsi qu'un assortiment varié de thés et de tisanes que j'utilisais selon mes besoins. Dans l'immédiat j'avais besoin de recouvrer mon calme et d'apaiser mon excès de yang. Depuis quelque temps, je souffrais d'insomnie et d'anxiété, car Iris et moi n'avions toujours pas trouvé de maison. Les seuls propriétaires qui voulaient bien de nous avaient des maisons situées dans des quartiers mal famés ou dont les noms portaient malheur. Dans les bons quartiers, où le *ki* bienfaisant circulait en abondance, et où les numéros des rues portaient chance, les Blancs rejetaient les Chinois.

Tout en me servant une tasse de thé dans laquelle je mis deux capsules de Bliss, je contemplai pensivement le complexe pharmaceutique Parfaite Harmonie. Ma société avait-elle grandi au point que j'en perdais le contrôle ? Le Golden Lotus et le Dix Mille Yang se vendaient dans toute l'Asie avec un tel succès que notre branche de Hong Kong n'arrivait plus à répondre à la demande. Les deux remèdes étaient devenus de véritables panacées pour les pauvres gens, et dans les régions en guerre ils figuraient dans toutes les trousses à pharmacie. Et chez nous, en Amérique, où les médicaments devenaient de plus en plus rares en raison de l'effort de guerre, les gens à la recherche de remèdes de fortune étaient de plus en plus nombreux à fréquenter les herboristeries. Dès que les premiers signes d'une menace de guerre s'étaient fait sentir, j'avais commencé à stocker d'importantes réserves de matières premières en provenance d'Asie, si bien que lorsque le Japon lança son attaque sur Pearl Harbor, fermant du même coup toutes les voies de communication commerciale entre l'Asie et l'Amérique, mon entrepôt était plein.

Jamais le niveau de production de mon usine n'avait été aussi élevé.

Cependant, en dépit du tapis roulant et des nouvelles cuves en cuivre, chaque étape de la fabrication se faisait encore à la main. C'était le cas notamment du baume que Mme Fong avait apporté avec elle — un simple pot de pommade devait passer par une douzaine d'étapes différentes avant d'être prêt à la vente. A quel endroit de la chaîne de fabrication avait-il été saboté ?

Les ingrédients étaient tout d'abord mélangés à l'intérieur de vastes cuves, puis la pommade était versée dans des pots où elle se solidifiait en refroidissant. Les pots étaient ensuite acheminés vers de grandes tables de travail, où ils étaient scellés à la main par des ouvrières avant d'être étiquetés par un autre groupe d'ouvrières. A l'étape suivante, le pot était enveloppé dans une notice sur laquelle figuraient une mise garde contre les effets indésirables ainsi que des conseils d'utilisation, et pour finir il était emballé dans un joli papier bleu et argent orné d'un saule. Un scellé de garantie, de la taille d'un timbre-poste, portant la date et le numéro du lot, était ensuite apposé sur l'emballage.

Et cela, uniquement pour un pot de Baume de Meiling. Mais Parfaite Harmonie produisait également des pilules, des cataplasmes, des tisanes, des élixirs, des onguents, des toniques, des poudres, des huiles essentielles, des épices pour la cuisine. Comment aurais-je pu vérifier personnellement chaque étape de la fabrication de chaque produit ?

Je pris une gorgée de tisane et savourai son parfum apaisant. Le monde entier était-il victime d'un mauvais sort ? Ne restait-il plus une seule miette d'espoir ?

Si, il en restait, car au même moment, j'aperçus dans la fenêtre le reflet de ma fille, qui, tranquillement assise dans un coin du bureau, était en train de résoudre un nouveau casse-tête. Jamais de ma vie je n'oublierai la façon dont, pour la première fois de sa vie, sa tête s'était immobilisée et son regard fixé lorsqu'elle avait pris la boîte des mains de Mme Barclay. Après cela, je lui avais acheté d'autres casse-tête, pour autant que je pouvais m'en procurer — étant fabriqués au Japon ils devenaient de plus en plus rares —, car ils semblaient lui apporter une réelle satisfaction, comme si son esprit avait enfin trouvé la paix intérieure, et que le désordre qui régnait dans sa tête avait enfin fait place à l'harmonie.

Elle suscitait l'émerveillement de tous. Moi-même, j'étais incapable de résoudre le moindre casse-tête, fût-il des plus élémentaires. Il avait fallu à M. Winkler, mon comptable, un homme fier de ses capacités intellectuelles, une journée entière pour résoudre un casse-tête qu'Iris résolvait en quelques minutes. Je l'avais emmenée voir un autre spécialiste et celui-ci m'avait confirmé que, quelque part à l'intérieur du cerveau de ma fille, il existait probablement un brillant intellect, mais que ce dernier était entravé par un handicap inconnu, et qu'on n'en découvrirait peut-être jamais la cause.

Je reposai ma tasse et dit à Mme Fong :

— Allons voir sur place.

Laissant Iris aux soins de ma secrétaire, une femme d'âge mûr, fort capable, qui avait élevé des enfants et qui aimait beaucoup ma fille, j'accompagnai Mme Fong au vaste hangar qui abritait l'atelier où l'on fabriquait le Baume de Mei-ling. Sitôt que j'entrai à l'intérieur, un brouhaha assourdissant m'accueillit : à l'extrémité de la vaste salle, les ouvrières déversaient bruyamment le baume liquide contenu dans des chaudrons d'acier, tandis qu'autour des établis, au centre de la pièce, d'autres riaient et parlaient tout en triant, disposant et scellant les pots avec agilité. Des milliers de pots étaient en train d'être scellés puis étiquetés par des femmes qui se mouvaient rapidement entre les tables, saisissant ou déposant des objets, s'interpellant à voix haute, dans une atmosphère où flottaient une odeur de colle de riz, de fumée de cigarette, ainsi que l'arôme puissant du thé et des nouilles bouillies.

Gideon m'avait un jour dit en plaisantant que mon usine ressemblait à un asile de fous. Il avait essayé de me convaincre de l'« occidentaliser ». Mais lorsque j'avais visité une usine moderne de produits pharmaceutiques, j'avais été consternée par ce que j'avais vu. Où était le *feng shui* ? Où étaient les bâtonnets d'encens, les autels consacrés aux esprits bienfaisants ? Qu'en était-il des règles qui imposaient qu'on préparât les herbes médicinales uniquement pendant les jours fastes ? Dans le laboratoire que j'avais visité, la fabrication des produits se faisait chaque jour sans exception, et sans même consulter un spécialiste pour s'assurer qu'il s'agissait d'un jour propice. Les scientifiques occidentaux mélangeaient sans scrupule les bons et les mauvais augures, ils laissaient s'écouler l'eau qui emportait avec elle les bénéfices de la société dans les canalisations, les murs de leurs usines étaient blancs et les pièces trop lumineuses, si bien que l'équilibre entre le yin et le yang n'était pas respecté.

Non, pas question de moderniser mon usine. Pas même par amour pour Gideon.

Accompagnée de Mme Fong, je fis le tour d'inspection des cuves, et découvris des anomalies dans la formule du produit en cours de fabrication. Je m'aperçus également que des femmes étaient en train de fumer à leur poste de travail, ce qui était interdit. D'autres étaient en train de manger, si bien que les rouleaux de printemps et les pousses de soja côtoyaient le Bliss et le tonique Golden Lotus.

Mme Fong avait raison. Les ouvrières se laissaient aller.

Nous regagnâmes le calme relatif de la cour centrale où les camions allaient et venaient, apportant de nouvelles cargaisons de plantes médicinales et emportant les remèdes manufacturés.

— Qu'allons-nous faire ? demanda Mme Fong, visiblement hors d'elle.

Employée zélée, elle se sentait responsable du laisser-aller des ouvrières placées sous ses ordres.

— Je crois qu'il va falloir que nous engagions davantage de contremaîtres, dis-je, bien que je ne fusse pas certaine que cela résoudrait notre problème, car si cent employées étaient coupables de négligence, il me faudrait cent contremaîtres pour les surveiller.

— Il faut punir le relâchement, dit Mme Fong.

Ce qui signifiait que j'aurais dû licencier une centaine d'ouvrières.

— Et faire en sorte que chaque ouvrière surveille les autres, dit Mme Fong.

Ce qui voulait dire que les cent ouvrières allaient devoir s'espionner mutuellement.

Je ne voyais aucune solution au problème.

— Puis-je vous faire une suggestion ?

Mme Fong se retourna d'un bond.

— Qui êtes-vous ? Et comment êtes-vous entré ici ?

Je me retournai et vis un jeune homme qui se tenait derrière nous.

— Je crois que je peux vous aider, dit-il, d'une voix si douce qu'on l'entendait à peine.

Lorsque le jeune Chinois sortit de l'ombre et s'approcha en tenant son chapeau à la main, nous vîmes deux choses : son costume, bien que propre, était passablement élimé, et il boitait légèrement.

Son visage ne m'était pas inconnu.

— Sortez d'ici tout de suite, dit Mme Fong, ou j'appelle les vigiles.

Mme Fong était à mon service depuis l'époque où nous étions installées dans l'arrière-boutique de M. Huang, dans Grant Street.

— Que suggérez-vous ? demandai-je au jeune homme, qui me semblait n'avoir guère plus d'une vingtaine d'années.

— Offrez gratuitement vos produits à vos employées et à leurs familles.

— Comment ! s'écria Mme Fong. Vous êtes fou ? Récompenser ces paresseuses ?

— Les produits devront être distribués sur demande dans une coopérative, poursuivit-il. Lorsque les employées viendront réclamer leur colis de produits gratuits, elles ne sauront pas de quels lots ils proviennent, s'il s'agit d'un lot qu'elles auront personnellement fabriqué ou pas.

Mme Fong se mordilla les lèvres.

— Vos employées se moquent peut-être de la santé

des autres, ajouta le jeune homme, mais elles se soucient certainement de la leur et de celle de leur famille.

Je compris soudain pourquoi il était venu.

— Vous cherchez du travail ? demandai-je.

— Personne ne veut employer un Chinois. Pas même un Chinois diplômé de l'université de Stanford, dit-il modestement. Je me suis souvenu de vous. Et je pensais que vous pourriez peut-être m'aider.

— Vous boitez ? demanda Mme Fong.

— J'ai été blessé à la guerre. J'ai apporté ma feuille de démobilisation avec moi.

— *Aii-yah !* s'écria-t-elle, tandis que son instinct maternel resurgissait d'un seul coup.

C'est alors que je me souvins de lui. Je l'avais vu au tribunal, à l'époque du procès, lorsqu'il restait assis pendant de longues heures en silence derrière son père, le Dragon. Je me souvins également qu'il avait un prénom inhabituel, Woodrow, en hommage à un ancien président des Etats-Unis.

— J'étais à mille lieues de penser que vous viendriez chercher du travail chez moi, avançai-je prudemment.

— Mon père vous a fait beaucoup de tort. Il a déshonoré notre famille. Je suis son seul fils. Il me revient donc de rendre son honneur à notre famille.

Il me parut sincère.

Tandis que Mme Fong emmenait M. Sung faire le tour de l'usine, je regagnai mon bureau, où s'empilaient une montagne de paperasses ainsi qu'une longue liste de maisons à louer et les messages de plusieurs agents immobiliers désireux de m'aider à trouver une demeure. Lorsque je franchis le seuil et aperçus Gideon dans son bel uniforme, mon cœur faillit exploser de joie.

Je le pris dans mes bras, et il me serra dans les siens, et nous restâmes un long moment enlacés, sans rien dire, laissant parler nos cœurs.

Lorsqu'il se recula enfin, il dit :

— Ma mère est morte.

Je n'en avais pas été avertie.

— Son testament sera lu demain. Maître Winterborn

m'a dit que ton nom y figurait. J'imagine que ma mère t'a laissé la bague de mon père.

Le lendemain, je me rendis à la grande maison sur la colline, en prenant Iris avec moi, de telle sorte que nous étions sept dans le bureau : ma fille et moi, Gideon et Olivia, leur fils, Adrian, et Margo, dont le retour au sein de sa famille avait été reporté en raison des funérailles.

Iris était agitée. J'avais du mal à la faire tenir tranquille. Je me demandais si elle se souvenait que nous étions venues dans cette maison quelques semaines auparavant. Lorsqu'elle tendit la main pour attraper un vase, Olivia glapit :

— Ne touche pas à ça !

Le ressentiment d'Olivia à notre égard était aussi palpable que le lourd fauteuil dans lequel j'étais assise. Elle ne faisait aucun effort pour le dissimuler. Il y avait quatorze ans qu'elle habitait dans cette maison, son fils était né ici, elle était maîtresse des lieux et voulait que je parte.

Fiona Barclay m'avait laissé la bague de Richard Barclay, comme Gideon me l'avait prédit. Elle m'avait également laissé la maison et tous les meubles qu'elle contenait.

La veille de son départ pour le Pacifique, où une guerre terrible faisait rage, Gideon vint me voir.

— Olivia et les enfants vont quitter la maison sur-le-champ. Tu peux emménager quand tu le voudras.

— Mais la maison est assez grande pour nous tous.

Il secoua la tête.

— Je ne pourrais pas habiter sous le même toit que toi, Harmonie. Ce serait trop douloureux pour moi. Et d'ailleurs, Olivia refuserait. Elle était prête à contester le testament, mais je l'en ai dissuadée. La maison t'appartient en toute légalité, Harmonie.

— Mais elle t'appartient aussi, protestai-je.

— Non, c'est à toi qu'elle appartient. C'était la maison de Richard Barclay et tu es la chair de sa chair. (Il sourit tristement.) C'est plutôt comique, tu ne trouves pas ? Nous, qui sommes des Barclay, nous n'avons pas une goutte de sang Barclay dans nos veines. Alors que c'est vous, Harmonie et Iris Lee, qui êtes les véritables Barclay.

Nous descendîmes tous au port pour lui dire adieu, en compagnie d'autres épouses et d'autres mères et de leurs enfants en larmes. Et chacune d'entre nous n'avait qu'une seule pensée en tête : « Mon Dieu, faites qu'il revienne vivant. »

Gideon prit Olivia dans ses bras et l'embrassa, puis il serra le jeune Adrian contre sa poitrine. Il embrassa même la jeune Margo, qui, instinctivement, lui jeta ses bras autour du cou et l'embrassa sur la joue. Après quoi il me prit par la main et me regarda longuement au fond des yeux, pour me communiquer son amour en silence. Il essaya d'en faire autant avec Iris, mais elle ne cessait de remuer la tête et de regarder de tous côtés.

En repensant à la fois où, dans la chambre de Fiona, les yeux de ma fille s'étaient fixés quelques instants, j'imaginais aisément ce que Fiona avait dû penser en voyant ma fille résoudre rapidement le casse-tête. *« Bien que j'aie toujours suspecté que vous soyez effectivement la fille de Richard,* avait-elle écrit dans la lettre que M. Winterborn m'avait remise après avoir lu le testament, *je n'en ai jamais eu la preuve formelle. Mais lorsque j'ai vu votre fille, j'ai compris que vous disiez la vérité. La sœur de Richard souffrait de la même affection. Il s'agit d'une tare héréditaire. Ainsi donc, vous êtes bien la fille de Richard Barclay. Et comme je l'ai aimé de tout mon cœur, et que je continue à l'aimer encore aujourd'hui, je fais le serment de vous rendre tout ce qui a appartenu à votre père — sa maison, son nom, sa fortune. De plus, je vous demande pardon, et je demande pardon à Dieu, de vous avoir traitée comme je l'ai fait. »*

Lorsque le bateau de Gideon eut enfin quitté la baie, Olivia se tourna vers moi.

— Mon fils, Margo et moi quitterons la maison ce soir-même.

— Rien ne presse, répondis-je. Vous pouvez rester, tout au moins jusqu'au retour de Gideon.

Mais elle posa sur moi un regard venimeux et me dit sur un ton qui ne faisait aucun doute quant à la nature de ses sentiments à mon égard :

— Cette maison est à moi. Elle est à moi et à mon fils. Et je suis bien décidée à la récupérer. Je me battrai jusqu'au bout, et je vous promets que vous allez regretter d'être venue en Amérique.

45

Palm Springs, Californie, 4 heures

Bip ! Bip ! Bip !

Charlotte releva brusquement la tête. L'alarme du portable de Jonathan avait retenti. Lâchant les lettres d'Olivia qu'elle était en train de lire — des lettres de menace adressées à sa grand-mère —, elle se précipita jusqu'à la table basse où il avait installé son équipement. Une petite lumière rouge clignotait sur l'écran.

L'intrus était entré dans le système.

Saisissant son téléphone mobile, elle composa aussitôt le numéro du pager de Jonathan. Dès qu'elle entendit la tonalité, elle composa SOS — le signal dont ils étaient convenus pour indiquer que l'intrus avait été orienté vers les formules bidon. Elle pria le ciel pour qu'il l'entende. Dans ces montagnes au-dessus de Palm Springs, les téléphones cellulaires donnaient parfois des signes de faiblesse. Et lorsqu'il aurait reçu son signal, combien de temps lui faudrait-il pour revenir ? Jonathan était parti à la recherche d'un café ou d'un restaurant qui soit encore ouvert à cette heure avancée. Ils n'avaient rien mangé depuis plusieurs heures, et ils avaient besoin de boire un bon café.

Après avoir quitté Harmony Biotech, Jonathan avait filé directement vers les montagnes, où, par ce temps de chien, il était pratiquement impossible de trouver un motel ouvert. Juste au moment où ils commençaient à perdre espoir, ils avaient aperçu un panonceau « Chambres libres » sur la porte d'un petit hôtel composé d'une suite de chalets rustiques, du nom de Tiny's Mountain Retreat. Dès qu'ils eurent loué une chambre, Jonathan avait déballé son équipement et programmé un transfert d'appel connecté au système interne de Harmony. Pendant ce temps, Charlotte avait fouillé le petit bungalow de fond en comble pour voir si elle pouvait trouver quelque chose à grignoter, ou tout au moins faire bouillir de l'eau, mais, hormis la cheminée rustique qui donnait l'impression de ne pas avoir été ramonée depuis des lustres, il n'y avait rien pour faire du feu. Si bien que Jonathan était sorti en chargeant Charlotte de surveiller l'ordinateur.

Son cœur se mit à battre à tout rompre tandis qu'elle s'asseyait précipitamment et qu'elle commençait à taper les ordres que lui avait laissés Jonathan avant de partir : « Enfonce simultanément les touches Contrôle, Alt et Entrée. Cela va activer le signal du transfert d'appel ainsi que la chaîne de codes que j'ai installée et nous permettre ainsi de remonter jusqu'à la source de l'appel. »

Ses mains n'étaient désormais plus entravées par les menottes, car Jonathan les lui avait ôtées, peu après avoir quitté Harmony. Il s'était arrêté sur le bord de la route et, d'une main experte, avait fait sauter le verrou au moyen d'un tout petit instrument, après quoi il avait redémarré. Charlotte avait soigné ses poignets à vif en y appliquant de la pommade qui se trouvait dans la boîte à pharmacie rudimentaire fournie avec la voiture de location, puis les avait enveloppés dans de la gaze stérile. Elle avait attendu un certain temps avant de poser à Jonathan la question qui lui brûlait les lèvres.

— Pourquoi ne m'as-tu pas dit que tu connaissais Naomi ?

— Parce que je me sentais ridicule. De plus, je ne la connais pas bien, pas au sens où tu pourrais le croire.

Charlotte n'avait pas une seule fois quitté la route des yeux, jusqu'à ce qu'ils trouvent un motel. Sans aucun doute, Knight avait alerté les autorités locales en leur donnant le signalement d'une femme qui était recherchée pour meurtre et qui avait agressé l'officier de police venu l'arrêter. Knight avait probablement également ajouté à ces deux délits le sabotage de preuves, l'obstruction à la justice, ainsi que toute une ribambelle d'autres méfaits. Il y avait fort à parier que la police de Palm Springs avait lancé des avis de recherche tous azimuts.

— Dis-moi comment tu as fait la connaissance de Naomi, avait-elle dit, comme si c'était la chose qui lui importait le plus au monde.

Et peut-être était-ce le cas. La pensée que Jonathan ait pu lui mentir primait sur tout le reste, y compris sur le fait qu'elle avait échappé à la mort de justesse.

Car si elle ne pouvait plus faire confiance à Jonathan, que lui restait-il ?

Sans quitter la route des yeux, il dit :

— Après l'incident de Chalk Hill, je me suis abonné à un service de revue de presse. Je voulais absolument garder ta trace.

— Mais tu étais marié.

— N'empêche que tu étais toujours ma meilleure amie. (Il quitta la route des yeux un court instant pour la regarder.) Il y a cinq ans, le service en question m'a fait parvenir un article concernant un congrès de parapsychologie qui devait avoir lieu à Sacramento. L'article m'avait été envoyé parce que ton nom y figurait en rapport avec celui d'une certaine Naomi Morgenstern, qui allait présider la conférence.

Charlotte tira nerveusement sur le coin de son bandage.

— Nos noms étaient systématiquement cités ensemble après l'incident de Chalk Hill. Chaque fois que le nom de Naomi apparaissait dans la presse, c'était « Naomi Morgenstern, qui a fait la une des journaux lorsqu'elle et Charlotte Lee, de Harmony House, ont été arrêtées... » Est-ce que c'était quelque chose dans ce goût-là ?

— Oui.

— Ainsi donc, tu fréquentes les congrès de parapsychologie ? demanda-t-elle, incapable de cacher son étonnement.

— J'avais espéré t'y rencontrer. Par hasard.

— Naomi était-elle au courant ?

— Bien sûr que non.

— Mais alors, comment se fait-il qu'elle ait eu ton adresse ?

— Pour participer au congrès, il fallait fournir une pièce d'identité. J'ai laissé ma carte de visite. De toute évidence, elle a été ensuite introduite dans un mailing, et c'est comme ça que j'ai reçu la note de Naomi dans mon courrier. J'imagine qu'elle envoie des lettres comme celle-là par centaines. C'est vrai que je l'ai rencontrée lors du congrès, et nous nous sommes même serré la main. Mais les participants étaient très nombreux, et il est impossible qu'elle se souvienne de moi.

— Mais pourquoi gardes-tu sa lettre dans ton portefeuille ?

— Parce qu'elle est mon seul lien avec toi.

Charlotte n'avait pas su si elle devait éclater de rire, fondre en larmes ou se mettre en colère. Et même encore maintenant, ses nerfs étaient tellement ébranlés après qu'elle eut frôlé la mort, pris la fuite dans la tourmente, et découvert que Jonathan avait gardé sa trace pendant toutes ces années, que ses doigts se mirent à trembler lorsqu'elle essaya d'enfoncer les trois touches simultanément. Elle se trompa.

— Flûte, dit-elle en recommençant.

Mais avant qu'elle ait pu exécuter la commande, la fenêtre se referma et une autre s'ouvrit aussitôt, la faisant sursauter.

Brusquement, le visage d'Adèle Sutherland apparut à l'écran.

Sur le coup, Charlotte pensa qu'il s'agissait d'un appel en direct. Puis elle vit le message qui s'affichait au bas de l'écran : *Enregistré*, et la date et l'heure auxquelles l'appel avait eu lieu.

Voyant qu'il s'était produit une heure et demie plus tôt, elle réalisa que c'était au moment où elle s'était absentée et qu'elle avait rencontré Desmond dans l'escalier.

Elle contempla un instant le mot *Enregistré*. Puis, hésitant juste assez longtemps pour presser simultanément les trois touches permettant de renvoyer le signal de Jonathan à l'intrus, elle enfonça la touche « Replay ». Et la femme de Jonathan se mit à parler…

46

En quittant le petit restaurant pour regagner sa voiture, Jonathan s'assura qu'aucune voiture de police n'était en vue. Il consulta sa montre. Plus que deux heures avant l'expiration du délai fixé par l'assassin.

Il s'efforça de garder son calme. Le signal que lui avait envoyé Charlotte sur son pager signifiait que l'intrus était à nouveau rentré dans le système et qu'il avait été redirigé vers l'ordinateur portable. Dans quelques minutes, ils allaient savoir d'où provenait l'appel. Et ils pourraient enfin pincer ce salopard.

Voyant des phares qui approchaient, Jonathan se baissa instinctivement dans la cabine téléphonique en s'obligeant à garder son sang-froid.

Tandis qu'il regardait s'approcher lentement la voiture sur la chaussée glissante, les pensées se mirent à tourbillonner dans sa tête, tel un kaléidoscope d'images et d'impressions désordonnées : Charlotte enchaînée au tapis roulant ; Quentin l'appelant de Londres, et lui racontant que son appartement était en travaux ; Adèle, avec un regard blessé, lui parlant du jardinier, alors qu'à l'arrière-plan…

Il laissa échapper un grognement. *Adèle…*

Lorsque Jonathan avait fait sa connaissance, il avait le cœur brisé. Cinq ans auparavant il avait envoyé son poème à Charlotte, et elle l'avait appelé au téléphone pour lui dire : « J'ai besoin de partir de mon côté,

Johnny. Il y a tant de choses que je voudrais faire, j'ai besoin d'être seule. »

Ne sachant que lui répondre, il avait marmonné quelque chose du style : « Oui, je comprends, Charlie. Moi aussi. Et puis de toute façon il y a six mille kilomètres entre nous, c'est beaucoup trop... » Après ce coup de fil, il avait eu l'impression d'être passé sous un rouleau compresseur qui avait fait de lui une ombre glacée, dénuée de chaleur et de sentiments. Charlotte l'avait quitté. Elle ne faisait désormais plus partie de sa vie — elle avait cessé d'être toute sa vie.

Il avait survécu tant bien que mal après cela, se jetant à corps perdu dans ses études au MIT avec une frénésie presque maladive. Puis plus tard, lorsqu'il était entré à la NSA, il s'était porté volontaire pour accomplir des missions dans les localités les plus reculées, des tâches qui requéraient de longues heures de veille, ainsi qu'une réflexion analytique quasiment ininterrompue, des missions dangereuses qui l'obligeaient à marcher sur des œufs. En remplissant ainsi ses journées, il oubliait ses peines de cœur. Et puis l'épisode d'Amsterdam était survenu et la vie de Jonathan avait pris un tournant fatal. Il avait quitté la NSA, et monté sa propre société en s'associant avec Quentin, laissant à ce dernier le soin de traiter avec les clients, tandis que lui, Jonathan, s'occupait du travail technique en coulisse, un travail de solitaire. Ils formaient une bonne équipe, et Jonathan parvenait ainsi à museler ses sentiments et à rester distant — la seule façon pour lui de résister aux démons et aux cauchemars qui le hantaient. Et c'est alors qu'il avait fait la connaissance d'Adèle.

Presque aussitôt, sa douceur et sa gentillesse l'avaient conquis ; son manque d'énergie et d'ambition avait une action bénéfique sur sa propre agitation et sa morosité. Elle était capable de l'écouter parler pendant des heures de ses exploits avec Quentin, et elle ne lui demandait jamais rien en retour, si ce n'était son opinion sur un arrangement floral, ou sur un détail vestimentaire.

Entre Adèle et lui, il n'y avait jamais eu de passion fusionnelle, comme ç'avait été le cas avec Charlotte, ni de folles espérances qui un jour vous emportaient vers les étoiles et le lendemain vous faisaient dégringoler plus bas que terre. Adèle était stable, fiable et toujours disponible pour lui. Et quand elle prenait des heures pour s'habiller, pour choisir telle ou telle robe, il se disait que c'était pour lui qu'elle le faisait, et il ne l'en aimait que davantage. Jamais elle ne lui avait posé la moindre question sur ce qui était arrivé à Amsterdam.

Mais à présent il repensait à son dernier coup de téléphone, celui qu'elle lui avait passé il y avait un peu plus d'une heure, et à la sensation nauséeuse qui s'était brusquement emparée de lui lorsqu'il avait entendu le bruit de fond, au moment où elle était en train de lui dire quelque chose au sujet du jardinier.

Il avait senti la terre se dérober sous ses pieds, comme s'il avait été emporté par un manège de chevaux de bois. Il fut à nouveau pris de nausée.

47

Au moment où Adèle disait : « Le jardinier est ici avec un millier de questions », Jonathan entra dans le bungalow. Devant son air hagard et abattu, Charlotte s'excusa :

— Je suis vraiment désolée. Lorsque j'ai voulu envoyer le signal, j'ai enfoncé la mauvaise touche. Je t'assure que je ne cherchais pas à fourrer mon nez dans tes affaires personnelles.

Il cligna des paupières en apercevant le visage figé sur l'écran. Charlotte vit le chagrin envahir son beau visage d'une façon qu'elle ne connaissait que trop bien — Jonathan essayait de museler ses émotions. Puis elle réalisa subitement pourquoi il était si pâle ; ce n'était pas parce qu'il l'avait surprise en train de l'espionner.

Elle attendait qu'il dise quelque chose, mais voyant qu'il se taisait elle prit les devants :

— Je l'ai entendu, Johnny, dit-elle, en se référant au bruit de fond qu'on entendait tandis qu'Adèle parlait. *Ka-chunk, ka-chunk*…

— Sur le coup, dit-il d'une voix tendue alors que sa pomme d'Adam montait et descendait comme s'il avait du mal à avaler sa salive, je n'y ai pas cru. Lorsqu'elle a raccroché, j'ai procédé à une demande d'identification du numéro. C'est le numéro de l'hôtel Four Seasons. (Il tourna vers elle un regard éploré.) L'appartement de mon associé n'est pas en travaux, et ma femme n'est pas à la maison en train de parler au jardinier.

Charlotte vit qu'il avait les larmes aux yeux.

— Je suis vraiment désolée, répéta-t-elle.

— Non, n'y pense plus, dit-il en détournant la tête. Je l'avais senti venir de toute façon. C'est le prix à payer quand on est un héros. (Il lui tendit un sac en papier qui contenait deux gobelets de café et des croissants.) Je ferais mieux de m'occuper de notre intrus.

Le ton de sa voix donna à Charlotte l'envie de le prendre dans ses bras pour le consoler. Mais il y avait aussi de l'amertume dans ses paroles, et puis cette étrange allusion au héros : la même que celle qu'il avait faite dix ans plus tôt, à San Francisco, lorsqu'il lui avait annoncé qu'il avait démissionné de la NSA. « Une cassure nette », lui avait-il dit à ce sujet quelques heures plus tôt. Que s'était-il passé avec les Huit d'Amsterdam ?

— Johnny… dit-elle avant de s'arrêter net.

Dans moins de deux heures le délai fixé par l'assassin expirait. Il avait raison. Il ne fallait surtout pas qu'ils perdent les pédales. Adèle et Quentin et tous les autres viendraient plus tard. C'est pourquoi elle dit :

— J'ai trouvé quelque chose dans les lettres d'Olivia.

Elle lui tendit la liasse qu'elle avait emportée avec elle en quittant le musée. Par chance, lorsque Jonathan était parti à sa recherche, il avait retrouvé son fourre-tout par terre, dans l'usine, à l'endroit où Charlotte l'avait laissé tomber lorsqu'elle avait été agressée. Son agresseur n'en avait visiblement que faire.

— Olivia n'avait de cesse de récupérer la maison à tout prix, dit-elle en ouvrant le sac en papier pour en sortir les deux gobelets. Toutes les lettres qu'elle a écrites à ma grand-mère entre 1942 et 1957 sont des lettres de menace. Il s'agit ni plus ni moins d'une campagne d'intimidation menée par une seule femme ! Je n'arrive pas à comprendre comment grand-mère a pu se taire pendant si longtemps.

Jonathan prit un gobelet, et en ôta le couvercle en plastique.

— Ainsi, tu penses que notre assassin est lié à Olivia ? C'est peut-être son fils, Adrian ? Ou Margo ? Peut-être qu'ils ont voulu prendre leur revanche parce qu'ils n'ont jamais réussi à récupérer la maison ?

Elle contempla un instant le gobelet de café fumant qu'elle tenait entre ses mains.

— Je ne sais que penser. Il y a une heure encore je soupçonnais M. Sung. Et peut-être est-ce encore le cas. (Elle plongea la main dans son fourre-tout et en sortit un numéro soigneusement plié du *San Francisco Chronicle* de 1936.) Cet article, c'est un peu l'équivalent de ce qu'on trouve de nos jours dans les tabloïds en vente dans les supermarchés, murmura-t-elle. Le journaliste y fait une description minutieuse de ma grand-mère au moment du procès, il parle de ses boucles d'oreilles, de l'expression de son visage, si elle avait l'air triste ou en colère. Sans parler de Gideon Barclay ! Et sais-tu ce qu'il raconte au sujet de ma mère ? Il dit qu'elle était retardée.

Jonathan releva les yeux de l'ordinateur.

— Ta grand-mère t'a-t-elle déjà dit que c'était le cas ?

Charlotte commença à secouer la tête, puis stoppa brutalement son geste.

— Qu'y a-t-il ? demanda Jonathan.

— Je n'en suis pas très sûre. Mais je crois me souvenir... de bribes de conversation entendues derrière les portes closes. Il y a toujours eu quelque chose de mystérieux au sujet de ma mère. Les gens disaient qu'elle était spéciale. Est-ce une chose que j'ai entendu dire où que j'ai imaginée ? Mais j'avoue qu'à aucun moment l'idée ne m'est venue qu'elle aurait pu être anormale. Dans mon esprit il s'agissait de quelqu'un de doué, comme son père, M. Lee.

— Sauf qu'à présent tu sais que M. Lee n'était pas son père.

— En effet. J'avais des doutes. Et cet article, dit-elle en jetant le journal à terre d'un geste rageur, ne fait que les confirmer !

Jonathan ramassa le journal, qui faisait état de l'impuissance de M. Lee et relatait avec une profusion de détails scabreux comment Parfaite Harmonie avait concocté un aphrodisiaque pour son mari.

— Je me suis toujours demandé pourquoi je n'étais pas plus typée, dit Charlotte. Quand je regardais des photos de M. Lee, je me demandais pourquoi ma mère et moi ne lui ressemblions pas davantage. Grand-mère me disait toujours que c'était parce que Richard Barclay avait beaucoup de yang en lui, et qu'ainsi j'avais hérité de mon arrière-grand-père. Mais ce n'est pas vrai. Mon grand-père n'était pas chinois. Il était américain. (Elle reposa sa tasse de café sur la table sans y avoir touché.) Mon Dieu, Jonathan, j'ai l'impression que je commence à y voir clair.

Il se leva et s'approcha de la cheminée, dont le foyer était froid et noir. Puis il se retourna vers Charlotte et demanda :

— Que veux-tu dire ?

Elle posa sur lui de grands yeux vert clair remplis d'étonnement.

— L'été de mes quinze ans… dit-elle.

Il faisait chaud cet été-là, et sa grand-mère avait organisé un barbecue sur la terrasse. Les Barclay étaient invités, évidemment : le jeune et frêle Desmond était dans la piscine, en train de faire mille prouesses pour attirer l'attention, tandis que Margo, vêtue d'un maillot de bain noir très échancré, répétait à qui voulait l'entendre que ses professeurs avaient dit de Desmond qu'il était l'élève le plus brillant qu'ils eussent jamais eu. L'oncle Adrian était dans la maison, pendu au téléphone comme toujours, tandis que la tante Olivia, vêtue d'un sarong hawaïen, aidait la grand-mère de Charlotte à disposer les assiettes pleines de travers de porc et d'ailes de poulet marinées dans la sauce de soja et le gingembre.

Il y avait plus de cinquante convives ce jour-là, qui riaient et buvaient en parlant de la guerre du Viêt Nam et du Watergate. Pourtant, jamais Charlotte ne s'était sentie aussi seule. Parce que Johnny n'était pas là.

L'oncle Gideon l'avait trouvée seule, en train de pleurer à chaudes larmes, sur le belvédère.

— Pourquoi Johnny a-t-il dû partir ? avait-elle sangloté lorsqu'il lui avait demandé ce qui n'allait pas. Il ne devrait pas être obligé de retourner en Ecosse chaque été. Il est américain. Il devrait rester ici.

— Est-ce qu'il t'a dit pourquoi il était contraint d'y aller ?

Charlotte s'était mouchée dans le mouchoir qu'il lui avait tendu.

— Johnny n'aime pas parler de ce qu'il ressent.

— Mais lui as-tu posé la question ?

Elle avait secoué la tête en silence, en songeant que le mois de septembre était si loin qu'elle allait mourir de solitude avant le retour de Johnny.

— En as-tu parlé à ta grand-mère ?

— Comment pourrais-je en parler à grand-mère ! Elle ne comprendrait pas !

— Vraiment ? avait-il dit avec un sourire patient. Elle me fait au contraire l'effet d'une femme très sage.

Charlotte contemplait ses mains posées sur ses genoux, l'air morose.

— Je ne peux vraiment pas lui en parler, elle ne comprendrait pas.

— Hum, fit-il, il me semble pourtant que nous sommes en train de parler de peines de cœur ?

— Si grand-mère savait, elle me tuerait.

— Je ne crois pas qu'elle ait jamais tué personne. Et certainement pas à cause d'une histoire d'amour.

Malgré elle, Charlotte avait souri. L'oncle Gideon avait toujours le mot pour vous réconforter. C'est pour cela qu'elle l'aimait tant. Sans compter qu'il était terriblement séduisant avec son visage hâlé, ses larges épaules, ses yeux gris qui s'accordaient si bien avec ses cheveux argentés. Et bien que Charlotte sût qu'il était très âgé — il avait dans les soixante ans —, elle trouvait l'oncle Gideon très attirant.

— Mais grand-mère est très stricte, dit-elle dans un soupir. Si elle apprenait que je suis amoureuse de Johnny, elle m'interdirait de le voir.

— Et Johnny… qu'en pense-t-il ? Quels sont ses sentiments pour toi ?

Elle haussa les épaules.

— Pour lui, nous sommes amis, rien de plus.

— Autrement dit, tu ne lui as pas avoué tes sentiments ?

— Oh, non, bien sûr que non ! Pas avant qu'il ne m'ait avoué les siens !

— De temps en temps, Charlotte, il faut savoir prendre les devants. Parfois, quand on attend trop longtemps, on perd l'être aimé.

— Tu veux dire que je devrais le lui dire ? Que je devrais dire à Johnny que je l'aime ?

— Ce n'est pas exactement ce que je voulais dire. Il ne faut pas le lui dire trop brutalement.

— Oh, je ne sais plus où j'en suis ! Quand je suis avec Johnny...

— Charlotte, murmura doucement Gideon. Y a-t-il quelque chose que tu veuilles me dire ? Est-ce que Johnny et toi… ?

Elle ne comprit pas d'emblée où il voulait en venir.

— Oh, mais non, oncle Gideon ! Pas du tout ! (Puis, levant vers lui des yeux pleins d'innocence, elle dit :) Crois-tu qu'il serait resté si je l'avais laissé m'embrasser ?

Gideon s'était frotté la mâchoire d'un air dubitatif.

— Je ne crois pas que ce soit la solution à ton problème. Il est encore trop tôt, Charlotte, pour songer à ce genre de choses.

— Mais ma copine Mélanie a un petit ami et ils s'embrassent tout le temps.

— Charlotte, dit-il lentement en choisissant ses mots avec soin. Est-ce que ta grand-mère t'a déjà parlé de… ces choses-là ?

— Quelles choses ?

— Eh bien, des choses de la vie. De l'amour. Des garçons.

— Pourquoi le ferait-elle ?

— Ah, dit-il. (Puis il répéta, d'un air pensif :) Ah.

— Pourquoi faut-il que Johnny s'en aille, oncle Gideon ? Pourquoi m'abandonne-t-il chaque été ?

— Peut-être essaye-t-il de trouver une solution.

— Que veux-tu dire ?

Gideon s'était assis sur le banc et il avait réfléchi en laissant le vent jouer dans ses cheveux gris, tandis que Charlotte attendait qu'il la réconfortât avec les paroles qu'elle voulait entendre. Et c'est ce qu'il avait fait :

— Qu'est-ce que tu dirais d'un pique-nique ? Juste toi et moi. Dans le parc ? Demain ?

Le lendemain, il était passé la prendre à l'heure convenue. C'était lundi, à l'heure du déjeuner. Charlotte avait remarqué que sa grand-mère était restée à la maison alors qu'en temps normal elle était déjà à l'usine. Elle y était tout le temps fourrée, même le soir et les fins de semaine, parce qu'il y avait toujours quelque chose à faire, à vérifier, à réparer, à planifier, et grand-mère voulait toujours avoir l'œil à tout.

Mais ce jour-là, lorsque l'oncle Gideon arriva pour emmener Charlotte pique-niquer dans le parc, grand-mère se trouvait à la maison. A son grand étonnement, juste au moment où ils allaient franchir le seuil, sa grand-mère l'avait prise dans ses bras, et l'avait serrée contre elle, en murmurant :

— Amuse-toi bien, Charlotte-ah.

Il y avait des larmes dans les yeux de sa grand-mère, mais ce n'est que bien après, des années plus tard, que Charlotte comprit pourquoi.

Revenant soudain au présent, Charlotte se tourna vers Jonathan, qui était en train de disposer des bûches et des vieux journaux dans la cheminée pour faire du feu.

— Si ma mère était retardée mentale, comment se fait-il qu'elle ait été mariée ? A-t-elle été guérie ? Ou bien est-ce que cette histoire de jeune époux mort dans un accident de plongée sous-marine n'était qu'une fable destinée à cacher le fait que j'étais une enfant illégitime ? Je parie que Margo et Adrian le savent. Ils avaient le même âge que ma mère. Jusqu'ici j'avais toujours cru qu'ils avaient été amis. Mais l'article du journal (sa voix se brisa soudain) dit qu'Iris Lee était incapable de se tenir tranquille, et qu'il avait fallu la faire sortir du prétoire. Comment se fait-il que je n'en aie rien su pendant toutes ces années ? Comment est-elle réellement morte ? Tous ces secrets et tous ces mensonges ! Grand-mère m'a dit que ma mère était morte d'une chute dans l'escalier. Mais est-ce vrai, Jonathan, est-ce vrai ?

Accroupi sur ses talons, Jonathan contemplait en silence le tisonnier qu'il tenait à la main. Celui-ci avait été astiqué et brillait comme un miroir.

— Je n'en sais rien, Charlotte, dit-il calmement. J'ai l'impression que plus nous déterrons d'informations et plus nous avançons dans le noir.

Pour finir elle prit sa tasse de café et la porta jusqu'à ses lèvres, en écoutant mugir le vent et tambouriner la pluie à l'extérieur du bungalow. Elle ferma les yeux, en repensant à ce que Desmond lui avait dit : « Tout le monde sait que mon vieux cochon de grand-père avait un faible pour les Asiatiques. »

Oh, Desmond, si tu savais comme tu te trompes. Toi et tous les autres, vous vous trompez complètement…

— Mais ce n'est pas le chemin du parc, oncle Gideon, avait dit la jeune Charlotte en voyant qu'ils prenaient le chemin de l'embarcadère.

— Oh, mais nous n'allons pas au parc de Golden Gate, Charlotte.

Après cela elle n'avait pas posé de questions. C'était encore une de ces surprises dont l'oncle Gideon avait le secret.

Il avait l'habitude de lui faire des surprises, sous la forme de présents ou de sorties inattendus, mais cette fois, il s'agissait de quelque chose de très spécial, car ils avaient pris la route de l'aéroport international de San Francisco. Puis, lorsqu'il avait sorti des valises du coffre de sa voiture, et deux passeports à l'intérieur desquels se trouvaient des billets de première classe, elle avait réalisé qu'il s'agissait d'une grande aventure.

Il n'avait pas eu besoin de lui dire où ils se rendaient. Ils avaient embarqué à bord d'un avion de Singapore Airlines. Et après vingt et une heures de vol, durant lesquelles ils avaient joué aux cartes, regardé des films, dormi et mangé, ils étaient arrivés dans un paradis tropical en Technicolor.

Ils étaient descendus à l'hôtel Raffles, où ils avaient pris deux chambres contiguës, puis étaient aussitôt partis à la découverte de la ville animée et bigarrée, où les agents de police postés aux carrefours portaient des uniformes blancs, et où les marchands d'oignons étaient accroupis sur les trottoirs avec leurs marchandises étalées à la vue de tous.

Après avoir quitté les gratte-ciel et les routes modernes de Singapour, Charlotte et son oncle étaient allés explorer les petites ruelles étroites jalonnées d'échoppes, de restaurants de plein air, de boutiques. Gideon lui avait expliqué qu'il était venu deux fois à Singapour.

— La dernière fois, avait-il dit, c'était avec ta grand-mère. Elle voulait me montrer la ville où elle était née.

Ils s'étaient arrêtés devant une toute petite échoppe dont la devanture disait : *Wah Soieries, depuis 1884.* L'oncle Gideon lui avait expliqué :

— Ta grand-mère est née ici, dans une chambre au premier.

Charlotte connaissait déjà l'histoire car sa grand-mère la lui avait racontée — une histoire terriblement romantique : Mei-ling volant au secours du beau Richard Barclay, qui s'était fait attaquer par des brigands, puis le soignant en secret, et tombant éperdument amoureuse. Un jour, Charlotte avait ramené Johnny à la maison pour le soigner parce qu'il s'était blessé à la tête, et elle s'était demandé si Mei-ling avait éprouvé la même chose lorsqu'elle avait soigné l'homme qu'elle aimait. Johnny l'avait laissé faire, sans rien dire, sans bouger, en la regardant avec des yeux confiants. Richard Barclay avait-il regardé Mei-ling de la même façon ?

— Je vais te confier un petit secret, avait dit Gideon tandis qu'ils se tenaient devant la petite échoppe. Ta grand-mère n'est pas aussi âgée que l'on croit. En fait, elle a deux ans de moins. Demande-lui un jour de te raconter l'histoire de la falsification de ses papiers d'identité.

— Quand es-tu venu ici pour la première fois, oncle

Gideon ? avait demandé Charlotte, et son regard s'était soudain assombri.

— Il y a trente ans, pendant la guerre. J'étais retenu à la prison Changi, où les hommes faisaient subir les pires sévices aux prisonniers. La seule chose qui m'a permis de survivre à cet enfer, c'était la pensée que j'aimais une femme, une femme à laquelle j'avais fait la promesse de revenir.

A l'époque, Charlotte avait cru qu'il parlait de son épouse, la tante Olivia.

Il l'avait ensuite emmenée voir le Temple des Mille Lumières, où ils avaient vu la réplique d'une empreinte de pied du Bouddha. Puis ils étaient allés voir la statue de sir Stamford Raffles sur la rive est de la rivière Singapour, érigée à l'endroit où les Anglais avaient débarqué en 1819. Ils avaient assisté à une fête indienne où de saints hommes vêtus de pagnes se transperçaient la chair avec des crochets et des pointes acérées. Ils avaient mangé en plein air sur de petits étals des plats de riz et de porc *kung pao* ; ils étaient allés voir un opéra chinois où les acteurs et les actrices somptueusement costumés et superbement maquillés envoûtaient les foules avec des contes et des légendes d'un autre âge. Ils s'étaient rendus rue Tiong Bahru, pour écouter chanter des oiseaux enfermés dans des cages de bambou richement décorées, pour le plus grand plaisir des promeneurs.

Pour finir ils étaient allés au parc Jurong Bird, où ils avaient mangé du poulet au curry accompagné de riz padang tout en regardant des perroquets aux couleurs chatoyantes voleter autour d'une cascade enveloppée de brume.

C'est alors que, sous le ciel bleu torride, l'oncle Gideon lui dit :

— Tu sais, Charlotte, les relations entre les hommes et les femmes ne sont pas toujours faciles. Tu le découvriras en vieillissant. Les gens ne se disent pas toujours la vérité. Parfois, ils essayent de mentir. En particulier, ajouta-t-il avec un petit sourire, lorsque la fille est jolie et que le garçon est très attiré.

— Mais comment est-ce qu'on… commença-t-elle, je veux dire comment est-ce qu'une fille… puis sa voix s'évanouit, soudain happée par la rumeur de la cascade, car elle ne savait pas très bien ce qu'elle voulait dire.

Le matin même, dans la salle à manger de l'hôtel, elle avait admiré une poupée que l'oncle Gideon lui avait achetée la veille, et l'instant d'après elle avait admiré un jeune homme qui était assis à la table voisine. La vie était-elle toujours aussi déconcertante ?

— Si tu dis à un garçon que tu l'aimes, dit Gideon, et qu'il te demande de le lui prouver en couchant avec lui, ce garçon ne mérite pas ton amour. Cela veut dire qu'il ne te respecte pas. Et sans respect il ne saurait y avoir d'amour.

Elle lui avoua alors qu'elle connaissait des filles qui avaient déjà franchi le pas. Certaines d'entre elles prenaient même la pilule. La nouvelle sembla l'abasourdir, puis l'accabler.

— Je vois, dit-il en secouant la tête, le Mouvement de libération de la femme et Woodstock. La nouvelle génération. Mais il y a des choses qui restent vraies malgré le temps qui passe, Charlotte. Et l'une d'elles est que si un garçon t'aime vraiment, il ne te forcera jamais à faire une chose contre ta volonté, il ne te demandera pas de lui « prouver » ton amour avec ton corps. Parfois, un garçon te dira qu'il t'aime afin d'obtenir ce qu'il veut, mais il ne sera pas sincère. En revanche, il arrive qu'un garçon soit sincèrement amoureux et ne puisse pas le dire.

— Mais comment faire la différence ?

Il rit.

— Personne n'a encore trouvé la recette. (Puis il ajouta, plus sérieusement cette fois :) Promets-moi une chose, Charlotte. Quand le jour viendra où tu décideras d'avoir des rapports intimes avec un garçon, demande-toi d'abord si tu es absolument certaine de le vouloir, et s'il est le seul homme avec qui tu as envie de le faire.

Charlotte aurait pu le lui promettre sur-le-champ, car elle était absolument certaine de ce qu'elle voulait, et que Johnny était celui avec qui elle voulait le faire.

Gideon l'emmena ensuite visiter un jardin botanique dans Peacock Lane, où des milliers de variétés de fleurs différentes étaient exposées, et tandis que Charlotte, marchant main dans la main avec l'oncle Gideon, s'émerveillait devant les cours richement fleuries, les portails savamment travaillés, les pagodes aux toits incurvés, les petits ponts de bois et les bassins, il lui avait dit :

— Ceci était jadis une résidence privée. C'est dans cette maison que ton arrière-grand-mère, Mei-ling, est née.

Il n'avait rien dit de plus. Il n'avait pas cherché à insister, et ne lui avait pas dit d'une voix sentencieuse : « Vois-tu, Charlotte ? Ceci est la maison de tes ancêtres, c'est ici que sont tes racines. »

Il n'avait pas non plus cherché à lui dire : « C'est pour cette raison que Johnny retourne en Ecosse chaque été. »

Parce que Charlotte avait cheminé le long de ces petits sentiers, et sous ces arches gracieuses, et qu'elle s'était promenée dans ces cours resplendissantes peuplées de bosquets, de lis et d'oiseaux de paradis, et qu'elle s'était dit : « Ma grand-mère s'est, elle aussi, promenée le long de ces allées, et a regardé à travers ces fenêtres. Elle a dormi ici, mangé ici, pleuré ici, ri ici », elle avait ressenti une chose qu'elle n'avait jamais éprouvée auparavant, comme un lien étrange, un brusque sentiment d'appartenance. Elle songea à la chambre située au-dessus de la petite échoppe de soieries, où sa grand-mère était née, elle repensa à tous les visages qu'elle avait vus ici et qui ressemblaient au sien, avec leurs pommettes saillantes, leurs yeux en amande, et à tous les dialectes qu'elle avait entendus — le cantonais, le mandarin, le shanghaien — et à toutes les statues de la déesse Kwan Yin, et elle avait songé : « C'est ici que sont mes racines. »

Pour finir, l'oncle Gideon l'avait emmenée dans une petite échoppe située dans Orchard Road, où il lui avait acheté un collier — un pendentif en argent et ambre attaché à une chaîne en argent incrustée d'améthystes.

Gideon lui avait ensuite montré comment ouvrir le pendentif.

— Tu vois ? Tu peux y mettre un secret.

Elle savait déjà ce qu'elle allait placer à l'intérieur. Johnny et elle, unis pour la vie.

Johnny avait réussi à allumer un feu. Le feu pétillait dans l'âtre, chaud et étincelant, avec un ronflement rassurant ponctué de craquements. Lorsqu'il prit place aux côtés de Charlotte sur le divan défoncé, il aperçut quelque chose qui accrochait la lumière autour de son cou, juste en dessous de sa clavicule — le pendentif Shang. Il se souvint du premier jour où il l'avait aperçu, à son retour des vacances d'été, ils avaient quinze ans alors.

En juin, il avait laissé derrière lui une Charlotte morose et taciturne, mais la fille qui l'avait accueilli à son retour en septembre était transfigurée.

— Oh, Johnny, tu es de retour ! s'était-elle écriée, en le serrant dans ses bras.

Et puis, sans lui laisser le temps de dire un mot, elle lui avait fait d'une traite le récit de son voyage à Singapour, en concluant, à son grand étonnement, qu'elle comprenait à présent pourquoi il éprouvait le besoin de s'en aller chaque été.

Il en était resté pantois, car lui-même ne savait pas pourquoi il retournait chaque année en Ecosse, il savait seulement pourquoi il rentrait.

— Je suis vraiment désolé de ne t'avoir rien dit au sujet de Naomi, dit-il. Je n'ose pas imaginer ce que tu as pensé en trouvant sa lettre dans mon portefeuille.

— N'y pense plus, c'est oublié, dit-elle en le dévorant des yeux. (Soudain, à l'intérieur du cocon confortable de ce chalet de montagne, elle eut l'impression que le monde avait cessé d'exister. C'était comme si tout ce qui s'était passé au cours des dix dernières heures avait eu lieu dans un autre monde ; ici les règles étaient différentes, et les barrières devenaient inutiles.) Jonathan, quand tu as appris ce qui s'était passé à Chalk Hill, il y a huit ans, qu'as-tu pensé ?

Il tourna vers elle un regard sincère, un regard ouvert

qui lui fit repenser aux étés qu'ils avaient passés à San Francisco, à l'époque où ils n'avaient pas encore perdu leur innocence.

— Que les médias avaient brossé de toi un portrait caricatural. Je savais qu'il existait une autre histoire derrière la version officielle.

— La voix off, qui disait : « Si c'est la seule façon de nous faire entendre, eh bien soit. » Ces paroles, je les ai prononcées lors d'une interview devant les bureaux de la FDA à Washington. Et à l'époque, je tenais à la main une pancarte de protestation. Mais les journalistes ont fait un montage, afin de donner l'impression que j'étais en train de dire que j'étais prête à tuer des animaux. Mais ce n'est pas vrai !

— Je sais, Charlotte.

Elle s'exprimait avec passion.

— Ils voulaient faire croire que j'étais prête à sacrifier des animaux innocents pour arriver à mes fins. Mais comme tu l'as dit, il y avait une autre histoire derrière l'histoire officielle. Je suis contre l'expérimentation animale, tu le sais. Mais je pense également que ceux qui luttent pour les droits des animaux ont des responsabilités envers eux. Bénies soient les Bêtes était une organisation irresponsable. Ils relâchaient des animaux sans se soucier de savoir comment ceux-ci allaient survivre. Lorsque j'ai appris qu'ils envisageaient de lancer une attaque contre les laboratoires de Chalk Hill, j'ai essayé de les en dissuader. Mais nous sommes arrivés trop tard. Les animaux avaient déjà été relâchés et le laboratoire incendié. Chalk Hill se trouve en Californie du Nord, Jonathan, au milieu d'une forêt. La plupart de ces animaux étaient nés en captivité, et les autres avaient passé presque toute leur vie en cage. Ils n'auraient jamais pu survivre en liberté. D'ailleurs, il ne s'agissait pas d'animaux en bonne santé. La plupart étaient malades, ils avaient des tumeurs — la photo de moi, à genoux devant un berger allemand... oui, c'est vrai, je l'ai tué. J'avais son sang sur mes mains. Je lui ai défoncé le crâne. Jonathan, ce pauvre chien avait des électrodes plein la tête. Je l'ai vu qui cherchait à fuir du laboratoire, terrorisé. A l'intérieur du labo, c'était la débâcle, avec les rats et les singes qui couraient dans tous les sens, malades, affolés, sans défense. Impossible de les rassembler et de les ramener au labo puisque celui-ci était en feu. Impossible de les amener chez un vétérinaire — nous étions en pleine forêt, à des kilomètres de la civilisation. Et puis quand j'ai vu le pauvre chien qui se mettait à tituber, pris de convulsions… (Sa voix s'étrangla, et elle ajouta dans un murmure horrifié :) Je me suis sentie obligée de mettre fin à ses souffrances. Je ne pouvais tout de même pas le laisser agoniser…

Jonathan mit un bras autour de ses épaules, et l'attira contre lui.

— Naomi faisait partie du groupe Bénies soient les Bêtes, poursuivit-elle d'une voix tendue par l'émotion. Elle était allée là-bas pour libérer les animaux. Mais lorsqu'elle a vu la tournure que prenaient les événements — lorsqu'elle a compris qu'il allait falloir tuer les animaux à mains nues, leur tordre le cou, leur défoncer le crâne, sans quoi ils mourraient dans des souffrances atroces, elle était tellement horrifiée qu'elle a décidé de quitter le groupe. Après cela, tout le monde s'est mis à rejeter la faute du carnage sur son voisin, et à s'abreuver d'injures — c'est un épisode de ma vie auquel je préfère ne pas penser.

—Tu as eu une attitude héroïque, lui dit-il gentiment.

Elle scruta son visage, étonnée d'y voir des rides qui ne s'y trouvaient pas jadis. Depuis qu'elle connaissait Jonathan, elle avait vu son visage passer par toutes sortes de phases différentes — la phase ingrate de l'acné, la naissance d'une barbe duveteuse, la peau qui pèle après un coup de soleil, la cicatrice qui menace de ne jamais se refermer. Elle scruta son visage vieilli à la recherche de l'autre, celui qui se cachait dessous — et elle retrouva le Johnny d'autrefois.

— Que s'est-il passé à Amsterdam ? dit-elle.

Il ôta son bras de ses épaules et se renversa sur le canapé, les mains posées sur les genoux, un geste de résignation. Il savait que tôt ou tard il serait obligé de lui dire la vérité, de lui ôter ses dernières illusions le concernant. Jonathan Sutherland n'était pas un héros.

— Il y avait huit pirates, le nec plus ultra, qui menaient la vie rude à tous les gros bonnets d'Europe : les banques, les usines d'armement, les hommes politiques dans le passé desquels ils étaient allés fouiller. Nous ne connaissions pas leur identité, nous ne savions absolument rien d'eux. Et malgré le fait que la bande n'eût jamais commis aucune exaction — leur travail consistait principalement à collecter des informations —, les gouvernements et les grosses corporations avaient une telle frousse qu'ils voulaient absolument que nous les retrouvions pour les coffrer. J'étais à la tête d'une unité spéciale composée d'agents de tous les pays d'Europe. La bande des Huit nous a menés par le bout du nez à travers toute l'Europe, ils avaient l'air de trouver ça drôle. Ils faisaient des apparitions surprises dans des systèmes informatiques ultraprotégés, laissaient des messages persifleurs puis disparaissaient. Au bout d'un moment, les médias se sont demandé pourquoi nous n'arrivions pas à les attraper. L'opinion publique commençait à douter de notre efficacité. La bande des Huit nous tournait en ridicule.

Et puis, lorsqu'ils ont commencé à inonder Internet avec les codes secrets de missiles américains, la pression a monté d'un cran. Je ne sais pas ce qui s'est passé. J'ai revécu cette nuit-là plus de mille fois dans ma tête pour essayer de comprendre ce qui s'était passé. Etait-ce le manque de sommeil ? Le stress ? L'insuffisance des moyens mis à notre disposition ? Toujours est-il que j'en porte entièrement la responsabilité. Après tout, c'est moi qui avais été désigné comme expert. D'accord, les pirates avaient réussi à se procurer quelque deux cent mille numéros de cartes de crédit, et après ? Ils ne les ont jamais utilisés. Quant aux codes secrets des missiles, ils étaient inutilisables de toute façon. J'aurais dû apprécier leurs actions à leur juste valeur — il ne s'agissait nullement d'un gang international de dangereux terroristes, mais de simples pirates informatiques, une poignée d'asociaux qui voulaient faire parler d'eux. (Il inspira profondément puis laissa échapper un long soupir tremblant.) Mais la paranoïa était à son comble, à l'époque, et je me suis laissé contaminer.

— Que s'est-il passé ?

— Lorsque nous les avons enfin retrouvés, poursuivit-il à voix basse, planqués dans une ferme quelque part aux environs d'Amsterdam, mes hommes et moi étions sur les dents, et fermement décidés à prendre notre revanche sur ces petits morveux qui avaient tourné notre corps d'élite en ridicule. Je pense aussi que notre propre célébrité nous était montée à la tête. J'étais le seul à ne pas être armé. Mais cela ne m'excuse en rien. J'aurais dû les empêcher de tirer. Je savais mieux que quiconque ce qu'il y a dans la tête d'un hacker. J'étais un expert. Mais ce n'est que lorsque j'ai vu le premier gosse s'effondrer à terre que j'ai réalisé l'énormité de l'erreur que nous étions en train de commettre. Lorsque j'ai vu le gamin terrorisé tomber à genoux en mouillant son froc, deux autres avaient déjà été descendus.

Il contempla un instant les flammes en silence. Charlotte lui prit la main.

— C'est à ce moment-là que j'ai pris le contrôle de la situation. J'ai ordonné à mes hommes d'arrêter de tirer. Mais il était déjà trop tard pour les deux gosses qui étaient morts, l'un âgé de seize ans, et l'autre de dix-sept ans. Le troisième s'était pris une balle en pleine nuque qui l'a laissé paralysé à vie. Il avait quinze ans.

— Jonathan. Tu ne pouvais pas savoir. Personne ne savait qui ils étaient, ni quel âge ils avaient.

— Non, Charlotte. J'aurais dû faire preuve de discernement. Ce genre de gamins ne m'est pas inconnu. Ces gosses étaient de véritables stéréotypes ! Le type même des marginaux inoffensifs. Mais j'étais aveuglé par mon arrogance et mon ambition. (Il bondit sur ses pieds.) Ils ont dit de moi que j'étais un héros. Le président des Etats-Unis m'a même serré personnellement la main. On m'a proposé d'écrire un livre et un scénario. Mon associé était jaloux. Et tout ça parce que j'avais laissé tuer des gamins qui n'étaient même pas en âge d'acheter des cigarettes.

— Mais ils représentaient une menace pour la société, pour le monde entier, Jonathan.

— Tu parles ! Ils n'avaient pas commis le plus petit acte de violence. Tout ce dont ils s'étaient rendus coupables, c'était d'avoir titillé l'establishment, et fait croire au monde entier qu'ils avaient le pouvoir. (Il se tut un instant.) Cet épisode a marqué un tournant dans ma vie. Jusque-là j'avais toujours aimé le piratage, que je considérais comme un art, et j'avais toujours admiré ceux qui le pratiquaient comme moi ou mieux que moi. J'ai décidé de retirer mon épingle du jeu, de me spécialiser dans la sécurité des entreprises, de faire la chasse aux cadres véreux, d'empocher mon chèque chaque fin de mois et de mener une petite vie tranquille. Deux gosses tués, Charlotte, et un troisième paralysé à vie.

— Il n'empêche qu'ils étaient coupables, Jonathan, dit-elle doucement.

— Peut-être, mais ils ne méritaient pas un tel châtiment. (Il baissa les yeux vers elle.) Est-ce que le berger allemand méritait un tel sort ?

Elle le regarda sans rien dire, les lèvres serrées.

— C'est nous qui sommes lucides, Charlotte. C'est à nous qu'il incombe de faire preuve de prudence et d'agir comme des êtres responsables. Si j'avais été en parfaite possession de mes moyens ce jour-là, je serais entré dans la ferme, j'aurais pris le café avec eux, je leur aurais raconté de vraies histoires de piratage, et puis je les aurais arrêtés et je les aurais mis à l'ombre pour un an tout au plus. Et je serais probablement resté en bons termes avec certains d'entre eux.

Voyant une ombre qui passait devant ses yeux, Charlotte comprit qu'il n'avait pas fini son récit. Le pire était à venir.

Il s'approcha de la cheminée et remua les bûches, faisant jaillir des flammes et des étincelles. Puis, reposant le tisonnier, il prit appui d'un bras contre le manteau de la cheminée et contempla le feu en silence pendant un long moment. Charlotte attendit.

Au bout d'un moment il se tourna vers elle et dit :

— J'ai épousé Adèle parce qu'elle se trouvait là, Charlotte. C'est aussi bête que cela. Lorsque nous avons dormi ensemble, elle et moi, la première fois, je ne me suis pas réveillé en hurlant au beau milieu de la nuit. Adèle éloignait les cauchemars, elle était l'ange gardien de mon sommeil.

C'est à peine si Charlotte réussit à articuler :

— Parce qu'elle se trouvait là ? C'est tout ce que tu trouves à dire de la femme que tu as épousée ?

— Je sais que ce n'est pas une bonne raison, mais c'est la vérité.

— Jonathan, moi aussi j'étais là. Il te suffisait de demander.

— Parce que tu t'imagines que c'était facile après que tu m'eus dit que tu voulais reprendre ta liberté, qu'il y avait des choses que tu voulais faire seule ?

— Je te rappelle que tu l'avais dit avant moi !

Elle se leva d'un bond.

— Tu n'imagines pas comme ça me fait mal, Jonathan, d'apprendre que tu souffrais comme un chien et que tu ne m'en as jamais rien dit.

— Et toi, est-ce que tu es venue me chercher après Chalk Hill ? dit-il soudain.

— Mais tu t'étais marié entre-temps ! Oh, bon sang, je savais que cela devait arriver. Tu te sers de moi à nouveau. Tu viens ici, tu vides ton sac, tu blanchis ta conscience, et puis tu m'abandonnes à nouveau. Va au diable, Jonathan. J'aurais dû te renvoyer chez toi dès l'instant que tu as franchi le seuil de mon bureau.

— Charlotte, qu'est-ce qui te prend ?

— Ce qui me prend, c'est que j'en ai assez de te voir entrer dans ma vie et en sortir comme un courant d'air, comme si je n'étais bonne qu'à recharger les batteries. Mais je refuse de te servir de souffre-douleur. C'est au-dessus de mes forces. Je ne veux pas que tu viennes ici vider ton sac, pour repartir ensuite rejoindre ta femme le cœur léger.

Ouvrant la porte à la volée, elle s'élança dans la nuit glacée et la pluie diluvienne.

Jonathan se précipita à sa suite.

L'empoignant fermement par le bras, il l'obligea à se retourner.

— Charlie, écoute-moi…

— Espèce de salaud ! rugit-elle. Tu veux savoir ce qui me met hors de moi ? Ce qui me met hors de moi, c'est ce qui s'est passé il y a dix ans ! Dire que j'ai été assez stupide pour m'imaginer que tu allais me demander de faire ma vie avec toi, alors que tu t'apprêtais à m'annoncer la nouvelle. Et quelle nouvelle ! « Charlotte, je vais me marier. » Et qu'est-ce que je pouvais répondre à ça, Johnny ?

— Je n'en sais rien, mais bon sang, tu aurais pu dire quelque chose !

Les yeux verts de Charlotte jetaient des flammes d'indignation.

— Ah bon ! Parce que j'étais censée dire quelque chose ?

— En tout cas, je ne m'attendais certainement pas à ce que tu partes en claquant la porte !

Elle se débattit lorsqu'il essaya de la retenir.

— Et pourquoi est-ce que je n'aurais pas eu le droit de me marier ? explosa-t-il. C'est toi, il me semble, qui m'avais annoncé que tu voulais ta liberté.

Brusquement, ce fut comme si un pan entier de la vie de Charlotte venait de s'effondrer, et que la terre se dérobait sous ses pieds. Lorsqu'elle retomba à nouveau sur terre, elle était en 1981 et Johnny venait de lui envoyer le recueil de poésie. Elle avait filé tout droit dans sa chambre, sans même prendre le temps de saluer sa grand-mère, puis s'était jetée sur le lit et avait ouvert le livre à la page de garde, sur laquelle Johnny avait écrit : *« Voilà ce que j'éprouve, page 97. »* Elle s'était mise à tourner frénétiquement les pages d'une main tremblante : Johnny s'était enfin décidé à sortir de sa coquille pour lui dire combien il l'aimait.

Et puis les mots lui avaient sauté aux yeux — des mots terribles, glacés : « il faut que je parte de mon côté», «l'espace et la solitude sont mon pain et ma lumière», «une âme solitaire, une âme seule», et son rêve avait volé en éclats.

Le poème disait qu'il voulait partir de son côté, pour se souvenir «des automnes de notre amour», *l'amitié*, «car mon cœur est ainsi fait».

Pas un mot d'amour.

Elle n'avait même pas pleuré tant elle était abasourdie. Elle l'avait appelé à Boston : «Je veux que nous restions amis, Johnny.» Elle l'avait dit de façon à lui donner l'impression que l'idée venait d'elle, car ainsi elle s'épargnait la honte de s'être vue rejetée. «Oui, six mille kilomètres nous séparent… oui, tu as ton travail, et moi le mien…», d'une voix tranchante comme un couteau, comme si elle avait voulu couper définitivement le lien qui la rattachait à Jonathan. Jamais elle ne lui dirait combien son poème l'avait humiliée, jamais plus elle n'avouerait ses sentiments à Jonathan ou à quiconque.

— Charlie, écoute! lui dit-il à travers la tempête.

Elle sanglotait en hoquetant.

— Retourne auprès de ta chère Adèle! Laisse-moi tranquille!

— Je ne retournerai pas auprès d'Adèle.

— Arrête de mentir! Pourquoi es-tu là, Jonathan? Pourquoi es-tu revenu?

— Je suis revenu parce que tu étais en danger…

— Et qu'est-ce que ça peut bien te faire? explosa-t-elle soudain, les larmes se mêlant à la pluie qui ruisselait sur son visage.

Puis, posant ses deux mains sur sa poitrine, elle le repoussa violemment.

— Charlie, tu sais pourquoi je suis ici! Parce que je t'aime!

Elle se recula.

— Tu as dit que tu avais appris la mort de ma grand-mère. Tu aurais pu au moins me passer un coup de fil. Ou m'envoyer une carte. J'avais besoin de toi. J'ai attendu…

— Mais je t'ai envoyé une carte! Et des fleurs!

Elle releva le menton et rejeta la tête en arrière d'un air de défi, ses longs cheveux défaits coulant sur ses épaules comme des rubans noirs.

— Je n'ai jamais reçu de fleurs de ta part.

— Charlie, j'ai un reçu, dit-il, en levant les mains dans un geste suppliant. J'étais en Afrique du Sud, j'aurais voulu assister aux funérailles, mais je n'ai pas pu. Et j'ai exigé un reçu du fleuriste qui a livré les fleurs au funérarium. Et je t'ai appelée. J'ai laissé au moins une demi-douzaine de messages. Tu n'as jamais rappelé.

Ils se considérèrent un moment en silence sous la pluie qui continuait de tomber à verse.

— Ce qui signifie que quelqu'un les a interceptés, dit-il. Quelqu'un qui ne voulait pas que nous nous revoyions.

— Johnny, dit-elle en éclatant brusquement en sanglots. Grand-mère et moi avons eu une explication terrible le soir où elle est partie. Je lui ai dit des choses horribles ! Elle était partie pour trouver une nouvelle plante médicinale avec laquelle elle voulait fabriquer une tisane. Je lui ai dit que nous devrions la faire analyser pour en déterminer la structure chimique. Elle a refusé. Elle rechignait toujours à faire analyser ses précieuses herbes médicinales. Elle ne voulait pas entendre parler de structures moléculaires, de bases, d'enzymes. Je lui ai dit que c'était grâce à l'analyse chimique que nous avions réussi à trouver la formule du GB4204 et puis j'ai ajouté qu'elle n'avait jamais vraiment aimé oncle Gideon…

— Non, Charlie, je t'en prie. Tu ne pouvais pas savoir.

— Pourquoi ne m'a-t-elle jamais dit qu'elle avait eu une histoire d'amour avec Gideon ? Et pourquoi se contentait-elle de refuser lorsque je lui proposais de manger un sundae, au lieu de me dire tout simplement : « Non, merci, cela réveille en moi des souvenirs trop douloureux. »

— Elle avait sa fierté, Charlie. De la même façon

que tu as la tienne. Toi aussi il t'arrive de te retrancher obstinément dans le silence.

Elle détourna les yeux.

— Je ne vois vraiment pas de quoi tu veux parler.

Il la saisit par le bras.

— Mais si, et il est grand temps de mettre les pendules à l'heure !

— Lâche-moi ! dit-elle en se dégageant d'un geste brusque et en se mettant à courir.

— Charlie, jeta-t-il en s'élançant à sa suite et en l'attrapant par le poignet pour l'obliger à lui faire face. Que tu le veuilles ou non, il faut que nous crevions l'abcès.

— Tu as dit que tu voulais être seul !

— C'est toi qui l'as dit la première. (Brusquement les souvenirs le submergèrent comme un raz de marée : comme il avait espéré son coup de fil, s'imaginant qu'elle allait aussitôt réagir à son poème, sauter dans le premier avion pour venir le rejoindre, et ne plus jamais le quitter !)

— Mais c'est toi qui l'as dit le premier ! s'écria-t-elle. Et dire que tu n'as même pas eu le courage de me l'annoncer en face, que tu as préféré m'envoyer ton fichu bouquin pour me le dire !

— Mais de quoi veux-tu parler ?

— Laisse-moi te rafraîchir la mémoire !

Faisant brusquement volte-face, elle retourna en courant vers le chalet, où se trouvait son fourre-tout, et en sortit le livre. Elle le lui jeta à la figure.

— C'est de ta faute, dit-elle, d'une voix haletante. C'est toi qui as brisé notre amitié.

Il regarda sans comprendre le livre qui gisait à ses pieds sur le tapis, devant la cheminée.

— Très bien, dit-elle, en le ramassant. Puisque tu es trop lâche pour le lire toi-même. (Elle se mit à tourner les pages frénétiquement, puis elle lut à haute voix :) « L'espace et la solitude sont mon pain et ma lumière. » (Elle lui jeta un regard de défi et dit :) Si ce ne sont pas des mots d'adieu, je ne sais pas ce que c'est.

Il fronça les sourcils.

— Mais je n'ai jamais écrit ça, dit-il en lui prenant le livre des mains. Ce n'est pas mon poème.

Elle le regarda, interdite.

— Comment cela, ça n'est pas ton poème ?

— Mais non ! dit-il en continuant à feuilleter le recueil. Tiens, le voilà.

Elle lui prit le livre des mains et regarda la page et la dédicace qu'il lui montrait du doigt : *Pour Charlotte, par Jonathan Sutherland.*

— Je ne comprends pas. Tu ne m'as jamais dit que tu écrivais des poèmes.

— Je voulais te faire la surprise, dit-il simplement.

— Johnny, je ne savais pas ! Je croyais qu'il s'agissait d'un poème que tu avais trouvé dans un livre !

— Quand bien même, Charlie, ce n'est pas le poème que je t'avais demandé de lire.

— Mais si, dit-elle en retournant à la page de garde et en lisant ce qu'il avait écrit : « *Voilà ce que j'éprouve, page 97.* »

Il s'écria :

— Mais enfin, Charlie ! Ce n'est pas un sept, c'est un un !

— Comment ? Tu veux dire que je n'ai pas lu le bon poème ? Mais pourquoi est-ce que tu ne me l'as pas dit ! Tu m'envoies un bouquin, juste comme ça, sans explication ! Comment aurais-je pu deviner ?

— Eh bien, c'est peut-être parce que, comme tu l'as dit tout à l'heure, j'avais déjà tout préparé dans ma tête sans penser un seul instant à te tenir au courant. Lis-le maintenant, Charlie, lis ce que j'ai voulu te dire.

Je vole à cent mille lieues au-dessus de la terre,
Le ciel immense et froid s'entrouvre, prêt à me happer,
Je sais pourquoi je suis ici,
Les ailes déployées, prêt à prendre mon envol,
Toi !
Ici, la courbe de la terre attrape le premier rayon du soleil,
Et le retient prisonnier l'espace d'une seconde à peine,
Un rayon d'or pur, la courbe même de la vie,

Je retiens mon souffle, tandis que tu t'élances glorieuse,
Divine vers les astres tournoyants,
Je pousse un cri lorsque le chaud rayon se répand sur mes ailes,
Dissipant mes doutes,
Au-dessous de moi, la crête minuscule des vagues étincelle comme des diamants sur un tapis de velours,
Je tournoie et titube comme un nouveau-né,
Puis je tombe comme une pierre,
Les ailes refermées, je file comme une fusée,
Rapide comme l'éclair,
Toi, tu es majestueuse : moi, je suis la vitesse,
Je me redresse et repars à toute allure entre les parois escarpées des canyons,
Je t'ai battue à la course, il fait encore nuit,
Mais je sais que tu vas bientôt te lever,
Trois ans passeront et peut-être plus,
Mais je t'attendrai, et tu me retrouveras,
Parmi les vagues couronnées d'écume,
Sens dessus dessous,
Que Dieu soit avec toi, mon amour,
Jusqu'à ce jour béni.

Elle resta un long moment silencieuse, puis leva vers lui des yeux pleins de larmes.

— Oh, Johnny, c'est superbe ! Quand je pense à toutes ces années perdues !

— C'est de ma faute. J'aurais dû dire quelque chose. Mais quand tu m'as appelé ce soir-là, pour me dire que tu voulais que nous restions amis...

— C'est parce que j'avais lu l'autre poème, où il était question de gens qui veulent rester amis — ça m'a fait beaucoup de peine, dit-elle.

— Pas autant qu'à moi. Bon sang, Charlie, tu sais combien je t'aime. Et que je t'ai toujours aimée.

Brusquement, ils se jetèrent dans les bras l'un vers l'autre, repoussant le passé et leur chagrin, et s'embrassèrent, laissant libre cours à une passion contenue depuis seize ans.

Charlotte ferma les yeux, s'abandonnant aux bras de

Jonathan, puis elle lui passa les mains autour du cou et posa ses lèvres sur les siennes pour assouvir une faim qu'elle portait en elle depuis trop longtemps. Jonathan la tenait serrée si fort contre lui, ployant son corps contre le sien, qu'elle pouvait à peine respirer. Puis il laissa courir ses mains dans ses cheveux, le long de son dos, sur ses reins, comme s'il avait voulu la happer complètement.

— Johnny, Johnny, je t'aime…

— Charlotte, oh, mon Dieu…

D'un geste sec, il lui ôta sa barrette, et fit glisser ses doigts entre ses cheveux ruisselants de pluie.

C'est alors qu'ils entendirent un petit bruit, rien qu'un tout petit signal sonore étouffé par le ronronnement du feu. Ils firent soudain volte-face.

— L'ordinateur ! s'écria Jonathan. Ça y est, le dispositif a réussi à remonter jusqu'à l'intrus !

Mais au même moment il y eut un coup de tonnerre phénoménal.

La terre trembla, les lumières se mirent à vaciller, puis ce fut le noir total.

48

San Francisco, Californie, 1957-1958

Jamais je n'avais vu Mme Katsulis dans un tel état d'agitation.

Depuis huit ans qu'elle était à mon service, elle avait toujours fait preuve de calme et de pondération, des qualités qui m'avaient incitée à la recruter en premier chef.

Mme Katsulis était la gouvernante d'Iris. Infirmière diplômée, elle s'était spécialisée dans la prise en charge des adultes souffrant d'arriération mentale. Car c'était ainsi que les médecins occidentaux appelaient la maladie dont souffrait ma fille. Les médecins chinois auraient dit qu'il s'agissait d'un blocage du flux circulant entre les cinquante-neuf méridiens. Gideon faisait confiance à la médecine occidentale, et voulait qu'Iris essaye des médicaments aux noms à la consonance néfaste, comme méthylphénidate ou chlorpormazine. Mais de mon côté, j'apaisais le sang de ma fille et je régulais son *ki* avec des décoctions à base de chrysanthème, de sabot-de-Vénus et d'os de dragon fossilisés. Dans sa chambre à coucher j'avais disposé des sachets remplis de lavande et des bols pleins de fleurs d'oranger ; j'avais ôté tous les miroirs dans lesquels son lit se reflétait afin que son esprit ne reçût pas un choc en se voyant pendant son sommeil ; et sur les murs j'avais peint les huit symboles porte-bonheur à la peinture turquoise, qui est la couleur du nord-est, et également un symbole de chance. Peu à peu, l'esprit agité de ma fille avait retrouvé sa tranquillité, si bien que lorsqu'elle n'était pas occupée à résoudre un de ses énormes casse-tête très complexes, ce qu'elle faisait avec une rapidité stupéfiante, elle était capable de demeurer tranquillement assise pendant de longs moments sur le belvédère qui se trouvait sur le toit, ou à côté de la piscine. Dans ces moments-là elle semblait normale, et les visiteurs qui venaient pour la première fois pensaient qu'elle était simplement timide.

Et puis un beau jour Iris commença à faire des fugues. Je décidai alors de faire mettre des verrous sur toutes les portes, mais, de la même façon qu'elle était capable de résoudre les puzzles les plus complexes, Iris était capable de venir à bout d'un verrou. C'est pour cette raison que Mme Katsulis avait pris l'habitude de dormir dans la chambre d'Iris. Ma fille était devenue une jeune et jolie femme, et les hommes qui ne la connaissaient pas prenaient son étrange comportement pour une invitation au flirt.

Pourquoi Iris éprouvait-elle soudain le besoin de partir vagabonder, je l'ignore. J'ignore quelles visions la poussaient à sortir de la maison, car elle semblait bel et bien partir en quête de quelque chose. Une fois je l'avais suivie, et j'avais remarqué qu'elle marchait comme quelqu'un qui a perdu son chemin et qui cherche des repères pour retrouver sa maison. Lorsque je l'interceptai à un coin de rue, elle me sourit et accepta de me suivre sans protester. Cependant je ne pouvais m'empêcher de me demander jusqu'où elle aurait pu aller en errant ainsi ?

Je n'avais pas d'autre enfant, M. Lee n'ayant pu m'en donner ; après sa mort, les hommes que je fréquentais étaient des amis pour moi et rien de plus. Mon cœur appartenait à Gideon Barclay, et à lui seul, et Iris était l'enfant que nous avions faite ensemble. Cela me suffisait. Même s'il m'arrivait parfois de regretter de ne pas avoir de petits-enfants. Car je savais qu'Iris ne se marierait jamais, et que moi-même, âgée de quarante-neuf ans et veuve, je n'aurais plus jamais d'enfants. La lignée de Richard Barclay s'était arrêtée avec ma fille.

Aussi, lorsque Mme Katsulis vint me trouver en se tordant les mains, le visage aussi pâle que les nuages flottant au-dessus de la baie, pour m'annoncer ce qu'elle avait découvert concernant Iris, je ne sus trop comment accueillir la nouvelle. Ma première réaction fut la colère, j'étais furieuse que quelqu'un ait pu toucher à mon enfant, mais aussi humiliée par le déshonneur qui s'était abattu sur nous. Mais ensuite, je songeai : « Iris est enceinte et peu importe qui est le père, du moment que la lignée de Richard et de Meiling va pouvoir se perpétuer. »

Lorsque j'annonçai la nouvelle à Gideon, il en fut, naturellement, scandalisé. Il voulait retrouver l'homme qui avait abusé d'elle et le faire punir. Cependant, nous ne parvînmes jamais à démasquer le coupable, car Iris avait quitté sa chambre un soir à l'insu de Mme Katsulis, qui dormait à poings fermés, et nous l'avions retrouvée le lendemain matin, endormie sur le belvédère. Nous pensâmes tout d'abord qu'elle était montée là-haut pour regarder les étoiles. Mais à présent je savais qu'elle était partie une fois de plus errer dans les rues. Et s'il n'y avait eu sa bonne étoile et la bienveillance de la déesse Kwan Yin, ma fille aurait pu souffrir un sort bien pire.

Gideon voulait que nous appelions la police. C'était sa façon à lui de résoudre les problèmes, la méthode américaine : faire appel à la justice. Mais il y avait aussi la façon *familiale* de résoudre les problèmes, la manière chinoise. Il était de mon devoir de protéger l'honneur de ma fille.

— Je vais l'emmener à Hawaii, dis-je à Gideon. Elle accouchera là-bas, loin des regards indiscrets. Et quand nous reviendrons, je dirai qu'Iris s'est mariée, mais que son mari est mort dans un accident.

— Harmonie, me dit Gideon avec une telle douceur que j'eus soudain envie qu'il me prît dans ses bras. Personne ne croira jamais à une telle fable.

— Bien sûr, et je ne l'ignore pas. Mais tout au moins

l'honneur de ma fille sera-t-il sauf. Ce sera un secret de polichinelle, connu de tous mais jamais avoué.

Je dus prendre un certain nombre de dispositions avant de pouvoir emmener Iris avec moi à Honolulu, car j'étais toujours la seule personne capable de contrôler ma société de plantes médicinales, qui s'appelait désormais Harmony House. Notre usine de Daly City s'était agrandie et avait subi de nombreuses transformations, car, sur les conseils de Gideon, j'avais finalement accepté d'automatiser la fabrication. J'avais appris qu'il était parfois bon de suivre les conseils des autres, car depuis que j'offrais des échantillons gratuits à mon personnel, comme me l'avait conseillé le jeune M. Sung, la qualité de mes produits s'était grandement améliorée, si bien que ma société n'avait cessé de prospérer. En 1949, lorsque l'embargo fut mis sur les importations en provenance de la République populaire de Chine, et qu'il devint extrêmement difficile de se procurer des plantes médicinales, nous dûmes les importer depuis Hong Kong par le biais de notre filiale, Harmony-Barclay Ltd. Notre société continua à prospérer, car les gens étaient de plus en plus soucieux de leur bien-être, et conscients de l'importance des vitamines et des plantes médicinales, si bien que les recettes de ma mère commencèrent à faire leur apparition à l'extérieur de Chinatown, dans les pharmacies et sur les marchés, ainsi que dans un nouveau type de magasin appelé magasin diététique.

Comme j'étais en train de dresser une longue liste de recommandations destinées à mes contremaîtres, car je comptais m'absenter pendant près d'une année, je reçus une visite inopinée.

Olivia Barclay n'avait jamais remis les pieds à la maison depuis qu'elle en était partie, quinze ans auparavant. Je ne l'avais que très rarement revue depuis lors — une fois à l'occasion du mariage de Margo et d'Adrian, parce que Gideon m'avait invitée, et une fois à l'hôpital où Gideon s'était fait opérer du genou. J'avais appris par Gideon qu'Olivia n'était pas heureuse. En dépit de son immense fortune, et malgré le fait qu'elle évoluait dans les cercles les plus huppés de la bonne société, qu'elle était une Barclay et avait épousé le beau Gideon. Cela ne semblait pas lui suffire. Car j'avais la maison.

Pour cette raison, elle m'avait écrit des années durant des lettres venimeuses remplies de paroles acerbes, dans lesquelles elle menaçait de me retirer ma maison, et déclarait qu'elle me ferait regretter d'avoir quitté Singapour. Je n'avais jamais rien dit de ces lettres à personne, pas même à Gideon, et puis, peu à peu, les lettres avaient commencé à s'espacer, à devenir plus courtes, moins véhémentes, et pour finir elles avaient cessé tout à fait.

Lorsque Olivia entra dans mon salon, je vis que ses yeux ne cessaient d'aller d'un bout à l'autre de la pièce, scrutant chaque objet, chaque pièce de mobilier, dans lesquels elle voyait une insulte, une profanation de la maison de ses rêves. Il ne restait plus le moindre vestige du mobilier d'époque victorienne, ni la moindre trace des meubles ultramodernes d'Olivia. Ma nouvelle demeure était aménagée selon le style chinois : des meubles de bois sombre richement sculptés, des paravents laqués noir et or, des estampes ; des objets décoratifs peu nombreux mais néanmoins de très belle facture, tels le dragon impérial en émail cloisonné trônant sur un cabinet en bois de rose ou les énormes pieds de lampe en céramique décorés de canards sur fond rouge ; et enfin, dominant le salon, trois grues grandeur nature en bronze se tenant parmi des roseaux et des bambous en bronze vert-de-grisé. Lorsque je servis le thé dans des bols en émail cloisonné orné de papillons et de pivoines, Olivia ne chercha pas à dissimuler sa désapprobation. Comme si j'avais meublé ma maison avec des objets de pacotille.

— Je ne suis pas ici en visite de courtoisie, dit-elle, sans toucher au thé au jasmin ni aux gâteaux aux amandes que je lui présentais, et sans même prendre la peine de me remercier poliment. Je n'irai pas par quatre chemins, poursuivit-elle d'une voix tranchante comme une lame de couteau. (Ouvrant son sac à main, elle en sortit deux enveloppes, l'une cachetée, et l'autre non. Elle me tendit la dernière :) Lisez d'abord celle-là.

Encore des lettres, songeai-je. Et apparemment tellement importantes qu'elle était venue me les apporter elle-même.

Tandis que j'ouvrais la première enveloppe, et ôtais soigneusement la lettre qui se trouvait à l'intérieur, mon cœur se mit à battre plus vite. Je savais qu'Olivia était venue m'apporter de mauvaises nouvelles, qu'elle était venue m'apporter la malchance, car cette lettre n'avait pas été écrite de sa main — l'adresse qui figurait au dos de l'enveloppe portait le nom d'un détective privé établi à Hong Kong.

— Il m'a fallu quinze ans pour obtenir cette information, dit-elle, en sortant une cigarette de son sac à main et en l'allumant sans m'en demander la permission. Je n'ai jamais cru que vous fussiez la fille de Richard Barclay. Ou du moins, si vous l'étiez, que votre mère se fût jamais mariée avec lui. Il m'a fallu dépenser beaucoup d'argent et beaucoup d'énergie pour obtenir cette information — durant la guerre, un grand nombre d'archives ont été détruites, et bien des gens ont disparu. Mais le détective que j'ai engagé a finalement réussi à obtenir l'information dont j'avais besoin.

Je ne regardais pas les papiers qui se trouvaient sur mes genoux. Je regardais Olivia dans les yeux.

— Et qu'a-t-il trouvé ? demandai-je calmement.

— Ce que j'ai toujours su. Votre mère et Richard Barclay n'ont jamais été mariés légalement.

— Non, dis-je. Pas légalement. Mais ils n'en étaient pas moins mari et femme.

— Je crains que vous ne puissiez jamais le prouver devant un tribunal. Votre certificat de naissance est un faux, de même que vos papiers d'identité. Je suis sûre que les juges seront étonnés lorsqu'ils apprendront, madame Lee, que vous êtes entrée dans ce pays sous une fausse identité. J'imagine sans peine qu'ils voudront vous renvoyer à Singapour.

— Et ceci ? dis-je en désignant l'enveloppe cachetée.

— Mon détective me l'a fait parvenir avec son rapport. Elle vous est adressée personnellement.

Pourquoi ne l'avait-elle pas ouverte, un vulgaire morceau de papier cacheté avec de la colle, alors qu'elle venait de réduire en miettes ma vie tout entière ? L'enveloppe contenait une lettre du révérend Peterson, l'homme qui avait aidé ma mère il y avait de si nombreuses années.

« *Je te demande pardon, Harmonie,* écrivait-il. *L'homme m'a piégé. Il s'est fait passer pour un ecclésiastique, si bien que, quand j'ai découvert ensuite qu'il m'avait trompé, recueillant ainsi des informations qu'il n'aurait pas dû entendre, je suis parti à sa recherche et je lui ai demandé de te faire tout au moins parvenir cette lettre, s'il en avait la possibilité. J'ignore où tu es, Harmonie, mais la personne qui a engagé ce détective le sait certainement, sans quoi, pourquoi cette personne chercherait-elle à fouiller ton passé ? Dès lors que j'ai révélé la vérité à cet homme, je me dois, pour ton bien, de te la révéler à toi aussi, au cas où quelqu'un chercherait à s'en servir contre toi — un secret, ma chère Harmonie, que je m'étais juré il y a fort longtemps de ne jamais révéler à personne. Ta mère n'est pas morte après que tu es partie en Amérique.* »

A mesure que je lisais sa lettre les mots me sautaient aux yeux comme des images. J'avais l'impression de voir un film se dérouler sur un écran : je revis ma mère apprenant qu'une nouvelle loi sur l'immigration venait d'être votée aux Etats-Unis, interdisant même aux enfants de citoyens américains d'entrer dans le pays ; ma mère allant trouver le révérend Peterson pour lui demander de l'aide ; l'un et l'autre décidant de falsifier mon année de naissance, afin que je paraisse avoir dix-huit ans au lieu de seize, et qu'étant majeure je puisse voyager seule ; ma mère feignant d'être malade, au seuil de la mort, de façon à m'inciter à partir et à commencer une nouvelle vie avec mon père en Amérique.

« *J'ai raconté à cet imposteur,* écrivait le révérend Peterson, *que Mei-ling et moi avions falsifié tes papiers, et à présent, malheureusement, cela risque de se retour-*

ner contre toi. Et j'en suis sincèrement désolé. Néanmoins je ne regrette pas d'avoir brisé la promesse que j'avais faite à ta mère, car je suis désormais libre de te donner d'autres nouvelles, bonnes celles-là. Je t'ai dit que ta mère n'était pas morte après que tu eus quitté Singapour. Elle ne mourut pas l'année suivante, ni l'année d'après. Quelques mois après ton départ pour l'Amérique, elle vint me trouver un jour pour me raconter une histoire tout à fait extraordinaire : son père était venu la chercher, me dit-elle. Il était parti à sa recherche et, lorsqu'il l'avait retrouvée, lui avait dit qu'en se mettant au ban de la société elle avait racheté son honneur, et lui avait demandé de retourner vivre à la maison.

« Je suis allé leur rendre visite là-bas. Quel bonheur de voir Mei-ling si belle dans le jardin de son père, en train de nous servir du thé et de ces délicieux gâteaux dont elle avait le secret. Jamais je n'ai vu femme plus heureuse. Et je savais pourquoi : parce que tu allais retrouver ton père, Harmonie, Richard Barclay.

« Je lui ai demandé pourquoi elle avait feint d'être au bord de la mort. Et elle m'a répondu que sans cela tu n'aurais jamais accepté de partir. Et que si elle ne pouvait pas être aux côtés de l'homme qu'elle aimait, elle serait comblée de savoir que sa fille s'y trouvait.

« Et puis, lorsque nous nous sommes retrouvés seuls sans personne pour entendre ce que nous nous disions, ta mère m'a dit la chose la plus extraordinaire qui soit. Elle m'a dit que peu après avoir regagné la maison de son père elle avait fait des recherches afin de savoir où tu te trouvais en Amérique. Elle avait mené ses recherches en secret, sans l'aide de son père, car tu étais la honte qui s'était abattue sur leur famille, Harmonie, et ton nom ne devait jamais être prononcé. Cependant Mei-ling voulait s'assurer que tu te portais bien, que tu avais retrouvé ton père. Toutes ces questions lui brûlaient le cœur, c'est pourquoi elle a commencé à écrire une lettre après l'autre à San Francisco, attendant des réponses qui mettaient des semaines à lui parvenir. Pour finir elle reçut des nouvelles sous la forme d'un article

découpé dans un journal, annonçant les fiançailles de Gideon Barclay. Elle voulut t'écrire aussitôt.

« Son père — ton grand-père —, ayant découvert qu'elle avait entrepris des recherches, lui rappela qu'elle avait lavé l'honneur de la famille en bannissant la fille qu'elle avait eue avec un diable étranger. Cependant, en rappelant sa fille à Singapour, elle jetterait à nouveau le déshonneur sur sa famille. Aussi Mei-ling ne savait que faire. Elle ne pouvait pas partir te rejoindre en Amérique à cause des lois interdisant aux Chinois d'entrer sur le sol américain. Elle ne pouvait pas te demander de revenir à Singapour.

« Si bien qu'elle pria la déesse Kwan Yin, et la réponse lui parvint de la façon la plus extraordinaire. Ta mère m'a dit que la déesse lui avait parlé par la voix de sa mère ! La mère de Mei-ling est morte il y a de nombreuses années, quand Mei-ling n'était encore qu'une enfant. La voix lui avait dit : "Harmonie ne fait plus partie de ce monde désormais, sa place est dans le Nouveau Monde. Laisse-la suivre son destin."

« Mei-ling ne t'a jamais écrit, bien qu'elle ait cruellement souffert d'être séparée de toi. Elle savait que sa mère avait parlé avec sagesse, car, si Mei-ling avait écrit, tu serais rentrée à Singapour, et vos deux vies auraient été brisées. »

En lisant ses mots, je fus émue aux larmes par la sagesse de ma mère. Elle avait raison. Si j'avais appris qu'elle était encore en vie, je serais retournée auprès d'elle. Et même si je n'y étais pas retournée, chacune de mes lettres aurait jeté le discrédit et le déshonneur sur la maison de son père.

Le révérend Peterson avait ajouté quelques mots à la fin de sa lettre, que je lus à travers mes larmes : *« C'est avec une grande tristesse que je dois t'apprendre que ta mère est morte, il y a peu de temps. Ce fut néanmoins une mort paisible. Elle a vécu dans l'abondance et la sérénité pendant trente ans dans la maison de son père, en confectionnant des remèdes, et en soignant les malades. Au moment de mourir elle tenait une bouteille de tonique Golden Lotus dans ses mains. Elle était fière de ce que sa fille avait accompli. Et pas un jour ne se passait sans qu'elle pensât que sa fille vivait dans la maison de son père, Richard Barclay.* »

Posant la lettre sur mes genoux, je regardai Olivia. Elle était venue avec l'intention de me faire peur. A la place elle m'avait rendu la vie de ma mère. Elle était venue avec l'intention de me reprendre ma maison.

— Vous pouvez faire ce que vous voudrez avec les renseignements que votre détective vous a fournis, dis-je, mais jamais vous ne pourrez me reprendre la maison de mon père.

Gideon se présenta chez moi le soir même, alors que j'étais en train de faire mes valises.

— Olivia était dans tous ses états ce soir, en rentrant à la maison, me dit-il. Elle semblait très contrariée et m'a avoué qu'elle était passée te voir. Harmonie, que s'est-il passé ? Pourquoi Olivia est-elle venue te voir ? Que t'a-t-elle dit ?

Je lui montrai la lettre du révérend Peterson, puis je fondis en larmes entre les bras de mon bien-aimé — de joie, de tristesse, pour le bonheur de ma mère, et pour sa mort. Il resta avec moi ce soir-là, mon cher Gideon, et ne s'en alla qu'au petit jour alors que j'étais encore endormie.

Le lendemain, alors qu'Iris, Mme Katsulis et moi nous apprêtions à monter à bord de l'avion qui devait nous emmener à Hawaii, je vis Gideon qui fendait la foule en courant dans notre direction. Je crus tout d'abord qu'il était venu nous dire au revoir, puis je vis qu'il tenait une valise à la main.

— J'ai dit à Olivia que je voulais divorcer. Je viens à Hawaii avec toi et notre fille.

Nous rentrâmes dix mois plus tard, avec Charlotte, qui était née à Hilo, une petite ville tranquille où les gens ne nous connaissaient pas. Comme je l'avais prédit, personne ne voulut croire à mon histoire de jeune époux noyé lors d'un accident de plongée, mais il n'y eut pas la moindre remarque et le secret fut gardé.

Pendant notre séjour à Hawaii, Gideon et moi avions

fait des projets d'avenir. Mais lorsque nous rentrâmes à San Francisco, nous comprîmes que nos projets ne verraient jamais le jour.

Olivia refusait de divorcer. Je m'y étais attendue. Comment aurait-elle pu renoncer à la maison et à son mari pour moi ? Mais il y avait également d'autres problèmes dans la famille : Margo ne pouvait pas avoir d'enfant. La force et la clairvoyance de Gideon furent requises.

Depuis sept ans qu'ils étaient mariés, Margo et Adrian n'avaient pas réussi à avoir d'enfant. Entretemps, Margo avait décidé d'adopter un enfant, mais Olivia s'y opposait, insistant pour que sa belle-fille aille consulter un spécialiste afin de trouver un moyen d'engendrer un héritier. Olivia voulait que ses petits-enfants soient des Barclay.

— Je lui ai fait remarquer qu'aucun de nous n'était un vrai Barclay, me dit Gideon un jour, et que j'avais moi-même été adopté par Richard Barclay. Mais c'est un détail qu'elle préfère oublier lorsqu'elle pousse Adrian à intervenir chaque fois que Margo se rend chez un avocat ou dans une agence d'adoption.

La belle-mère et la belle-fille ne cessaient de se quereller. Elle était loin, l'époque bénie où Olivia et Margo s'entendaient comme larrons en foire, l'époque où elles vivaient encore dans la grande maison et où Olivia se montrait pleine d'attentions pour la jeune Margo. Adrian, aujourd'hui âgé de presque trente ans, et occupant une position élevée au sein d'Harmony-Barclay Ltd à San Francisco, se retrouvait tiraillé entre le désir d'obéir à sa mère et celui de contenter sa femme, de telle sorte qu'il avait pris l'habitude de fréquenter de plus en plus assidûment le yacht-club et les terrains de golf mais aussi, comme le croyait Gideon, les bordels du Nevada.

Je fus contrariée de l'apprendre, car je savais combien Gideon avait envie d'être grand-père, et je savais également que ce désaccord était nuisible à l'harmonie intérieure de Margo et à l'équilibre entre son yin et son yang, et que si le *ki* ne pouvait pas circuler librement, ses chances de tomber enceinte s'en trouveraient diminuées. Gideon me demanda si je disposais d'un remède qui pût la guérir. Mais je lui rappelai que mes remèdes n'agissaient pas directement sur la maladie, mais que, ainsi que le veut la médecine chinoise, ils aidaient le corps à retrouver son équilibre et son harmonie et en conséquence à guérir. Et c'était précisément ce dont Margo avait besoin — retrouver son harmonie.

Je lui remis une bouteille de tonique Golden Lotus, semblable à celui que j'avais pris moi-même chaque jour pendant des années. J'étais la preuve vivante, lui dis-je, de l'efficacité de mes remèdes, car bien qu'âgée de cinquante ans la plupart des gens m'en donnaient dix de moins. La bouteille que je donnai à Gideon pour qu'il la remette à Margo ne provenait pas de mon usine, mais avait été confectionnée spécialement par moi-même, dans ma cuisine, selon la recette utilisée par ma mère, et par dame Lotus d'Or il y a plus de mille ans, et qui consistait à mettre tous les ingrédients dans une grande jarre de céramique remplie d'une liqueur chinoise appelée *gao liang,* puis à sceller hermétiquement la jarre et à laisser infuser pendant six mois. Après quoi, on filtrait l'infusion, on rajoutait de la liqueur *gao liang,* puis on scellait à nouveau la jarre et on la laissait reposer pendant encore six mois. Parmi les puissants ingrédients qui composaient mon tonique se trouvaient l'angélique, qui régularise le cycle menstruel, de la poudre de ver à soie, qui calme le sang, et du placenta humain séché. Autant d'agents rajeunissants qui stimulaient la fertilité.

Margot ne m'aimait pas. Elle ne croyait pas aux plantes médicinales, bien que celles-ci eussent fait d'elle une femme riche. C'est pourquoi, lorsque Gideon m'annonça qu'elle buvait chaque jour le tonique Golden Lotus, et qu'elle en redemandai, je compris que son désir d'enfant était profond et sincère.

Au début du printemps de 1958, je découvris qu'Iris était à nouveau enceinte. Cette fois, nous ne partîmes pas à Hawaii. Et je ne dis rien à Gideon. J'enfermai Iris dans sa chambre, informant Gideon et nos amis que ma fille était tombée dans l'escalier et qu'elle devait garder le lit en raison d'une paralysie temporaire. J'engageai deux infirmières pour seconder Mme Katsulis et surveiller ma fille vingt-quatre heures sur vingt-quatre. Je donnai à Iris autant de puzzles que nécessaire pour la garder occupée. Sept mois plus tard, quand ma fille accoucha, je jouai les sages-femmes pour mettre au monde mon petit-fils.

Ma décision était déjà prise. Après avoir examiné le bébé soigneusement à la lumière et m'être assurée qu'il n'avait pas le type chinois, je le pris à Iris pendant que celle-ci était endormie, je le baignai, l'enveloppai dans des langes, et me rendis en pleine nuit chez Margo. Je lui racontai que j'avais été appelée au chevet d'une amie dont la fille était en train d'accoucher. La fille n'était pas mariée, aussi sa famille ne voulait pas de l'enfant. Je dis à Margo que si elle voulait le bébé, ce serait un secret entre elle et moi, et que M. Sung, qui était un ami et en qui j'avais entièrement confiance, pourrait établir un certificat de naissance et d'adoption en bonne et due forme.

Margo accepta l'enfant avec joie. Quand Olivia apprit la nouvelle elle en fut fâchée, mais il était trop tard pour qu'elle pût intervenir. Et Adrian était soulagé que la querelle ait enfin pris fin. Personne ne savait que l'enfant adopté était le petit-fils de Gideon Barclay.

Son nom était Desmond.

49

Palm Springs, Californie, 5 heures

— Johnny ! s'exclama Charlotte en sortant de la salle de bains, un livre dans une main et se séchant les cheveux de l'autre. Je sais qui c'est !

— Moi aussi, dit-il, en enfonçant la touche Entrée, pour faire apparaître le résultat de ses recherches à l'écran.

Il se détourna de l'ordinateur pour la regarder.

Il aurait voulu lui prendre la serviette des mains et sécher lui-même ses longs cheveux noirs, les dompter sous ses caresses. Il mourait d'envie de la serrer à nouveau dans ses bras, comme il l'avait fait quelques instants auparavant, lorsqu'ils avaient réalisé l'un et l'autre le terrible quiproquo qui avait eu lieu seize ans auparavant. Toutes ces années gâchées à cause d'un un qui ressemblait à un sept.

— Tout est là ! Tiens, lis ! dit-elle en lui tendant le vieux cahier qu'elle avait trouvé dans le tiroir de la cuisine. Celui-ci contenait des feuilles de papier vélin protégées par deux plaquettes de bois percées de trous sur toute la hauteur et reliées ensemble par de la ficelle. Je n'avais pas la moindre idée de ce qu'il y avait à l'intérieur, expliqua-t-elle lorsqu'il lui prit le cahier des mains. C'est le journal intime que ma grand-mère tenait au début des années cinquante. J'ignorais qu'elle tenait un journal.

Jonathan se mit à tourner prudemment les fragiles feuillets, tandis que ses yeux suivaient l'écriture fleurie et précise de la grand-mère de Charlotte. Soudain il s'arrêta, les yeux fixés sur le bas de la page.

— Desmond est ton frère ?

— Mon demi-frère. Car j'imagine que nous n'avons pas eu le même père. Quant à mes doutes concernant mon propre père, ils sont confirmés ici… ma mère n'a jamais été mariée. Le mari noyé lors d'un accident de plongée a été inventé de toutes pièces. A présent, écoute, ajouta-t-elle promptement, en laissant tomber la serviette à terre et en rassemblant sa longue chevelure en un soyeux ruban noir. Tu te souviens que je t'avais dit que j'avais trouvé Des changé à mon retour d'Europe l'année dernière ? Eh bien, je crois que ce changement était dû au fait qu'il avait découvert la vérité concernant notre parenté. Johnny, il y a quelques heures, quand Des m'a interceptée dans l'escalier, il m'a tenu des propos étranges. Il n'arrêtait pas de parler de ma mère et de faire des remarques désobligeantes au sujet de Margo…

— Inutile d'en dire davantage, l'interrompit Jonathan en pointant un doigt sur l'écran. Il m'a fallu un certain temps à cause de la panne de courant, mais j'ai réussi à récupérer les derniers fichiers à avoir été ouverts et à retrouver la trace de la dernière formule recopiée. Mes recherches m'ont conduit à une adresse IP, que j'ai pu identifier grâce à Internet.

Charlotte jeta un coup d'œil à l'écran.

— Desmond Barclay !

Jonathan saisit aussitôt son coupe-vent noir.

— Viens, il n'y a pas une minute à perdre.

50

Ils se rendirent d'abord à Harmony Biotech.

— Il y a une chose dont je voudrais m'assurer en premier lieu, dit Jonathan en garant la voiture dans un endroit abrité.

Ils pénétrèrent dans le bâtiment principal par l'escalier de secours, et lorsqu'ils atteignirent le troisième étage Charlotte ramassa la flasque métallique que Desmond avait jetée quelques heures plus tôt. Elle la porta jusqu'à ses narines :

— C'est bien ce que je pensais. Cette flasque ne contenait pas d'alcool. Rien que de l'eau. Desmond a fait semblant d'être ivre ! Il s'est probablement rincé la bouche avec du whisky appartenant à Adrian, à moins qu'il n'en ait arrosé son pull-over. C'était une mise en scène, Johnny, pour me faire croire qu'il était trop soûl pour pouvoir se tenir debout !

— Et trop soûl pour envoyer des messages électroniques, conclut Jonathan.

Ils traversèrent le hall à vive allure, en faisant une pause pour s'assurer que l'agent de sécurité qui montait la garde devant la chambre des ordinateurs ne les avait pas vus, et que ni Valerius Knight ni aucun de ses agents n'étaient en vue. Après quoi ils se faufilèrent dans le bureau de Desmond.

Son ordinateur, comme tous les autres, avait été étiqueté, et déconnecté par les hommes de Knight. Ainsi que son téléphone et son modem. Charlotte et Jonathan commencèrent à fouiller l'énorme bureau de ministre, ouvrant chaque tiroir, s'assurant qu'il n'y avait rien dans la corbeille à papier, après quoi ils fouillèrent le secrétaire en acajou, le bar, la penderie, où étaient accrochés des costumes et des vêtements de sport de couturiers en vogue. Ils regardèrent derrière le sofa et les fauteuils blancs, à l'intérieur de la bibliothèque vitrée, et même sous le panier en osier dans lequel se trouvait un palmier artificiel, cherchant désespérément à mettre la main sur un modem caché.

— Il l'a forcément caché ici, dit Charlotte. Ce bureau est le seul endroit où Desmond sait que personne ne viendra le déranger. Il peut s'enfermer à clé et taper tout ce qui lui passe par la tête.

Jonathan s'approcha à nouveau du placard qui se trouvait entre les étagères de la bibliothèque, et inspecta l'équipement stéréo, le lecteur de CD, la télévision.

— Ça y est, je l'ai trouvé, s'exclama-t-il en tirant à lui l'étagère coulissante sur laquelle était posée la télévision, faisant apparaître l'ordinateur portable caché derrière, ainsi que le modem externe qui y était connecté.

— A défaut d'autre chose, commenta sèchement Charlotte, Desmond n'est pas idiot.

— Je te parie que c'est un DDI.

— Un quoi ?

— Un DDI. C'est un modèle spécial qui ne passe pas par le standard, de telle sorte que ton système central ne peut pas le détecter. Je parie que si nous fouillons dans le dossier e-mail de son portable nous allons trouver certains messages qui t'ont été adressés par le biais de réexpéditeurs anonymes.

Repoussant la télévision dans son compartiment, laissant le portable et le modem en place tout en s'assurant qu'il n'avait rien dérangé, Jonathan referma le placard :

— Je propose que nous allions rendre une petite visite à Desmond.

Jetant un coup d'œil à la pluie qui tombait toujours à verse, Charlotte remarqua d'un air inquiet :

— Il n'habite qu'à une vingtaine de kilomètres d'ici. Mais sa maison se trouve au sommet d'un canyon. Il va falloir conduire prudemment.

51

Sur le trajet de Palm Canyon Drive, sous une pluie torrentielle qui les obligeait à rouler lentement, Charlotte dit :

— Dire qu'il y a tant de choses que j'ignorais au sujet de ma famille, Johnny. C'est comme si tout ce que j'avais cru jusqu'ici s'était effondré d'un seul coup. Comme si tout ce qui était noir était subitement devenu blanc et vice versa. L'oncle Gideon était en fait mon grand-père ! Et maintenant je découvre que Desmond est mon frère ! Ce qui me fait penser que…

Jonathan tourna la tête vers elle :

— Penser quoi ?

— Je t'avais dit que grand-mère croyait que sa mère lui avait parlé depuis l'au-delà. Elle m'a dit une fois que cela arrivait à toutes les filles de notre famille.

— Ah oui ? Et alors ?

— Eh bien, il se trouve que Mei-ling n'était pas morte quand grand-mère a entendu sa voix ! Qu'en est-il de la voix que j'ai entendue, Johnny, la voix qui m'a dit de ne pas boire la tisane ? Est-ce que cela signifie que ma mère est toujours en vie, et que ma grand-mère m'a menti quand elle m'a dit qu'elle était morte après une chute dans les escaliers ?

Ils arrivèrent à un croisement ; la pluie diluvienne avait recouvert les trottoirs et se déversait tel un torrent balayant tout sur son passage. Jonathan ralentit, ramenant la voiture vers le centre de la chaussée, où l'eau était moins profonde. Agrippé des deux mains au volant, il scrutait la route comme un homme qui n'a qu'une chose en tête : passer de l'autre côté.

— Crois-tu que tu pourras me pardonner un jour ? demanda-t-il soudain de but en blanc.

Charlotte contempla un instant son visage partiellement éclairé par la lueur des phares reflétée par la pluie, et vit une veine qui battait sur sa tempe.

— J'avais décidé une fois pour toutes que j'étais la seule personne au monde à avoir souffert, chuchota-t-il. Je n'étais qu'un blanc-bec arrogant, qui toisait le monde entier du haut de la muraille qu'il avait érigée autour de lui-même. J'avais relégué mes sentiments en haut de la plus haute tour, et je défiais toutes les femmes de s'en approcher. Adèle a relevé le défi, c'est pourquoi je l'ai récompensée.

Tandis qu'elle l'observait en silence, Charlotte se souvint de leurs étreintes, une heure plutôt, du goût de ses lèvres, de l'incroyable découverte qu'ils avaient faite concernant le poème.

Jonathan détourna un court instant les yeux de la route pour la regarder.

— Oui, j'attendais que tu me dises de ne pas me marier, ce jour-là, à San Francisco. Tu étais censée deviner les répliques d'un scénario qui n'existait que dans ma tête.

— Résultat, tu m'as tenue pour responsable de ton mariage malheureux avec Adèle.

— Nous n'étions pas malheureux. En fait, au début, nous étions plutôt heureux. Ou tout au moins satisfaits. Et puis très vite nous sommes tombés dans la routine et nous avons laissé les choses se dégrader. (Il la regarda.) Je ne veux pas retomber à nouveau dans la routine, Charlie.

Posant une main sur la sienne, elle sentit la tension de ses mains serrées sur le volant.

— Tout ce qui compte pour l'instant, Johnny, c'est que nous arrivions à l'autre bout de la nuit…

Elle n'avait pas besoin d'en dire plus.

Desmond vivait dans les collines qui dominaient

Rancho Mirage, dans un palais de verre et de marbre rempli d'œuvres d'art, et doté d'une salle de gymnastique privée, d'un salon de coiffure, ainsi que d'une piscine intérieure chauffée.

Un majordome philippin en livrée blanche vint leur ouvrir, et les escorta le long des interminables couloirs qui menaient à la salle de jeux, une vaste salle entièrement vitrée, dotée d'un bar équipé avec sept tabourets, qui comprenait une table de billard, deux écrans de télévision géants, six billards électriques, toute une installation de jeux vidéo, ainsi qu'une cheminée centrale entourée de banquettes construites en maçonnerie à même le plancher. Desmond était au bar en train de se servir une bière au gingembre.

— Salut, dit-il avec un sourire. Il fait un temps de chien dehors, pas vrai ?

La splendide vue sur la vallée du désert que l'on pouvait contempler depuis un jardin de rocaille était gâtée par l'orage. Pas même l'aurore, qui commençait à poindre, ne parvenait à percer les nuages noirs et la pluie diluvienne.

Charlotte remarqua que Desmond avait échangé sa tenue noire très chic contre une tenue blanche tout aussi chic consistant en un pull-over ample porté par-dessus un pantalon de coton et une paire de souliers. En tout cas, il avait ôté ses lunettes de soleil.

Jonathan, prêt à lui sauter à la gorge, gronda :

— Je vais te faire passer l'envie de sourire.

Charlotte le rattrapa par le bras.

— Toujours prêt à avoir recours à la force brute ? laissa tomber Desmond. Après toutes ces années, j'aurais pensé que tu étais devenu raisonnable.

— Desmond, dit Charlotte, tu n'es pas soûl.

— Il y a deux heures, tu affirmais le contraire. Il faudrait savoir, Charlotte. Ou devrais-je dire « chère sœur » ? (Il prit une gorgée de son breuvage.) Ah, je vois que tu n'es pas surprise que je t'appelle ainsi. Le savais-tu depuis toujours ? Le monde entier était-il au courant de mon horrible petit secret sauf moi ?

— Je viens seulement de l'apprendre, Desmond. Jusqu'ici je l'ignorais.

Tandis qu'il ouvrait la porte du réfrigérateur qui se trouvait sous le bar pour en sortir une poignée de glaçons, elle ajouta :

— Le coup de la soûlographie, ce n'était qu'une mise en scène, n'est-ce pas ?

Laissant tomber les glaçons dans son verre, il dit :

— Tout à l'heure, quand tu m'as dit que tu me considérais comme un frère, j'ai failli éclater de rire. Tu avoueras que c'est ironique, non ? Je suis réellement ton frère. Enfin, disons ton demi-frère. (Il haussa les épaules.) Comme c'est ce que tu attendais de moi, il a bien fallu que je me résigne, pas vrai ?

Il eut un rire sarcastique, puis il ajouta, tout en mélangeant ses glaçons avec un doigt.

— Tu sais ce qui rend mon secret si délicieux ? C'est que ma très chère mère ignore qu'Iris est ma vraie mère. Margo s'imaginait sans doute qu'il s'agissait d'une jeune et jolie débutante séduite par quelque professeur Nimbus de l'université de Stanford. Ou alors par un astronaute. Mais non, suis-je bête, il n'y en avait pas en 1957. Toujours est-il que Margo s'imaginait que mon père était un brillant savant ou un héros américain, et que ma mère ressemblait à Grace Kelly, et qu'elle avait le pedigree de la princesse Diana. Je crains qu'elle ne tombe de haut quand elle apprendra que je suis le rejeton que cette demeurée d'Iris s'est fait faire un jour qu'elle s'était échappée de son chenil.

— Ne parle pas ainsi, dit Jonathan.

— Tu m'excuseras, dit Desmond, en décochant un regard venimeux à Jonathan, mais je dis ce qui me plaît dans ma maison. (Puis se tournant vers Charlotte :) J'étais sûr que le beau chevalier sans peur et sans reproche n'était pas encore parti. Il a eu du pain sur la planche, pas vrai ?

— Desmond, quand as-tu découvert que nous avions la même mère, toi et moi ? Etait-ce l'année dernière, quand j'étais en Europe ?

Il leva son verre en feignant de lui porter un toast.

— Bravo, chère sœur. En effet, c'est à ce moment-là. Comme tu peux te l'imaginer, j'ai eu un fameux choc en l'apprenant. Je me suis efforcé de prendre la chose avec calme, mais tu es très observatrice, et tu as remarqué que j'avais changé. Penses-tu que tu n'en aurais pas fait autant si tu avais appris la vérité concernant ta parenté ? En particulier, quand on a une parenté aussi grotesque.

— Comment l'as-tu découvert ? Dans le journal intime de grand-mère ?

— Le journal intime de grand-mère ? Quel journal intime ? Non, je l'ai découvert à cause de Krista.

S'accoudant au bar en acajou, il montra du doigt un mur entièrement tapissé de photos de famille : ses trois épouses, sa fille Krista, qu'il avait eue de sa seconde épouse, son fils Robbie, enfant né de son union avec sa première femme.

— Eh bien quoi, Krista ? demanda Charlotte, en contemplant la dernière photo de la série, une jolie jeune fille en train de souffler les seize bougies d'un gâteau d'anniversaire.

Desmond rejeta la tête en arrière et but une longue gorgée.

— Il y a juste un peu plus d'un an, dit-il, Krista a commencé à donner des signes de désordre globulaire. Elle se blessait facilement, et ses blessures avaient du mal à cicatriser. Et lorsqu'il a fallu l'opérer de l'appendicite, les médecins ont dû la transfuser. Son médecin traitant nous a dit que les symptômes pouvaient relever de plusieurs maladies, et qu'il était nécessaire d'en déterminer exactement la cause afin de pouvoir trouver un traitement adéquat. Il se pouvait, nous a-t-il expliqué, que Krista ait hérité d'une maladie génétique appelée maladie de Willebrand, auquel cas il faudrait qu'elle suive une thérapie bien particulière. En revanche, si ce n'était pas le cas, la thérapie risquait de lui être préjudiciable. Il fallait donc faire des recherches poussées sur le patrimoine génétique de la famille afin de s'en assurer. Quand j'ai expliqué au toubib que j'avais été adopté, et que j'ignorais qui étaient mes parents, il m'a vivement encouragé à mener des recherches car c'était l'unique façon de déterminer le traitement adéquat pour ma fille.

— Si bien que tu es allé trouver grand-mère, avança Charlotte.

— En plein dans le mille, répondit-il, en lui portant un toast. La vieille a commencé par me dire qu'elle ne savait rien de mes parents, mais quand je lui eus expliqué la gravité de la situation, et que la vie de ma fille en dépendait, elle m'a finalement dit que, bien que ne connaissant par l'identité de mon père, elle pouvait m'affirmer que ma mère ne souffrait pas de la maladie de Willebrand. Lorsque je lui ai demandé comment elle pouvait en être aussi sûre, elle a jeté la bombe H, la bombe A et la bombe à neutrons d'un seul coup. (Il laissa échapper un petit rire amer.) Si vous aviez vu ma tête, à ce moment-là, dommage que personne n'ait pris de photo !

Desmond fit le tour du bar et descendit les quelques marches qui menaient au centre de la pièce. Il s'arrêta un long moment pour contempler les braises rougeoyantes du foyer.

Il se tourna vers Charlotte, ne cherchant désormais plus à fuir son regard.

— C'est alors que je me suis souvenu d'une rumeur selon laquelle Fiona avait légué sa maison à ta grand-mère parce qu'Iris était atteinte de la même maladie mentale que la sœur de Richard Barclay. Autrement dit, si ma fille n'a pas hérité d'une déficience globulaire, c'est parce que nous sommes nés dans une famille de crétins congénitaux !

— Iris n'était pas une crétine, dit Charlotte d'une voix cassante.

— Non, disons simplement qu'elle avait une araignée au plafond ! s'exclama-t-il rageusement.

Jonathan fit instinctivement un pas pour se rapprocher de Charlotte.

— Non mais regardez-moi ces deux tourtereaux, dit Desmond, s'ils n'ont pas l'air mignon.

— Bon, tu as découvert la vérité, et après ? le pressa Charlotte, qui voulait qu'il continuât à parler.

— Tu étais en Europe à l'époque, en train de faire le tour des sociétés pharmaceutiques les plus prestigieuses. La grande Charlotte Lee, PDG d'Harmony Biotech, en train de s'en payer une bonne tranche aux frais de la princesse et de faire la tournée des grandes maisons pharmaceutiques. Pendant que moi j'étais à genoux en train de prier Dieu pour que ma fille ne soit pas atteinte d'une maladie incurable, et en même temps de le maudire de m'avoir donné pour mère une crétine congénitale qui ne savait même pas qu'elle avait eu des rapports.

— En as-tu parlé à quelqu'un d'autre ? A Adrian ou Margo ?

— Tu es folle ou quoi ? Margo ne s'en serait jamais remise. De plus, il était temps pour moi de mettre mon plan à exécution, et je savais que si maman et papa avaient appris la vérité ils auraient pu le faire échouer.

— Ton plan, quel plan ? demanda Jonathan d'une voix soudain devenue menaçante.

— Quelle ironie du sort, tu ne trouves pas, Charlotte ? poursuivit Desmond, sans faire cas de Jonathan. J'ai passé toute ma vie à essayer de faire plaisir à Margo pour lui faire oublier que je n'étais pas un vrai Barclay. Or il se trouve que j'en suis un !

— Est-ce que c'est toi qui as assassiné grand-mère ?

Il fronça les sourcils.

— Non, je ne suis absolument pour rien dans sa disparition. Et si la vieille a été assassinée, ce n'est pas par moi.

Un éclair fendit soudain le ciel, illuminant la vaste salle de jeux d'une lueur aveuglante.

— Mon Dieu, souffla Charlotte, tu es abject.

Desmond tiqua.

— Comme tu y vas.

— Tu as essayé de tuer Naomi.

Il haussa les épaules.

— Il ne pouvait rien lui arriver.

— Comment peux-tu dire ça ?

— Elle est voyante, non ?

— Et tu as essayé de me tuer.

Il leva son verre vers la lumière, comme s'il voulait compter les bulles qui se trouvaient à l'intérieur.

— Je n'avais pas l'intention de te tuer. Je voulais simplement te faire un peu peur. La porte du garage n'a endommagé que la voiture. Et en ce qui concerne la chaîne d'assemblage, je l'ai arrêtée juste à temps, non ?

— N'empêche que tu as empoisonné ma tisane, dit Charlotte.

— Juste assez pour te rendre un peu malade, te flanquer la trouille. Je ne voulais pas que tu meures. Je tiens absolument à ce que tu fasses l'annonce à la presse, et tu vas la faire, Charlotte.

— C'est donc toi qui as tout organisé, s'interposa Jonathan. Tu as fait en sorte que Rusty Brown sabote les produits, après quoi tu as placé des pièces à conviction dans son casier, afin qu'il soit soupçonné du meurtre des trois victimes et de l'explosion chez Naomi. Très malin, Desmond, mais pourquoi avoir pris la peine de saboter trois lots entiers de produits ? Alors que trois échantillons auraient suffi ?

Desmond répondit à contrecœur :

— Juste au cas où tu aurais un magnétophone caché sur toi, sache que je ne reconnais aucun des faits que tu me reproches. Néanmoins, tu conviendras qu'il est plus facile de retrouver la trace d'une personne qui a saboté trois échantillons qu'une personne qui en a saboté trois cents. Il ne s'agit là que d'une hypothèse, bien entendu. (Se tournant vers Charlotte, il poursuivit :) La police ne pourra établir aucun lien entre moi et les trois victimes. Je n'avais aucune raison de les assassiner. En revanche, Charlotte, ce n'est pas ton cas. De plus, tu étais à Gilroy le jour où le troisième échantillon a été expédié depuis là-bas.

Il regarda sa montre.

— Mon Dieu, mon Dieu, comme le temps passe. Il est presque six heures, Charlotte. (Il jeta un coup d'œil circulaire à la pièce.) Mais où sont les journalistes ? Je ne vois pas les camionnettes de la presse ? Tu n'as pas l'air de prendre ma menace au sérieux, ma chère sœur. Tu as tort. Je peux tuer des milliers de personnes.

— Ce qui m'étonne le plus, fit Charlotte, c'est que tu n'as pas paru surpris de nous voir arriver ici.

Desmond haussa les épaules.

— Quand j'ai compris que tu avais appelé ton chevalier servant à la rescousse, j'ai aussi compris qu'il ne vous faudrait pas bien longtemps pour découvrir le pot aux roses. Et aussi, que vous aviez trouvé refuge dans le musée. Tu t'imaginais probablement que je ne me doutais de rien, pas vrai ? Que tu aies réussi à berner Valerius Knight, soit, mais quant à moi, je te connais trop bien, Charlotte. Ainsi donc, c'est dans un journal intime que tu as découvert que j'étais ton frère ?

Il traversa la salle de jeux, contournant les banquettes, et se rendit à l'endroit où les billards électriques étaient alignés.

— Quel choc, dit-il, en actionnant les flippers d'une machine *Star Trek*. Quand je pense que j'ai désiré ma propre sœur pendant des années. Apparemment, c'est une maladie dans la famille.

Il se retourna et leur lança depuis l'autre bout de la pièce :

— Je me souviens avoir entendu grand-mère Olivia dire à ma chère mère adoptive qu'elle détestait ta grand-mère parce que grand-père Gideon était amoureux d'elle. Olivia a dit à Margo que tout allait bien tant qu'Harmonie pensait que Gideon était son frère. Mais que du jour où il lui avait avoué que Richard Barclay l'avait adopté ils étaient devenus amants. Non mais est-ce que tu saisis toute l'ironie de la situation, Charlotte ? dit-il en riant. C'est exactement le contraire de toi et moi ! Jusqu'ici, tu ne savais pas que j'étais ton frère !

La pluie qui tombait à verse martelait la verrière, en faisant un bruit assourdissant comme s'il était tombé des grêlons.

— Franchement, continua Desmond en baissant la voix et en contemplant le verre qu'il tenait à la main, tu avoueras que c'est comique. Toute ma vie je me suis traîné un complexe parce que je n'étais pas un vrai Barclay. Et maintenant il s'avère que je suis le seul Barclay de la famille Barclay ! Ah ! Exactement comme toi, Charlotte, mon arrière-grand-père était Richard Barclay ! Cela fait de nous des aristocrates, en quelque sorte. Quand je pense que pendant toutes ces années je me suis considéré comme une pièce rapportée, alors que ce sont mon père et mon grand-père qui sont des intrus !

S'éloignant du billard électrique, il alla se poster devant les baies vitrées, qui donnaient sur une chute d'eau aménagée à même la roche de la colline. Sa silhouette se découpant sur le ciel noir et orageux était d'un blanc livide.

— Desmond, demanda Charlotte, que signifie tout cela ? Pourquoi vouloir détruire la société, simplement parce que tu as découvert ta véritable identité ?

— Et j'y suis bien décidé, répondit-il d'une voix évasive. Je vais mener mon projet à bien, Charlotte. Si tu fais cette annonce à la presse, je ne tuerai pas des milliers d'innocents.

— Mais pourquoi ?

Il eut un sourire narquois.

— A ton avis ?

Elle lui jeta un regard impatient.

— Je ne t'en crois pas capable.

— Tu as tort. Je peux te le prouver.

— Comment ? Je te crois capable d'avoir organisé la mort des trois victimes — tu leur as envoyé des échantillons gratuits, n'est-ce pas ?

— Tu avoueras que j'ai eu une idée de génie en prenant pour cible trois femmes avec qui tu avais eu maille à partir par le passé.

— Mais nous avons lancé des messages pour prévenir la population, tous nos produits ont été retirés de la vente. Tu ne peux tout de même pas obliger les gens à avaler des produits qu'ils savent être nocifs.

— Oh, je ne vais pas les y obliger. Ils le feront de leur propre chef.

Le tonnerre gronda soudain, faisant trembler la terre et vaciller les lampes.

— Tu veux parler des formules secrètes, dit-elle au bout d'un moment. C'est cela, n'est-ce pas ?

Il lui décocha un clin d'œil.

— Ma sœur est vraiment un crac. En effet, les formules secrètes. Celles qui sont actuellement à l'étude et qui pourraient nous rapporter des millions de dollars voire des milliards.

— Tu veux dire que tu as l'intention de les vendre à une autre société ? A Synatech, par exemple ?

— Tu plaisantes ? Ce sont des méthodes qui datent d'un autre âge, Charlotte. Il est temps de te mettre au parfum. Je vais les diffuser sur Internet.

— Et alors, qu'est-ce que cela changera ?

Desmond jeta un coup d'œil à Jonathan :

— Ton chevalier servant, lui, sait exactement ce que je veux dire, pas vrai ?

— Desmond, tu es un monstre, fit Charlotte horrifiée.

Il sourit.

— Ce n'est pas parce que tout le monde dit que je suis un salaud que je n'en suis pas un.

— Je veux que tu me dises ce que tu as en tête.

— Est-ce que tu sais combien il y a de personnes malades du cancer dans le monde, Charlotte ? Des gens qui sont prêts à tenter n'importe quoi pour guérir ? Je divulgue mes formules et, en un clin d'œil, des centaines de petites herboristeries dans le monde entier vont essayer de préparer ces remèdes dans l'espoir de gagner des millions. Et crois-moi, les gens se les arracheront.

— Mais comment pourrais-tu tuer des milliers de gens ? Ces formules sont à l'état expérimental, et tu sais aussi bien que moi que certaines d'entre elles sont actives et que les autres sont inoffensives... (Elle s'arrêta brusquement.) Oh, mon Dieu, tu vas les saboter.

— Ma parole, tu deviens plus perspicace de minute en minute.

— Tu vas les rendre mortelles ?

— C'est déjà fait.

— Ça ne marchera jamais, Desmond. Il me suffit de

lancer un message signé Harmony Biotech, et ton plan échoue.

— Réfléchis un peu, Charlotte. Primo, tu ne sais pas quelles sont les formules que j'ai sabotées et que j'ai l'intention de divulguer. Et puis, comment comptes-tu lancer ton message ? Par le biais de la presse ? Internet ? Il y a des milliers de groupes de presse, et des millions de sites et de forums sur Internet. Tu n'as qu'à demander à ton preux chevalier.

— Mais pourquoi fais-tu cela ?

— Parce que la société me revient de droit ! éructa-t-il soudain, les faisant sursauter. Je suis le seul héritier mâle de Richard Barclay ! Harmony Biotech a été fondée par sa fille. Lorsque celle-ci est morte, la société aurait dû me revenir !

— Mon Dieu, Desmond, tu as vraiment l'esprit tordu ! Tu es en train de me dire que parce que tu ne peux pas avoir la société tu vas la détruire ?

Il jeta un coup d'œil à sa montre.

— Je te conseille de te décider, glapit-il. Il est presque six heures. (Il traversa la pièce pour se rendre auprès d'un vieux téléphone à pièces fixé au mur.) Je vais te simplifier la tâche. J'ai justement le numéro de Channel 7 ici. Tu pourras faire ta déclaration par téléphone

Comme Jonathan s'élançait vers le placard qui se trouvait à côté des billards électriques, Desmond menaça :

— Je ne ferais pas ça si j'étais toi. Je te conseille de rester là où tu es si tu ne veux pas que mon majordome se transforme en Jean-Claude Van Damme. Avec des couteaux. (Puis il ajouta avec un sourire.) Il ne paye pas de mine à première vue mais il est ceinture noire de plusieurs arts martiaux.

— Desmond, dit Charlotte d'un ton suppliant. Tout ceci n'a aucun sens. Qu'est-ce que tu vas y gagner ? D'une façon comme de l'autre — si je fais une déclaration à la presse, ou si tu divulgues les formules — la société sera ruinée. Tu vas perdre ton boulot, tes investissements, et ta maison ! En détruisant Harmony, c'est toi-même que tu détruis !

Il saisit le combiné, le contempla un moment, puis raccrocha.

— Tout compte fait… il y a peut-être une troisième possibilité.

— Ah oui, laquelle ?

— Tu me cèdes Harmony Biotech.

Il y eut un nouveau coup de tonnerre et la terre trembla. Les flammes de la cheminée se mirent à danser, attisées par un courant d'air invisible.

— Alors c'était donc ça, dit Charlotte. C'était pour m'obliger à te céder la société.

— Ma société.

— Mais tu oublies que je suis, moi aussi, l'héritière de Parfaite Harmonie. Et que je suis l'aînée.

— Et moi je suis le fils ! rugit-il.

Jetant un coup d'œil furtif à Jonathan, Charlotte chercha à l'apaiser.

— Très bien, je ne vais pas chercher à discuter maintenant. Mais enfin, Desmond, pourquoi n'es-tu pas venu m'en parler tout simplement ? Pourquoi tuer des gens innocents ? Pourquoi tous ces messages ridicules ? Et pourquoi cette annonce à la presse ?

— Pour la bonne raison, ma chère sœur, que tu ne m'aurais jamais dit : « Mais bien sûr, tu as raison. La société est à toi. » Et puis parce que j'avais envie de te faire souffrir.

— Pourquoi ?

— Parce que tu avais tout et que je n'avais rien.

— Comment peux-tu dire une chose pareille ? s'écria-t-elle.

— Ta grand-mère t'aimait, Charlotte. Est-ce que tu sais à quoi ressemblait ma vie avec Margo ? Elle en faisait des tonnes pour montrer au monde entier qu'elle m'aimait. Elle donnait de grandes fêtes en mon honneur, et mettait ma photo sur nos cartes de Noël, en disant haut et fort que son fils était merveilleux. Pendant longtemps, j'ai cru que mon nom était « Tu es adopté, mais ». Elle commençait toutes ses phrases comme ça. Ou alors, elle disait : « Nous t'aimons comme si tu étais notre fils. » J'avais l'impression d'être un chien errant qu'elle avait recueilli.

Il contempla un instant le verre qu'il tenait à la main.

— Je crois, dit-il plus doucement, que si elle avait su que j'étais un vrai Barclay, le petit-fils du grand Richard Barclay, elle m'aurait aimé pour de bon.

Il leva les yeux vers Charlotte.

— Sa maison aurait dû me revenir à moi aussi. Mais la vieille te l'a laissée, et toi tu n'as rien trouvé de mieux à faire que de la vendre à des étrangers.

— Je l'ai d'abord proposée à Margo et Adrian, dit-elle.

— Tu leur as proposé de la leur vendre ! hurla-t-il subitement. Tu as essayé de leur vendre une chose qui leur appartenait... qui m'appartenait déjà !

— Desmond, écoute-moi, je suis sûre que nous pouvons trouver une solution...

— Fais-moi grâce de ton paternalisme, Charlotte. Et, personnellement, je ne crois pas que nous puissions trouver une solution. Ou tu me cèdes la totalité des actions, ou je détruis Harmony et toi avec.

— C'est curieux, dit Jonathan sans quitter le majordome des yeux. Autrefois, tu ne te passionnais guère pour les ordinateurs, Desmond. Mais on dirait que tu as fait des progrès. Tu sais, naturellement, que pour transmettre ne serait-ce qu'une seule formule sur Internet il te faudrait des journées voire des semaines avant de pouvoir atteindre le nombre de gens que tu veux toucher.

— Jonathan a raison, s'empressa d'ajouter Charlotte. Tu n'y arriveras pas.

Desmond tourna les yeux vers Charlotte, puis vers Jonathan, et avec un sourire lent dit :

— Ah, je vois, je suis censé suggérer de vous faire une petite démonstration... pour qu'aussitôt le FBI rapplique chez moi ? C'est cela que vous aviez en tête ? Ma pauvre Charlotte, ce que tu peux être naïve, parfois. Est-ce que tu as déjà entendu parler de macros ? De raccourcis ? De puces ? Il me suffit de taper une commande avec trois touches et avant que tu aies pu dire : « Adieu les millions » ta précieuse petite formule GB4204 a déjà touché un demi-million de surfeurs.

Jonathan jeta un coup d'œil entendu à Charlotte.

— Ma parole, Desmond, tu as pris des cours, dit-il tout en essayant de calculer mentalement la distance qui le séparait du placard, que Desmond surveillait du coin de l'œil.

— Bah, ça aide d'avoir un fils de dix-sept ans qui passe sa vie scotché à un ordinateur. Robbie m'a beaucoup aidé. Pour la première fois de sa vie, mon fils a réalisé qu'il avait un père.

— Tu ne crois tout de même pas que tu vas t'en tirer à si bon compte ? dit Jonathan en posant une main sur le bras de Charlotte, pour l'inciter à reculer lentement et à remonter d'une marche. Divulguer sur Internet une propriété intellectuelle telle qu'une formule chimique est un délit puni par la loi.

Desmond lui décocha un regard noir.

— Garde tes sermons pour toi. Je sais ce qui est un délit et ce qui n'en est pas. Certes, je pourrais te rétorquer que dans la mesure où je suis en partie propriétaire de la société il ne s'agirait pas d'un vol. En outre, dès l'instant que la formule est modifiée, la société Harmony peut-elle encore prétendre qu'elle lui appartient ? Une question intéressante, vous ne trouvez pas ? Malheureusement nous n'avons pas le temps d'en débattre maintenant. (Saisissant une liasse de documents contenus dans une chemise bleue, il dit :) J'ai pris la liberté de faire rédiger le document. Il ne te reste plus qu'à le signer, Charlotte, sur la ligne en pointillé.

Elle regarda les papiers qu'il lui tendait, comme s'il s'agissait d'un serpent mortel.

— Tu veux rire !

— Pas le moins du monde, ma chère sœur. Signe le document et toi et ton chevalier servant pourrez vous en retourner tranquillement, rassurés quant au sort de milliers de personnes… et au vôtre.

— Vraiment, j'ignorais que tu aimais le pouvoir à ce

point. Moi qui ai toujours cru jusque-là que la société ne t'intéressait pas.

— Je ne crois pas que ce soit la société qui intéresse Desmond, dit calmement Jonathan en continuant à reculer discrètement.

— Que veux-tu dire ? demanda Charlotte.

— Bien joué, le preux chevalier. (Desmond haussa les épaules.) Bah, à quoi bon en faire un secret. Si tu veux savoir, ma chère sœur, j'ai l'intention de vendre la société.

— La vendre !

— Parce que tu t'imagines que je ne savais pas que Synatech t'avait fait une proposition il y a huit mois ? Une proposition juteuse, si je puis me permettre l'expression, qui aurait mis pas mal de beurre dans tes épinards. Bien, je me suis mis en rapport avec eux…

Au même moment, la sonnette de la porte d'entrée retentit. Dès que le majordome eut disparu, Jonathan s'élança vers la porte du placard. L'instant d'après, le majordome reparut et commença :

— Monsieur Barclay…

Valerius Knight entra dans la pièce.

— Sans blague, marmonna Desmond, en posant son verre. Voilà Eliot Ness en personne.

Knight s'approcha de lui, un ordinateur portable à la main.

— Cet ordinateur est-il à vous, monsieur Barclay ?

— Mais où avez-vous pris cela ?

— Je vous prie de répondre à la question.

Desmond hésita une seconde avant de dire :

— Vous connaissez déjà la réponse.

— Répondez par oui ou par non, s'il vous plaît.

— Bien sûr qu'il est à moi.

— Monsieur Barclay, vous êtes en état d'arrestation. Vous êtes accusé de sabotage industriel et de fraude électronique.

— Comment !

Deux agents du FBI en imperméable se placèrent aussitôt de part et d'autre de Desmond, et, lui saisissant les poignets, lui passèrent les menottes.

— Vous êtes également soupçonné, poursuivit Knight, d'espionnage industriel, de falsification d'écritures et de piratage.

— Hep, pas si vite ! Je veux des preuves !

— Les preuves se trouvent à l'intérieur de ceci, monsieur Barclay, dit Knight en montrant l'ordinateur portable.

Desmond sourit.

— Je vous mets au défi de me montrer un seul fichier dans cet ordinateur.

— Je peux vous en montrer trente-huit, rétorqua Knight en produisant une disquette. Ces fichiers ont été effacés du répertoire, naturellement, mais nous les avons retrouvés. Ils étaient toujours sur le disque dur.

— Apparemment, il y avait des lacunes dans l'enseignement de Robbie, dit Jonathan en passant une main sur la porte du placard.

— Bah, vous pouvez prendre le portable, dit Desmond avec un haussement d'épaule. Ça m'est égal. Vous n'avez pas de preuves. Rien qui vous permette d'affirmer que je suis l'auteur des meurtres.

— Monsieur Barclay, dit Knight en haussant le ton comme s'il avait parlé à la télévision. Etiez-vous dans la ville de Gilroy le 9 du mois ?

Le visage de Desmond pâlit d'un seul coup.

— Nous avons la fiche d'hôtel, monsieur Barclay.

Desmond foudroya Charlotte du regard.

— Vraiment, tu me déçois. Je t'avais pourtant dit de ne pas prévenir les flics. Maintenant, je vais être obligé de mettre ma menace à exécution.

— A vrai dire, techniquement parlant, le contra Jonathan, ce n'est pas Charlotte qui a dit à Knight où était caché ton portable. C'est moi. C'est également moi qui ai eu l'idée de faire rechercher les fichiers effacés par son technicien.

— Peu importe, s'emporta Desmond. Ils peuvent m'arrêter, cela ne changera rien. Je serai relâché dans quelques jours, peut-être même dans quelques heures. Et alors, je te promets que toi et Charlotte vous allez le reg… Hep ! Mais où allez-vous ?

Sur un signal de Jonathan, deux autres agents du FBI traversèrent la pièce pour s'approcher du placard, dont ils forcèrent la serrure, révélant tout un arsenal de jeux vidéo et informatiques. Ils entreprirent aussitôt d'étiqueter les câbles, les branchements, les ports de connexion, silencieusement, rapidement, comme ils l'avaient déjà fait plus tôt dans les bureaux d'Harmony Biotech. Lorsqu'ils déconnectèrent l'unité centrale du moniteur, Desmond protesta :

— Vous ne pouvez pas prendre ça.

En deux enjambées Knight s'approcha de lui et lui mit un morceau de papier sous le nez.

— Nous avons un mandat de réquisition de tout le matériel suspect, monsieur Barclay.

Desmond éclata de rire.

— Dans ce cas, le disque dur est à vous, messieurs. Vous n'avez pas fini d'examiner les fichiers. Voyons, si mes souvenirs sont exacts, j'avais rangé les formules volées dans le dossier « Lettres à la tante Mathilde ». A moins qu'elles ne soient enfouies quelque part dans mon répertoire AlphaWord. Oh, non, je crois qu'elles sont dans le dossier « Impôts sur le revenu 1986-1996 » ! Vous allez avoir du pain sur la planche !

— Desmond, dit Jonathan, en rejoignant les hommes qui étaient en train de fouiller le placard, en ouvraient les tiroirs et en inspectaient les étagères, je ne te crois pas assez stupide pour avoir laissé les formules sur ton disque dur.

— Tu veux examiner mes disquettes, c'est ça ? dit Desmond. Ouvre ce placard. Oui, celui-là.

Jonathan ouvrit la porte qu'il lui montrait, révélant des étagères remplies de jeux, d'équipements de sport et, tout en bas, des cartons à chaussures remplis de disquettes.

— Sers-toi, dit Desmond avec un sourire triomphant. Je t'en prie.

Jonathan et Charlotte échangèrent un regard — ils pensaient la même chose : il allait falloir des semaines, voire des mois, pour examiner toutes ces disquettes.

Knight s'approcha et, jetant un coup d'œil aux cartons à chaussures, marmonna :

— Doux Jésus.

— C'est vraiment trop savoureux, dit Desmond.

Jonathan passa les étagères en revue, inspectant un à un les jeux : un vieux *Monopoly,* un *Cluedo,* un puzzle de cinq cents pièces, un *Scrabble* et un jeu de dames. Puis son regard tomba sur une boîte richement décorée de dragons et de magiciens. Il la prit et la porta à la lumière.

— Je vois que tu joues également à des jeux informatiques, Desmond, dit-il en brandissant la boîte. Quand je pense que tu te fichais de moi autrefois parce que je jouais à *Pong* et à *Asteroids.* Au fait, quel est ton meilleur score ?

Jonathan secoua la boîte, l'ouvrit, et fit tomber la disquette dans sa main.

— Est-ce que tu as déjà atteint le niveau Dragonmaster ?

Desmond s'éclaircit la gorge.

— Il n'est pas à moi. Il est à mon fils. Il y joue quand il vient me rendre visite pendant les week-ends.

Jonathan retourna la boîte, et l'examina attentivement.

— Tu pourrais lui en offrir une version plus récente. Celle-ci est complètement dépassée. Les disquettes, ça ne se fait plus. Mais peut-être étais-tu au courant ?

— Desmond, dit Charlotte, si mes souvenirs sont exacts, Robbie a obtenu ce jeu de haute lutte quand il était en sixième. Il aurait honte si ses copains le surprenaient en train d'y jouer encore maintenant.

Desmond haussa les épaules d'un geste nerveux.

— Comment saurais-je à quoi jouent les gosses de maintenant ? Il y a peut-être des années qu'il n'y joue plus. Ce placard est truffé de vieilleries.

Jonathan retourna la disquette entre ses doigts puis la tint à la lumière.

— Je me demande si ce disque a été trafiqué. Il n'a pas l'air d'être protégé contre la copie.

— Mais ce n'est qu'un vulgaire jeu électronique, dit Desmond, une note de panique dans la voix.

— Précisément, les disquettes de jeu peuvent être facilement trafiquées, répondit Jonathan. Je me demande si ces formules secrètes ne sont pas cachées quelque part à l'intérieur de la forteresse de Mordred. A moins qu'elles ne soient enfouies sous le lac de Khalila ?

Valerius Knight tendit la main et prit la boîte et la disquette des mains de Jonathan.

— J'ai toujours voulu apprendre à jouer à ces jeux vidéo, dit-il. Celui-là ne m'a pas l'air trop difficile pour un débutant.

— Hep, attendez ! s'exclama Desmond.

La sonnette de la porte d'entrée retentit à nouveau, et un instant plus tard Margo et Adrian faisaient leur apparition.

— Bon sang, mais que se passe-t-il ici ! explosa le père de Desmond. Nous venons de recevoir un coup de fil de M. Sung nous demandant de nous rendre ici sur-le-champ. Il nous a dit que c'était une urgence.

— Apparemment, je suis en état d'arrestation, dit Desmond.

— Comment !

— Mais c'est une erreur, papa. Ne t'inquiète pas.

— En état d'arrestation, mais pour quelle raison ?

— Il paraîtrait que je suis soupçonné d'avoir saboté les produits.

Adrian fixa longuement son fils.

— Desmond, es-tu responsable de la mort de ces pauvres gens ?

— Bien sûr que non, intervint sèchement Margo. La police a déjà arrêté l'assassin.

— Oui, mais c'est toi qui as engagé Rusty Brown, n'est-ce pas, Desmond ? dit Charlotte. Lorsque nous interrogerons la directrice du personnel, elle pourra nous le confirmer.

Adrian contempla d'un œil sombre les agents du FBI en train de déconnecter l'ordinateur et de l'envelopper dans du plastique. Puis il se tourna vers Desmond :

— As-tu perdu la tête ? Comment as-tu pu engager un homme qui avait un casier judiciaire ? Quelle mouche t'a piqué ?

Desmond haussa les épaules.

— Je voulais lui donner une chance de méditer sur ses erreurs passées et de se racheter. C'est un bon technicien, il connaît bien son travail.

— Desmond, dit Charlotte, tu as précisément engagé Brown à cause de son casier judiciaire. Tu avais lu des articles de journaux concernant son arrestation et son procès, et quand il a été libéré tu lui as offert un poste. Quelle sorte de promesse lui avais-tu faite, Desmond ? Est-ce ainsi que tu l'as manipulé ? Et quand vous vous êtes retrouvés au Coyote, après que sa demande d'avancement eut été rejetée, tu as planté la graine de la revanche dans son cerveau.

— Je vois, dit Desmond avec un rire peu convaincant, encore un de tes fantasmes.

Jonathan se mit à fouiller dans le placard, ôtant les cartons à chaussures remplis de disquettes, les skis, les ballons de foot, jusqu'à ce qu'il aperçoive tout au fond quelque chose qui attira son attention.

— Et ça, dit-il en brandissant une fausse barbe et une casquette de base-ball à laquelle était attachée une queue de cheval postiche, c'est un fantasme, peut-être ? Le portier de nuit a dit que l'homme qui avait payé à boire à Rusty Brown portait une barbe et une queue de cheval.

— C'est complètement ridicule ! s'écria Adrian. Pourquoi Desmond voudrait-il détruire Harmony Biotech ?

— Parce que Desmond a découvert qu'Iris Lee était sa mère, laissa tomber Charlotte.

Le couple Barclay la dévisagea pendant un long moment. Puis Margo dit :

— Je ne te crois pas.

— C'est pourtant la vérité, dit une autre voix, à l'autre bout de la pièce. Iris était la mère de Desmond.

Tous se retournèrent pour voir qui avait prononcé ces paroles.

Tous restèrent bouche bée.

— Grand-mère ! s'écria Charlotte.

52

Palm Springs, Californie, 6 heures

Tous me dévisagèrent comme s'ils voyaient un fantôme.

Et dans un sens c'était bel et bien un fantôme qu'ils voyaient, car j'étais revenue du pays des morts sans crier gare.

Desmond était aussi blanc que son élégant pull-over, alors que son père était rouge comme une pivoine. Margo se contenta de me dévisager avec une expression qui me rappela la façon dont Olivia m'avait regardée, bien des années auparavant, à travers la fumée de sa cigarette. Quant à Charlotte et à Jonathan, après avoir surmonté le choc initial, ils me sourirent.

C'est Jonathan que je saluai le premier — Jonathan qui était devenu un bel homme. Je l'embrassai et lui dis que j'étais heureuse de le revoir.

Il me sourit et me dit :

— Je suis navré de n'avoir pu assister à vos funérailles, madame Lee.

J'ai toujours apprécié son sens de l'humour. Pas étonnant que ma petite-fille soit tombée amoureuse de lui. Il semblait moins surpris de me voir que les autres. Je me souviens qu'il m'avait dit un jour que sa grand-mère était douée de la capacité de « double vue » — ce que j'appelle le « troisième œil ». Peut-être en avait-il hérité…

— Charlotte-ah, dis-je ensuite à ma petite-fille, qui se tenait bouche bée, raide comme un tronc d'arbre.

Je la pris dans mes bras et l'attirai contre moi.

Charlotte avait depuis toujours eu le don de percer les mystères. C'était amusant de voir que pour une fois elle n'avait pas su lire l'avenir.

— Grand-mère, répéta-t-elle, comme un de ces vieux disques rayés qui ressassent toujours la même chose. (Elle jeta ses bras autour de mon cou :) Je croyais que tu étais morte, et voilà que tu es vivante.

Je sentis ses larmes couler dans mon cou et la serrai dans mes bras.

Adrian, qui n'avait jamais su ce qu'était la politesse, s'exclama :

— Qu'est-ce que cela signifie ? Je croyais que vous étiez morte !

— Vous voulez dire que j'aurais dû l'être ? lançai-je en pénétrant plus avant dans la salle de jeux de Desmond qui m'avait toujours fait penser à un vaisseau spatial. Ai-je contrevenu à une règle de l'étiquette, Adrian ?

— Harmonie, fit Margo, quelle bonne surprise.

Elle n'avait jamais su mentir, mais je crois que c'est parce qu'elle n'avait jamais vraiment essayé.

Après quoi, ils se ruèrent vers moi comme un seul homme — les policiers, Desmond, ses parents, le majordome en livrée blanche —, les mains tendues, comme s'il s'agissait d'une course dont j'étais le premier prix.

— Grand-mère ! Madame Lee ! Madame ! Harmonie !

Chacun m'appelait à sa façon en jouant des coudes pour avoir l'honneur de m'escorter jusqu'à un siège. Ne voyaient-ils pas que je n'étais pas invalide ? Certes, j'avais quatre-vingt-neuf ans (et même quatre-vingt-onze pour eux) mais j'avais ma canne et le solide bras de M. Sung pour me soutenir, et me faire asseoir sur une banquette trop profonde et trop basse et donc parfaitement impraticable. Tandis que je me laissais tomber doucement dans la banquette avec l'aide du policier et de Jonathan, venus à la rescousse de M. Sung, je dis à Desmond :

— Mauvais *feng shui*. Il ne faut jamais s'asseoir plus bas que ses genoux.

Tout le monde rit — un rire nerveux, car comment devait-on se comporter en présence d'un fantôme ? Ils formèrent cercle autour de moi comme des acteurs qui attendent le lever du rideau. M. Knight, qui avait pris appui contre le tronc rose d'un palmier en verre à l'intérieur duquel des bulles montaient et descendaient en silence, semblait tout à la fois content, fâché et ahuri. Lorsque je croisai son regard je vis une grande intelligence, un esprit vif, organisé, et capable de prendre rapidement des décisions. Je vis un esprit enclin à la revanche, et qui songeait déjà à la manière dont il aurait pu tirer parti de cette nouvelle situation. Je vis qu'une fois encore, comme ç'avait été le cas en 1936, lorsque j'avais engagé une bataille juridique contre le père de M. Sung, ma société pharmaceutique allait faire la une des journaux.

— Eh bien ? dit Adrian avec sa brusquerie habituelle. Allez-vous nous dire ce que tout cela signifie ?

Je dois avouer que je n'ai jamais beaucoup aimé Adrian car, bien qu'il fût le fils de mon bien-aimé Gideon, Adrian tenait davantage de sa mère et je n'ai jamais beaucoup apprécié Olivia.

Margo plongea la main dans son sac en crocodile, et en sortit un étui à cigarettes en or. Elle alluma une cigarette avec un briquet en or gravé à ses initiales, avec les mêmes gestes qu'Olivia.

— Oh, oui, dites-nous tout, dit-elle en recrachant une bouffée de fumée. Je parie que c'est une histoire à mourir de rire.

— Grand-mère, dit Charlotte, en émergeant soudain de sa stupeur. Tu nous as fait croire que tu était morte. Et pourtant, tu n'avais jamais menti de ta vie.

— Je n'ai pas menti, Charlotte-ah. Je suis bel et bien morte.

Quelqu'un laissa échapper un « oh » de stupeur, teinté d'incrédulité.

— J'ai péri dans la tempête qui a fait sombrer mon bateau dans la mer des Caraïbes. Lorsque les sauveteurs m'ont ramenée sur le rivage, mon corps était sans vie. Mais quelqu'un a remis de l'air dans mes poumons. J'ignore de qui il s'agit, mais c'était un homme de foi, et qui respectait la vie, puisque son haleine m'a ramenée à la vie alors que j'étais morte. J'ai recraché l'eau qui se trouvait à l'intérieur de mes poumons, et ensuite j'ai été transportée à l'hôpital.

De toute ma vie je n'avais jamais entendu un silence aussi profond que celui qui régnait dans le vaisseau spatial de Desmond.

— J'ai été très malade, poursuivis-je. Car une vieille femme qui se noie ne se rétablit pas de sitôt. Mais les gens de l'île ont pris grand soin de moi, ils m'ont administré des remèdes à base de plantes, parmi lesquelles se trouvait peut-être la plante que j'étais partie chercher. Et tandis que je reposais dans un monde crépusculaire, à mi-chemin entre cette vie et celle de mes ancêtres, j'eus des visions d'une clarté inouïe, comme je n'en avais jamais eu jusque-là. Et je réalisai que l'on m'avait fait un cadeau.

— Une seconde chance de vie, dit Charlotte ébahie.

Mais le cadeau que j'avais reçu n'était pas une seconde chance de vie. C'était la chance de sauver Harmony Biotech.

— On peut dire que vous nous avez bien eus ! glapit Desmond, sur le même ton qu'Adrian, bien qu'ils ne fussent pas réellement père et fils.

Je fis une pause pour observer les visages qui se trouvaient autour de moi. Certains semblaient heureux, d'autres furieux. Je sentis le regard perçant de Valerius Knight posé sur moi, un regard plein de détermination, mais aussi de méfiance vis-à-vis de cette vieille Chinoise vêtue d'un modeste *cheongsam* bleu. A son expression, je voyais bien que, contrairement à certains, il ne jugeait pas mes propos incohérents.

— Je voulais m'assurer qu'après ma mort la compagnie serait en bonnes mains. C'est pourquoi j'ordonnai à M. Sung d'informer ma famille de mon décès. Ce qui était en partie vrai.

Je me tournai vers Desmond et poursuivis :

— Je n'avais pas confiance en toi. Le jour où je t'ai dit qu'Iris était ta mère, j'ai vu un changement insidieux se produire en toi. La rancœur s'était emparée de toi, Desmond, comme la gangrène qui s'attaque à un os. Dès l'instant que tu savais que tu étais mon petit-fils, tu allais attendre de moi que je te lègue une partie importante de la compagnie. Mais c'est une chose que je ne pouvais pas faire. Parce que tu étais irresponsable, et que tu n'étais pas aussi attaché à Harmony House que l'était Charlotte. Si je t'avais laissé une part importante de la compagnie, aurais-tu accepté de partager le pouvoir avec Charlotte ? Je ne le crois pas.

— Tu as toujours pensé que tu en savais plus que tout monde, me lança cet insolent jeune homme.

Si bien que je lui dis ce que je savais :

— Par bonheur, il se trouve que M. Sung est ami avec l'un des avocats de la compagnie pharmaceutique Synatech Corporation. Peut-être as-tu entendu parler de cette compagnie, Desmond ?

A voir la façon dont sa mâchoire se crispait, je compris que je ne m'étais pas trompée. Mon petit-fils avait projeté de vendre l'œuvre de ma vie à un concurrent qui ne voulait rien d'autre que s'approprier mon nom et mon laboratoire. Un concurrent qui aurait laissé le tonique Golden Lotus et le Baume de Mei-ling disparaître de l'étalage des pharmacies.

— Mais pourquoi tant de mystère, grand-mère ? dit Charlotte. Pourquoi ne pas m'avoir simplement prévenue ? Tu sais que je sais garder un secret.

— Je n'avais aucune preuve que toi ou la compagnie étiez menacées. Seul mon flair de vieille femme m'a alertée. Desmond aurait attendu que je sois morte pour mettre son plan diabolique à exécution, mais je ne pouvais pas me permettre de patienter aussi longtemps. De plus, je n'étais pas absolument certaine que la menace venait de Desmond. Car je ne faisais pas davantage confiance à Adrian ou à Margo. En outre, je craignais qu'une autre compagnie pharmaceutique comme Moonstone ne cherche à lancer une OPA sur Harmony. C'est pourquoi je voulais en avoir le cœur net. Car je savais qu'après ma mort tu serais seule, et que je ne serais plus là pour t'aider. Aussi, je décidai d'accepter le cadeau des dieux et de rester morte. De cette façon, je pouvais t'aider.

— Avec l'appui de M. Sung, ajouta Charlotte.

— Je suis désolé, fit le vieil avocat. Je n'ai pas eu la tâche facile. Mais j'avais donné ma parole à votre grand-mère.

— Mais qu'en est-il du cercueil qui a été enterré dans le cimetière de San Francisco ? dit Margo avec l'expression de quelqu'un qui vient de croquer dans un fruit amer.

— Il est vide naturellement, c'est un symbole de ma mort inachevée.

— Doux Jésus, marmonna Adrian en se dirigeant vers le bar et en saisissant une bouteille de whisky.

Il s'en servit un petit verre qu'il avala d'un trait. Puis il s'en resservit un autre.

— Il est six heures du matin, Adrian, fit sèchement observer Margo.

— Ah oui, et alors ? J'arrive ici et je me retrouve nez à nez avec une morte qui parle et qui marche — je te rappelle que j'ai assisté à ses funérailles…

Il fit une pause, son regard croisa celui de sa femme, et il reposa son verre, l'air penaud.

Je savais que Margo tenait l'alcool en horreur, et je savais pourquoi. Gideon me l'avait dit. Quand Margo était enfant, elle se réveillait chaque nuit en criant. Je savais la souffrance et la honte qu'elle avait endurées étant petite, c'est pourquoi je tolérais Margo, même si, bien souvent, Charlotte me faisait remarquer qu'elle ne comprenait pas pourquoi je me laissais humilier par la femme d'Adrian.

Margo me lança un regard oblique :

— J'ai toujours trouvé suspect le fait que M. Sung ait insisté pour que le cercueil soit scellé.

— Et qu'est-ce que j'apprends, continua Adrian, que

mon fils adoptif est en réalité… attendez, je ne sais plus où j'en suis…

— Desmond, dis-je, est l'arrière-petit-fils de ton grand-père, Richard Barclay.

— N'est-il pas également le petit-fils de Gideon Barclay, le père d'Adrian ? dit Margo à travers un écran de fumée.

Je compris alors ce qu'elle cherchait à insinuer. J'avais retracé la ligne généalogique de Desmond à partir de ma filiation avec Richard Barclay. Mais en disant cela, Margo laissait entendre qu'Iris n'était pas la fille de M. Lee, mais de Gideon.

— C'est trop compliqué pour moi, marmonna Adrian, j'y perds mon latin.

— Grand-mère, dit Charlotte. Le casse-tête chinois que M. Sung m'a donné, c'était bien de ta part, n'est-ce pas ?

— Je voulais te mettre sur la bonne voie.

— Je t'avouerai que ça ne m'a pas été d'un grand secours.

— Je ne pouvais pas te fournir d'indices plus précis, sans quoi tu aurais su que j'étais en vie, et Desmond, ou un autre, aurait attendu son heure, tapi dans l'ombre…

— Mais quelles sont au juste les charges retenues contre mon fils ? demanda Adrian à Knight, sur quoi l'agent fédéral énuméra un à un au père de Desmond les faits qui lui étaient reprochés. (Et tandis qu'une expression de honte passait dans le regard du fils, une expression d'admiration se peignit sur le visage du père.) Tu as vraiment fait ça ? demanda Adrian, ébahi. (Puis il leva promptement la main et dit :) Non, ne réponds pas maintenant, pas devant tous ces gens. (Un sourire joua lentement sur ses lèvres.) En tout cas, dit-il, celui qui a fait le coup est drôlement futé. Il y avait combien d'agents fédéraux chez nous, hier soir ?

Desmond regarda son père sans comprendre. Mais moi j'avais compris : Desmond pensait que ses parents allaient être furieux et humiliés. Or, il n'en était rien. Margo et Adrian souriaient, ils étaient fiers de leur fils.

— Mais, vous n'êtes pas fâchés contre moi ? demanda Desmond, sur un ton contrit de petit garçon.

— Fâchés de quoi ? répondit Adrian.

— Fâchés que je sois un loser, comme vous l'avez toujours pensé !

Adrian cligna des paupières, l'air confus.

— Mais où diable es-tu allé chercher une idée pareille ?

— Je l'ai lu dans une lettre, explosa Desmond. Une lettre que tu as écrite à ma mère, il y a vingt-cinq ans ! Dans ta lettre, tu disais qu'il n'y a rien de pire pour un père que d'avoir un loser pour fils.

Un silence pesant tomba sur l'assistance tandis que les parents de Desmond échangeaient un regard ahuri. Il y avait de la stupéfaction sur le visage d'Adrian. Puis, au bout d'un moment, comme si la lumière jaillissait soudain, son visage hâlé s'éclaira et il dit :

— Ah, oui, je me souviens. Mais, Desmond, il ne s'agissait pas de toi. Je parlais de moi dans cette lettre et de mon père !

Le moment était venu pour moi de prendre la parole, car je savais quels étaient les sentiments d'Adrian à l'égard de son père.

— Gideon ne t'a jamais considéré comme un loser, m'interposai-je. C'est une impression que tu avais. Mais moi je sais que Gideon t'aimait et qu'il était fier de toi.

— Harmonie, répondit Adrian, avec une voix contrite de petit garçon, lui aussi. Est-ce que tu sais ce qui arrive aux plantes qui poussent à l'ombre ?

— Il y en a certaines qui fleurissent.

— Quand j'avais sept ou huit ans, j'ai été fier d'apprendre que père avait construit une route pour permettre l'évacuation de réfugiés. Quand j'avais dix ans, des journalistes sont venus à la maison pour l'interviewer, et moi je paradais comme un coq pendant qu'il répondait à leurs questions. A douze ans, une équipe de *Life Magazine* est venue chez nous pour le photographier, et je me suis dit : « Un jour je serai comme lui. » Ensuite, quand j'ai eu treize ans et que j'ai appris qu'il avait gagné des médailles à la guerre, je me suis promis que j'essayerais d'en faire autant. Mais plus tard, lorsqu'il est passé à la télévision, j'ai commencé à douter de pouvoir jamais l'égaler. Jusqu'au jour où j'ai compris que je ne serais jamais comme lui.

— Mais ce n'est pas Gideon qui est responsable, lui rappelai-je, c'est une idée qui a germé dans ta tête. De même (là, je me tournai vers Desmond) que tu as lu une lettre qui ne t'était pas destinée, et que tu l'as interprétée de façon erronée. Résultat, tu as construit ta vie tout entière sur un malentendu.

Un autre silence s'abattit sur l'assistance, rempli cette fois d'une multitude de points d'interrogation. Même l'agent Knight, cet homme solide comme un roc, semblait déconcerté tandis que son regard scrutait les bulles roses qui flottaient dans le palmier transparent, comme s'il cherchait à trouver la place qui lui revenait dans cette tragédie.

— Eh bien, madame Lee, dit enfin Jonathan, pour briser le silence. Il semblerait que vous ayez gagné votre pari.

— Gagné, dit soudain Charlotte, c'est un bien grand mot. Grand-mère, j'ai vendu la maison.

Je ne pus réprimer un sourire. Comment ma petite-fille qui devinait toujours tout n'avait-elle pas pensé à cela ?

— C'est moi qui ai racheté la maison, Charlotte. Je suis l'acheteur que tu n'as jamais rencontré.

— Bien, dit Adrian, qu'allons-nous faire à présent ? Qu'en est-il des parts que nous détenons dans la compagnie ?

Margo alla rejoindre son mari au bar, puis elle lui passa un bras autour de la taille en disant dans un soupir :

— Je crains que nous n'en soyons toujours au même point, chéri.

Charlotte vint s'asseoir à côté de moi sur la banquette.

— J'ai tant de questions à te poser, me dit la petite-fille qui jadis avait réponse à tout. Qu'est-il arrivé à ma mère ? Est-elle morte après une chute dans les escaliers ?

— Non. C'était encore un mensonge afin de protéger l'honneur d'Iris. Gideon et moi avons finalement pris la décision de la faire admettre dans une institution spécialisée.

— Dans une institution ! s'exclamèrent-ils tous ensemble, comme si j'avais dit : « Nous l'avons enterrée vivante. »

— Les religieuses se sont bien occupées d'elle, et elle a vécu heureuse jusqu'à sa mort.

— Parce qu'elle est morte ?

— Iris avait soixante ans quand elle est morte.

— Mais… cela fait huit ans à peine ! calcula Charlotte. Et pendant toutes ces années ma mère était vivante et tu ne m'en as rien dit ?

— J'ai failli le faire, bien souvent, Charlotte…

Elle bondit sur ses pieds comme si la banquette avait soudain pris feu.

— Pourquoi faut-il toujours que tu fasses des mystères à tout propos, grand-mère ? s'écria-t-elle, en me lançant un regard chargé de reproche. Pendant toutes ces années tu savais que Desmond était mon frère et tu ne m'en as rien dit.

Allais-je apaiser son chagrin en lui disant ce que je m'apprêtais à lui dire, ou au contraire lui en faire davantage ? Peu importait, le moment était venu de le dire.

— Desmond n'est pas ton frère, Charlotte-ah, dis-je.

— Comment ! s'écria Desmond. Vous voulez dire que vous m'avez menti ?

Je l'interrompis d'un geste de la main.

— Je ne t'ai pas menti, Desmond. Ma fille Iris était ta mère.

Puis je me tournai vers Charlotte et dis aussi doucement que possible :

— Mais Desmond n'est pas ton frère, Charlotte. Il est ton neveu. Iris n'était pas ta mère, c'était ta sœur.

Elle fronça les sourcils, comme elle le faisait jadis quand elle était enfant et qu'elle essayait de résoudre un casse-tête chinois.

— Je ne comprends pas.

— Charlotte-ah, c'est moi, ta mère.

A nouveau, le silence envahit la pièce, comme si une chape de plomb était descendue sur les onze personnes qui s'y trouvaient. Même M. Sung, à qui j'avais confié tous mes secrets, demeura sans voix. Même les policiers, qui ne connaissaient rien de l'histoire de notre famille, semblaient frappés de stupeur, conscients qu'une grande révélation était sur le point d'avoir lieu.

— Le soir où Gideon est venu chez moi, dis-je, la veille de mon départ pour Hawaii avec Iris, il est resté avec moi pour me consoler. Puis, le lendemain, il s'est envolé avec nous pour Hawaii, où Iris a accouché d'un bébé qui n'a pas survécu plus de deux heures. Charlotte, j'avais quarante-neuf ans à l'époque, et je ne pensais pas que je pouvais encore avoir un enfant. Et pourtant, c'est arrivé, et tu es née deux mois après le bébé d'Iris. Lorsque nous t'avons ramenée à la maison, nous avons dit à tout le monde que tu étais sa fille.

A ces mots, Charlotte écarquilla de grands yeux étonnés — ses grands yeux verts qu'elle avait hérités de Richard Barclay.

— Tu veux dire que… ?

— Gideon était ton père. Je me souviens, Charlotte, qu'il y a très longtemps tu m'as dit que je ne t'aimais pas, parce que j'étais stricte et que je cherchais à te protéger. Mais je t'aimais, Charlotte, et je t'aime encore, plus que ma propre vie, parce que tu es l'enfant née de mon amour avec Gideon.

Les yeux ébahis de Charlotte errèrent un instant sur mon visage buriné, comme un voyageur égaré qui cherche son chemin. Elle me regardait différemment à présent, cherchant à tisser de nouveaux liens avec moi. Ce que je venais de lui révéler n'était pas facile à digérer. Je savais qu'il lui faudrait un certain temps pour en prendre toute la mesure. Et peut-être n'y parviendrait-elle jamais tout à fait. Peut-être, désormais, poserait-elle toujours sur moi ce même regard étonné.

Je tendis la main à Jonathan pour qu'il m'aidât à me

relever de cette banquette diabolique, puis je m'approchai de Desmond, encadré par deux policiers.

— Tu es mon petit-fils, dis-je. C'est moi qui t'ai aidé à naître. Mes mains sont les premières à t'avoir touché lorsque tu es venu au monde. Je t'ai aimé dès le premier instant. Peut-être aurais-je dû te garder avec moi, comme je l'ai fait pour Charlotte. Mais je pensais que ta vie aurait été meilleure si tu t'étais appelé Barclay. Peut-être ai-je commis une erreur en ne te révélant pas ta véritable identité… mais je l'ai fait pour ton bien, Desmond. Car tu as du sang chinois dans les veines, et à l'époque les préjugés raciaux étaient très forts.

Je tendis la main pour caresser la joue que j'avais touchée pour la première fois trente-huit ans auparavant, lorsque je l'avais aidé à sortir du ventre de ma fille.

— Tu t'es servi de ma firme, dis-je, et de mon nom pour assouvir ta cupidité et servir égoïstement tes propres intérêts. Et tu as pris la vie de personnes innocentes. En agissant ainsi, tu as cessé d'être mon petit-fils. (Je me retournai et dis :) Et à présent j'ai la mort de ces trois femmes sur la conscience.

— Quelque chose me dit que Desmond aurait agi ainsi quoi qu'il arrive, avança Jonathan.

— Pas si je lui avais légué la firme. Mais j'ignorais que Desmond en arriverait à tuer pour parvenir à ses fins. Si je l'avais su, je lui aurais légué la compagnie, comme ceci. (J'étirai mes mains devant moi pour signifier : « Comme sur un plateau. »)

— Mais vous ne le saviez pas, madame Lee. Si vous aviez péri en mer, ce ne sont pas trois personne mais des milliers d'innocents qui seraient morts. Mais parce que vous étiez en vie, vous avez pu guider Charlotte, la mettre sur la bonne voie, et ainsi nous avons pu empêcher Desmond de faire des milliers de victimes.

Je secouai la tête.

— M. Sung ne m'avait pas parlé des deux premières victimes — celles qui sont mortes après avoir utilisé le Dix Mille Yang et le Baume de Mei-ling — parce qu'à l'époque j'étais encore à l'hôpital, et très affaiblie. Il craignait qu'en m'apprenant la mauvaise nouvelle je ne fasse une rechute. Mais lorsqu'il me parla de la troisième, la femme qui était morte après avoir ingéré du Bliss, je décidai de revenir aussitôt pour l'empêcher de nuire plus encore.

— Si ça n'est pas trop vous demander, m'interrompit Adrian, que va-t-il se passer à présent ? A qui appartient la compagnie désormais ?

Je considérai un instant en silence l'homme qui était le fils de Gideon, mais qui n'avait rien de son père, et je vis soudain la vie d'insatisfaction qu'il avait menée, cherchant à s'enrichir par tous les moyens parce qu'il se sentait inférieur, et par ce qu'il croyait que l'argent lui donnerait l'envergure qu'il n'avait pas.

— Tu veux savoir ce qu'il va advenir de l'argent des actionnaires ? L'argent que tu as volé ?

— Vous ne comprenez décidément rien à la haute finance, Harmonie. Vous n'y avez d'ailleurs jamais rien compris.

Je repensai soudain au jour où Gideon s'était embarqué pour partir à la guerre, et où Olivia m'avait juré qu'elle me reprendrait la maison. Je me souvins de l'expression cupide sur le visage de son fils alors âgé de treize ans, qui croyait déjà qu'il grimperait dans l'estime de son père en s'appropriant la fortune de son prochain. Pour Adrian, « haute finance » était synonyme d'escroquerie.

— La firme appartient à ma fille, dis-je. Ensemble, nous allons rendre son honneur perdu à Harmony Biotech.

Valerius Knight et ses hommes emmenèrent mon petit-fils, et Adrian et Margo leur emboîtèrent le pas, en proclamant haut et fort qu'ils allaient engager les meilleurs avocats pour défendre Desmond. Après leur départ, Charlotte, sortant de l'état de stupeur dans lequel elle se trouvait, prit enfin la parole.

— Grand-mère, j'ai une question.

— Juste une ? dis-je avec un sourire.

— Mon nom chinois. J'avais toujours cru que c'était Iris qui me l'avait donné. Je détestais ce nom.

— Je sais, Charlotte. Et lorsque tu m'as montré un

livre d'histoires et que tu m'as dit que tu aurais voulu t'appeler comme l'héroïne, je t'ai dit que nous pourrions le changer.

— Mais à présent, je réalise que ce nom, c'est toi qui me l'as donné.

Je secouai la tête.

— Ce n'est pas moi qui l'ai choisi. C'est ton père, Gideon.

— C'est lui qui l'a choisi ?

— Oui, le soir où tu es née, il t'a prise dans ses bras et a dit en souriant : « Tu es mon bonheur secret. » C'est le nom qui figure sur ton certificat de naissance. C'est un nom qui porte bonheur en chinois… Bonheur Secret.

— Il y a des années, quand tu vivais à Chinatown et que tu étais dans la misère, tu as entendu ta mère qui te parlait, tu te souviens ?

Comment aurais-je pu oublier ?

— Sur le coup, continua Charlotte, tu as pensé que c'était la preuve qu'elle était morte. Or, des années plus tard, tu as appris par le révérend Peterson qu'elle était encore vivante à l'époque. Hier soir, quand j'ai entendu une voix qui me disait de ne pas boire la tisane, j'ai cru que c'était la voix de ma mère, qui me parlait depuis l'au-delà. Maintenant, je découvre, moi aussi, que ma mère est vivante ! Tu m'as mise en garde contre la tisane alors que tu n'étais même pas morte.

— Je ne pouvais pas te laisser boire du poison.

— Mais comment as-tu deviné ?

— J'étais dans l'avion, nous traversions la tempête, et j'ai fait une prière à Kwan Yin. J'ai eu une vision — c'était toi, en train de porter une tasse à tes lèvres. J'ai compris que la tisane était empoisonnée. Comment je l'ai su, je l'ignore. Mais j'ai compris que tu étais en grand danger. C'est pourquoi je t'ai mise en garde avec mon cœur.

Peu à peu, nous entendîmes les roulements du tonnerre s'éloigner, comme un convive malgracieux qui prend congé de ses hôtes. Je levai les yeux vers les baies vitrées, et vis que la tempête était en train de se calmer et que c'était l'aurore. Il faisait jour, nous avions réussi à traverser les ténèbres.

Mais il y avait un dernier secret que je voulais leur révéler.

— Grand-mère, me dit Charlotte, dont les yeux verts étincelaient comme des émeraudes à travers ses larmes. Mère… je t'ai dit des choses terribles avant ton départ. Et je voudrais m'en excuser.

Me tournant vers ma fille, je la pris dans mes bras en disant :

— Charlotte-ah, ces choses, je ne les ai pas entendues.

— Grand-mère, dit-elle doucement, en prenant mes mains dans les siennes, et en laissant couler librement ses larmes. Mère. Je ne sais pas, je ne sais plus comment t'appeler. J'ai pleuré pendant des semaines après les funérailles. Ma grand-mère, celle qui m'avait élevée comme ma propre mère, était morte. Et voilà à présent qu'elle est vivante, cette mère qui a toujours été ma grand-mère.

Je dis :

— Combien de fois ai-je failli t'appeler « ma fille ». Et à chaque fois que tu m'interrogeais au sujet de ta mère et que j'étais obligée de te mentir… j'avais le cœur lourd.

Charlotte baissa les yeux sur nos mains enlacées. A quoi pensait-elle en contemplant ces vieilles mains qui avaient fabriqué des remèdes, aidé des enfants à venir au monde, caressé Gideon et séché ses larmes quand elle était petite ?

— Pendant des années, dit-elle doucement, j'ai eu l'impression qu'un gouffre nous séparait, sans aucun pont pour nous réunir. Il y avait un chaînon manquant, entre nous, le chaînon mère-fille. Et tu me semblais inaccessible. (Charlotte leva vers moi les beaux yeux verts qu'elle avait hérités de Richard Barclay, et dit d'une voix dans laquelle étaient réunies toutes les Charlotte : la petite fille, l'adolescente, la jeune femme, la femme adulte — qui cherchaient leur mère :) Pourquoi ne me l'as-tu jamais dit ?

— Parce que je n'en ai jamais eu l'occasion, dis-je. Quand tu avais sept ans ? Comment aurais-je pu dire à une petite fille que sa grand-mère était en réalité sa mère et que son père était le mari de sa tante Olivia ? Et quand tu étais adolescente, et que j'essayais de t'inculquer la morale et l'amour-propre ? Charlotte-ah, ce secret, je l'ai gardé parce que j'avais de bonnes raisons pour cela. Comment aurais-je pu te le dire à toi seule et à personne d'autre ? Comment aurais-tu pu porter seule ce fardeau, alors qu'aucun Barclay n'était au courant ? (Je lui caressai doucement la joue.) Ne crois pas que ç'a été facile pour moi. Est-ce que tu imagines ce qu'éprouve une femme qui ne peut pas dire à ses enfants qu'elle est leur mère ?

— Mais cela nous aurait rapprochées ! protesta-t-elle. J'ai toujours senti une distance entre toi et moi. Et tu étais toujours à l'usine...

A présent, Charlotte laissait totalement libre cours à son chagrin. Et l'heure était venue pour moi de lui révéler mon dernier secret.

— Il y a une chose que je voudrais te dire, dis-je.

Nous retournâmes nous asseoir sur cette abominable banquette.

— Je sais que tu m'en as voulu de ne pas être toujours à tes côtés. Mais ma place était à l'usine, Charlotte-ah. Je n'avais pas le choix. Vois-tu, lorsque le révérend Peterson m'a écrit au sujet de ma mère, il a oublié de mentionner un détail important. Ma mère n'était pas morte à Singapour.

Les yeux de Charlotte et ceux de Jonathan, qui était venu nous rejoindre, se posèrent sur moi.

— Lorsque j'ai reçu cette lettre en 1957, dis-je doucement, j'ai compris que je devais retourner à Singapour, pour savoir ce qu'il était advenu du reste de ma famille. Naturellement, mon grand-père était mort, ainsi que de nombreux membres de ma famille, pendant la guerre. Mais je retrouvai une cousine, qui me raconta une histoire extraordinaire. A la mort de mon grand-père, ma mère, Mei-ling, décida de se rendre en Amérique, pour partir à ma recherche. Les lois sur l'immigration étaient encore très strictes en 1953, en revanche, les touristes pouvaient y circuler plus librement. Ma cousine décida d'accompagner ma mère, qui était alors très âgée, en Californie. Elle m'a remis ceci. (Je fouillai dans mon sac à main et en ressortis un vieil article de journal que j'avais gardé pendant plus de quarante ans. Le papier en était jauni et cassant, et la photo difficile à discerner. Je le tendis à Charlotte en disant :) Tu avais pris la grande usine de Menlo Park en grippe parce que tu avais l'impression qu'elle m'éloignait de toi. Tu disais que je l'aimais plus que toi. J'ai ouvert cette usine ultramoderne en 1953, quatre ans avant que tu ne viennes au monde, après que Gideon eut réussi à me convaincre d'acheter des cuves en acier chromé, une chaîne de montage et des tubes à essai. Dans cette nouvelle usine, il était possible de fabriquer des médicaments mille fois plus vite que dans celle de Daly City, autrement dit de soigner mille fois plus de gens.

Charlotte fronça les sourcils, l'article de journal défraîchi à la main, et dit :

— Que suis-je censée voir ?

Je lui expliquai qu'à mon retour en Californie je m'étais rendue dans les bureaux du *San Francisco Chronicle* et avait montré l'article pour avoir une copie de la photo. J'en avais obtenu une pour deux dollars et vingt-cinq cents. Celle-là aussi, je l'avais apportée avec moi. Je la sortis de mon sac et la tendis à Charlotte. La photo sur papier glacé était beaucoup plus nette que celle du journal, si bien qu'elle put voir les visages des gens qui étaient présents autour de moi alors que je coupais le ruban le jour de l'inauguration de la nouvelle usine.

— Elle a été prise le jour de l'inauguration. Regarde, dis-je en pointant un visage qui se trouvait au second plan. C'est ma mère, Mei-ling, elle était venue.

Jonathan se pencha pour regarder la photo, tandis que je me renversais parmi les coussins, en songeant à ce jour de 1953 où je m'étais rendue dans les bureaux du *San Francisco Chronicle*, et où j'avais aperçu le visage de ma mère, à quelques mètres de moi, présente sans l'être à mes côtés.

Charlotte me dit en levant vers moi des yeux étonnés :

— Mais, elle ne t'a rien dit ?

— Comment l'aurait-elle pu ? Ma mère avait fait la promesse à son père de ne plus jamais me parler.

— Mais il était mort !

— Il était avec nos ancêtres. Elle devait continuer de l'honorer et de le respecter. Mais en même temps, elle respectait et honorait ce que lui dictait son cœur. Ma mère était là le jour de l'inauguration de la nouvelle usine, et la cousine de Singapour m'a dit qu'elle était morte quelques jours plus tard, là-bas, à San Francisco, et qu'elle avait été enterrée dans le cimetière où mon propre cercueil vide a été enterré. Charlotte, lorsque tu es venue à mes funérailles, tu as foulé aux pieds l'herbe de la tombe de ta grand-mère.

— Mais, dit Charlotte d'une voix émue, je ne comprends pas. Quel rapport cela a-t-il avec l'usine ?

— Regarde l'expression sur le visage de ma mère. Est-ce que tu vois la fierté dans son regard ? La joie avec laquelle elle regarde sa fille ? Lorsque j'ai vu cette photo pour la première fois, Charlotte-ah, lorsque j'ai réalisé qu'elle ne s'était pas manifestée bien qu'elle fût proche de moi, j'ai compris ce que signifiait l'honneur de la famille et le sacrifice d'une mère. Et c'est la raison pour laquelle je me rendais chaque jour à l'usine, cette usine que je préférais à toi, croyais-tu. Parce que ma mère y était allée, et que c'était l'endroit où elle avait connu sa dernière joie sur terre. J'étais en présence de ma mère, et je ne le savais pas, de la même façon que tu étais en présence de ta mère et ne le savais pas. Elle se tenait à quelques pas de moi et pourtant elle ne pouvait pas m'appeler sa fille. De la même façon, je ne pouvais pas t'appeler « ma fille », alors que tu étais tout près de moi.

— Pourquoi ne me l'as-tu jamais montrée ? s'écria Charlotte. Pourquoi ne m'as-tu rien dit ?

— Parce que ma mère n'avait pas souhaité que je

sache qu'elle était venue. Et que je devais respecter ce souhait.

Plongeant la main dans mon sac, j'en sortis un ultime cadeau pour ma fille. Essuyant les larmes qui coulaient à flots de ses yeux, je lui montrai la photo que j'emportais partout avec moi depuis trente-neuf ans. C'était une petite photo en noir et blanc, d'une femme asiatique assise sur un lit d'hôpital, un nouveau-né entre les bras. A côté d'elle se tenait un Américain de belle prestance, l'air protecteur, souriant.

— Cette photo a été prise le soir de ta naissance, dis-je, tandis que les yeux de Charlotte se remplissaient de larmes à la vue de Gideon, de moi et du nourrisson. C'est une infirmière qui a pris la photo. C'était la première fois que je te tenais dans mes bras. C'est l'unique photo que j'ai de nous en tant que mère et fille.

D'une voix aussi fragile qu'un carillon de verre, Charlotte dit :

— Je ne sais pas quoi dire.

— Rien ne presse. Nous avons tout le temps désormais pour nous parler.

Je regardai Jonathan, puis ma fille et dit :

— Mais toujours est-il que, dans l'immédiat, je voudrais dire ceci : rares sont ceux qui ont la chance de connaître un grand amour au cours de leur existence, Charlotte-ah. Ma mère a connu cet amour avec Richard Barclay, et moi avec Gideon. Mais nous avons l'une et l'autre perdu cet amour. Il ne faut pas que tu commettes la même erreur, Charlotte. (Je pris la main de Jonathan et la plaçai ; dans celle de Charlotte.) Tu as trouvé cet amour, ma fille. Garde-le précieusement. Ouvre toutes grandes les portes de ton cœur. Il y a très longtemps, tu as fermé une à une les portes de ton cœur. Parce que tu croyais qu'en fermant ces portes tu pouvais éloigner le mauvais œil. Mais ce faisant tu as également éloigné le bonheur. Ouvre les portes, Charlotte-ah, dis-je en me tournant vers elle, puis vers Jonathan en souriant. Laissez entrer la joie, mes enfants. Laissez l'amour entrer dans vos cœurs.

Achevé d'imprimer en juillet 1999
sur les presses de l'Imprimerie Bussière
à Saint-Amand (Cher)

POCKET - 12, avenue d'Italie - 75627 Paris Cedex 13
Tél. : 01-44-16-05-00

— N° d'imp. 1776. —
Dépôt légal : juin 1999.

Imprimé en France